고구려 발해사
연구

노태돈

지식산업사

노태돈盧泰敦

1949년 경남 창녕 출생. 서울대학교 문리대 사학과를 졸업하고 서울대 대학원 국사학과에서 석사, 박사학위를 받았다. 계명대학교 사학과 조교수를 거쳐 서울대학교 교수를 역임했다. 서울대 역사연구소 소장, 서울대 규장각한국학연구원 원장을 지냈으며, 한국사연구회 회장, 한국고대사학회 회장을 역임했다.

하버드대학 옌칭연구소 방문학자, 캐나다 브리티시컬럼비아대학 한국학 연구소 방문 교수, 연변대 겸임교수, 국사편찬위원, 한일역사공동연구위원회 위원 등으로 활동했다. 현 서울대 명예교수이다.

저서로는 《한국사를 통해 본 우리와 세계에 대한 인식》, 《고구려사연구》, 《단군과 고조선사》, 《예빈도에 보인 고구려》, 《한국고대사의 이론과 쟁점》, 《삼국통일전쟁사》, 《한국고대사》가 있으며, 공저로는 《시민을 위한 한국역사》, 《한반도와 만주의 역사 문화》, 《12시간의 통일 이야기》가 있다.

고구려 발해사 연구

초판 1쇄 발행   2020. 7. 3.
초판 2쇄 발행   2021. 10. 8.

지은이   노태돈
펴낸이   김경희
펴낸곳   (주)지식산업사
본사 ● 10881, 경기도 파주시 광인사길 53(문발동)
전화 031 - 955 - 4226~7 팩스 031 - 955 - 4228
서울사무소 ● 03044, 서울시 종로구 자하문로6길 18 - 7
전화 02 - 734 - 1978, 1958 팩스 02 - 720 - 7900
영문문패 www.jisik.co.kr
전자우편 jsp@jisik.co.kr
등록번호 1 - 363
등록날짜 1969. 5. 8.

책값은 뒤표지에 있습니다.

이 책에 대한 문의는
지식산업사로 연락해 주시길 바랍니다.

고구려
발해사
연구

노태돈

최신 발굴 성과와 치밀한 사료비판으로
새롭게 보는 고구려, 발해의 시공간과 족원

지식산업사

책을 내면서

이 책은 고구려사와 발해사에 관한 논문들로 구성되어 있다. 제1부 고구려편에서는 첫 번째 논고가 '고구려 초기의 천도에 대하여'이다. 고구려가 처음 수도를 정한 곳이 어디이며, 그곳에서 언제 어디로 천도하였느냐를 살핀 글이다. 수도는 한 나라의 정치 문화 경제 군사의 중심지이다. 그 구체적인 수도로의 집중도는 각 시기마다 다르고, 고대 국가의 성숙도에 따라 뚜렷한 차이가 있을 수 있다. 그러나 일단 국가가 성립한 이후, 수도가 국가의 중심지인 것은 다름이 없다. 자연 한 나라의 천도에 대해 그 과정이나 배경을 파악하는 것은 그 시기 역사상을 이해하는 데 긴요한 요소이다. 고구려 초기에 있었던 천도에 대한 기록이 워낙에 적고 모호한 면이 있어, 조선 후기 이래로 논란이 거듭되어 왔다. 고고학적인 발굴 성과가 늘어나면서 부족한 문헌 기록을 보완하는 데 큰 역할을 하였으나, 이 역시 발굴의 증가에 따라 상이한 결과를 전하는 것이 적지 않아 논의가 쉽게 진전되지 않는 면을 보이기도 한다. 다시 한 번 그간의 논의를 살펴 고구려 초기의 전도奠都와 천도에 대해 고찰해 보았다.

압록강 중류지역에 사백여 년 동안 수도를 두었던 고구려는 427년 평양으로 천도하였다. 평양 천도는 고구려사의 전개에서 획기적인 조처였다. 이 평양 천도가 결정된 과정에 대한 문헌 기록은 매우 소략한데, 이를 당대의 기록을 통해 살펴보고자 한 것이 '광개토왕릉비의 정복전쟁 기사와 평양 천도' 논고이다. 흔히들 금석문의 사료적 가치를 역사서 등 문헌 기록의 그것보다 높게 평가한다. 문헌 기록은 그 전승 과정에서 몇 차례 변개하여 기술되는 경우가 많은 것과 달리, 금석문은 한번 기술된 이후 후대에까지 원래 그대로 전해지기 때문이다. 그런 면은 분명히 있다. 하지만 동시에 금석문도 처음 쓰여질 때 그 내용에 작성자의 의지가 강하게 반영된다는 점에서는 문헌 기록과 동일하다. 어느 면에서는 기술할 공간인 비면碑面이 한정되어 있고, 작성 시간이 특정하다는 점에서는 문헌 기록보다 더 작성자의 의지가 강하게 반영될 수 있다. 그런 면에서 414년에 세워진 광개토왕릉비의 비문은 평양 천도를 추구한 장수왕대 고구려 조정의 의지를 파악할 수 있는 좋은 사료가 될 수 있다. 그 면을 검토한 것이 두 번째 글이다. 427년 평양 천도가 이루어졌다. 그런데 이때 구체적으로 동평양 일대의 어느 지점으로 천도가 행해졌는지를 둘러싼 논란은 여전히 이어지고 있어, 앞으로의 과제로 남겨져 있다.

고구려편의 세 번째 논고는 '중국 남·북조와의 조공책봉관계를 통해서 본 고구려국의 성격'이다. 이는 한국과 중국의 왕조 사이에 행해진 조공책봉관계의 성격을 어떻게 보아야 할 것인가를 둘러싼 논란에 대한 나의 생각을 정리한 글이다. 중국 학계에서 조공책봉관계에 따라 고구려를 중국왕조의 지방정권이나 속국으로 규정한 것에 대해 이를 논박하는 주장을 담았다. 비단 고구려뿐 아니라 조선과 청의 조공책봉관계의 경우도 포괄적으로 검토하였다.

고구려편의 마지막 논문은 고구려 유민에 대한 고찰이다. 668년 고구려 멸망 후 그 유민들의 향방을 추적하여 살펴본 글이다. 망국 유민들의 자취를 찾는 작업은 씁쓸한 여운을 동반하는 힘든 작업이지만, 유민을 매개로 거슬러 고구려의 위상을 되씹어 보는 계기이기도 하다.

제2부 발해편은 네 편의 논문으로 구성되어 있다. 그 첫째 논문은 '발해국의 주민 구성과 발해인의 족원'이다. 이 글은 발해사를 한국사로 보는 논거를 확인하고자 한 글이다. 먼저 발해국의 멸망 후 그 주민에 대해 요나라가 어떻게 조처하였는가를 검토하였다. 요나라는 발해국의 주민을 발해인과 여진인으로 구분하고, 그들에 대한 지배 방식 면에서 상이한 형태를 취하였다. 양자에 대한 구분과 차별은 금나라에서도 되풀이되었다. 발해국의 주민구성에서 보이는 이중성은 발해국 존립 당시부터 확인된다. '토인과 말갈' '발해인과 말갈'이란 구분이 그것이다. 양자의 족원을 거슬러 파악해 보니 발해인은 고구려인아 중심이 되고 일부 고구려화된 말갈인이 융합되어 이루어졌음을 확인할 수 있었다. 이런 주민 구성의 이중성은 발해국의 지배체제에도 반영되었다. 고구려의 계승국이라는 발해국의 성격은 발해국에 대한 그 주변 국인들의 인식을 통해서도 확인할 수 있었다.

발해편의 두 번째 논문은 '대對발해 일본국서에서 운위한 《고려구기》에 대하여'이다. 이 논고는 일본에서 발해에 보낸 국서에서 《고려구기高麗舊記》의 선례에 따라 발해가 일본에 신하의 예를 취해야 하는 번국蕃國임을 강조하면서 그렇게 할 것을 요구한 것을 검토한 글이다. 과연 고구려가 그러하였는지, 아니었다면 《고려구기》의 실체가 무엇인지를 밝혀 보았다. 아울러 이를 통해 발해와 일본이 과거 양국 관계에 대해 상이한 인식을 하면서도 상호 긴밀함을 유지하였던 특이한 일면을 살펴보았다.

세 번째 글은 '삼국사기에 등장하는 말갈의 실체'이다. 말갈은 읍루

-물길-말갈-여진으로 이어지는 만주족의 조상으로서 만주 지역에 토착하여 살았던 족속이다. 고구려의 주요 피복속 종족이었으며, 발해의 주민의 한 부분을 구성하였던 이들이다. 그런데 《삼국사기》에선 백제본기와 신라본기에 그 초기부터 말갈이 등장한다. 이 말갈의 실체는 강원도 북부와 함경도 남부지역에 거주하던 동예였음이 일찍이 밝혀진 바 있다. 그러면 언제 동예가 말갈로 개서되었으며, 그렇게 한 배경과 상황이 어떠하였는가를 파악해 보았다. 8세기 중반 발해가 동류 송화강유역의 철리말갈과 흑수말갈 및 실위족의 일부인 달고 부족을 복속시키고, 그들 가운데 일부를 함경도 남부지역으로 강제 이주시켰다. 신라 말 고려 초에 이들 족속들과의 접촉 경험이 거슬러 동예와의 접촉 기사에 투영되어 동예를 말갈로 개서하는 데 작용하였음을 논하였다.

네 번째 논고는 '고려로 넘어온 발해 박씨'이다. 발해와 신라 사이에는 교섭이 매우 뜸하였다는 것이 양국 관계에 대한 통상적인 이해였다. 그런 가운데서도 양국 간에는 적지않은 상호 교류가 있었을 것이라는 추론이 일각에서 견지되어 왔다. 문제는 그것을 구체적으로 확인하는 작업이다. 그 면에선 발해 멸망기에 남으로 고려로 넘어온 발해인들 가운데 '박모'라고 일컬었던 이들이 보인다. 이들이 과연 박씨성을 가진 이들인지 검토하고, 박씨라면 어떤 경로로 발해에 살게 되었는지 등을 밝혀, 신라와 발해 간 교류의 한 예로서 주목해 보았다.

이상에서 말한 바처럼, 이 책은 고구려사와 발해사에 관해 그동안 고찰해온 논고들을 모아 한 권의 책으로 엮은 것이다. 각 논고가 발표된 시기도 각각이고, 그 가운데 이른 시기에 집필된 것은 수십여 년 전의 논고이기도 하다. 그러나 이 책에 담은 논고의 주제들은 여전히 학계의 관심의 대상이 되고 있다. 새로운 연구의 진전은 그간의 성과에 대한 이해와 비판을 바탕으로 이루어지는 것인 만큼, 앞으로의 연

구 진작을 위한 디딤돌의 역할을 할 수 있었으면 하는 바람을 책머리
에 부쳐 띄워 본다.

　이 책의 원고를 정리하는 데 애를 쓴 서울대 대학원의 박유정 석사
와 고태진 석사에게 고마움을 전한다. 아울러 갑작스런 요청에도 불구
하고 흔쾌히 책의 출판을 맡아 주신 지식산업사의 김경희 사장님과
김연주 님 등 편집실 여러분께 깊은 감사를 드린다.

2020년 6월 7일
명일동 우거寓居에서
노태돈

차 례

제1부

고구려사의 전개

제1장

고구려 초기의
천도에 관한 약간의 논의

1. 머리말

수도는 한 나라의 심장부로서, 처음 수도를 정하는 일(奠都)과 수도
를 옮기는 일(遷都)은 그 나라의 역사 전개에 지대한 의미를 지니는
것이다. 조선 후기 이래로 고구려의 첫 전도와 이어진 천도에 관한 수
다한 논고가 발표되었고, 남북한 및 중·일 학계의 관심사가 되어 왔
다. 이는 딱딱한 사실 확인 문제이지만, 여전히 아직도 이에 관한 정
설이 정립되지 않은 채 논란이 이어지고 있다. 필자는 십수 년 전에
이에 관한 글을 발표한 바 있다.[1] 그 뒤 중국에서 자국 영내에 있는
고구려 유적을 유네스코 인류문화유산으로 지정받기 위해 환도산성,
국내성, 오녀산성 등에 대한 대규모 조사 발굴이 이루어졌고, 이들 성
에 관해서 종전의 발굴 성과를 바탕으로 발표했던 견해와는 상당히

---

[1] 노태돈, 〈고구려의 기원과 국내성 천도〉, 《한반도와 중국 동북3성의 역사와 문화》,
　서울대출판부, 1999.

다른 사실이 확인되었다. 국내성 단면의 발굴과 조사에 따른 연구는 그 한 사례이다. 따라서 고구려 초기의 도성 및 천도와 관련된 문제를 재고해 볼 필요가 있다.

이런 발굴 성과를 참고하고 그간 국내외 학계에서 개진된 고구려 초기의 천도를 둘러싼 논의를 참조하여, 다시 한 번 이 문제에 대한 생각을 정리하여 발표해 보고자 한다.[2]

먼저 그동안 논란의 초점이 되어 온 환인 지역에서 집안 지역으로 천도한 시기 검토에서부터 논의를 시작해 보겠다. 그런 다음 거슬러 올라가 환인 지역에 자리 잡는 과정을 고찰하고자 한다. 논의의 전개는 기존의 연구 성과를 되살펴 보아 문제의 초점을 분명히 하고, 그에 관한 나의 견해를 제시하는 형태를 취할 것이다.

2. 집안 지역으로 천도한 시기

1) 고구려 초기의 천도 관련 기사

〈A〉《삼국사기》 고구려본기에서 천도나 이거移居에 관련된 기사를 정리해 보면 다음과 같다.

---

2 이 글은 아래의 논고에 약간의 補筆을 한 것이다. 보완 부분은 〔補〕로 표기하였다. 노태돈, 〈고구려 초기의 천도에 관한 약간의 논의〉, 《한국고대사연구》 68, 2012.

① 동명왕 즉위조: 졸본천에 이르러 … 도읍을 하려 했다. …그러나 아직
미처 궁궐을 세울 여유가 없어 … 다만 비류수가에 오두막을 지어 거주
하였다.

3년: 황룡이 골령鵲嶺에 나타났다.

4년 7월: (골령에) 성곽과 궁실을 지었다.

② 유리왕 3년 7월: 이궁離宮을 골천鵲川에 지었다.

21년 3월: 교시(郊豕: 하늘에 제사 지낼 때 쓰려고 기르던 돼지)가 달아났
다. … 이를 쫓아가 국내國內 위나암에 이르러 잡아, 국내인에게 맡겨
기르게 하였다. 돌아와 왕에게 아뢰었다. 그곳의 산수가 깊고 험하고 땅
이 농사에 적합하며 사슴과 물고기나 자라가 풍부하니, 만약 왕께서 도
읍을 옮긴다면 백성들에게 이익됨이 매우 클 것이고 또한 가히 군사적
어려움을 면할 수 있을 것입니다.

9월: 왕이 국내로 가서 그곳의 지세를 살폈다(王如國內 觀地勢).

22년 10월: 왕이 국내로 천도하고 위나암성을 쌓았다(築尉那巖城).

27년 정월: 태자 해명이 고도古都에 머물면서 …

28년 3월: 왕이 사람을 보내 해명에게 말하기를, 내가 천도를 한 것은
백성을 안정시키고 나라를 튼튼하게 하기 위함인데 너는 나를 따르지
않고 힘만 믿고 이웃나라와 원한을 맺으니 운운

37년 4월: 왕자 여진如津이 물에 빠져 죽으니, 왕이 애통해 하며 사람을
시켜 그 시신을 찾으려 하였다. 비류 사람 제수祭須가 시신을 찾아 알려
왔다. 이에 왕골령에 예를 갖추어 장사지냈다. 제수에게 황금 열 근과
밭 10경을 주었다.

10월: 왕이 두곡豆谷의 이궁離宮에서 죽었다.

③ 대무신왕 11년 7월: 요동태수가 군사를 끌고 침공해 와 … 위나암성에
들어가 수십일 동안 굳게 지켰다. … 한인들이 우리가 있는 곳이 암석
으로 된 물이 없는 땅으로 여겨 장기간 포위하여 우리가 지치기를 기다
리고 있다. 마땅히 성내 연못에 있는 잉어와 물고기를 잡아 수초에 쌓아
약간의 술과 함께 보내어 한군을 위로하자 운운

④ 태조왕 90년 9월: 환도에 지진이 났다.

신대왕 3년 9월: 왕이 졸본에 가 시조묘에 제사하였다.

고국천왕 2년 9월: 왕이 졸본에 가 시조묘에 제사하였다.

⑤ 산상왕 2년(198): 2월 환도성을 쌓았다.

12년 11월: 하늘에 제사 지낼 때 쓰려고 기르던 돼지가 달아났다. 猪아가 주통촌에 이르렀는데 … 왕이 밤에 일어나 환궁하였다.

13년(209) 10월: 왕이 환도로 도읍을 옮겼다.

⑥ 동천왕 2년 2월: 왕이 졸본에 가 시조묘에 제사하였다.

20년 10월: 유주자사 관구검이 환도성을 함락하고 성안 사람들을 도륙하였다. 이어 장군 왕기를 보내어 왕을 추격게 하였다.

21년 2월: 왕이 환도성이 난리를 겪자 다시 도읍으로 삼기 어려워 평양성을 쌓아 민호와 묘사를 그곳으로 옮겼다. 평양은 선인 왕검이 있었던 곳이다. 혹은 말하기를 왕의 도읍이니 왕험이라 한다.

중천왕 13년 9월: 왕이 졸본에 가 시조묘에 제사하였다.

⑦ 고국원왕 2년 2월: 왕이 졸본에 가 시조묘에 제사하였다.

4년 8월: 평양성을 증축하였다(增築平壤城).

12년 2월: 환도성을 보수하였다. 또 국내성을 쌓았다.

8월: 환도성에 이거하였다.

10월: 연왕 모용황이 … 마침내 군대를 이끌고 환도에 들어와 궁실을 불사르고 환도성을 파괴한 뒤 돌아갔다.

13년 7월: 평양 동황성東黃城에 이거하였다. 성은 지금 서경 동편의 목멱산木覓山에 있다.

41년 10월: 백제왕이 친히 3만 병사를 끌고 평양성을 공격해 오니, 왕이 출전하여 이에 맞서다가 날아오는 화살에 맞아 이해 23일 죽었다. 고국원에 장사지냈다.

⑨ 장수왕 15년: 평양성으로 수도를 옮겼다.

양원왕 8년: 장안성長安城을 쌓았다.

⑩ 평원왕 28년: 장안성으로 수도를 옮겼다.

이러한 천도 관련 기사를 그 순서에 따라 정리하여 보면 다음과 같다. 졸본 전도 ― 국내 위나암 천도 ― 환도성 이도 ― 평양성을 쌓아 민호와 묘사를 옮김 ― 환도성 수즙修葺, 국내성 쌓음, 환도성 이거 ― 평양 동황성 이거 ― 평양성 이도 ― 장안성 이도.

〈B〉《삼국사기》 지리지 4의 천도 관련 기사

> 주몽이 흘승골성에 수도를 둔 이래로 40년이 지난 뒤, **유류왕孺留王** 22년 국내성(혹은 위나암성, 혹은 불내성이라 한다)으로 수도를 옮기었다. … 국내성에 수도를 425년 동안 두었다. 장수왕 15년 평양성으로 천도하여 156년 동안 수도로 삼았다. 평원왕 28년 장안성으로 천도하여 83년 동안 그곳을 수도로 삼았다가 보장왕 27년에 멸망하였다.

지리지 기사에서는 고구려본기에서 전하는 천도 관련 기사 가운데 이거移居와 같은 것은 천도로 간주하지 않는다는 관점을 나타내었다. 그리고 유리왕 22년 '국내 위나암성'으로의 천도를 국내성 천도로 보았으며, 환도성과 국내성을 동일한 지역으로 파악하였다. 즉 산상왕대의 환도성 '이도移都'는 국내성 지역 안에서 이거移居 정도로 이해한 듯하다. 그 밖에 동천왕 21년 평양성 '이거'와, 그리고 고국원왕 13년 평양동황성 이거도 임시적 조처로 파악하여 천도로 보지 않았다.

그러면 고구려의 천도에 관한 전승을 이렇게 정리하여 이해한 것은 어느 시기 사람의 인식일까. 위 지리지 기사의 성립 시기는 일단 고구려 멸망까지 언급하였으니 그 이후가 될 것이다. 국내성 천도를 한 임금을 유류왕孺留王이라 표기하였다. 《삼국사기》 고구려본기에서 유리명왕琉璃明王에 대해 '諱 類利 或云 孺留'라 하였고, 본기 기사에서 유리

설화를 전하면서 그 이름을 '類利'로 기술하였다. 《동명왕편》에서 인용한 《구삼국사기》도 동일하다. 그런 면으로 보면 '孺留王'이라 기술한 〈B〉의 기사는 《삼국사기》나 《구삼국사기》의 편찬진의 견해라고 단정하기는 어렵다. '孺留王'은 광개토왕릉비의 '儒留王'이란 표기와도 차이를 보인다. 〈B〉의 기사는 《삼국사기》 편찬 때까지 전해져 오던 여러 갈래의 고기古記 류 가운데 하나의 기사에 의거한 것으로 여겨진다. 이는 곧 《삼국사기》 고구려본기에 전해지는 천도 관련 기사들이 지리지 4의 기사에 담겨 있는 시각에 의거해 정리된 것은 아니며, 고구려 존립 당시에 지리지 4의 기사가 주장하는 시각이 천도에 관한 주된 이해체계로 정립되어 있었던 것도 아니라는 사실을 말해 준다.

이 밖에 《삼국유사》 왕력王曆의 고국원왕조에서 "壬寅八月 移都安市城 卽丸都城"이라 하였다. 즉 동왕 12년 임인년 8월에 안시성, 즉 환도성으로 천도하였다고 하였다. 그런데 여기에서 안시성을 환도성이라 한 것은 《신당서》 고려전에서 압록강 하류의 (서)안평성을 안시성이라 잘못 기술한 착오를 그대로 인용하고 이를 환도성과 동일한 곳으로 이해함에 따른 잘못이다.3 즉 《신당서》가 편찬된 11세기 이후에 생긴 오류이다.

〈C〉《삼국지》 동이전 고구려조의 천도 관련 기사

고구려는 … 환도 아래에 도읍을 두었다. … 건안 연간에 공손강이 이를 공격하여 그 國을 파괴하고 읍락을 불태웠다. 발기가 형인데도 왕위를 잇지 못한 것을 원망하여 소로가와 함께 각각 하호 3만 구를 거느리고 공손

---

3 武田幸男, 〈丸都·國內城の史的位置〉, 《高句麗史と東アジア》, 1989.

강에게 가 항복하고 비류수유역에 돌아와 거주하였다. 이이모는 다시 새로운 수도를 건설하였으니(更作新國) 지금 소재한 곳이 그것이다. 발기는 마침내 요동으로 가 버렸고, 그 아들이 고구려에 남아 있으니 지금의 고추가 박위거가 그 사람이다. …

건안(建安: 196-220) 연간에 '國(수도)'이 공손강(204년에 요동후遼東侯, 220년 무렵 사망)의 침공으로 파괴되는 등 타격을 입어, 이이모가 '갱작신국更作新國'하였다고 전한다.

이《삼국지》고구려전의 기사는《삼국사기》고구려본기 산상왕 2년과 13년 조의 기사와 통한다. 후자의 기사는 198년에 환도성을 쌓기 시작해 209년 성이 완성되자 공식적으로 그곳으로 천도하였음을 전한다. 또한《삼국지》고구려전의 기사가 유리왕 22년조의 기사와 부합할 경우도 고려해 볼 수 있겠다. 즉 A.D. 3년에 천도한 '국내 위나암성'과 환도성이 서로 다른 지역일 경우, '갱작신국'이 위나암성에서 환도성으로 옮긴 것을 나타낸다고 상정해 볼 수도 있겠다.

그렇다면 집안 지역으로 처음 천도한 시기는 유리왕대와 산상왕대 가운데 어느 때로 보아야 하나. 아니면 다른 시기로 보아야 하나. 먼저 제기된 순서에 따라 유리왕대 천도설을 검토해 보자.

2) 유리왕대 천도설 검토

위에 나열한《삼국사기》고구려본기 천도 기사 가운데 A-②의 국내 위나암의 '국내'를 국내성과 동일한 것으로 보아, 유리왕 22년 집안의 국내성으로 천도하였다고 보는 설이다. 이 설은 일찍부터 제시되어 왔다. 〈B〉의《삼국사기》지리지 4에 기술된 기사가 그 한 예이다.

이 유리왕대 집안 천도설은 그동안 남한 학계에서 널리 받아들여져
왔다.[4] 북한 학계에서도 그러하였다.[5] 한편 중국 학계에서는 유리왕대
천도설을 고고학적 유적과 결부하여 더 구체적으로 서술하였다. 즉 유
리왕 22년 천도 직후 위나암성을 축조하였는데, 이 성이 곧 집안의
환도성(산성자산성)이며, 이 무렵 국내성을 축조하였다는 기사가 없는
것은 천도 당시 집안평야에 있던 토성을 그대로 이용하였기 때문이라
고 풀이하고, 그 뒤 고국원왕대의 국내성 축조 기사는 이 토성의 외면
에 석성을 쌓았던 것을 말한다고 보았다.[6] 1975~77년 발굴 조사에서
집안현성 벽을 10곳 끊어 그 단면을 살펴보았는데, 그 가운데 세 곳
에서(남벽 2곳, 북벽 1곳) 석성石城 안쪽에 있는 토성이 확인되었다면
서, 이 토성은 현토군 때 것으로서 고구려현의 유지로 보거나,[7] 서개
마현의 치소로 추정하기도 하였으며,[8] 또는 전국시대 연燕의 요동군이
새외塞外에 설치한 거점으로 보기도 하였다.[9] 아무튼 이 토성은 세 곳
에서만 확인되었지만 토성은 대개 현재 국내성 크기였을 것으로 추정
하였다. 유리왕대의 천도 때 평지성인 토성과 산성인 위나암성이 한
조가 되어 수도를 구성하는 고구려의 특징적인 면을 지녔다고 보았다.

---

4 李丙燾, 〈高句麗國號考〉, 《서울대학교논문집》 3, 1956(《한국고대사연구》, 1976에
   재수록) ; 金哲埈, 〈高句麗 新羅의 官階組織의 成立過程〉, 《李丙燾博士華甲紀念論
   叢》, 1956(《韓國古代社會研究》, 1975에 재수록) ; 徐永大, 〈고구려 평양 천도의 배
   경〉, 《韓國文化》 2, 1981.
5 리지린·강인숙, 《고구려사》, 1976, 사회과학출판사, 42쪽 ; 채희국, 《고구려력사연
   구》, 1985 ; 《조선통사》 상, 1987, 76쪽 ; 손영종, 《고구려사》 1, 1990, 83~84쪽 ;
   《조선단대사(고구려사1)》, 2006, 137쪽 ; 《조선단대사》(고구려2), 2006, 92~98쪽 ;
   《조선 전사》 3, 1979, 38쪽 ; 《조선전사》 3, 중세편 고구려사, 1991, 41~45쪽.
6 李殿福, 〈高句麗的丸都城〉, 《文物》, 1981-6 ; 魏存成, 〈高句麗初中期的都城〉, 《北方
   文物》, 1985-2 ; 李殿福·孫玉良, 〈高句麗的都城〉, 《博物館研究》, 1990-1.
7 集安縣文物保管所, 〈集安高句麗國內城址的調査與試掘〉, 《文物》, 1984-1.
8 孫進己·王綿厚, 《東北歷史地理》 第1卷, 1988, 323~328쪽.
9 李殿福, 〈國內城始建于戰國晚期燕國遼東郡塞外上的一個據点之上〉, 《東北史地》, 2006-3.

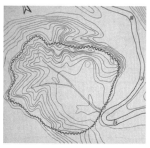

사진 | 환도산성 원경(왼쪽)과 환도산성 평면도

그리고 이어 대무신왕 11년 한의 요동태수가 침공해 오자 위나암성에 들어가 방어전을 펼치는 상황을 기술한 A-③에서 묘사된 위나암성의 면모가 집안의 산성자산성의 그것에 해당한다고 풀이하기도 하였다.l0 즉 유리왕대의 천도 기사의 사실성을 뒷받침한다는 것이다. 아울러 고구려 적석총에 대한 양식 분류와 편년에서, A.D. 1세기 초에 집안분지에 당시로선 앞선 양식의 큰 무덤으로 기단 적석총이 축조되었던 것으로 보았다.ll 문헌 기록에 대한 이해와 고고학적 성과를 결부해 유리왕대 천도설을 공고히 하였다.

한편 일본 학계에선 유리왕대 천도설을 부정하고 《삼국지》 동이전 고구려조에 따라 3세기 초 천도설을 취하고 있다. 이는 무엇보다 《삼국사기》 고구려본기 초기 기사의 신빙성을 부정하고 3세기 초 이후가 되어야 믿을 수 있는 역사 시대가 전개된다는 일본 동양사학계의 기본 시각에 따른 것이다.

자료 A-②에 입각한 유리왕대 천도설은 한·중 학계에서 그간 널리

l0 李殿福, 앞의 논문, 1981-6; 魏存成, 《高句麗考古》, 1994, 16~17쪽.
ll 李殿福, 〈集安高句麗古墓研究〉, 《考古學報》, 1980-2; 魏存成, 〈高句麗積石塚的類型和演變〉, 《考古學報》, 1987-3.

받아들여져 왔다. 그러나 과연 그렇게 보아야 할 것인지는 의문이 든다. 차례로 유리왕대 천도설의 근거를 검토해 보자.

먼저 문헌적인 측면에서 보면, 자료 A-③의 전쟁기사에서 묘사된 위나암성에 대한 내용은 사실 산성자산성(환도산성)에 대한 묘사로 보기 어렵다. 한군漢軍이 위나암성은 물이 귀한 암석의 땅이라 장기간 포위를 하면 물 부족으로 고구려군이 스스로 무너질 것이라면서 포위전을 펼치는 전술을 택하였다고 하였다. 그러나 산성자산성은 성 외부에서 바라보아도 성내에는 y자 모양의 하천이 흘러내려 남문을 거쳐 통구하로 들어가고 있음을 확인할 수 있다. 전투가 벌어졌다는 7월이면 더욱 그러하다. 집안의 산성자산성이 아니라 환인의 오녀산성이 오히려 A-③에서 전하는 위나암성 묘사와 비슷한 모습을 지닌 것 같다.12 위나암성이란 명칭은 이 이후에는 더 이상 보이지 않는다.

그 다음 A-②의 유리왕 37년조에서 전하는 바에 따르면, 왕자 여진이 익사하였는데, 그 시신을 비류인 제수가 찾으니, 그에게 상을 내렸다고 한다. 비류인 제수가 그 시신을 찾은 것으로 보아 왕자 여진은 혼강유역에서 익사하였던 것이다. 만약 그보다 앞서 유리왕 22년 집안으로 천도하였다면 이런 일은 상정키 어렵다.13

이어 고고학적 측면을 보면, 2000~2003년에 발굴 조사한 몇 지점의 국내성 단면에서 석벽 아래에서 토축이 확인되지 않았다.14 아울러

---

12 오녀산성은 于羅, 兀剌(올라)산성 등의 이름으로 불렸다. 물을 의미하는 여진어 '우라'에서 비롯한 이름으로 여겨진다. 즉 물가에 있는 산성이란 뜻이다. '우라' 음이 전해지는 과정에서 五女(우니)로 轉移되었던 것으로 생각된다. 이 '우라'와 '위나암'은 音相似의 측면에서 살펴볼 여지가 없지 않은 것 같다. 일찍이 안정복이 그런 견해를 피력하였다. 俞棨도 兀剌山城을 위나암성으로 비정하였다. "理山郡北二百七十里 有兀剌山城 在鴨淥婆猪二江間大野中 四面壁立高絶 … 俞氏棨云此古尉那岩城 按漢音兀剌與尉那同音 其言近是矣"(《東史綱目》附 下 '國內尉那岩城考')
13 김종은, 〈고구려 초기 천도기사로 살펴본 왕실교대〉, 《숙명한국사론》 3, 2003.

1975~1977년의 시굴에서 석벽 아래에 있는 토성으로 여겼던 흙더미는[5] 임진강 북안 연천군의 고구려성인 호로고루성瓠蘆古壘城 단면의 석벽 뒷면에서도 확인되었다.[16] 이것은 토성과 같은 것이 아니라 고구려 때 축성방법으로 바깥쪽의 석벽과 동시기에 쌓은 안쪽의 토축으로 여겨진다.[17] 지금까지 시행된 국내성에 관한 발굴조사에서 1~3세기 유적은 거의 확인되지 않았다.[18]

그리고 위나암성을 성산자산성(환도산성)으로 비정하였는데, 환도산성 안에선 3세기 전으로 거슬러 올라가는 유적이나 유물이 거의 확인되지 않았다.[19]

그 다음 집안 분지에서 A.D. 1세기 대에 당시로선 크고 앞선 양식인 기단적석총이 많이 축조되었다면 1세기 대에 집안 천도가 이루어졌음을 뒷받침하는 근거가 될 수 있다. 그런데 이를 뒷받침하는 구체적 근거를 확인하기 어렵다. 서대묘 부근의 파괴된 한 기단 적석총의 기저부에 있던 작은 구덩이에서 오래된 동전 뭉치가 출토된 사실을 강조하기도 한다.[20] 그 구덩이에서 전국시대의 화폐인 환전圜錢(명화전明化錢), 전한대의 반량전半兩錢, 왕망의 대천오십大泉五十과 화천貨泉,

---

14 吉林省文物考古研究所·集安市博物館編著, 《國內城》, 文物出版社, 2004.
15 주 7과 동일.
16 한국토지공사 토지박물관, 《연천 호로고루(정밀지표조사보고서)》, 1999.
17 심광주, 〈고구려 국가형성기의 성곽연구〉, 《고구려의 국가형성》, 고구려연구재단, 2005, 171~181쪽.
　한편 이런 고구려 축성법에 대한 이해가 없는 상태에서 국내성 석축 아래에 토축이 있다는 1975~1977년 보고서를 믿는 시각을 견지할 경우, 한대의 유물이 확인되지 않은 사실은, 그 토성이 한대의 현성縣城이 아니라 한문화의 영향 아래에서 고구려인에 의해 축조된 것임을 나타낸다고 풀이하기도 하였다(李新全·梁志龍·王俊輝, 〈關于高句麗兩座土城的一点思考〉, 《東北史地》, 2004-3).
18 김희선, 〈高句麗 國內城 硏究〉, 《白山學報》 87, 2010.
19 吉林省文物考古研究所·集安市博物館, 《丸都山城》, 文物出版社, 2004.
20 李殿福, 앞의 논문, 1980.

그리고 오수전五銖錢 등이 출토되었다.[21] 출토된 오수전은 전한대 주조
된 크고 두터운 형태의 것도 있고, 후한대의 전륜오수전剪輪五銖錢도
있다. 전륜오수전은 후한 장제(章帝, 76-88) 때 강족羌族의 발호에 대
응해 국경 방어를 강화하고 그에 따른 군비를 조달하고자 대량으로
주조되기 시작해, 후한 말기까지 만들어졌다. 구리의 양을 적게 들이
고 많은 수를 주조키 위해, 동전의 두께를 얇게 하고 가운데 구멍을
크게 뚫고 동전의 테두리를 깎아 내었다. 자연 동전은 작고 빈약한 형
태였다.[22] 거연한간居延漢簡에서 확인되었듯이 당시 주조된 동전은 변
경 군사들의 급료의 일부로 지급되었던 만큼,[23] 제조된 뒤 오래지 않
아 변경의 현지에 유통되었을 수 있다. 그런 면을 고려하면 전륜오수
전이 집안으로 흘러들어 온 것은 1세기 말 2세기 대였을 수도 있다.
아무튼 그것이 기단적석총의 기단부 아래에 매장되었으니, 이 기단적
석총의 축조시기는 빨라야 1세기 말 이전으로 올라가기 어렵다. 즉 집
안 분지에 기단적석총이 기원전 1세기 초 이래로 다수 축조되었다고
볼 수 있는 근거가 되기 어렵다.[24]

한편 연립식의 기단적석총인 산성하 고분군의 동대파 356호에서 출
토된 '귀가 달린 토기'가 2세기 대로 추정되는 오녀산성 제3기층(고구
려층) 출토 토기와[25] 같은 양식이어서 서로 연결되는 면을 지녔다. 이
점을 중시하여, 집안평야에 연립식 기단적석총이 2세기 대에는 출현하

21 古兵, 〈吉林省集安歷年出土的錢幣〉, 《考古》, 1962-2.
22 朱活, 〈漢錢初探〉, 《古錢新探》, 濟魯出版社, 1984.
23 米田賢次郎, 〈秦漢帝國の軍事組織〉, 《古代史講座》 5, 學生社, 1961.
24 노태돈, 〈고구려의 기원과 국내성 천도〉, 《한반도와 중국 동북3성의 역사와 문
   화》 참조.
25 遼寧省考古文物硏究所 編著, 《五女山城-1996~1999桓仁五女山城調查發掘報告》, 2004,
   72~82쪽.

였을 가능성이 제기되었다.26 즉 연립식 적석총은 묘지 면적의 효율적 이용의 필요성에 따라 생겨난 매장 방식으로서, 인구 증가 및 다수의 분묘 축조와 연관된 것이니, 2세기 대에는 집안으로 천도를 상정해 볼 수 있다는 주장이다. 그런데 이 또한 문제점이 없지 않은 것 같다. 먼저 오녀산성 제3기층(고구려층) 출토 토기가 주요 기준인데, 이것이 실제 2세기 대로 편년될 수 있을지는 좀 더 구체적인 발굴 성과가 쌓이기를 기다려 보아야 할 것이다.

집안 지역 적석총의 양식 분류와 각 양식의 성립 시기는 다각도로 많은 논의가 필요한 또 다른 큰 문제이다. 적어도 현재까지 논의에서 제기된 집안평야 기단적석총의 1세기 성립설은 《삼국사기》 유리왕 22년조의 문헌자료를 국내성 천도로 해석한 뒤, 그것에 입각해 역으로 고고자료를 편년한 듯한 면을 지닌다. 그런 만큼 그것이 유리왕대 집안 천도설을 뒷받침하는 고고학적 근거가 되기 어렵다. 그렇다면 유리왕 22년조 기사 자체는 허구일 뿐인가, 아니면 달리 해석하여야 하나. 이에 대한 검토는 뒤로 미루어 두고, 그동안 유리왕대 천도설과 쌍벽을 이루어 왔던 유력한 설인 산상왕대 천도설을 먼저 검토해 보자.

3) 산상왕대 천도설 검토

산상왕대 천도설은 위의 《삼국지》 동이전 고구려조 기사에 일차적인 근거를 두고 있다. 즉 공손강이 고구려를 공격해 수도를 파괴하고 읍락을 불지르는 타격을 가하였고, 대내적으로는 왕위계승분쟁에서 밀

---

26 강현숙, 〈고구려 적석총의 존재 양태와 그 의미〉, 한국고대사학회 정기발표회 발표문, 2011년 10월.

려난 발기와 소로부 등 일부 세력이 이탈해 요동의 공손씨에 투항하는 등 크게 혼란해지자 이이모가 "갱작신국", 즉 새로이 수도를 건설하여 천도하였다고 하였다.

이 기사와 《삼국사기》의 전승 사이에 그 내용과 기년에 차이가 있는 점 등을 거론하며 이 기사 자체의 신빙성을 부정하는 설이 발표된 바 있다.27 특히 발기와 이이모 사이의 왕위 계승분쟁에서 발기를 지원하였던 요동의 공손씨 입장에서 발기를 정통으로 보고 이이모(산상왕)가 비정통임을 나타내려고 이이모가 '갱작신국'하였다는 표현을 한 것으로서, 실제 이이모인 산상왕이 이때 천도하였던 것은 아니라고 풀이한 견해가 일찍이 제기되었다.28 그럼 〈C〉의 《삼국지》 동이전 고구려조의 기사를 구체적으로 검토해 보자.

먼저 《삼국사기》 고구려본기 고국천왕 즉위년(A.D. 179)조에서 《삼국지》 동이전 고구려조의 기사를 전재하여, 신대왕 사후 그 아들인 이이모와 발기 사이에 왕위계승분쟁이 있었고 요동의 공손강이 이에 개입하였음을 전하였다. 그리고 이어 산상왕 즉위년(197)조에서 고구려 자체 전승에 의거해 고국천왕 사후 벌어진 그 동생인 연우와 발기 사이의 왕위계승분쟁에 대해 기술하였고 요동의 공손도公孫度가 개입하였음을 전한다. 양자는 같은 사건으로서 두 왕의 즉위조에 각각 기술하였다. 이는 고구려 자체 전승과 《삼국지》 동이전 고구려조에서 전하는 왕계 사이에 한 대의 차이가 나는 점을 고려하여, 두 전승을 모두

---

27 李丙燾, 〈高句麗國號考〉, 《서울大論文集》 3, 1955: 진단학회편, 《韓國史(古代篇)》, 1959, 238~231쪽.
28 김철준, 〈고구려 신라 관계조직의 성립〉, 《이병도박사화갑기념논총》, 1958(《한국고대사회연구》, 1975에 재수록); 서영대, 〈고구려 평양 천도의 배경〉, 《한국문화》 2, 1981.

수렴하려는 의도에서 왕위계승분쟁이 각각 신대왕 사후와 고국천왕 사후에 모두 있었던 것처럼 기술하였던 것이다. 그러나 이는 별다른 의미가 없는 것이다. 요는 고국천왕이 실재하였음을 인정할 수 있느냐 여부에 있다. 중국 사서와 자국 전승 사이에 왕계상의 차이가 있을 경우, 단속적인 접촉에 토대를 둔 중국 사서의 기록보다 고구려 자체의 전승에 의거한 《삼국사기》의 기록을 따라야 옳을 것이다. 구체적으로 《삼국지》와 《후한서》의 고구려전을 따를 경우, 신대왕 백고는 132년 무렵에는 재위하고 있었고 200년대에 들어 사망한 것으로 보아야 하며, 재위 기간이 70년이 넘는다. 자연 고국천왕이 존재할 수 없게 된다. 그러나 《후한서》 교현전喬玄傳과 채옹蔡邕의 《채중랑집蔡中郎集》을 따를 때 신대왕은 165년 무렵 즉위한 것으로 파악되어, 《삼국사기》의 전승과 부합한다. 《삼국사기》를 따를 때 신대왕은 재위 기간이 14년이어서, 이를 70년이 넘는 것으로 기술한 《삼국지》나 《후한서》의 기사보다 사실성을 지닌다. 이는 곧 고국천왕이 존재치 않은 것으로 기술된 중국 사서의 전승에 더 신뢰를 둘 근거가 없음을 말한다.[29] 고국천왕 사후 벌어진 연우와 발기의 왕위계승분쟁이 천도의 주요 동인이었음을 인정할 수 있다. 그리고 이때 고구려를 침공한 이가 공손도인가 그 아들인 공손강인가에 대해 두 사서 사이에 차이가 있으나, 이 점이 《삼국지》 고구려전 천도 기사의 사실성 여부를 가늠하는 데 결정적 요소가 되지는 않는다고 여겨진다.

그 다음 "更作新國"의 '국國'은 《삼국지》 동이전 고구려조에서 전하는 '국'의 용례를 볼 때 도읍을 뜻한다. 그런 만큼 이 기사는 새로이 수도를 환도산 아래에 건설했다는 뜻이다. 1906년 관구검기공비가 집

---

29 노태돈, 《고구려사연구》, 사계절, 1999, 70~75, 174쪽.

안에서 서쪽으로 17㎞ 거리의 소판석령小板石嶺에서 발견되었다. 이
비는《삼국지》관구검전에서 전하는 '돌을 깎아 공을 적어, 환도의 산
에 새겼다(刻石紀功 刊丸都之山)'는 기술에 구체적으로 대응한다. 이로
보아 환도산의 위치가 분명해졌고, 환도산 아래에 있다는 당시 고구려
수도의 소재지는 집안 분지가 된다. 환도산 아래로 천도하였다는《삼
국지》기사는 A-⑤에서 전하는 산상왕 13년(209) 환도성으로 이도하
였다는《삼국사기》전승과 부합한다. 더 구체적으로 후자에서 산상왕
2년(198) 2월 '환도성'을 쌓았고, 동왕 13년(209) 10월에 환도로 이도
하였다고 하였다. 여기에서 말하는 '환도'는 집안 분지지역을 의미하
며, 환도성은 이 지역 안에서 구체적인 지점을 가리키니, 지금의 산성
자산성이 그곳이다. 당시 집안 평야에는 다른 성지城址가 없었다.

한편 왕성인 환도성이 그 뒤 244년 관구검의 침공으로 불타버리자,
247년 '평양성'을 쌓고 민과 묘사廟社를 옮겼다. 그리고 고국원왕 12년
에도 모용황의 침공으로 환도성이 함락되고 수도가 파괴되자 '평양동
황성'으로 이거하였다. 이 두 경우에서 새로 옮겼다는 '평양성'과 '평
양동황성'의 구체적인 위치에 대해 그간 논란이 분분하였다. 두 경우
모두 〈B〉의 기사가 말하였듯이 천도의 경우는 아니며, 일시적인 이거
移居로 여겨진다. 그러면 209년에 행해진 천도가 어느 지역으로부터
집안으로 옮긴 것인가.

이에 대해 집안 분지 안에서의 천도였다고 보는 설이 제기된 바 있
다. 즉 집안현성인 국내성에서 산성자산성인 환도성으로 왕성을 옮긴
것을 가리킨다는 것이다.30 이 설은 유리왕대 국내성 천도설과 연결되

---

30 李殿福, 〈集安高句麗山城子山城調査與考察〉, 《文物考古匯編》, 1982; 魏存誠, 앞의
　　논문, 1985; 車勇杰, 〈고구려 전기의 도성〉, 《국사관논총》 48, 1993.

어 있다. 즉 유리왕대에 집안의 국내성으로 천도하였는데, 그 뒤 요동의 공손씨의 침공 위험이 커지자 평지 토성인 국내성에서 이를 방어하기 힘들 것으로 여겨 산성인 환도성을 쌓아 그곳으로 옮겼다는 풀이이다. 하지만 위에서 논하였듯이, 발굴 결과 3세기 초 집안에 평지 토성은 존재하지 않았고, 국내성인 집안현성 안에서 1~2세기 대의 유물이 거의 확인되지 않았다.[31] 유리왕대 천도설은 객관적으로 증명되지 않는다. 그리고 집안현성에서 산성자산성까지는 평지로 2.5km 떨어진 거리이다. 아무리 당시 고구려가 인구가 적고 중앙집권화가 크게 진전되지 않은 상태였지만, 이 정도 거리로 옮긴 것을 두고 한인漢人이 '갱작신국'이라고 표현하였을까. 《삼국지》 동이전은 관구검의 동방침공 작전을 준비하기 위해, 그리고 실제 작전 과정을 통해 보고 듣고 수집한 정보에 크게 의거하였다.

근래 제기된 태조왕대 집안 지역으로의 천도설도 〈C〉의 기사는 집안 지역 안에서 있었던 천도를 기술한 것이라는 시각을 나타낸다. 즉 태조왕대에 환인에서 집안 지역으로 천도가 행해졌고, 다시 3세기 초 집안 분지 안에서 환도성으로 천도가 이루어졌다고 보는 설이다. 그 가운데 한 설은 구체적인 천도 지점은 언급치 않고, 소로부에서 계루부로 연맹체장의 교체를 반영한 것이 환인에서 집안으로 천도였다고 보았는데, 이는 소로부와 계루부의 근거지가 각각 환인과 집안이라는 가정을 전제로 한 것이다.[32] 과연 그 전제가 성립할 수 있는지가 먼저 논증되어야 할 것이다.

한편 그에 견주어 구체적으로 태조왕대 천도한 지점을 집안평야의

---

31 吉林省文物考古硏究所·集安博物館, 《國內城》, 2004.
32 김종은, 앞의 논문, 2003.

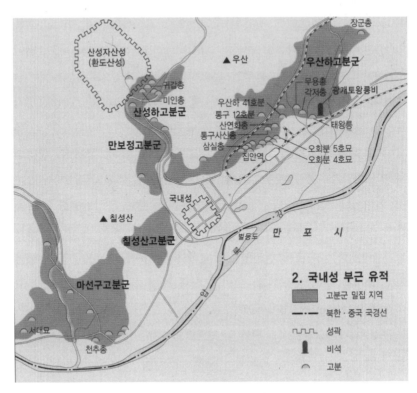

사진 2 국내성 부근 유적도

서쪽 끝부분인 마선구 일대로 비정한 설이 제기되었다.[33] 《삼국사기》
고구려본기의 태조왕대 이후 기사에서 '동'옥저, '남'해 등 방위를 나
타내는 표현을 담은 지명을 검토해 보면 그것이 환인보다는 집안을
중심으로 설정한 방위를 나타낸 것으로 여겨진다고 하였다. 그리고 고
구려가 1세기 후반 이후 태조왕대에 국가체제를 정비하면서 압록강
중상류 일대에 대한 통제와 동해안 방면으로부터 수취를 원활하게 하
고자 압록강 수로망의 요충지인 집안으로 천도했고, 집안 지역 안에서

---

33 여호규, 〈高句麗 國內 遷都의 시기와 배경〉, 《한국고대사연구》 38, 2005.

도 가장 서쪽에 위치하여 요동 방면과 접촉이 원활한 마선구 지구로 옮겼다고 보았다. 마선구 지역이 지닌 이런 지리적 위치로 말미암아 3세기 후반 서천왕 때 모용연慕容燕의 침공이나, 3세기 초 공손강이 침공해 수도[國]를 파괴하고 읍락을 불태웠던 일이 벌어지기도 하였다고 보았다. 흥미로운 상정이다.

그런데 마선구 일대에는 성지城址가 없으며, 문헌상으로도 태조왕대에 천도로 추정되는 어떠한 언급도 확인키 어렵다. 마선구 지구에서 집안현성이나 산성자산성까지는, 공손씨의 침공 위험을 피하기 위해 천도하였다고 보기에는 너무 가까운 거리이다. 그리고 마선구 일대의 고분군과 집안 지역의 여타 다른 구역 고분군 사이에 축조 양식이나 시기 면에서 뚜렷한 차이가 있는지는 계속 검토해 볼 과제이지만, 현재까지 논의로선 확인되지 않고 있다.

이러한 점들을 볼 때, 3세기 초의 천도를 집안평야 안에서 이루어진 것이라 보기는 어렵다고 여겨진다.

한편 산상왕대에 타처에서 집안으로 천도하였다고 볼 경우, 다음과 같은 의문이 제기될 수 있겠다. 《삼국사기》에 따르면 고국천왕릉과 산상왕릉은 가까운 거리에 있었다. 그리고 고국천왕은 그 왕호가 말해주듯 국천國川 땅에, 즉 집안의 우산禹山 아래 지역에 묻혔다. 이런 점은 산상왕대에 타처에서 집안 지역으로 천도하였다는 설과 부합치 않는다는 주장이다. 그런데 고국천왕 사후 벌어진 왕위계승분쟁이 천도의 주요 동인의 하나이었던 만큼, 선왕의 시신을 확보하고 장례를 주도하는 것이 신왕의 정통성 확보에 주요한 요소가 되었을 것이다. 자연 산상왕은 선왕의 시신을 모시고 새로운 도읍지에서 장사를 지냈을 것이다. 그에 따라 고국천왕과 산상왕릉의 능이 모두 집안 지역에 조영될 수 있었던 것이다.

이어 또 다른 한 견해를 살펴보자. 즉 유리왕 22년에 천도한 위나 암성을 패왕조산성霸王朝山城으로 비정하고,[34] 이곳에서 3세기 초에 관마장산성으로,[35] 또는 산성자산성으로[36] 옮긴 것이 《삼국지》 고구려전에서 전하는 '갱작신국'이라고 보았다. 패왕조산성은 혼강과 신개하가 합류하는 지점인 집안시 재원향財源鄕 패왕조촌의 동북쪽 해발 764m 산 정상부에 자리 잡고 있고, 성의 평면은 사다리꼴 모양으로 둘레가 1,260m이다.[37] 이 설에서 먼저 위나암성을 패왕조산성으로 비정할 수 있을까가 문제이다. 이에 대해선 여러 연구자들이 패왕조산성은 그 축조기술로 보아 집안의 산성자산성보다 늦은 시기인 고구려 중·후기에 축조된 것으로 보며, 패왕조산성과 그 주변 지역의 규모가 협착하여 《삼국사기》에서 전하는 바(A-②,③)와 같은 면을 상정키 어렵고, 재원향을 포함한 주변 일대에서 확인되는 적석총들이 모두 소형이라서 수도로 상정하기에 부합치 않다고 부정하였다.[38] 그 가운데 특히 마지막 견해는 위나암성이 수도로 기능한 기간을 고려한다면 중시하지 않을 수 없다. 국내 위나암 천도를 유리왕대로 상정한 견해에서는 더욱 그러하다.

그럼 어느 곳에서부터 집안으로 옮겨온 것으로 보아야 할 것인가.

---

34 孫進己, 《東北歷史地理》 卷1, 1988, 410~411쪽; 劉子敏, 〈關于高句麗第一遷都問題的探討〉, 《東北史地》, 2006-4.

35 孫進己, 《東北歷史地理》 卷2, 1989, 38~39쪽.

36 曹德全, 〈"新國"與"故國"簡析〉, 《東北史地》 2004年 3期.

37 여호규, 《高句麗 城 1-鴨綠江 中上流篇-》, 集安 霸王朝山城, 97~104쪽.

38 李殿福, 〈集安高句麗山城子山城調査與考察〉, 《文物考古匯編》, 1982; 〈高句麗的都城〉, 《東北史地》, 2004-1; 〈國內城始建于戰國晚期燕國遼東郡塞外上的一個據点之上〉, 《東北史地》, 2006-3; 李健才, 〈關于高句麗中期都城几個問題的探討〉, 《東北史地》, 2004-1; 耿鐵華, 〈高句麗遷都國內城及相關問題〉, 《東北史地》, 2004-1; 王春燕·鄭霞發, 〈霸王朝山城的調査與研究〉, 《東北史地》, 2008-2.

3. 국내 위나암성과 흘승골성

1) 오녀산성과 주변 지역

　3세기 초 집안 지역으로 천
도하기 이전 시기의 수도에 관
한 언급을 담은 기록을《삼국사
기》고구려본기의 기사에서 차
례로 거슬러 찾아보면, 유리왕
22년을 전후한 기사와 대무신왕
11년조의 기사가 있다. 유리왕
22년조의 천도 기사에서 언급한
'국내 위나암성'이 집안 지역이
아님은 위에서 말한 바 있다.
'국내 위나암성'은 왕자 여진의
익사 사건이 말해 주듯 비류수
유역에 소재하였으며, 위나암성
은 '암석의 땅〔巖石之地〕'으로서

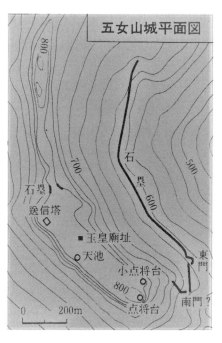

사진 3 오녀산성 정상부 평면도

'수천水泉'이 없어 보인다는 등《삼국사기》에서 전하는 그 형세 경관으
로 보아 오녀산성으로 여겨진다.39 오녀산성을 중심으로 한 환인 일대

---

39 물론 성을 둘러싼 공방전에서 水源의 존재 여부와 그것을 둘러싼 전술과 모략
　은 어느 시기 어느 지역에서나 볼 수 있는 만큼,《삼국사기》대무신왕기에 보이는
　기사만 가지고 위나암성의 소재를 추단할 수 없다는 지적은 경청할 면이 있다(姜
　維東,〈高句麗獻魚却敵傳說〉,《東北史地》, 2010-1). 그런데 환인이 집안과 함께
　고구려 초기 유적의 2대 중심지이며, 환인 지역에 상대적으로 이른 시기의 유적이
　많고, 대무신왕대에도 수도가 혼강유역에 있었다는 사실 등과 결부시켜 본다면,

는 압록강유역에서 집안과 함께 이른 시기의 적석총이 밀집해 있는 2
대 중심지이다. 오녀산의 정상부에는 평평한 대지가 있고 저수지가 있
으며 동문 부근에도 우물이 확인되어 오녀산성은 인간의 거주가 가능
한 조건을 지녔으며, 실제 발굴 결과 고구려 초기 문화층이 확인되었
다.40 그러나 산의 경사가 매우 급하기 때문에 성을 오르내리기가 어
렵다는 그 입지 조건을 고려하면, 아무리 소박한 형태일지라도 이를
평상시의 도성으로 보기는 어렵다. 이 산성은 비상시 피난 방어처로

사진 4 환인 유적 분포도

(여호규,《高句麗 城Ⅰ-압록강 中·上流篇-》, 1998, 126쪽에서 인용함)

대무신왕기의 기사는 위나암성의 소재지를 추정하는 데 의미를 지닐 수 있다고
여겨진다.
40 주 25와 동일.

주로 이용되었을 것이며, 오녀산이 신이神異한 감을 주는 특이한 위용을 보여줘 고구려가 등장하였던 이른 시기부터 회맹이나 즉위식 및 그 밖의 주요 의례를 행하는 성소聖所로 기능하였을 것이다. 그렇다면 평상시의 궁성이나 중심 거주처는 어디였을까.

이에 대해선 그동안 주목해 왔던 곳이 하고성下古城이다. 하고성은 판축기법을 사용하여 축조된 장방형의 토성으로서, 서벽 162미터, 북벽 241미터, 남벽 188미터, 동벽은 혼강에 유실되어 알 수 없으나 전체 둘레 1킬로미터 정도로 추정되며, 한대의 현성縣城으로 비정되었다.[41] 다만 한대 유물이 발견되지 않아 고구려 때 쌓은 성일 가능성도 제기되었다.[42] 하고성 안에서 고구려 토기와 귀면와鬼面瓦가 출토되어, 고구려 때 사용되었던 성지城址였음은 분명하다. 하고성과 오녀산성은 둘 다 혼강 오른편 강기슭에 있으며, 둘 사이의 거리가 대략 5km 정도이다. 하고성의 북문과 오녀산성의 서문은 멀리서 서로 바라볼 수 있다 한다.[43] 그리고 지금은 수몰되었지만 오녀산성에서 환인댐 건너 맞은편에 있는 고려묘자촌에 둥근 무기단의 초기 양식에서부터 계단식에 이르는 여러 양식의 적석총이 차례로 분포해 있다. 이들 산성, 무덤떼, 평지성이 어우러져 수도권을 구성하였다고 상정해 볼 수도 있겠다.

그런데 하고성과 고려묘자촌의 무덤떼가 강을 사이에 두고 거의 20km 가량 멀리 떨어져 있다. 평양 천도 이전의 집안이나 중고기까지

---

41 魏存城, 〈高句麗初中期的都城〉, 《北方文物》, 1985-2, 14쪽.

42 李新全·梁志龍·王俊輝, 〈關于高句麗兩座土城的一点思考〉, 《東北史地》 2004-3; 심광주, 〈고구려 국가 형성기의 성곽연구〉, 《고구려의 국가형성》, 동북아역사재단, 2005.

43 蘇長靑, 〈高句麗早期平原城－下古城子〉, 《遼寧省本溪·丹東地區考古學術討論會文集》, 1985; 王禹浪·王宏北 編著, 《高句麗·渤海古城址研究匯編》, 哈尒濱出版社, 1994에 재수록.

사진 5 망강루 6호 적석총

의 경주의 경우, 고분군은 주거지역과 인접해 있다.' 서울의 몽촌토성
이나 풍납동 토성과 석촌동 고분군의 경우도 그러하다. 그런 면에서
하고성은 고려묘자촌 고분군을 남긴 이들의 거주처로 보기에 문제점이
없지 않고, 하고성 북쪽 1.5km 지점에 1960년 조사 당시에 200여 기
의 적석석광묘가 확인되었던 고분군44과 하고성 주민과의 관계를 유의
할 필요가 있다.

　그러나 평지성과 무덤떼의 규모가 그리 크지 못하다는 점이 오녀산
성 주변의 유적을 연결하여 수도권을 상정하는 데 문제시될 수도 있
겠다. 하지만 당시 고구려의 형세를 보면, 3세기 중엽인 《삼국지》 동
이전 단계에서도 3만 호이며 수도로 집중도가 높지 않은 상황인 점을
고려할 필요가 있다. 이 시기 평지 거주처를 확인하고자 오녀산성 일

44 魏存誠, 〈高句麗初中期的都城〉, 1985.

대의 유적들에 대한 더 자세하고 구체적인 조사가 요구되지만, 현재까지 조사에 따를 때 혼강유역에서 환인 일대가 고구려 초기 유적이 가장 많이 분포하고 있는 곳임은 분명하다. 오녀산성이 유리왕 22년 이후와 대무신왕대에 고구려의 수도권의 한 부분을 구성하였던 위나암성으로 여겨진다. 그러면 '국내 위나암성'의 '국내國內'는 어떻게 보아야할 것인가.

이 '국내'를 고유한 지명을 나타내는 것으로 보아 '국내성國內城'과 동일시하고, 이를 집안으로 비정한 견해가 그간 이어져 왔던 바이다. 그러나 이 '국내'는 고유명사가 아니라 '국나國那'와 같은 말로 여겨진다.45 '那'는 그 소리(音)에 따라 '內''奴'로도 표기되며, 그 뜻을 새겨 '川, 壤, 襄, 原'으로 표기하기도 함은 익히 알려진 바이다. 즉 '국내'는 '國(나라, 수도)이 소재하는 那'라는 뜻을 나타낸 것이다. 고유 지명이 아니라 보통명사를 표기한 말이다. 이 말이 그 뒤 집안 천도 후 그곳이 오랫동안, 특히 중앙집권체제가 진전되는 시기에 수도가 됨에 따라 점차 집안 지역을 가리키는 고유명사가 되어 갔다. 특히 고국원왕 12년(334) 2월 환도성을 보수하고, 평지성으로 국내성을 처음 축조하였다.46 그 뒤 고구려가 멸망한 다음에는 그간 수도로서, 그리고 평양 천도 이후에 지녔던 3경京의 하나인 부수도로서의 기능도 상실케 됨에 따라 집안 지역을 가리키는 국내성이란 지명은 소멸되고, 산의 명

---

45 노태돈, 앞의 논문, 1999.
    Mark E Byington은 '국내'가 수도(capitol)를 가리킨다고 풀이하였다(〈고구려 1차 천도에 관한 문제들〉, 《고구려의 역사와 문화유산》, 2004 所收).
46 334년 축조한 국내성에 대해, 이는 247년 축조한 토성인 '평양성'에 석축을 덧붙여 세운 것이라고 보는 견해가 제기된 바 있다(李健才, 앞의 논문, 2004). 그러나 국내성 석축 아래에서 토성의 흔적이 확인되지 않았다. 김희선, 앞의 논문, 2010 참조.

칭에서 유래하여 일각에서 오랫동안 사용되어 왔던 환도가 발해 때 집안 지역을 가리키는 지명이 되었다.[47] 다시 말하자면 유리왕 22년조의 천도 기사에서 특정 지역을 가리키는 단어는 '위나암'이었다. 그러면 이 국내 위나암 지역으로 천도하였다면 그 이전의 수도나 중심지는 어디였을까.

2) 졸본과 흘승골성

주몽이 자리 잡았다는 고구려의 첫 중심지에 대해 광개토왕릉비에서는 '비류곡 홀본 서쪽 산상에 성을 쌓고 도읍을 삼았다(於沸流谷忽本西 城山上而建都焉)'고 하였다. 《위서》 고구려전에서는 흘승골성紇升骨城에 자리 잡았다고 하며, 《삼국사기》 고구려본기 동명왕 즉위조에서는 졸본에 자리 잡은 뒤 골령鶻嶺에 성곽과 궁궐을 쌓았다고 하였다. 홀본은 곧 졸본으로서, 그 뒤 고구려왕이 졸본에 가 시조묘에 제사하였다는 기사가 고구려 후기에까지 보인다. 이 졸본을 환인 지역으로 보는 데 의견이 일치한다. 구체적으로 어느 곳으로 비정할 것인가가 문제이다.

이에 대해 다음과 같은 견해가 발표된 바 있다. 《위서》에서 전하는 흘승골성과 광개토왕릉비의 **홀본 서쪽 산상**에 쌓았다는 성, 《삼국사기》에 전하는 궁성을 쌓았다는 골령 등이 모두 같은 곳으로서, 산상에 성을 쌓았다는 곳은 비류수인 혼강유역에서 가장 높은 성이고 빼어난 경관을 자랑하는 오녀산성으로 비정한다는 것이다.[48] 오녀산에 성을

---

47 《唐書》 地理志 3에 기술된 賈眈의 道理記; 《唐書》 渤海傳.
48 魏存誠, 앞의 논문, 1985; 魏存誠, 《高句麗考古》, 1994, 12~14쪽; 李殿福·孫玉良 (강인구·김영수 공역), 《高句麗簡史》, 1990, 143쪽; 李殿福·孫玉良, 〈高句麗的都城〉,

쌓고 도읍으로 삼았다는 기술은 곧 이 지역의 패자로 등장하였음을 상징적으로 표현한 것이라고 여겼다. 이런 산성과 함께 평상시 거주처로서 평지성 또는 거소의 존재를 상정하니 그곳이 바로 졸본이라고 이해하였다. 구체적으로 졸본의 위치를 오녀산성의 동편에 있는 비류수가의, 지금은 환인 댐(dam) 수몰지구의, 충적 평야로 상정하였다.[49] 나아가 앞서 살펴보았듯이 이 졸본 지역을 떠나 집안 지역으로 천도가 유리왕대에,[50] 또는 태조왕대에[51] 이루어졌다고 주장하였다. 이는 곧 환인 지역 안에서의 천도는 이루진 바가 없다고 파악하는 주장이다.

하지만 앞서 살펴보았듯이 유리왕대 집안 천도설은 성립치 않으며, 태조왕대 집안 천도설 또한 근거를 확인키 어렵다.

《삼국사기》 유리왕 22년조에서는 첫 도읍지라는 곳에서 위나암성으로 천도하였다고 하였다. 그리고 유리왕 27년조에서는 해명태자가 천도 이후 '구도舊都'에 머물러 있으면서 인접 황룡국과 외교적 마찰을 불러일으킨 사건을 기술하였다. 물론 고구려본기 초기 기사가 설화 형태로 전승되어 오다가 어느 시기에 문자로 정착되고, 그것이 다시 편년체 사서로 엮어졌다는 점을 고려하면, 이 기사가 전하는 내용이 그대로 다 사실을 반영한 것이라고 단정할 수는 없다. 하지만 전승과정에서 윤색과 첨삭이 가해졌을 수 있지만, 그런 가운데서도 '구도'에서 어떤 사달이 벌어졌다는 것 자체를 굳이 부정할 근거는 없다. 이 '구도'가 곧 주몽이 자리 잡았다는 첫 중심지 졸본이다. 이 기사는 유리

《博物館研究》, 1990-2; 여호규, 〈高句麗 國內 遷都의 시기와 배경〉, 《한국고대사연구》 38, 2005.

49 여호규, 위의 논문, 2005.
50 魏存成, 앞의 논문, 1985; 앞의 책, 1994, 14쪽; 李殿福·孫玉良, 앞의 논문.
51 여호규, 앞의 논문.

왕이 국내 위나암으로 천도한 것과 연관된 전승이며, 유리왕 22년조의
이은 대무신왕 11년조 기사와 이어지는 것이다.

주몽집단이 자리 잡은 졸본의 위치에 대해선 《삼국사기》의 주몽설
화에서 주몽이 졸본에 자리 잡은 뒤 비류수 상류로 거슬러 올라가 비
류국의 송양왕과 만나 신통술 경쟁을 벌였다는 설화를 눈여겨 볼 일
이다. 사건이 일어났다고 전하는 '비류수 상류'는 혼강으로 흘러들어
오는 부이강으로 여겨진다. 비류沸流와 부이富尒는 그 음이 서로 통한
다. 그리고 송양은 곧 소노消奴의 음(消-松)과 뜻(奴-壤)을 새긴 표현
이니 '송양왕'은 소노부의 장을 그렇게 표기한 것으로 볼 수 있다.[52]
곧 비류부 = 소노부가 된다.

졸본은 부이강과 비류수(혼강)가 합류하는 지역 일대로 그 소재처
가 비정되기도 하였다. 구체적으로 두 강의 합류점에 존재하는 나합성
螺蛤城을 졸본으로 추정한 견해가 제기된 바 있으며,[53] 이 나합성을
송양왕의 비류국 도읍으로 비정하는 설이 발표되기도 하였다.[54] 이 성
의 서쪽에 오녀산성이 존재한다. 나합성은 환인댐에 수몰되어 갈수기
때에 그 모습의 일부를 드러낼 뿐인데, 한 변 200m의 평지성으로서
쐐기형의 돌로 축조된 고구려성으로 추정되기도 하였으며,[55] 2003년
부분 시굴을 한 뒤 이를 졸본성의 유지로 추정하는 견해가 발표되었
다.[56] 그런데 나합성이 아직 본격적으로 발굴된 바 없고, 답사자마다
관찰한 견해가 달라, 여전히 그 실체는 의문으로 남는다. 노출된 석벽

---

52 李丙燾, 〈高句麗國號考〉, 1956.
53 田中俊明, 〈高句麗の前期王都 卒本の構造〉, 《高麗美術館紀要》 2, 1998.
54 조법종, 〈고구려 초기 도읍과 비류국성 연구〉, 《백산학보》 77, 2007.
55 梁志龍, 〈桓仁地區高句麗城址概述〉, 《博物館研究》, 1992-1.
56 王從安·紀飛, 〈卒本城何在〉, 《東北史地》, 2004-2.

사진 6 오녀산과 고려묘자곡 일대 지리도
(2008년 한·중 고구려역사연구 학술토론회 발표문집에
실린 王志龍의 논고에서 인용함)

이 좁고 작으며, 채집된 기와편도 근대의 유물이어서, 이를 고구려 성
지로 여길 수 있는 실물 증거가 부족하다고 토로하기도 하였다.[57] 앞
으로 정밀 조사와 발굴이 요망되는데, 현재 문헌기록에서 전하는 주몽
과 송양왕의 쟁투 설화와 그리고 유리왕 22년의 위나암 천도 기사 등
을 고려할 때 혼강과 부이강의 합류처인 나합성 일대가 졸본으로 비
정해 볼 수 있는 유력한 대상지의 하나가 된다.

한편 환인 지역에서 가장 많은 고구려 적석총떼가 있는 환인댐 수

---

57 〔補〕梁志龍, 〈關于高句麗建國初期王都的探討〉, 《卒本時期的高句麗歷史研究》(2008
　년 한·중고구려역사 연구 학술토론회 발표문집) 所收.

몰지구 안의 동쪽 기슭에 있는 고려묘자촌 일대가 졸본 후보지로 그 동안 주목되어 왔다.58 이곳은 오녀산성의 동편으로, 오녀산성과는 강을 사이에 두고 서로 마주 바라보고 있다. 고려묘자촌 고분군의 북쪽 3km 지점인 북고려묘자촌 부근에 하나의 유지遺址가 있으며, 그 유지의 인근 지점에서 댐을 건너 맞은편에 대동구大東溝 골짜기가 있고, 그곳에서 서쪽으로 가면 오녀산성 정상으로 통하는 산길이 있다고 한다. 양지룡梁志龍은 북고려묘자촌 부근의 유지가 졸본일 가능성이 크다고 추정하였다.59 환인 지역 안에서 고려묘자촌의 그것보다 큰 무덤떼는 확인되지 않는다. 고려묘자촌 무덤떼에는 소박한 원구형圓丘形 무기단 적석총부터 크고 복잡한 양식의 방단계제方壇階梯 적석총에 이르기까지 여러 양식 적석총이 250여 기가 존재하였다 한다. 무덤도 큰 것이 언덕 위에서 밑으로 강가에 이르기까지 차례로 축조되었고, 작은 무덤은 좀 떨어져 강가를 따라 축조되어 산재해 있었다 한다.60 이는 상당히 오랜 기간에 걸쳐 고려묘자촌의 적석총이 축조되었음을 말해 준다. 일단 환인댐으로 수몰된 혼강 골짜기의 고려묘자촌 일대가 졸본으로 비정되는 유력한 후보지의 하나라고 할 수 있다. 그러나 이 또한 수몰지구라서 1960년대 초 이후로는 구체적으로 확인이나 검증이 진전되기 어려운 상황이다.

아무튼 환인댐 수몰 지구에(댐의 상류 지점인 나합성 부근이나, 중간 부분인 고려묘자촌 일대에) 소재하였던 졸본에서 건국 초기의 어려운

---

58 여호규, 앞의 논문; 조법종, 앞의 논문.

59 〔補〕梁志龍, 앞의 논문, 2008.

60 〔補〕陳大爲, 〈桓仁縣考古調查發掘簡報〉, 《考古》, 1960-1; 陳大爲, 〈試論桓仁高句麗積石墓의類型年代及其演變〉, 《遼寧省考古博物館學會成立大會會刊》, 1981(《遼寧省博物館學術論文集》第1輯(瀋陽) 1949-1984, 1985 재수록).

시기를 보낸 뒤, 상황이 조금 안정되자 유리왕대에 들어와서 비교적 협애한 졸본 골짜기에서 벗어나 그리 멀리 떨어져 있지 않은 개활지開 豁地인 오늘날 환인시 일대에 속하는 하고성자 지역으로 천도가 행해 졌던 것으로 상정된다.

4. 맺음말

이상으로 고구려 초기에 있었던 전도奠都와 천도에 대해 살펴보았 다. 일단 환인 지역에서 평양 천도 이전에 오래 동안 고구려 수도였던 국내성(집안)으로 언제 천도가 이루어졌는지를 살피는 것으로 논의를 시작하였다. 《삼국사기》 고구려본기를 보면, 먼저 유리왕 22년(A.D. 3) 국내 위나암 천도 기사가 있고, 이어 산상왕 13년(A.D. 209) 환도성 천도 기사가 있다. 이 가운데 유리왕 22년설은 그동안 통설로 널리 받아들여져 왔으나, 문헌적, 고고학적으로 성립키 어려움을 논하였다. 후자는 사실로 여겨진다. 다만 어느 지역으로부터 환도성으로 옮겨온 것인가가 논란의 초점이 되고 있는데, 집안 지역 안에서 천도를 상정 할 문헌 기록이나 성곽 유적을 확인키 어렵다. 환인에서 2세기 말 3 세기 초 집안으로 천도하였고, 그 이전 시기 고구려의 수도는 환인의 오녀산성 일대로 여겨진다. 오녀산성이 곧 위나암성이며, 이 위나암성 일대로 천도한 사실을 전한 것이 곧 유리왕 22년조의 기사이다. 위나 암성으로 천도하기 전에 주몽이 자리 잡았다는 첫 근거지인 졸본이 어느 곳인가는 논란이 분분하였다. 그간 주목의 대상이 된 추정지인 나합성이나 고려묘자촌 지역이 모두 환인댐 수몰 지구 안에 있어 구체적인 조사 발굴을 할 수 없는 상황이므로 더 분명히 비정하기는 어렵다. 다만 주몽과 송양왕의 쟁투를 전하는 등의 문헌 전승에 비중을 두어 부이강과 혼강이 합류하는 지점 일대가 아닐까 하는 추정을 해 본다. 앞으로 좀 더 자세한 조사와 발굴이 이루어지길 기대하는 바이다.

제2장

광개토왕릉비의
정복전쟁 기사와 평양 천도

1. 머리말

집안의 우산禹山 아래에 우뚝 서 있는 6m가 넘는 거대한 광개토왕 릉비에 새겨진 국강상광개토경평안호태왕國岡上廣開土境平安好太王이란 고구려 19대 왕의 왕호는 세 부분으로 구성되어 있다. '국강상'은 왕 의 장지葬地 이름이며, '광개토경'은 왕이 생시에 이룩한 훈적을 압축 한 것이다. '평안호태왕'은 왕의 치세에 대한 총괄적 평가를 담은 것이 다. '태왕'은 '왕'과는 위상을 달리하는 만큼, 태왕호太王號가 이 왕이 지닌 역사성을 대표한다고 볼 수도 있겠다. 그런데 모두루牟頭婁묘지 에서 제10째 줄의 끝부분과 11째 줄의 첫 부분이 이어져 '국강상성태 왕國岡上聖太王'이 된다. 이는 곧 태왕호는 이미 고국원왕대에는 사용 하였을 가능성이 크다는 것을 말해 주는 바이다. 그런 만큼 태왕호의 사용이 19대 왕의 특징을 나타낸다고 할 수 없다. 시호諡號의 성격을 지닌 19대 왕의 왕호에서 중심을 이루는 부분은 '광개토경廣開土境'이 다. 고구려인과 후대인들이 실제 그렇게 여겼다. 《삼국사기》에서 전하는 고구려 19대 왕의 왕호가 '광개토왕廣開土王'인 것은 그런 면을 말해 준다.

광개토왕의 재위 기간은 전쟁으로 점철되었고, 《삼국사기》에서 전하는 왕의 기사도 정복전쟁에 관한 것이 대부분을 이루고 있다. 그런데 정작 광개토왕릉비에 기술된 왕의 훈적을 검토할 때, '광개토경'에 그다지 부합치 않는 면이 눈에 띤다. 먼저 그 점을 검토하고, 이어 그러한 서술을 한 의도가 무엇인가를 살펴보고자 한다.

2. 광개토왕의 정복활동

l) 64성 l400촌의 실체

광개토왕 일대를 통해 이룩한 정복과 영토 확장의 성과는 광개토왕비와 《삼국사기》 고구려본기에 기술되어 있다. 이를 기술되어 있는 연대순으로 정리해 보면 다음과 같다.

〈A〉 광개토왕비에서 전하는 정복활동과 영역 확대

영락 5년(395): 패려稗麗 공략, 3부락 6,7백영營 공파. 양평도를 거쳐 동으로 △성 력성 북풍 오비五備△ 등지를 살피고 수렵을 하며 귀환
영락 6년: 백제 정벌, 58성 7백 촌 공략, 남녀 1천인 쳬포 천 필 획득
영락 8년: 막사라성 가태라곡 남녀 3백인 노획, 식신이 조공 논사論事
영락 9년: 백제가 왜와 화통하니, 이에 왕이 평양으로 버려가자 신라가 와

구원을 요청

영락 10년: 신라에 구원군 5만 파견. 낙동강 하류까지 진격, 왜구를 대파, 신라왕이 버조來朝

영락 14년: 왜가 대방 지역을 침공하니, 평양을 거쳐 나아가 이를 대파

영락 17년: 보기步騎 5만을 파견, 대파 사구성沙溝城 루성婁城 등 6~7개 성 공파

영락 20년: 동부여 공략. 개선 때 미구루압로 등 다섯 압로鴨盧들이 왕화王化를 좇아 따라옴

무릇 공파한 성이 64개, 촌이 1천 4백이었다.

〈B〉《삼국사기》 고구려본기에 전하는 왕의 훈적

원년(392): 7월 백제를 공략, 7성 획득. 9월 북으로 거란을 정벌, 남녀 5백 명 노획, 거란에 잡혀 있던 본국인 만 명을 귀환시킴

2년: 백제의 공격으로부터 남부를 방어. 평양에 9사寺 창건

3년: 백제의 침공을 격퇴. 남부 지역에 7성 축조, 백제의 침구를 방어

4년: 패수에서 백제군을 격파

9년: 2월 연왕 모용성이 신성과 남소성 등 2성을 공략, 700리를 차지

11년(402): 연의 숙군성을 공략

13년: 燕(郡)을 공격

14년: 연왕 모용희의 요동성 공격을 격퇴

15년: 모용희가 이끈 연군燕軍의 목저성 공격을 격퇴

17년(408): 3월 북연왕 고운에게 사자를 보내 종족宗族의 예를 베풂. 북연왕이 사자를 보내 답례

| 《資治通鑑》 권113 晉紀 35 安帝 元興 3년 是歲條에선 '高句麗侵燕'이라 하였는데, 《晉書》 권124 慕容熙 載記에서 '高句驪寇燕郡'이라 하였다. 《삼국사기》의 기사는 《자치통감》을 따른 것이다. 이 무렵 燕郡은 대릉하 하류의 義縣 일대로 비정된다. 孫進己·王綿厚,《東北歷史地理》 권2, 1989, 204~207쪽.

18년: 4월 거련巨璉을 태자로 세움. 7월 동쪽 지방에 독산성 등을 축조, 평
    양의 민호를 옮김. 8월 남부지방을 순행
22년: 10월 왕이 죽음

이 가운데 논란의 대상으로 먼저 유의되는 것이 〈A〉에서 영락 20
년조에 이어 기술된 "무릇 공파한 성이 64개, 촌이 1천 4백 개이다"라
는 기사이다. 이것이 동부여 공략에서 얻은 성과를 기술한 것인지,[2]
아니면 광개토왕 일대의 성과를 총괄해서 기술한 것인지[3]를 놓고 그
간 논란이 지속되어 왔다.

이는 후자의 뜻으로 보는 것이 옳다고 생각된다. 64성 1400촌은 공
파한 뒤 영역화하였거나 영역화의 대상이 되었던 성촌들을 기술한 것
이라고 여겨진다.[4] 그렇다면 그 숫자에는 영락 6년(396) 대백제전에서
공략한 58성 7백 촌이 포함되어 있을 것이고, 그것이 광개토왕대의
전공의 주요 부분을 점함을 말하고 있다.

고구려와 백제는 4세기 중엽 이후 낙랑 대방 지역의 지배권을 둘러
싼 쟁탈전을 치열하게 벌였다. 백제는 4세기 중엽 근초고왕대와 근구
수왕대에 황주 지역에까지[5] 그 세력을 뻗쳤다. 나아가 백제가 그 이북
으로 뻗어 나가려고 시도함에 따라 고구려가 이에 반격을 가하여, 〈B〉

---

2 박시형, 《광개토왕능비》, 1966, 207~208쪽.
3 武田幸男, 《高句麗史と東アジア》, 1989, 32~33쪽; 王健群 著, 林東錫 譯, 《廣開土
    王碑研究》, 1985, 278쪽.
4 영락 6년에 공파한 58성 가운데 新來韓穢의 守墓烟戶가 차출된 성들이 다수 확인
    된다. 고구려에 병합된 이후, 이를 영역화할 때 기존 백제의 城 단위 편제가 활용
    되었음을 보여 준다(武田幸男, 《高句麗史と東アジア》, 44~56쪽).
5 황주 토성리에서 출토된 백제 토기는 그런 면을 말해 준다. 崔鍾澤, 〈黃州出土百
    濟土器例〉, 《韓國上古史學報》 4, 1990 참조.

에서 보듯 광개토왕 원년에서 4년에 걸쳐 대동강 하류에 이르는 지역 일대에서 전투를 벌였다. 이런 분쟁의 연장선상에서 〈A〉의 영락 6년 작전이 전개되었다.

광개토왕대의 전체 정벌 활동의 성과에서 영락 6년의 성과를 제외하면 6개 성과 7백 개 촌이 남는다. 이들의 분포지가 어디인지를 보면, 〈A〉의 영락 17년조 기사에서 6개 가량의 성을 공파하였다고 한다. 이때 공파된 사구성沙溝城이 사구성沙口城과[6] 동일한 성으로 여겨지고[7] 루성婁城은 영락 6년에 공파된 백제 58성 가운데 그 명칭에 '婁'가 들어간 성들과 관련이 있을 가능성이 높다는 점을 들어,[8] 이 전투는 대백제전이었다고 추정하였다. 한편 이에 대해 백제의 사구성沙口城이 처음 축조된 것이 전지왕 13년(417)이므로 서로 연대가 맞지 않음을 지적하고, 406년 모용희가 목저성을 공격해 온 것 등 후연과의 전쟁이 벌어지고 있었으므로 그에 대한 반격으로 영락 17년(407)에 대후연전을 벌였다는 반론이 제기되었다.[9] 그런데 영락 17년은 후연이 멸망한 해이다. 이해에 고구려가 대항하기 위해 보기步騎 5만을 동원할 정도의 규모로 후연군이 고구려를 침공하였다고 상정하기 어렵다. 이미 406년 거란 원정과 목저성 공격이 실패한 이후 후연이 매우 혼란한 상태에 빠졌고, 407년에 멸망하였다. 또한 407년에 고구려가 5만을 동원해 후연을 공격하였다면, 이미 후연이 멸망의 위기에 빠진 상태이

---

6 《三國史記》 百濟本紀 腆支王 13年. 秋七月徵東北二部人年十五以上 築沙口城 使兵官佐平解仇監役.

7 손영종, 〈광개토왕능비를 통해서 고구려의 영역〉, 《력사과학》 118, 1986.

8 李基東, 〈廣開土王陵碑文에 보이는 百濟 관계 기사의 검토〉, 《백제연구》 17, 1986.

9 고구려연구회 편, 《광개토태왕과 동아시아 세계》에 수록된 李仁哲의 토론문, 2005.

므로 후연군을 대파한 뒤 계속 진격해 나가는 상황이 상정된다. 그런데 능비에서는 "還破四溝城 婁城 △△城 △城 △ △ △ △ △ △ 城"이라 하였다. 즉 적군을 대파한 뒤 군사를 돌려 사구성 등 6개 가량의 성을 공략하였다고 하였다. 이 영락 17년 전투는 후연에 대한 공략전으로 보기는 어렵다. 대백제전으로 보는 것이 옳다고 여겨진다. 자연 사구성 등 몇 개의 공파된 성들은 백제 영역에 속한 한강유역에 있었다.

그 다음 7백 개 촌의 소재지는 추정키 어려우나, 일단 영락 5년의 패려정벌전에서 공파한 6~7백 영營, 영락 8년 식신 공략전, 10년 신라 구원을 위해 출병한 낙동강 하류지역 전투, 영락 14년의 대방지역 전투, 영락 17년 대백제전, 영락 20년 대동부여전 등에서 공파한 촌락들이 그 대상으로 일단 상정될 수 있겠다. 이 가운데 식신 공략전은 남녀 3백 인 노획을 특기하고 있음을 보아 그리 큰 규모의 작전은 아니었던 듯하다. 전쟁의 결과로 식신息愼이 '조공논사朝貢論事'하였다는 것을 보아, 정복을 통한 영역화가 목적은 아니었던 것 같다. 그리고 신라구원전의 일환으로 벌인 낙동강 하류지역 전투는 해당 지역이 고구려 국경선에서 멀리 떨어진 곳이므로 영역화가 잇따라 행해졌다고 여겨지지 않는다. 영락 14년의 전투는 대방지역에 침공해 온 왜군에 대한 방어전이므로 상대를 공파해서 그 지역을 영역화한 것은 아니라고 보아야겠다. 그리고 패려稗麗공략전에서 6~7백 영의 경우, 영營이 유목민의 이동식 집 몇 채로 구성된 작은 취락으로 추정되므로 영역화의 대상인 성촌城村과는 성격을 달리한다. 이렇게 보면, 7백 촌은 그 대부분이 영락 17년의 대백제전과 영락 20년의 대동부여전의 성과물로 보아도 큰 무리는 없다고 여겨진다.

이는 곧 광개토왕대에 팽창을 통해 획득한 공간인 64성 1천 4백 촌의 소재지는 경기도 북부지역 및 황해도 남부 일부 지역과 한강유역 등의 백제 지역, 그리고 두만강유역의 동부여 지역 등이었음을 의미한다. 물론 이외에도 요하 중상류지역의 거란 집단[稗麗]과 그리고 고구려의 위력에 습복하여 조공을 바치고 정무政務를 아뢰게 된 식신息慎 부족의 거주 공간이 고구려의 세력권 아래로 귀속되었지만, 그 지역 공간과 주민이 고구려의 영역과 민으로 편제되었던 것은 아니다. 그런데 이렇게 볼 때, 새로이 병합하여 영역화한 지역이 그렇게 넓은 공간은 아니어서, '광개토경廣開土境'이라는 시호가 무색해지는 느낌이 들기도 한다. 이런 느낌이 능비의 영락 17년 정미조 기사에 대한 해석을 둘러싼 논란으로 연결되었던 바이다. 즉 이 정미조 기사는 대백제전이 아니라 대후연전을 기술한 것이라고 보는 설이 그것이다. 다시 말하자면 광개토왕대의 훈적에는 요동평야를 확보한 사실이 포함되어야 하는데 그에 상응하는 언급이 바로 정미조의 기사라는 주장이다. 하지만 앞서 언급한 것처럼 이 기사는 대백제전으로 보는 것이 옳다.

그렇다면 광개토경의 의미는 64성 1400촌으로 한정되는 것인가. 아니라면 왜 후연과의 전쟁과 요동 평야 통합에 관한 기록이 광개토왕비에 전혀 보이지 않을까. 분명 〈B〉에서 보듯 광개토왕 재위 기간 동안 후연과는 여러 차례 치열한 교전이 있었다. 후연과 요동평야를 둘러싼 쟁패전은 광개토왕대의 영역 확대와 직결되는 바이다. 이어서 이런 면에 대해서 검토해 보자.

2) 영락 5년조 기사의 함의含意

마땅히 있어야 할 대후연전 기사와 요동지역 병합 사실이 능비의 기술에 보이지 않은 이유에 대해 그간 몇 가지 견해가 제기되었다. 먼저 이에 대해 후연 공략전이 그다지 큰 성과를 낸 것이 아니기 때문에,[10] 또는 이미 오래 전에 고구려가 요동지역 대부분을 장악하고 있었고 후연의 침공은 일시적인 것에 지나지 아니하여 이와의 전쟁이 크게 영토를 넓힌 것이 되지 못하였기에[11] 기록하지 않았다고 풀이하였다. 혹은 당시 고구려가 남진정책에 주력하였다거나,[12] 장수왕대 조정이 한반도 남부에 높은 관심을 가지며 치열한 대왜의식對倭意識을 지녀 남방을 중시한 반면, 서방에 있는 중국 방면의 왕조를 무시하고 정책을 시행하였기 때문[13]이라고 보기도 하였다. 또는 요동지역 점령은 사실상 고국양왕대에 이루어진 것이어서 광개토왕대에 새롭게 개척한 의미는 없기 때문이라고 보는 해석도 제기된 바 있다.[14]

그런데 후연과의 전쟁은 상당한 기간에 걸쳐 진행되었으며, 그 결과로 영유권이 결정된 요동군은 넓은 평야를 지닌 주요한 지역이었다. 그런 만큼 후연전이 별로 큰 성과를 낸 것이 아니어서 기록하지 않았다는 주장은 수긍키 어렵다.

그 다음 광개토왕비에는 백제나 왜와의 전쟁, 신라 지원전 등이 기술되어 있는 등 남방을 중시한 면을 보여 준다. 그러나 남진책을 중시

---

10 박시형, 《광개토왕능비》, 1966, 80쪽; 손영종, 《광개토왕능비연구》, 2001, 282~283쪽.
11 이병도, 〈광개토왕의 웅략〉, 《한국고대사연구》, 1976, 384~385쪽.
12 박성봉, 〈광개토호태왕기 고구려 남진의 성격〉, 《한국사연구》 27, 1979.
13 武田幸男, 《高句麗史と東アジア史》, 211~218쪽.
14 서영수, 〈광개토왕능비문의 정복기사 재검토〉, 《역사학보》 119, 1988, 122쪽.

한다는 것이 반드시 서쪽의 중국 방면 왕조를 무시한다는 것을 의미
치 않는다. 고구려는 407년 후연 멸망 이후에도 중국 방면 왕조와 관
계를 중시하였다. 광개토왕은 408년 북연北燕 천왕天王 고운高雲에게
종족宗族의 예를 베풀었고, 고운이 이에 대한 답례를 하는 등 양국 사
이에 우호관계가 맺어졌다. 곧이어 고운이 피살된 이후에도 북연 천왕
풍발馮跋과 우호관계를 이어갔다. 408년 무렵 광개토왕은 산동반도의
남연南燕과도 수교하였다.15 북연이나 남연은 약세의 국가들로서 고구
려에 군사적 위협을 가할 수 있는 나라들은 아니었다. 후연을 이은 이
들 국가들과 우호관계 유지는 당시 화북지역 패자로서 동으로 그 세
력을 확대하고 있던 탁발拓跋 선비鮮卑의 북위北魏를 고려해서였다. 북
연과 남연을 북위에 대한 방파제로 여겼던 것이다. 장수왕이 즉위 다
음 해인 413년에, 343년 이후 70년 만에 남중국의 동진에 조공하여
교류하였던16 것도 같은 성격을 지녔다. 즉 광개토왕대와 장수왕대에
고구려는 화전和戰 양면으로 중국의 왕조들을 계속 중시하였다.

그러면 대후연전과 요동지역 병합을 언급치 않은 것을 어떻게 보아
야 하는가. 일단 요동지역을 언급한 광개토왕비의 영락 5년조 기사를
구체적으로 검토해 보자.

영락 5년조 기사는 패려 정벌을 기록한 뒤, 이어 개선하는 도정을
기술하여 "왕이 행차를 돌려 양평도를 지나 동으로 △성, 역성, 북풍,
오비△로 오면서 영토를 시찰하고 수렵을 하며 돌아왔다"고 하였다.
패려를 정벌한 뒤 돌아오는 길로 택한 양평도襄平道는 서북 방면에서

15 《太平御覽》 권359 兵部 90 障泥.
16 《宋書》 高句驪傳.

요동성(襄平:遼陽)으로 오는 길을 뜻하고, 이어 거쳐 간 북풍北豊은 요동반도의 서쪽 해안과 연접한 지역에 위치하였다.[17] 귀환로에 대한 이러한 서술은, 곧 395년 당시 요동성 이남지역은 이미 안정된 고구려의 영역이었다는 것을 말하고 있다. 그러나 이는 역사적 사실과 부합치 않는다.

이 무렵 요동지역이 고구려에 통합된 것은 다음과 같은 과정을 거쳐서였다. 즉 전진前秦에서 후연後燕으로의 교체기를 노려 고국양왕이 385년 6월 요동 현토 2개 군을 공략하여 점령하였다. 그러나 곧이어 그해 11월 후연의 모용농慕容農이 반격을 가해 와 요동지역을 다시 빼앗겼다. 후연은 평주자사 모용좌慕容佐에게 평곽平郭(지금의 개주蓋州)에 진수케 하고 방연龐淵을 요동태수로 삼아 유민流民을 초무招撫케 하는 등 요동지역에 대한 지배력 확충을 기도하였다.[18] 이후 고구려와 후연 사이에 요동을 차지하기 위한 치열한 투쟁이 전개되었다. 광개토왕 9년(400) 연왕 모용성慕容盛이 공격해 와 신성 남소성 등을 함락하고 크게 약탈한 뒤 돌아갔다.[19] 이어 이해 4월에 후연의 양평령襄平令 단등段登이 반란을 일으켰다.[20] 곧 이때까지도 후연이 양평, 즉 요양 일대를 점령하고 있었다. 아마도 고구려가 이 단등의 반란을 이용해 요동성 일대로 진출한 듯하다.[21] 나아가 402년에는 요하 건너 숙군성宿軍城을 공략했고, 404년 연군燕郡을 공격하였다.[22] 이에 대한 반격

---

[17] 武田幸男, 앞의 책, 212쪽.
[18] 《資治通鑑》 권106 晉紀 28 烈宗 中之上 太元 10년 6월 11월조.
[19] 《資治通鑑》 권111 晉紀 33 安帝 隆安 4년 2月 丙申.
[20] 《資治通鑑》 권111 晉紀 33 隆安 4년 3월.
[21] 여호규, 〈광개토왕릉비에 나타난 고구려의 對中認識과 대외정책〉, 《역사와 현실》 55, 2005.

으로 연왕 모용희慕容熙가 405년과 406년 각각 요동성과 목저성木底城을 공격해 왔으나 패퇴하였다.[23] 이를 고비로 요동벌을 둘러싼 쟁탈전은 고구려의 승리로 귀결되었다. 407년에 후연이 망하고 북연이 성립하였으며, 고구려와 북연 사이에 우호관계가 맺어져 그대로 이어졌다. 그에 따라 요하 이동지역의 영유권은 고구려가 계속 보유하게 되었다.

고구려의 요동지역 점령은 그 전왕대前王代부터 시작하였으므로, 이 지역 병합을 부왕인 고국양왕의 훈적으로 돌리어, 능비에선 이에 대한 기술을 제외하였다고 상정해 볼 수도 있겠다. 그러나 고국양왕대의 요동 점령은 짧은 기간에 그쳤고, 실제 이 지역의 점령과 영역화는 402년 무렵 이후 진전되었다고 여겨진다. 특히 평곽(蓋州, 建安城) 등 요동성 이남지역과 요동반도의 고구려 영역화는 405년 모용희의 침공을 격퇴하고 요동성 병합을 확고하게 한 이후에야 가능했던 만큼, 이는 광개토왕대의 훈적이라고 보아야 할 것이다. 그런데도 능비에선 요하 서쪽의 숙군성이나 연군 공략 등 분명 광개토왕대에 처음 행해진 전투를 포함하여 후연과의 전쟁에 관한 언급이 일체 보이지 않는다. 오히려 위에서 서술한 바처럼, 능비의 영락 5년조 기사에선 이미 이때(395)에는 요동지역이 고구려의 영역으로 되어 있었던 것처럼 기술하였다. 이는 곧 능비 건립을 주도한 이들의 의도적인 서술 회피로 보지 않을 수 없다.

광개토왕비는 왕의 위훈에 대한 객관적인 사실과 왕의 위훈 가운데 어떤 부분을 강조하여 그것이 기억되기를 희망한 당시 고구려 지배층

---

22 주 1 참조.
23 《資治通鑑》 권 114 晉紀 36 安帝 義熙 원년 정월, 義熙 2년 2월.

사진 7 광개토왕릉비

의 의지가 함께 반영된 기록물이었던 것이다.

광개토왕비는 왕의 사후 2년 뒤인 414년에 세워졌다. 이 능비는 고구려의 '국인國人'들이 보았을 것이며, 고구려 수도를 방문하는 외국인들도 보았을 것이다. 경주 호우총壺杅塚에서 발견된 청동 그릇 호우壺杅는 능비 건립 뒤에 벌인 제례를 기념하기 위해 만든 것으로서, 국내성에 와 참례하였던 신라사신에게 기념으로 사여한 것이었다. 능비를 통해 이런 과정을 표현한 고구려 조정의 의지는 국내외인들에게 전해지게 되었을 것이다. 그러면 구체적으로 어떤 의식이 영락 5년조에 반영되었을까.

먼저 대후연전을 기술치 않은 것은 능비 건립 당시 대내외적 상황

을 고려해서였다고 여겨진다. 앞에서 언급하였듯이 이 무렵 고구려는
후연을 이은 북연과 우호적 관계를 유지하고 있었다. 당시 서쪽으로부
터 동으로 팽창해 오고 있던 탁발拓跋 선비鮮卑가 세운 북위北魏의 공
세에 직면하고 있던 북연은 오히려 고구려가 지원하여야 할 대상이었
다. 이런 상황에서 후연과 벌인 격렬한 전쟁을 회상시키고, 후연을 공
파해 그 영토를 차지한 것을 과시하는 기록을 하여, 북연으로 하여금
고구려에 위협을 느끼게 하는 것은 바람직하지 않다고 판단하였던 것
같다. 그리고 대내적으로는 대후연전의 전공 과시는 요서 방면으로 진
출코자 하는 고구려 국인들의 욕망을 자극하는 일이 될 수 있는데, 이
는 장수왕대의 조정이 원하지 않는 바라 하겠다. 그래서 대후연전에
관한 언급을 피하고, 영락 5년조에서 요동지역은 이미 그전에 고구려
의 영역이 되어 있었던 듯이 표현하였던 것이다. 이런 표현에는 곧 요
하 동쪽지역을 고구려의 세력권(천하)으로 여기는 의식이 개재되어 있
다고 여겨진다.[24]

광개토왕비에는 이어 영락 6년 이후 여러 정복 사실들이 차례로 기
술되어 있다. 그것은 이미 형성되어 있던 요하 이동 고구려의 천하를
교란하는 불궤不軌한 무리들을 대왕이 군대를 친히 이끌고[躬率] 또는
파견하여[敎遣] 정토하였다는 형식을 취하였다. 그런데 실제로는 광개
토왕대 정복활동의 결과로 요하 이동 고구려 세력권(천하)이 형성되었
던 것이다.

---

24 여호규, 위의 논문, 2005.

3. 정복전쟁 서술과 평양 천도의 연관성

고구려 세력권의 구축 과정에서 유의할 점은, 앞 장에서 언급하였듯이, 광개토왕대 종반 이후에는 요서지역으로 진출을 도모하지 않았다는 사실이다. 그에 따라 실제적인 대외팽창은 한반도 쪽으로 주로 추진되었다. 그런 가운데서 자연 평양 지역에 대한 관심이 커지게 되었다.

평양은 광개토왕대 이전부터 고구려 남녘의 주요 성이었다. 고국원왕이 371년 백제군의 침공을 맞아 평양성에서 교전을 벌이다 전사하였으며, 377년에도 백제군이 평양성을 공격하였다. 이는 평양이 주요 군사적 거점이었기에 일어난 일들이다. 광개토왕대에 들어서 393년 평양에 9개의 절을 세웠다. 당시 불교는 국가불교, 왕실불교의 성격을 지녔고, 절은 수도나 도시에 건설되었다. 아홉 개의 절을 집중적으로 지었다는 것은, 평양이 그동안 도시로서 상당한 성장을 해 왔다는 사실과, 평양을 남녘을 향한 거점으로 육성하겠다는 고구려 조정의 정책적 의지를 말해 준다. 이어 이듬해 "남부 지역에 7개 성을 쌓아 백제에 대비"하였는데, 이는 평양 지역의 방어력을 높이기 위한 조처이기도 하다. 광개토왕릉비에 따르면 영락 9년 백제가 맹서를 어기고 왜와 화통하자 왕이 평양으로 나가니, 신라가 와서 구원을 요청하였다 한다. 영락 14년에도 왜가 대방 지역에 침투하자 평양을 거쳐 나아가 이를 격파하였다. 평양이 남진의 군사적 거점이었음을 보여 준다. 409년 7월에는 나라 동편에 독산성 등 6개 성을 쌓고 평양의 민호를 옮겼다. 이는 평양 지역의 토착 세력 일부를 옮김으로써 이 지역에 대한 조정의 장악력을 강화하려는 조처로 여겨진다. 이어 8월에 왕이 남부

사진 8 5세기 고구려 수도 평양성

지역을, 즉 평양을 둘러싼 남쪽 일대를 순수하였다.

　이런 일련의 조처가 모두 평양 천도를 전제로 취해진 것이라고 추단할 수는 없다. 하지만 현상적인 면에서 보면 광개토왕대에 평양을 정치적, 군사적 거점으로 육성하는 조처가 취해졌음을 확인할 수 있다. 광개토왕 재위 후반부에는 내외 정세로 볼 때 조만간 천도 문제가 제기될 수밖에 없는 상황이었다. 당시 고구려는 서로는 후연을 격파하고 요동벌을 확고히 차지하였으며, 나아가 북연과 우호적 관계를 맺어 서부 방면의 대외정세를 안정시켰다. 남으로는 백제를 압도하여 한강 유역에 깊숙이 세력을 뻗쳤다. 이제 수도가 외침의 위험에 대처하기

위해 계속 산간의 방어도시적 성격을 띨 필요가 없어졌다. 그간의 수
도였던 국내성(集安)은 협착하고 교통이 불편하여, 그 입지가 대국의
수도로서 적합하지 않게 되었다.

천도를 고려한다면 두 방향에서 그 후보지를 찾을 수 있다. 하나는
요동 방면에서, 다른 하나는 한반도 방면에서 찾는 것이다. 전자를 취
한다면, 뒷날 건주 여진의 청나라가 그러하였듯이, 요서 쪽을 거쳐 북
중국 방면으로의 진출을 적극 모색한다는 의도를 동반한 선택이라 할
수 있다. 그런데 광개토왕대 후반 고구려는 앞서 보았듯이 북연과 우
호관계를 맺어 북위 세력의 동진에 대응해, 서부 방면의 대외적 안정
을 도모하는 정책을 취하였다. 이러한 면은 장수왕대에도 이어졌다.
이는 곧 서진을 계속하지 않겠다는 의지의 표방이며, 동시에 천도의
방향을 남으로 정하겠다는 뜻을 나타낸 것이다.

427년 평양 천도가 행해졌다. 343년의 평양동황성平壤東黃城으로의
이거는 전란 후 취한 응급 조처였지만, 427년의 평양 천도는 평상시
계획된 천도로서, 광개토왕 사망 뒤 15년 만에 행해졌다. 이때의 평양
성은 대성산성과 안학궁安鶴宮 터 일대로 여겨진다. 대성산성의 축조,
안학궁성과 주변 시가지의 건설 등은 오랜 기간이 소요되는 대규모
공사였다. 아마도 광개토왕 말기에는 평양 천도 계획이 제기되었을 가
능성이 있다. 장안성長安城 건설이 552년에 처음 입안되어 34년 만인
586년에 천도가 이루어졌다는 사실을 고려하면, 그 개연성은 크다고
할 수 있다.

고구려 중심부를 한반도 안으로 옮긴 평양 천도는 고구려사의 성격
에 큰 영향을 주는 획기적 계기가 되었다. 평양 천도는 장수왕대에 결

행되었지만, 그것이 행해질 수 있는 환경과 기반이 조성된 것은 광개토왕대부터였다. 이 면은 광개토왕대의 정복활동이 한국사 전개에 끼친 주요한 의의이기도 하다.

4. 맺음말

광개토왕에 대해 한국인이 지닌 이미지는 위대한 정복군주상이다. 그러나 그 정복의 구체적인 내용과 의의에 대해서는 제대로 밝혀지지 않은 듯하다. 광개토왕의 실제 정복활동이 무엇이었으며 그것이 광개토왕릉 비문에 어떻게 반영되어 있는가. 이 면을 살피기 위해 광개토왕릉비에서 대왕의 치세 동안 거둔 전과戰果로 기술된 '64성 1400촌'의 실체가 무엇이며, 왜 대후연전과 그 성과에 대한 언급이 빠졌는가를 고찰하였다. 64성 1400촌은 주로 백제를 공략하여 획득한 지역이었으며, 후연으로부터 빼앗은 지역은 이에 포함되어 있지 않았다. 광개토왕릉비는 대후연전의 전과를 408년 이후의 상황 전개를 고려하여 의도적으로 기술치 않았다. 이는 곧 광개토왕릉비문이 대왕의 훈적에 대한 객관적인 사실과 대왕의 위훈 가운데 어떤 부분이 기억되기를 희망한 장수왕대 고구려 조정의 의지가 함께 반영된 기록물이었음을 말해 준다.

대왕의 정복활동을 통해 구축된 고구려 세력권(천하)은 '대왕국토大王國土'인 영역과 공납지배貢納支配를 한 집단들 및 조공국으로 구성되었고, 그런 천하를 구축하는 정복활동 과정에서 고구려 지배층은 한반도 남부지역의 백제와 신라 주민 및 동부여인에게 동류의식同類意識을 지니게 되었다. 그리고 광개토왕대 정복활동의 성과를 토대로 427년의 평양 천도가 행해졌다. 평양 천도는 고구려사의 발전과 특성 형성에 지대한 영향을 끼친 획기적인 사건으로서, 결과적으로 광개토왕대의 정벌활동이 낳은 가장 큰 성과라고 할 수 있다.

제3장

중국 남북조와의 조공책봉관계를 통해서 본
고구려국의 성격

1. 머리말

조공책봉관계는 전근대시기 동아시아 국제관계를 나타내는 제도로 일찍부터 주목을 받아 왔다. 그러나 그 구체적인 성격에 대한 이해에 선 여전히 학인들 사이에 의견 차이가 큰 것이 현실이다. 사실 조공책봉관계는 장기간에 걸쳐 중국의 왕조와 이웃 나라들 사이에 있었던 만큼, 그 구체적인 양상에선 다양한 면을 나타내었다. 그에 따라 특정 시기 특정국가들 사이의 사례를 일반화하여 조공책봉관계의 성격으로 규정하여 논할 경우, 그것은 논란을 불러일으키기 십상이다. 그런 면과 함께 유의할 것은, 조공책봉관계를 행한 중국왕조의 이념적 지향과 실제의 사실 사이에 괴리가 있을 수 있다는 점이다. 전자의 논리에 따라 기술된 중국사서의 기사를 그대로 사실로 여겨 조공책봉관계를 이해할 경우, 그것은 실제와는 다른 허상이 될 수도 있는 것이다. 그리고 간과할 수 없는 점은, 국제관계를 기술하는 주요 용어와 개념은 전근대 시기의 그것과 근대의 그것이 비록 같은 글자로 표기되었더라도 그 실제 의미하는 바는 다를 수 있다는 사실이다. 가령 조공책봉관계 아래에서 피책봉국을 가리켜 중국왕조 기록에서 '속국屬國'이라고 하였을 경우와 근대 국제관계에서 '속국'이라고 하였을 경우는 그것이 실제 의미하는 바가 다를 수 있다.

이런 면들을 염두에 두고, 이 장에서는 5~6세기에 중국의 남북조와 조공책봉관계를 맺었던 고구려국의 성격을 어떻게 보아야 할 것인지를 살펴보려 한다. 근래 중국학계에서 고구려사가 중국사에 속한다는 주장을 하면서, 그 주요 논거의 하나로 조공책봉관계를 들고 있다. 즉 피책봉국 고구려가 중국왕조의 **지방정권**이었다거나, 종속국이었다는 주장이 그것이다. 이 장에서는 이에 대한 비판에 초점을 두어 살펴보고자 한다. 책봉국과 피책봉국 사이의 교섭의 실상을 파악키 위해선 책봉국인 중국왕조 측의 이념적 지향성을 담은 기록 외에, 피책봉국의 시각이나 제3국의 관점이 반영된 기록을 살필 필요성이 있다. 하지만 그런 기록이 전해지는 바가 별로 없어, 나머지 다른 간접적인 자료를 통해 그 면을 살펴서 보완코자 한다.

2. 피책봉 관작과 지방정권론

먼저 5세기에서 6세기 전반에 걸친 시기에 고구려와 중국의 남북조 사이에 장기간에 걸쳐 행해진 조공 책봉관계에 의거해, 이 시기 피책봉국 고구려의 위상을 중국왕조의 지방정권, 또는 변강邊疆소수민족 지방정권이었다고 규정한 견해가 제기되었다. 이 견해는 기본적으로

중국사의 범위에 대한 논의라든가, '**중화민족론**' 등에 바탕을 둔 것이
다. 구체적으로 고구려는 한漢의 현토군에서 발흥하였고, 그 영역이
한의 5군의 범위를 벗어나지 못하였으며, 시종 중국왕조의 관할을 받
았고, 책봉 벼슬을 고구려왕이 감수甘受하여 고구려가 중국왕조의 지
방정권이라는 점을 스스로 인정하였음 등을 근거로 들었다.[1] 이런 주
장에 대해 먼저 제기될 수 있는 반문은 당시 조공책봉관계에 있던 나
라가 여럿인데 왜 고구려만 지방정권이냐라는 것이겠다.

　그 점에 대해 다음과 같은 시각이 주장되었다. 즉 역사상 모 정권
의 귀속은 그 정권이 어느 국가의 중앙정권과 정치상 예속관계를 가
졌던가를 주요 근거로 삼아야 한다고 하면서, 고구려는 중국왕조의 책
봉을 받았고 또 그 지방의 관직에 임명되었기 때문에 그 성격이 단순
한 번속국藩屬國이 아니라 기미주羈縻州적인 성격도 지녀, 양자의 중간
적 존재로 볼 수 있다고 하였다.[2] 즉 고구려를 지방정권으로 보아야
할 구체적인 근거로 양자 사이에 있었던 조공책봉관계와 함께 고구려
왕에게 준 책봉 벼슬에 중국왕조의 중앙과 지방 관직이 포함되어 있
음을 강조하였다. 지방관직을 띠었다는 것은 곧 고구려가 '중앙 황조皇
朝'의 명을 받아 해당 지방을 다스리는 지방관임을 말해 준다는 것이
다.[3] 그리고 '세계 역사에서 독립한 한 국가의 원수가 스스로 다른 한
나라의 중앙과 지방의 관직을 접수하기를 바라는 사례가 있는가'라고

---

[1] 李大龍의 글은 이러한 주장들을 집약해서 제시한 것이라 할 수 있고, 많은 중국학
　자들이 제기한 지방정권론에 대한 정리는 孫泓의 글이 참조가 된다.
　李大龍, 《古代中國高句麗史叢論》第2 政治篇 5章 (1) 高句麗是我國歷代王朝的地方
　政權, 2001, 255~265쪽; 孫泓, 〈고구려 귀속에 관한 중국학자들의 연구에 대한
　종합적 연구〉, 《高句麗의 正體性》, 고구려연구회, 2004.
[2] 孫進己, 〈중국 고구려사 연구의 개방과 번영의 6년〉, 《고구려의 역사와 문화 유
　산》(한국고대사학회, 서울市政開發研究院 編), 2004, 121~122쪽.
[3] 孫進己, 《東北民族史研究(一)》, 中州古籍出版社, 1994, 282쪽.

반문하면서, 고구려를 독립국가로 볼 수 없다고 하였다.[4] 그럼 이 점에 대해선, 먼저 당시 남북조가 고구려왕에게 준 책봉호의 예를 살펴보자.

(A) 宋 武帝 永初 元年(420), 持節都督營州諸軍事征東大將軍高句麗王樂浪公.
　　武帝 永初 3年(422), 使持節都督營・平州諸軍事征東大將軍散騎常侍高句麗王樂浪公.
　　宋 孝武帝 大明 7年(463), 使持節都督營・平州諸軍事車騎大將軍散騎常侍開府儀同三司高句麗王樂浪公.
　　南齊 鬱林王 隆昌 元年(494), 使持節散騎常侍都督營・平二州諸軍事征東大將軍高麗王樂浪公.

(B) 北魏 太武帝 太延 元年(435), 都督遼海諸軍事 征東將軍 領護東夷中郎將 遼東郡開國公 高句麗王.
　　孝文帝 太和 16年(492), 使持節都督遼海諸軍事征東將軍領護東夷中郎將遼東郡開國公高句麗王.

이 가운데 463년에 송에서 고구려왕에게 준 책봉 벼슬을 보면, '사지절도독영 평주제군사使持節都督營・平州諸軍事'는 지방 관직이다. '거기대장군車騎大將軍'은 관품에 해당하며, '산기상시散騎常侍'는 본직과는 별도로 황제와의 친밀도와 개인적 신뢰를 나타내는 가관加官으로 제수된 중앙관직이고, '개부의동삼사開府儀同三司'는 훈작勳爵이라 할 수 있다. 고구려왕은 작爵이고 낙랑공樂浪公은 허봉虛封의 작爵이다. 그리고 492년 북위에서 준 책봉호를 보면, 그 가운데 '사지절도독요해제군사使持節都督遼海諸軍事'는 지방관직이며, '정동장군征東將軍'은 관품이고,

4 孫進己, 〈高句麗와 中・韓의 關係 및 歸屬〉, 《高句麗의 正體性》(고구려연구회 편), 2004, 47쪽.

'영호동이중랑장領護東夷中郎將'은 지방관직이며, '요동군개국공遼東郡開
國公'은 허봉虛封의 작에, '고구려왕高句麗王'은 본국왕작本國王爵에 해
당한다. 남북조 모두에서 주어진 책봉호는 그 구체적인 내용에선 차이
가 있으나, 구성 요소 면에선 동일하였다. 즉 지방 또는 중앙의 관직
과 관품 및 작을 포함하고 있다. 그런데 남북조가 고구려왕에게 자국
의 중앙과 지방의 관직을 사여하였고 고구려왕이 그것을 받아들였으
니, 이는 양측 모두가 고구려왕이 중국왕조의 신하이며 고구려가 중국
의 일부임을 인정하였음을 나타낸다고 해석하였다. 즉 중국왕조는 요
해遼海 요동지역의 통치를 담당하는 신하로 고구려왕을 봉하였고, 고
구려왕은 그에 상응한 의무를 분담하여 북위 황제를 대신하여 이 지
역을 다스리고 정기적으로 중앙에 조공하였다는 것이다.5 그리고 백제
에 대한 남조의 책봉호에서 고구려와는 달리 '백제제군사百濟諸軍事'로
되어 있어, 그 군사적인 도독구都督區가 중국의 군현이었던 지역, 즉
'내지內地'가 아니라 이족夷族 구역임을 분명히 하고 있으며, 백제나
신라 및 왜의 책봉호에는 고구려의 경우에 보이는 '낙랑공'이나 '요동
군공'과 같은 작호와 책봉국의 중앙관직과 지방 관직이 포함되어 있지
않았던 점을 지적하였다. 그래서 백제는 중국왕조의 '속국'이었지만,
지방정권은 아니라는 것이다.6 즉 백제나 신라 및 왜와는 구분되는 성
격을 지녔던 이 시기의 고구려는 중국왕조의 지방정권적인 성격을 지
닌 존재였다고 강조하였다.

---

5 耿鐵華,《中國高句麗史》, 2002; 박창배 역,《중국인이 쓴 高句麗史》상, 고구려재
　단, 2004, 355쪽.
6 이런 주장은 중국학자들에 의해 1980년대 이후 꾸준히 제기되었다. 그것에 대한
　연구사적 정리는 다음 글 참조.
　孫泓,〈고구려 귀속에 관한 중국학자들의 연구에 대한 종합적 연구〉,《高句麗의
　正體性》, 2004.

확실히 이 시기 중국의 남북조가 그 주변국의 군왕에게 부여한 책 봉호에는 위에서 보듯 책봉국의 관직이나 관품과 관작이 포함되어 있어 그전 시기와는 다른 면을 보여 준다. 그런데 이 점이 피책봉국의 성격을 나타내는 것인지, 아니면 근본적으로는 이 시기 책봉국의 내부 사정에서 기인한 변화인지를 살펴볼 필요가 있다. 이 면을 파악키 위해선 중국왕조에 의한 조공책봉제도의 변전 과정을 이해해 볼 필요가 있다.

위진魏晉 이래로 외국의 군장에 대한 책봉에서 피책봉자는 흔히 '모 국왕某國王'으로 봉해져 그들 사이에 차이가 없어졌다. 그 대신 중국왕 조의 관직과 같은 관함을 더 주어 피책봉국들의 서열화를 도모하려 하였다.[7] 이는 중국왕조의 세력이 크게 약해진 상황에서 왕작王爵에 대한 피책봉국 군장의 강한 요구를 수용하면서 다른 일면으로는 그것 의 의미를 공허케 하고, 내신의 관위를 통해 서열을 부과하는 식이었 다. 이는 일단 외형상 '외신의 내신화'[8]의 면모를 나타내었다. 한편 당 시 중국왕조 안에서는 지방호족의 세력이 강성해져 분권적인 성향이 강해졌다. 이들 호족세력을 포섭, 통할하기 위해 중앙정부는 이들 세 력의 자율성을 일정하게 인정하였다. 호족세력 출신이 많이 임용되었 던 지방관에게 군사적인 자율성을 인정하는 조처가 취해졌다. 그전에 는 민정관이었던 자사剌史에게 군사권을 인정하는 '도독都督 제군사諸 軍事'의 칭호를 겸대兼帶케 함이 그것이다. 나아가 황제의 부절符節을 받아 독자적으로 군사권을 행사할 수 있는 권한을 등급지어 표시한 '가절假節' '지절持節' '사지절使持節' 등을 부여하게 되었다. 이와 같은

---

7 高明士, 〈從天下秩序看古代中韓關係〉, 《中韓關係史論文集》.
8 谷川道雄, 〈東アジア世界形成期の史的構造〉, 《隋唐帝國と東アジア世界》(唐代史研究會編), 汲古書院, 1979, 103쪽.

중국 안의 주진州鎭의 장관에게 관직을 수여하는 형식이 피책봉국의
군장에게 주는 중국왕조의 책봉호에 반영되게 되었다.9 또한 그러한
형식의 책봉호는 4세기에 들어 북중국에서 앞다투어 일어나던 5호16
국 사이의 관계에서 그중 대국大國의 '황제'가 소국小國의 '왕'에게 주
던 책봉호에 적용되었고, 나아가 그런 형식이 중국 밖의 나라들의 왕
에 대한 책봉호에 반영되었다는 지적 또한 의미를 지닌다.10 구체적으
로 355년 고구려왕에 대한 전연前燕의 책봉호가 그러한 초기의 예이
다.   즉 '영주제군사정동대장군영주자사낙랑공고구려왕營州諸軍事征東大
將軍營州刺史樂浪公高句麗王'이 그것이다. 그런데 여기에서 영주는 실제
당시 고구려왕의 지배 아래 있었던 지역이 아니었고, 또 이 책봉호는
영주 지역에 대한 관할권의 부여와는 전혀 무관한 것이었다. 413년
동진東晋이 장수왕에게 준 책봉호인 '사지절도독영주제군사정동장군고
구려왕낙랑공使持節都督營州諸軍事征東將軍高句麗王樂浪公'에서도 영주제군
사營州諸軍事가 보이는데, 당시 영주가 동진과 무관한 북연의 지역이
니, 이 역시 허직虛職일 뿐이다. 곧 고구려왕에게 주어진 책봉호에는
당시 성행하던 중국왕조의 지방관이나 5호16국 사이에 주어지던 관작
의 형식만 반영된 것이다.

이런 양식의 책봉호 수여는 남북조시대에 들어서 일반화했다. 463
년 장수왕에 대한 송宋의 책봉호에 '사지절도독영평주제군사使持節都督
營·平州諸軍事'가 포함되어 있다. 이 경우에서도 당시 영주와 평주는
북위의 영역이었으므로 송의 지배력이 미치는 지역이 아니었고, 이 관
직을 통해 고구려가 이들 지역에 대한 지배권을 행사할 수 있는 것도

9 堀敏一, 《中國と古代東アジア世界》, 1993, 139쪽; 金鍾完, 〈高句麗의 朝貢과 冊封
　　의 성격〉, 《高句麗史의 正體性》, 2004.
10 窪添慶文, 《魏晋南北朝官僚制研究》, 2003, 351~361쪽.

아니었다. 이 관직은 송이 북위의 동북방 영역인 영주·평주의[II] 군사권을 고구려에 인정한다는 조처를 취하여, 북위를 견제하려는 의도를 담은 데에 의미가 있을 뿐이다. '거기대장군산기상시개부의동삼사車騎大將軍散騎常侍開府儀同三司'의 관함도 앞서 말한 바처럼 '외신外臣'들 간의 서열화를 위해 '내신內臣'의 관직과 관품 및 훈작을 사여한 것으로, 이를 통해 송의 조정이 피책봉국들 가운데 고구려를 어느 정도 중요시하여 평가하고 있는가를 나타낼 뿐이다. 관함 자체가 고구려왕의 관직으로서 실제 어떤 의미도 지니고 있다고 볼 수는 없다. '낙랑공樂浪公'의 경우도 고구려의 지배 지역의 일부가 과거 중국왕조의 군현이었던 낙랑군 지역이라는 사실을 연상시키는 허봉虛封의 작爵일 뿐이다.

이런 면은 같은 시기 장수왕에 대한 북위의 책봉호에서도 찾아볼 수 있다. 435년에 있은 북위의 책봉호에 보이는 '도독요해제군사都督遼海諸軍事'는 막연히 요해遼海, 즉 발해만 일대 지역에 대한 군사권 인정이라는 정도의 의미뿐이다. '정동장군征東將軍'은 관품이며, '영호동이중랑장領護東夷中郎將'은 동이東夷에 대한 고구려의 관할권을 인정하는, 달리 말하자면 이 방면에 대한 고구려의 우월적 위치를 북위가 인정한다는 정도의 의미를 담은 관직 수여였다.[12] 그리고 '요동군개국공

II 당시 영주는 요서의 朝陽이고, 평주는 灤河 하류지역이었다.
12 盧泰敦, 《高句麗史研究》, 435쪽.
　당시 북위의 관직인 '동이중랑장'과 '동이교위'에 대해 다음과 같은 더 자세한 논급이 제기되어 주목된다. 즉 동이교위는 요서 영주와 시라무렌하 방면의 유목민을 회유 控制하였고 동이중랑장은 요하 이동의 東夷 諸國에 대한 관할권을 지녔던 것으로서, 5세기 대 장수왕에 대한 북위의 책봉호에는 동이중랑장이 포함되어 있었다. 그러다가 5세기 말 이후 그간 북위인으로 임명되었던 북위의 동위교위가 더 이상 임명되지 못하였다. 이는 실제로 고구려의 세력이 거란을 석권하였기 때문이며, 그 뒤 519년 문자왕이 죽자 북위는 동위교위로 추증하고 그 이후 고구려왕의 책봉호에 이것이 포함되었다는 것이다(윤용구, 〈고대 중국의 동이관과 고구려〉, 《역사와 현실》 55, 2005). 동이중랑장이나 동이교위는 북위 조정이 고구려를

遼東郡開國公'도 고구려의 영역이 과거 중국왕조의 군현이었던 지역이라는 사실과 연관시킨 허봉虛封의 관작이다.

한편 이 시기 백제왕과 그 휘하 귀족에게 중국왕조의 관직이 주어진 경우도 확인된다. 즉 570년 북제 무평武平 원년에 북제 후주後主는 백제 위덕왕을 '사지절시중표기대장군대방군공使持節侍中驃騎大將軍帶方郡公 백제왕百濟王'으로 봉하였고, 이어 571년에는 위덕왕을 '사지절도독동청주자사使持節都督東靑州刺史'로 봉하였다.13 실제 이때 백제왕이 동청주 자사로서 그 지역의 행정권과 군사권을 행사하였을까에 대해선 의문스러우나, 이 기록의 신뢰성을 간단히 부정키도 어려운 면이 있어, 앞으로 좀 더 다각도의 검토가 필요하다. 아무튼 이 기록은 지방 관직을 피책봉국 백제의 왕에게 수여한 예로서 유의되는 바이다. 그리고 이에 앞서 5세기 말 백제왕이 자신의 휘하 귀족들에게 관직과 작을 수여한 뒤 이를 남제 황제에게 보고하고 그것을 인정하여 줄 것을 요청하였고, 남제 황제는 그 소청에 응하였다. 그때 백제 귀족들에게 주어진 관직에는 성양城陽, 청하淸河, 광양廣陽, 광릉廣陵 등 북위 관내에 속하는 지역의 태수 직이 포함되어 있었다.14 이 관직이 실제로 그 해당 지역의 관할에 의미를 지니는 것이 아님은 물론이다. 남제에 이런 봉작을 요구하는 행위를 통해 백제왕은 그 휘하 귀족세력을 통할하는 데 중국왕조의 권위를 활용하려 하였고, 남제 조정으로서도 백제왕의 요구를 들어주는 것으로서 백제의 입공을 계속 유지하는 것에

어떻게 여기었던가를 파악하는 데 의미를 지닌다. 책봉호에 포함된 이런 관직의 수여에는 당시 고구려의 현실적인 세력과 위상이 반영되었을 수 있다. 그러나 이런 관직에 의해 고구려에 그러한 지위가 주어졌던 것은 아니었다.

13 《北齊書》 卷8 後主紀 武平1年 2月 癸亥, 2年 2月 戊寅.

14 이들 지역의 위치에 대해선 方善柱, 〈백제군의 화북진출과 그 배경〉, 《백산학보》 11, 1971 참조.

의미 부여를 했을 것이다. 이런 백제의 예는 당시 책봉호에 중국왕조의 중앙과 지방 관직이 포함된 것이 고구려에 한정된 것이 아님을 말해 주며, 나아가 그러한 관직이 어떤 실제적 의미를 지니었던가를 생각할 때 참고가 된다.

그리고 고구려왕에 대한 남조의 책봉호에 보이는 '낙랑공'이나 북조의 책봉호의 '요동군공'은 한때 중국의 군현지배가 관철되었던 지역인 낙랑이나 요동을 식읍으로 한다는 작으로서, 비록 허봉의 작이지만 이는 고구려왕을 '내신'으로 여기는 중국왕조 측의 인식을 나타낸 것이다. 이런 면은 같은 시기 백제나 신라 및 왜와는 다른 측면을 보여 준다고 생각해 볼 수도 있다.15 그러나 뒤이어 북제에 의해 백제왕에게 '대방군공'이,16 신라왕에게 '낙랑군공'이17 책봉호로 주어졌다. 그런 면은 수·당대에도 이어진다. 곧 고구려의 책봉호에 포함된 '낙랑공'이나 '요동군개국공'과 같은 허봉의 작호를 근거로 들어 고구려가 백제나 신라와는 다른 성격을 지닌 중국왕조의 지방정권이었다는 주장의 근거로 삼는 것은 무의미함을 말해 준다.

이 점은 책봉호에 포함된 중국왕조의 중앙과 지방 관직이 실제적인 의미를 지닌 것이었는가에 대한 검토를 통해 재차 확인해 볼 수 있다. 당시 책봉호에 포함된 중국왕조의 관직은 전혀 실제적 의미를 지닌 것이 아니었다. 그 관직이 실제적 의미를 지니려면 그 해당 지역에 대한 행정권이나 군사권을 행사할 수 있어야 한다. 당시 중국왕조의 영

---

15 金裕哲, 〈中國 史書에 나타난 高句麗의 국가적 正體性〉, 《高句麗의 正體性》, 2004.
16 《北齊書》 권7 後主 武平 원년 2월 癸亥. 以百濟王餘昌爲使持節侍中驃大將軍帶方郡公王如古.
17 《北齊書》 권7 武成帝 河淸 4년 2월 甲寅. 詔以新羅王金眞興爲使持節都督東夷校尉樂浪公新羅王.

내에 속하는 지역의 지방관이나 열후, 즉 '내신'은 중앙의 조정에 매년 집계리集計吏를 파견하여 보고하고 그에 따른 조세 부담을 졌다. 반면 고구려 등의 피책봉국의 경우는 그런 면을 전혀 행하지 않아, '내신'과 는 근본적인 차이를 나타내었다.[18]

　한편 수·당대에 들어 통일제국이 성립하고 중앙집권력이 강화되었다. 그에 따라 지방권력의 자율성을 부정하였다. 수 양제 대업大業 원년(605)에는 종래의 '도독제군사都督諸軍事'였던 주州의 총관부總管府를 폐지하여, 주 자사의 군사권을 중앙에서 회수하였다. 지방 각지에 절충부折衝府가 설치되어 군권이 중앙에 집중케 됨에 따라, 지방관에 주어지던 '지절持節·도독제군사都督諸軍事·장군將軍'이라는 직함이 소멸되었고, 장군 칭호는 관품으로서의 성격은 없어지고 훈공을 포상하는 산관散官으로 변질되었다. 그런 변화는 조공국 군장들에 대한 책봉호에도 반영되어 중국왕조의 중앙과 지방의 관직명은 적어도 고구려 백제 신라 및 왜에 관한 책봉호에선 사라졌다.[19] 곧 남북조시기에 등장하는, 그전과는 다른 새로운 형식의 책봉 벼슬은 중국왕조 내부에서 전개되던 변화를 반영한 것일 뿐이지, 그것이 이 시기 피책봉국의 책봉호가 중국왕조의 지방정권 성격을 지닌 것이 아님을 말해 준다. 이런 면은

---

18 古畑 徹, 〈1−7세기 倭와 中國의 朝貢과 册封의 성격−日本의 中國史 研究者의 見解를 중심으로〉, 《高句麗의 正體性》, 2004.
19 金種完, 앞의 논문; 金裕哲, 앞의 논문.
　당이 663년 문무왕을 鷄林州大都督으로 봉한 이후 이 관직명은 그 뒤 계속 신라 왕에 대한 책봉호에 포함되었다. 발해왕에 대한 책봉호에서도 忽汗州都督이 포함되었다. 이는 천하의 羈縻州化를 도모하던 당제국의 정책적 지향성을 반영한 것이다. 그것이 실제에 있어선 신라의 저항과 발해의 저항으로 좌절되었지만, 이념적 지향성은 지속하여 이른바 1國 1羈縻州府의 형식으로 책봉호를 통해 남겼던 것이다. 이 역시 그 실제적 의미와는 관계없이 중국왕조 자체의 이념적 지향성이나 변화의 면모를 책봉호에 반영시킨 것이라 할 수 있겠다.

직공도職貢圖를 통해서도 확인된다.

이 시기 남조의 양梁에선 '조공국' 사신과 그들 나라에 대한 사항을 담은 직공도職貢圖를 그렸다. 뒤에 원제元帝가 된 소역蕭繹이 형주 자사 시절에 그린 양직공도가 그것이다. 오늘날에는 그 모사본의 일부만 전해진다. 이 양직공도에는 삼국 모두가 수록되어 있는데,20 삼국 사신들 사이에 어떤 차이를 둔 것은 찾아볼 수 없으며, 삼국은 모두 페르시아나 왜국 등과 동일한 외국外國으로서 양에 조공하였던 나라로 묘사되어 있다. 그런 면은 당대唐代에 들어서도 마찬가지이다.

당은 병부의 직방령職方令이 주관하여, '조공국'에 대한 각종 정보를 수집하여 기록하고 사신의 모습을 그린 '외국도外國圖'를 작성하여 보관하였다. 당 태종 때 이름난 화가이며 고관이었던 염립본閻立本의 '외국도'는 유명하였다.21 이런 류의 외국도를 모본으로 하여 그린 고구려 사절의 모습이 당 이현묘李賢墓의 묘도墓道 동벽의 예빈도禮賓圖에 전해지고 있다. 고구려 사신이 동로마 사신 등과 함께 홍로시鴻臚寺의 관리의 안내를 받아 황태자 이현李賢을 알현하고자 대기하고 있는 장면이 그것이다. 이현묘의 묘도 서벽에는 같은 내용을 담아 아랍 토번 등의 사신이 그려져 있다. 이미 고구려가 멸망한 지 40여 년이 지난

---

20 梁 職貢圖의 寫本으로는 세 종류가 전해진다. 하나는 잘 알려진 바처럼, 宋 熙寧 10년(1077)에 그린 사본으로서, 남경박물관에 소장되었다가 북경박물관으로 옮겨 소장되어 있다. 다른 둘은 대만의 고궁박물원에 소장되어 있다. 즉 '閻立本 王會圖'라고 전해지는 것이 그 하나이고, 다른 하나는 '南唐顧德謙梁元帝蕃客入朝 圖'이다. 이 두 繪卷은 모두 양 원제의 직공도를 모사한 것이거나, 그 모사본을 다시 모사한 것이다. 이 두 모사본 양 직공도에는 삼국 사신이 그려져 있다(노태돈, 《예빈도에 보인 고구려―당 이현묘 예빈도의 조우관 쓴 사절에 대하여―》, 서울대 출판부, 2003).

21 張彦遠, 《歷代名畵記》 권9 唐朝 上. 入德弟入本 條. 時天下初定 異國來朝 詔入本 畵外國圖.

사진 9 양직공도(모사본)의 고구려인(왼쪽)과 신라인(가운데), 백제인(오른쪽)

뒤에 그려진 그림을 통해서도, 고구려를 당시 당나라인들이 어떻게 인식하였는가를 단적으로 알 수 있다. 고구려는 동로마 아랍 토번 등의 나라들과 함께 당의 사방에 있는 유력한 '외국'의 하나로 여겨졌다. 수·당대의 기록에선 삼국을 '해동삼국' '삼한' 등으로 기술하여, 삼국을 하나의 단위로 파악하는 면을 보여 주어,22 삼국 가운데 고구려만이 다른 두 나라와는 달리 중국왕조의 지방정권적인 성격을 띠었다는 식의 인식을 담은 면을 찾아볼 수 없다.

고구려 지방정권론은 중국왕조 측 시각에 서서 보더라도, 이른바 내번內蕃과 외번外蕃의 차이를 간과한 것이라 하지 않을 수 없다. 남

22 노태돈, 〈三韓에 대한 認識의 변천〉, 《한국사연구》 38, 1982(《한국사를 통해서 본 우리와 세계에 대한 인식》 1998에 재수록); 김정배, 〈中國 史書에 나타난 '海東三國'의 의미〉, 《한국사 속의 고구려의 위상》, 2004.

북조시대의 '외번'에 대한 책봉호에서 핵심은 '본국왕本國王', 즉 '고구
려왕'이라는 부분이다.23

　　그 다음 고구려가 중국왕조의 지방정권이라는 주장의 다른 한 논거
는 고구려의 영역이 중국의 역사 영역이었다는 것이다. 그래서 고구려
가 설사 독립정권의 면모를 갖춘 시기가 있었다고 하더라도, 고구려는
중국의 영토 위에 세워졌기 때문에 그 당시에는 중국의 지방할거 정
권이라는 것이다.24 이런 주장의 근저에는 고구려의 발흥지와 그 영역
이 중국의 역사 영역이었고, 이들 영역을 포함하는 중국이 '자고 이래
로 통일적 다민족국가'였다는 대전제가 깔려 있다. 여기에서 '중국'의
범위로 지금의 국경선에 의거한, 또는 중국의 불특정 왕조가 최대한

---

23 물론 이것을 빼 버린 고구려왕에 대한 책봉호가 전혀 없었던 것은 아니다. 後燕
　의 慕容寶가 광개토왕에게 준 책봉호를 보면 '平州牧 遼東帶方二國王'이라 하였다
　(《梁書》 권54 高句麗傳). 모용보의 재위 기간이 396년 4월에서 398년 5월이니 그
　사이에 준 책봉호로 여겨진다. 이 책봉호는 내신의 벼슬로 볼 수도 있다. 그런데
　모용보가 재위하고 있을 때 후연은 멸망 직전의 약세였으며, 또한 후연의 책봉에
　고구려가 승복하였던 것도 아니다. 400년 모용성이 광개토왕이 연을 섬기는 데
　오만하다면서 고구려를 공격하였던 것은 그런 광개토왕의 자세에 대한 후연 측의
　불만을 나타낸 것이다. 고구려왕을 내신의 벼슬로 책봉한 예는 577년에도 있다.
　북주가 평원왕을 '上開府儀同大將軍遼東郡開國公遼東王'으로 봉한 것이 그것이다
　(《資治通鑑》 권111 晋紀 33 安帝 隆安 4년 2월 병신). 이 역시 북주가 북제를 멸
　한 직후 있은 예외적인 것에 불과하며, 그에 대해 고구려 측이 승복했다는 흔적
　은 보이지 않는다. 고구려왕을 내신 벼슬로 책봉한 것은 일방적인 통고에 불과한
　것이며, 그것으로 말미암아 고구려왕이 중국왕조의 내신이 되는 것도 아니다.
24 李殿福·孫玉良 共著, 姜仁求·孫暎洙 共譯, 《高句麗簡史》, 1990, 93쪽; 李大龍, 앞
　의 논문, 2001; 孫進己, 앞의 논문, 2004.
　　현재의 국경이나 역사영역론에 입각하여 고구려사를 중국사로 보는 주장들은 거
　개가 고구려를 지방정권이라고 보기 십상이다. 실제 그러한 주장들이 수다하게 제
　기되었으나, 그것들을 일일이 열거하지 않겠다. 다음 논고를 참조하기 바란다.
　　余昊奎, 〈중국의 東北工程과 高句麗史 인식체계의 변화〉, 《한국사연구》 126,
　2004; 이인철, 〈중국학계의 고구려 사회경제 및 대외관계 분야 연구동향 분석〉,
　《중국의 고구려사 연구 동향 분석》, 2004; 孫泓, 앞의 논문, 2004.

팽창해 나갔을 때의 경계에 의거한[25] 공간을 상정한 것이다. 그럴 때 그 공간 안에 있는 지역에서 일어난 역사는 모두 중국사이고, 중원이 아닌 지역의 나라는 지방정권이 된다. 이에 입각해 고구려사를 중국 지방정권이라고 주장한다면, 그 대전제에 대한 논의가 필요하다고 할 것이다. 이런 식의 주장은 역사에 대한 초역사적 접근이라고 하지 않을 수 없다. 이에 대해선 중국 학계 내부에서 이른바 통일적 다민족국가는 역사발전의 결과물이지 '자고 이래'로 존재한 것은 아니라는 비판이 제기되었고,[26] 그에 동조해 진한 이래로 역사 발전과정에서 무수한 전쟁과 융합을 거쳐 청대淸代에 이르러 비로소 지금과 같은 중국의 범위와 통일적 다민족국가의 기본이 형성되어 현대에 이르러 더욱 공고해졌다는 주장이 제기된 바 있다.[27] 역사주의 원칙에 서서 생각할 때, 이는 현재주의에 입각한 앞의 논리보다는 합리적인 입론이라고 해야겠다. 그 밖에 현토군이 설치되기 전의 상황이라든가 고구려의 발흥과정 등 더욱 구체적인 문제에 대한 논의는 다른 기회로 미루겠다.

그러면 남북조와 조공책봉관계를 맺고 있었다는 측면에서 볼 때 고구려의 성격을 어떻게 규정하여야 하는가.

---

25 張碧波, 〈高句麗史硏究中的誤區〉, 《中國東北邊疆史地硏究》, 1999-3; 〈關于歷史上民族歸屬與疆域問題的再思考-兼評'一史兩用'史觀〉, 《中國邊疆史地硏究》, 2000-2.

26 孫祚民, 〈中國古代史中有關祖國疆域和少數民族問題〉, 《文匯報》, 1961.11.4.; 《中國民族關係史論文集》, 1982, 218~223쪽; 〈處理歷史上民族關係的幾個重要準則-讀范文瀾'中國歷史上的民族鬪爭與融合'-〉, 《歷史硏究》, 1980-5.

27 李晋槐, 杜紹順, 〈中國古代民族關係史學術討論會綜述〉, 《中國古代民族關係史硏究》, 1987, 372~373 참조.

3. 속국론

피책봉국 고구려의 성격에 대해 근래 중국 학계의 일각에선 이를
'속국屬國'이라 규정하였다.[28] 남북조 시기 사서에선 고구려를 주로
'번국藩國' '번신藩臣'으로 기술하였는데, 이를 속국과 동일한 의미로
파악하였다. 아울러 전근대 시기 한국은 중국의 '속국'이었다는 식의
이해는 중국사회에서 널리 퍼져 있는 것 같다.[29] 이런 인식의 타당성
여부를 논급하기 전에 우선 파악해야 할 것은 이에서 말하는 '속국'이
어떤 상태에 있는 나라를 의미하는가 이다.

먼저 중국사서에서 기술된 속국이란 표현의 용례를 보면, 고구려가
존립하던 시기에 가장 흔히 사용되었던 '속국'은 사로잡은 또는 투항
한 유목민들을 소단위로 나누어 변군邊郡 지역에 거주케 한 집단이나,
변군 지역에 포괄되어 있는 토착 이종족異種族 집단을 가리킨다. 예컨
대 '요동속국遼東屬國' '촉군속국蜀郡屬國' '장액속국張掖屬國' 등이 그런
예이다. 이 '속국'은 자체의 습속과 문화를 유지하며 집단 내부의 일은
자치를 행하였는데,[30] 지방관인 속국도위屬國都尉의 통할을 받았으며,
중앙에는 속국들을 총괄하는 '전속국典屬國'이 진대秦代에 설치되어 유
지되어 오다가 한漢 성제成帝 때에 홍려시鴻臚寺에 합쳐졌다.[31] 곧 '속

---

28 孫泓, 앞의 논문 참조.
29 대만 중화학술원에서 1973년에 간행한 《中文大辭典》의 '韓國' 항목에서 "淸 光緖
　　23년(1897)에 조선이 중국으로부터 독립하여 국호를 한국이라고 고쳤다"고 하였
　　다. 1897년에 와서 비로소 독립하였고, 그전에는 속국이었다는 말이다. 사실 이런
　　식의 인식은 우리나라에서도 있었다. 1897년에 세워진 獨立門의 존재는 그런 인
　　식을 상징적으로 나타낸다.
30 한이 흉노를 격파하고 포획한 무리들을 長城에 연접한 5개의 邊郡에 나누어 정
　　착시켜 거주케 하였다. 이들에 대한 《漢書》의 기록에 唐人 顔師古가 注를 달아
　　"不改其本國之俗而屬漢 故號屬國"이라 하였다(《漢書》 卷55 衛靑·霍去病傳).

국'은 중국왕조의 판도 안에 포괄된 피복속민집단을 대상으로 한 것으로서 그 자체가 중국왕조의 행정단위와 같은 성격을 지녔다. 이런 의미의 속국은 그 뒤에도 보인다. 가령 요대遼代에 속국은 요 왕조의 지배 아래 복속된 부족이나 부락을 일컬었다. 여진족의 경우, 요遼는 그 영내의 숙여진 부족들에 대해 큰 부족의 장은 왕으로, 작은 부족의 장은 부사部使로 봉해 '속국屬國'이라 칭하였다.[32] 요의 북원北院의 관할 아래 있었던 이들 속국은 그 내부의 일은 자치를 영위하였고, 세공歲貢이 일정치 않았으며, 전쟁이 있을 때는 요 조정의 요구에 따라 병력을 차출하였다.[33]

한편 조공국을 속국이라 일컫는 용례도 어렵지 않게 찾아볼 수 있다. 가령 《요사遼史》 속국표屬國表에서는, 조공 사실을 기술하면서 여진女眞 위구르回鶻 등과 함께 고려, 大食(아랍), 페르시아 등도 속국에 포함시켰다. 또한 《요사》 백관지百官志 2 '북면北面 속국관屬國官'조에서도 요의 판도 안에 있던 '속국'인 남여진대왕부南女眞大王府 등과 함께, '신라국왕부' '고려국왕부' '일본국왕부' 등을 언급하였다. 즉 이른바 내번內蕃과 외번外蕃을 모두 속국이라 기술한 것이다. 이 이후에도 피책봉 조공국을 중국왕조의 관인이 '속국' '속방'이라 기술한 예는 청말까지 산견散見된다.

이상에서 보았듯이, 전근대 시기 중국사서에서 보이는 속국이란 개념은 두 가지로 파악된다. 하나는 중국왕조의 영토 안에 포괄된 이종

---

31 《漢書》 卷19 上 百官公卿表 第17. 典屬國, 秦官, 掌蠻夷降者. 武帝元狩三年昆邪王降, 復增屬國, 置都尉·丞·候·千人. 屬官, 九譯令. 成帝河平元年省并大鴻臚.

32 《遼史》 권46 北面屬國官條.

33 《契丹國志》 권22 四至隣國地理遠近. 次東南至五節度熟女眞部族 共一萬戶 皆處山林 … 無出租稅 或遇北主征伐 各量戶下 差充兵馬 兵回各逐便歸於本處 云云.

족異種族 집단으로서, 그들의 생활양식이 유목을 하거나 목축과 수렵에 의존하는 바가 크고 또 공동체적인 관계가 집단 내부에 유지되고 있는 등의 요인으로 말미암아 군현제에 의해 통치하기 어려워, 집단별로 자치를 영위케 하고 간접적으로 중국왕조의 지방관이 통할統轄한 집단을 지칭한 것이다(속국A). 다른 하나는 조공국을 속국이라 규정한 용례이다(속국B). 이 가운데 문제가 되는 것은 후자인데, 그 성격을 어떻게 보아야 할까.

물론 이에 대해 조공관계에 있는 나라를 속국이라고 하는 것은 어디까지나 중국왕조 측의 일방적인 시각에 따른 용례일 뿐이며 객관적인 것이라고 할 수 없으니, 굳이 그런 표현에 대해 논급할 필요가 없다는 주장이 제기될 수도 있다. 그런데 조공국을 '속국'이라고 표현하는 용례는 중국에서만 있었던 것은 아니며, 또 10세기 대 이후에 처음 등장하였던 용례도 아니다. 가령 광개토왕릉비에서 '백제와 신라는 예부터 속민屬民으로서 조공朝貢하여 왔다'는 표현이 보인다. 이럴 때 '속민屬民'은 속국의 민이란 뜻이 될 수 있으니, 백제나 신라가 예로부터 조공하여 왔다는 기사 자체의 사실성 여부를 떠나, 이 기사에서 조공국을 속국으로 표현한 용례를 찾아볼 수 있다. 그런 용례는 그 뒤에도 보인다. 탐라국이 백제에 귀속되었다가 백제 멸망 후 다시 신라에 귀속하여 조공하였는데, 이를 신라본기에선 속국이라 표현하였다.[34] '속국' 탐라에 신라는 지방관을 파견하지 못하였고 탐라 내부의 일은 자치에 맡겼던 같다. 7세기 후반 탐라는 한편으로는 일본에 사절을 보내어 조공하기도 하였다.[35] 그런 만큼 조공국을 속국이라 표현한 용례

---

34 《三國史記》 신라본기 문무왕 2년 2월조. 그리고 이어 문무왕 19년(679) 조에 '發使略耽羅國'이라 전하는데, 무력 공격은 아닌 듯하다. 사신을 보내어 회유하고 신라에 대한 귀속을 확인한 정도가 아닐까 한다.

는 전근대 시기 동아시아에서 반드시 중국왕조만의 예외적인 것은 아니었다고 할 수 있다.

한편 속국(A)와 속국(B)는 모두 중국왕조의 천자의 권위 아래 종속된 또는 종속되어야 하는 존재로 여겨진다는 측면에서 양자가 유사한 성격을 지녔다고 생각해 볼 수도 있겠다. 실제 그런 관념이 양자를 동일한 용어로 표현하게 하였을 수 있다. 그러나 양자는 엄연히 다른 성격의 실체였다. 그러면 이어서 조공국의 성격에 대해 살펴보자.

구체적으로 속국(B)인 피책봉 조공국의 성격을 중국왕조 측의 언급을 통해 살펴보면, 그 한 예로 청조 측이 피책봉국인 조선의 성격을 언급한 것을 들 수 있다. 조선과 명·청의 관계는 그동안 전형적인 조공책봉관계의 예로 간주되어 왔기 때문에, 이 예는 유의해 보아야 한다.

1870년대 들어 조선과 일본의 수교가 문제되었을 때, 청은 조선과 청의 관계에 대해서 '조선이 비록 번복藩服이지만 일체의 정교政敎와 금령禁令은 스스로 결정하여 오로지하며 중국은 간여치 않는다'라고 하였다.[36] 조선과 미국이 수교 조약을 맺으려 할 때에도 청은 "조선은

---

35 탐라는 661년 당에 사신을 파견하였다(新唐書 권220 儋羅傳). 그리고 661년부터 693년 사이에 빈번히 탐라가 일본에 사신을 파견한 사례가《日本書紀》에 전해진다. 이에 대해서는 森 公章,〈古代耽羅の歷史と日本〉,《古代日本の對外關係と通交》, 1998 참조.
　　단 8세기 이후 탐라가 일본에 조공한 예가 더 이상 확인되지 않는다. 애장왕 2년(801)에 신라에 조공한 기사가《삼국사기》에 전한다. 고려 숙종 10년(1105) 탐라군이 설치되기까지 고려시대의 탐라국의 상황에 대해선 다음 논문 참조.
　　김일우,〈高麗時代 耽羅의 地方編制 시기와 그 單位의 형태〉,《韓國史學報》5, 1998; 김창현,〈高麗의 耽羅에 대한 정책과 탐라의 동향〉,《韓國史學報》5, 1998.
36 "朝鮮雖隸中國藩服 其本處一切政敎禁令向由該國自行專主 中國從不與聞"《淸光緖朝中日交涉史料》권1(臺北, 文海出版社, 1963) 光緖 元年 12월 21일;《承政院日記》高宗 13년 1월 13일.

오랫동안 중국의 번속藩屬으로서 내정과 외교는 그간 스스로 결정〔自
主〕해 왔다"37 "조선은 일찍부터 중국 속방屬邦으로서 내치內治와 외교
는 그전부터 모두 대조선국 대군주가 자주自主해 왔다"38고 하였다.
이런 사실과 언급은 조선인들도 당연한 것으로 여겼다.39 그런데 내정
과 외교에 자주권을 행사하면서, 한편으로는 중국왕조와 조공책봉 관
계를 맺고 있었다는 사실은 기존의 동아시아 국제질서에선 당연한 것

---

37 《李鴻章全集》제6책 권13 32쪽. 朝鮮久爲中國藩屬 內政外交向來歸其自主.
38 《淸季中日韓關係史料》권2, 臺北: 中央研究院 近代史研究所, 1972, 675쪽. 朝鮮素
　 爲中國屬邦 而內治外交向來均由大朝鮮國大君主自主.
39 1881년 淸이 중재하여 조선과 미국이 修交할 것을 추진하고 있을 때, 마침 북경
　 에 領選使로 가있던 金允植이 李鴻章과 만나 수교 조약 문안을 협의하였다. 이때
　 이홍장이 조선이 청의 속방임을 밝혀 두자고 제의하면서 다음과 같이 말하였다.
　 '조선은 오래동안 중국의 속방으로서 외교와 내정을 모두 自主하였다. 타국이 (이
　 를) 모르고 지나치더라도 (조선이 청의 속방임을 밝혀두면, 조선이 失權할) 우려
　 를 야기하거나 (事大의 義를) 저버림이 없다는 것을 알 것이다(朝鮮久爲中國屬邦
　 而外交內政事宜 均得自主 他國未便過聞 方覺不触不背)'라고 하였다. 이는 러시아와
　 일본의 세력 확대를 막기 위해 조선이 서양 열강과 수교하는 것을 지원하면서도,
　 한편으로는 청의 종주권을 강조하려 한 것이다. 이에 대해 김윤식은 '우리나라가
　 중국에 대해선 속국이고 타국에 대해선 자주이다라는 것은 명분이 바르고 말이
　 자연스러워 사실과 이치에 맞다. 이 조목을 넣는 것이 좋겠다(惟敝邦 在中國爲屬
　 國 在各國爲自主 名正言順 事理兩便 條約中 此一款添入以爲極好)'고 하였다(《陰晴
　 史》高宗 18년 12월 27일조). 이는 청의 속방 주장을 조선의 안보를 청이 보장한
　 다는 의미로 해석하고, 이를 배경으로 새로이 서양 열강과 외교 수립에 나서겠다
　 는 생각으로 여겨진다. 이 조항을 조약에 넣으려는 시도는 미국 측의 반대로 무
　 산되었다. 국제 공법 아래에선 대등한 조약의 상대국을 제3국의 속방이라고 인정
　 한다는 것은 용인될 수 없는 것이다. 국제 공법하에서 속방은 조약 체결권이 없
　 는 예속국이기 때문이다. 즉 이홍장이나 김윤식이 의미하는 조공책봉관계의 '속방'
　 과 국제공법 아래에서 속방은 서로 다른 의미의 개념이었다. 조미수호조약 체결
　 과정에서 발생한 이러한 문제는 곧 조공책봉관계에 바탕을 둔 기존의 동아시아
　 국제관계와 국제공법에 의거한 새로운 국제관계가 만날 때 나타난 한 양상이었다.
　 다음 사항도 그런 예에 속한다. 즉 조일수호조약 제1조에서 '조선은 自主之邦으로
　 일본국과 평등한 권리를 보유한다'고 하였다. 이 구절에 대해 당시 조선과 일본은
　 서로 다른 해석을 하였다. 즉 조선이 自主之邦인 것은 조공질서 아래에서 그러하
　 였으니 당연한 것으로 조선인들은 여겼다. 반면 일본은 조선이 이제 청과의 특수
　 관계에서 벗어나 近代 國際公法秩序에 귀속되었음을 나타내는 것으로 간주하였다.

으로 받아들여졌으나, 국제國際 공법公法이 적용되는 근대 국제관계 아래에선 모순을 드러내게 되었다.

근대 국제법은 베스트팔렌 조약 이후 통행되던 유럽의 국제관계에 바탕을 둔 것이다. 이에선 한 나라의 주권은 그보다 상위의 주권을 인정치 않는 최고의 권리이며, 한 나라 안에서 복수의 주권을 인정치 않는 유일하고 절대적인 권리이다. 이러한 국제법의 주권 개념에서는 하나의 독립국 주권보다 상위의 권위를 인정키 어렵다. 자연 한 나라의 왕을 다른 나라에서 임명한다면, 그 나라는 독립국이 아니라 종속국從屬國 예속국隷屬國으로 간주되어야 한다는 논리가 제기될 수 있다. 이러한 논리에서 조공책봉관계를 보았을 때, 피책봉국을 비자주적인 예속국으로 이해할 수 있다. 나아가 그런 시각에서 피책봉국을 책봉국의 '속국'이라고 규정할 때, 그 '속국'의 의미는 위에서 말한 바와 같은 '내정과 외교를 자치自治 자주自主하는' 그러한 나라로 보는 것이 아니라 예속국의 개념이 되게 된다(속국C). 즉 동일한 용어로 '속국'이라 하였지만 그 실제의 의미는 확연히 다르게 사용되었던 것이다. 이미 19세기 종반에 이러한 개념의 혼돈에 따른 마찰과 갈등이 있었다.

1882년 임오군란을 수습한다는 명목으로 청군이 서울에 주둔한 이후, 청은 종주권宗主權을 내세우면서 조선의 외교와 내정에 깊숙이까지 간섭하며 침탈을 자행하였다. 이때 조선과 청 사이에 "조청상민수륙장정朝淸商民水陸章程"이 맺어졌다.[40] 장정의 전문前文에서 청은 조선을 '속방'이라 명시하였는데, 이 '속방'에는 '조공제도 책력册曆 책봉 등을 통한 전통적인 속방 개념에 더하여 청에 대한 배타적대우권을 강조하는 자본주의 침탈 방식의 확대 악용을 통한 근대적인 속방 개

---

40 金鍾圓, 〈韓中商民水陸貿易章程에 대하여〉, 《歷史學報》 32, 1966.

념이 중첩되어 있다.'[41] 이때 청 조정은 정책적으로 조선의 식민지화나 보호국화를 지향하였다. 그에 따라 원세개는 마치 총독과 같은 위세로 조선의 내정을 간섭하였고, 청의 상인, 군인, 무뢰배 등의 횡포가 극심하였다. 곧 기존의 조공책봉관계 아래 '속국' 개념을 근대 국제관계의 식민지 종속국과 같은 의미의 '속국'으로 변화시켜 군림하려 하였다.[42]

이에 조선인들이 크게 반발하였다. 유길준兪吉濬은 증공국贈貢國과 속국屬國을 구분하여, 전자는 강대국의 침벌을 면하기 위해 약정約定을 맺어 공물貢物을 바치지만 내정과 외교에서 자주권을 지닌 독립국임에 반해, 후자는 그러한 내정과 외교에서 자주권이 없는 예속국을 뜻한다고 하면서, 조선을 속국으로 규정하는 것을 거부하였다.[43] 당시 조선은 열강과 대등한 자격으로 수교하였고, 내정을 스스로 운영하였던 만큼, 그의 주장은 사실에 부합하는 것이다. 실제 그전부터 그러하여 왔다. 유길준에게는 이미 '속국' 개념은 식민지 예속국, 종속국을 뜻하는 것이었다. 이런 면은 박영효의 말에서도 나타났다. 즉 임오군란의 사후 처리를 위해 일본에 건너간 박영효 일행은 일본 주재 러시아 공사 로젠R. Rozen과 회견하고 조선과 러시아의 직접적인 교섭을 통해 수교할 것을 강조하였다. 그때 그들은 "조선은 완전한 자주 독립국가이며 서유럽에서 이해하고 있는 의미의 종속국가라고는 결코 생각지 않

---

41 金正起, 〈1876-1894년 청의 조선정책 연구〉, 서울대 박사학위논문, 1994, 54~56쪽.

42 19세기 후반 新文物을 접한 청의 고위 관리나 정객들은 조공제도 하의 '속방'을 근대 국제법하의 보호국 내지 종속국과 동일한 것으로 간주하려 하였고, 그렇게 만들 것을 주장하였다. 梁啓超, 戴季陶 등이 그러하였다. 李芝圃는 宗法關係가 근대의 보호국 피보호국 관계와는 다르다는 것을 명확히 언급하였다. 그렇지만 그는 이홍장, 원세개 등이 조선을 확실하게 보호국으로 만들지 못하였음을 비난하였다. 이에 대해선 王元周, 〈근대 중국인의 한국 인식; 경로와 특징〉, 《동방학지》 132, 2005, 139~149쪽.

43 兪吉濬, 《西遊見聞》 第3編 邦國의 權利, 1895, 92쪽.

는다", 조선과 중국의 관계는 "정신적인 관계로, 같은 종교·문자·曆法
으로, 묶여 있을 뿐이지 결코 종속관계는 아니다"라고 강조했다고 로
젠은 전한다.[44] 청과 조선의 전통적 관계가 박영효 일행이 로젠에게
한 말처럼 그러한 것인지 여부는 일단 차치하고, 이에서 확인되는 것
은 '속국'이란 말의 개념이 전근대 시기 조공책봉관계 아래에서 사용
되던 '속국' 개념과는 다르게 인식되고 있다는 점이다.

이처럼 근대에 들어 '속국'이란 용어가 그전과는 다른 개념으로 사
용되었다. 그러면 근래 피책봉국 고구려의 성격을 '속국'이라고 규정한
견해에선 '속국'을 어떤 의미로 사용하였는가. 물론 이에 대해 논자가
직접 언급치 않고 그 말을 쓰는 경우가 많다. 그런데 현대문現代文에
서 속국으로 규정하는 서술을 하였다면, 논자가 특별히 이 말을 전근
대 시기에 통용되었던 의미로 사용한다면서 그 뜻을 구체적으로 규정
하여 언급치 않는 한, 그것은 현재 일상적으로 쓰여지고 있는 일반적
인 속국의 의미로 사용했음을 뜻한다. 적어도 그렇게 이해될 수밖에
없다. 오늘날 통상적으로 쓰여지는 "속국"의 의미는 종속국이나 '보호
국'과 같은 비자주적 예속국을 뜻한다고 보아도 틀리지 않는다.[45] 종
속국은 그 예속 상황이 워낙 다양하여 일의적으로 그 개념을 규정하
기는 어렵다. 그런 가운데서도 외교와 군사 면에서 자주권이 가장 기
본적인 주요 지표인 것은 인정할 수 있으리라고 본다. 만약 고구려를
'속국'이라고 규정한다면, 고구려가 군사와 외교에서 그런 사실을 확인
할 수 있어야 한다. 하지만 고구려는 '강성하여 명命을 따르지 않는다

---

44 金容九, 《世界觀의 衝突과 韓末外交史, 1866-1882》, 407~408쪽 참조.
45 《中文大辭典》(中華學術院 印行, 1973)에선 '屬國'을 '附庸國也'라 하였고, '附庸
　國'에 대해선 '주권을 自由로 행사할 수 없고, 타국의 지배를 받는 나라를 일컫는
　다'고 하였다.

(强盛不受制)'라는 남조인의 차탄嗟嘆처럼,[46] 군사와 외교에서 책봉국으로부터 어떤 제약을 받지 않았고, 또 제약하려는 기도에 순응하지도 않았다. 만약 고구려를 '속국'이라고 한 논자가 그 개념을 조공국이란 의미로 썼다고 주장한다면, 이는 읽는 사람으로 하여금 오해를 하도록 만드는 것인 만큼 부적절한 표현이라고 하지 않을 수 없다. 왜냐하면 현재 통용되고 있는 일상적인 의미로서 '속국'은 이미 자주권이 없는 부용국附庸國을 뜻하고 있기 때문이다.

그러면 전근대 시기 문헌에서 '속국(B)'이라고 표현된 조공국의 성격을 오늘날 어떻게 규정할 수 있을까. 고구려가 중국왕조와 장기간에 걸쳐 조공책봉관계를 맺었던 만큼 고구려의 성격을 논하면서 이에 대한 논급을 하지 않을 수 없다.

4. 자주국론

전근대 시기 동아시아 국제관계에서 중국왕조가 '조공국'이라고 간주한 나라들이 많고 그 구체적인 면모 또한 워낙 다양하여, 그것의 성격을 일의적으로 규정하기 어렵다. 일단 앞 절에서 논급하였던 것과 연관하여 말머리를 풀어 보자. 조선과 청의 관계에서, 조선이 내정과 외교 면에서 자치와 자주를 한다고 하였다. 명과의 관계에서도 동일하였다고 여겨진다. 이런 면은 실제 역사적 사실이었다. 조선 국내의 정치 행정 등의 문제에 명·청이 간섭을 하지 않았다. 조선 왕위는 조선

---

46 《南齊書》 高麗傳.

자체의 혈통에 의거한 계승률과 사정事情에 따라 결정되어 승계되었고, 중국왕조의 책봉은 그러한 조선의 왕위계승을 사후 외교적으로 승인하는 정도의 의미였으며, 그것이 한 번도 거부된 적이 없었다. 문자 그대로 중국왕조의 황제가 조선의 왕을 임명하였던 것은 전혀 아니었다. 그런 면은 역대에 걸친 중국왕조와 한국왕조 사이의 조공책봉관계에서 고려 후기 몽고 간섭기를 제외하고는 시종 여일하게 확인된다. 외교에서 조선왕조는 스스로 결정하여 일본이나 유구琉球 등과 교섭을 하였다. 군사 면에서도 군에 대한 군정권과 군령권을 포함한 전체 통수권은 조선왕에게 있었다. 물론 책봉국에 조병助兵할 것을 강요받은 경우도 있다. 명청 교체기에 명에 대한 조병과, 청과 러시아의 분쟁때 조병을 강요받았다. 그러나 그것은 양측 간의 교섭관계에서 예외적인 것이었다. 그 다음으로 조공의 의무인데, 실제적인 면에서 조공이 피책봉국에게 경제적인 부담이 되었지만 조공에 대한 회사廻賜가 따랐으므로, 조공이 일방적인 경제적 손실로 귀결되는 것은 아니었다. 그리고 조공의 내용물과 그 액수는 피책봉국에 대한 실태 파악을 바탕으로 해서 부과되는 것이 아니었다. 즉 책봉국이 피책봉국을 간접 지배하는 대신에, 피책봉국의 인구나 토지면적 생산력 등을 기준으로 조공액을 정하여 그것을 바치게 한 형태의 것이 아니었다. 물론 이런 점을 들어 조공이 실제로는 국가 간의 무역으로서 경제적 성격을 지닌 것이었다고 강변할 수는 없다. 조공은 일차적으로는 정치적 성격의 것으로서, 정치적 귀부歸附와 상하관계를 나타내는 상징적인 의미로 바쳐졌던 것이었다. 조세는 조선왕의 명으로 부과되었으며, 관리에 대한 임명권과 화폐 제조권도 그러하였다.

국가 간의 대등한 외교 형식을 허용치 않던 전근대 동아시아 국제사회에서, 중국왕조와의 대등한 교섭형식과 황제 칭호의 사용은 곧 중

국에 대한 진출과 중국 천하에 대한 패권 쟁탈에 참여하겠다는 의지
의 표방이다.47 그러므로 중국왕조와 책봉·조공관계를 맺는다는 것은
곧 중국 천하에 도전하지 않겠다는 것을 표방한 것이다. 이 조공·책봉
관계를 통해 조공국은 책봉국에 도전하지 않고 책봉국 중심의 국제질
서에 순응한다는 의지를 나타내며, 책봉국 또한 피책봉국에 침범하여
그 주권을 침탈하지 않으며 나아가 혹 있을 수 있는 제3국의 침공이
있을 때 피책봉국의 안전을 위한 지원을 하겠다는 입장을 표방한 것
이다. 이런 양측의 이해관계와 정책 의지가 서로 부합함에 따라 장기
간에 걸친 양자의 평화 공존이 가능하게 되었고, 그러한 양측의 자소
사대字小事大관계를 표현한 것이 조공과 책봉을 핵으로 한 전례典禮였
다. 여기에선 조공과 책봉이란 행위가 말해 주듯, 양측은 그 교섭 의
례에서 대등한 형식이 아니라 상하 형식을 취하였다. 이는 대등한 형
식을 취하는 근대 국제법에서 말하는 독립국 사이의 교섭의례와는 다
른 면을 지녔다. 이런 면을 들어 조선이 독립국이 아니라고 규정하는
주장이 제기되기도 하였다.

그런데 당시 조선은 내정과 외교를 자치 자주하는 나라였다. 곧 조
선은 '자주국'이라고 할 수 있다. 이 '자주국'은 책봉국과 전례 상에서
상하관계를 취한다는 점에서 근대 국제법에서 말하는 독립국과 차이가
있다는 점을 무시하여서는 안 된다. 또한 동시에 '자주국'으로 조선이
존재하였던 시기의 동아시아 국제관계와 그것을 합리화하는 이념은,

---

47 5호16국시대에 북중국으로 진출하였던 胡族 출신의 왕조는 만리장성 북쪽에 있
  을 때는 單于 등을 일컬었고, 북중국의 일각을 차지하면서 天王을 일컫다가 그 중
  심부를 북중국 지역으로 옮긴 뒤 황제라 칭하였다. 이는 곧 황제 칭호의 사용이
  중국 천하의 제패를 도모하려는 의지와 직결되었음을 보여 준다(文一平, 〈年號와
  帝號〉, 《湖岩全集》 4, 14~15쪽; 谷川道雄, 〈五胡 十六國·北周における天王の稱
  號〉, 《隋唐帝國形成史論》).

근대 국제법에 내재되어 있는 국제관계에 대한 이념 및 그것과 연결되어 있는 근대국민국가들 사이의 관계와는 서로 다른 이질적인 성격이었다는 사실은 중시되어야 한다. 양자는 서로 다른 시대적 배경 위에서 제기되고 작용하였으며, 더 근본적으로는 서로 다른 **문명권**의 소산이었다. 이런 면을 홀시하고, 양자를 평면적으로 비교하여 전자의 관계 아래 있는 나라의 성격을 후자의 기준에 따라 그 성격을 규정하려 한다면, 그것은 실체적 진실을 파악하는 데 어려움을 낳게 마련이다. 그래서 조선왕조의 성격을 당시 용어를 빌려 '자주국'이라고 규정하는 바이고,48 굳이 이를 근대 국제법을 기준으로 말한다면, 독립국의 성격을 지녔다고 하는 것이 종속국이라고 규정하는 것보다 훨씬 '자주국'의 실상에 근접하는 것이라고 여겨진다. 명·청을 중심으로 한 국제질서에 도전하지 않는다는 것이 조선을 종속국으로 규정하게 하는 전제일 수는 없기 때문이다. 이런 면을 참조하면서 피책봉국 고구려의 성격을 살펴보기로 하자.

고구려는 북위 및 남조와 조공책봉관계를 맺었다. 피책봉 조공국 고구려는 내정과 외교에서 자치 자주하였다. 실제 고구려는 내정에서 전혀 책봉국의 간섭을 받지 않았다. 외교 군사 면에서도 그러하였으며, 나아가 전례典禮에서도 간혹 신례臣禮를 거부하여 사달이 일어나기도 하였다. 더 구체적으로 군사 면에선 434년 북연을 둘러싼 분쟁에서 보듯, 때로는 책봉국인 북위나 송과 정면 대결을 벌이기도 하였다.49 그리고 외교 면에서 책봉국의 적대국과 월경외교越境外交를 벌이는 등 책봉국 중심의 국제질서 자체를 인정치 않는 면을 보여 주었다.

---

48 朝·日 수호조약 제1조에서 '조선은 自主之邦으로서, 云云'한 自主國이 그것이다.
49 노태돈, 《고구려사연구》, 2003, 299~304쪽.

사실 농업이나 목축을 중심으로 한 자급자족적인 자연경제를 운영하던
당시 사회에서 피책봉 조공국들이 몇 가지 점을 준수한다면, 책봉국이
굳이 조공국의 내정에 직접 개입치 않더라도 책봉국 중심의 국제질서
를 유지할 수 있었다. 즉 책봉국의 적대국과 교류하지 않으며, 책봉국
에 조공하는 다른 제3의 나라에 대한 공격을 임의로 하지 않으며, 책
봉국과 상하 교섭의례를 행한다 등이다. 그런데 고구려는 이 가운데
어느 항목에 대해서도 제대로 준수하지 않았다. 북위의 적인 몽고고원
의 유연柔然이나 남중국의 왕조와 월경외교를 하였고, 북위의 조공국
을 공격하기도 하였으며, 북위 황제의 조서를 배수拜受하지 않아 사달
을 일으키기도 하였다. 그럼에도 양자는 평화로운 교섭관계를 장기간
지속하였다. 이는 무엇보다 고구려가 북중국 방면으로 진출을 도모하
지 않았고, 세력균형적인 대륙 정세로 말미암아 북위 역시 동북 방면
으로 진출을 도모치 않아, 양자가 평화공존할 수 있는 객관적 공간이
확보될 수 있었기 때문이었다.[50] 바로 전자의 측면, 즉 고구려가 북중
국 방면으로 진출하여 중국 천하의 패권을 추구하는 쟁패전에 참가할
의사가 없음을 상징적으로 나타낸 것이 고구려 군주의 칭호가 시종
'왕'이었고, '제'라 일컫지 않았던 점이다.[51] 후자의 측면은 동북방으로
개입하기에 좋은 상황에서도 북위가 불간섭의 입장을 분명히 함에서
뚜렷이 보여졌다. 그에 따라 양측이 평화공존할 것에 동의하였고, 그
것이 현실적으로 나타난 것이 양자 사이에 장기간에 걸친 조공책봉관
계의 유지였다.

　이런 객관적인 면과 함께 당시 고구려인이 자신들의 나라를 어떻게

---

50 노태돈, 앞의 책, 2003, 334~345쪽.
51 위의 책, 2003, 356~387쪽.

생각하였는지를 살펴볼 필요가 있다. 이 점에서 고구려인들은 왕실의
천손의식에 바탕을 둔 독자적인 천하관을 형성하고 있었다.[52] 곧 주관
적으로 책봉국 중심의 천하관에 동의치 않음을 보여 준다.

아울러 당시 고구려의 성격을 이해하기 위해선 제3국에서 고구려를
어떻게 생각하였는가를 살펴보는 것이 유효하다. 사실 이 시기 국제관
계의 기록은 중국 측 사서의 것이 거의 모두를 차지하고 있기 때문에
자연히 중국왕조 측의 시각에서 상황을 파악할 수밖에 없는 면을 지
닌다. 그럴 때 다른 시각을 지닌 기록이 있다면 그것은 상황을 객관적
으로 이해하는 데 가치를 지니는 바이다. 이 점에서 4~5세기에 고구
려와 우호적 관계를 맺었던 유연柔然의 고구려에 대한 인식이 궁금해
진다. 그러나 유감스럽게도 유연이 남긴 기록은 전해지지 않는다. 그
런데 뒷 시기의 것이지만 돌궐 비문에서 고구려에 대한 언급이 전해
진다. 즉 빌게카간毗伽可汗과 그의 동생 퀼테킨闕特勤의 비문에서 각각
고구려를 지칭하여 '배크리 카간(Bôkli qagan)'이라고 하였다. 古돌궐어
에서 B음은 M음으로 환치換置될 수 있으므로 배크리Bôkli는 '매크리
Môkli'가 되며, 이는 곧 맥구려貊句麗로서 고구려를 가리킨다.[53] '배크
리 카간'은 돌궐비문에서 당을 일컬어 '타부가츠 카간(Tabgač qagan)'
이라 한 것과 같은 용례이다. 이에서 주목되는 것은, 돌궐인이 당이나
고구려를 모두 같은 카한국可汗國으로 파악하였던 점이다. 그들에게는
중국왕조 중심의 세계 질서에 의거한 관념이 존재치 않았음을 보여
준다. 다시 말하자면 돌궐인은 고구려를 당과 대등한 독립적인 국가로
파악하였음을 말한다. 이는 돌궐의 경우인데, 돌궐에 앞서 몽고고원의

---

52 노태돈, 앞의 책, 2003, 356~394쪽.
53 岩佐精一郎, 〈古突厥碑文のBôkli及びPurumについて〉, 《岩佐精一郎遺稿》, 1936 所收.

사진 10 5세기 동아시아 국제 정세도(위)와 돌궐비

유목민 세계의 패자였던 유연柔然의 경우에서도 고구려를 카한국可汗國이라 일컬었을 것이라고 상정해 볼 수 있지 않을까 한다. 유연의 수장

은 카한이라 칭하였다. 유목민 국가의 수장의 칭호인 카한可汗은 '위나라 말로 황제와 같다(魏言皇帝)'[54]라 함에서 보듯, 당시 카한국 유연은 북위를 대등한 관계로 인식하고 있었다. 실제 대부분의 시기에 양자는 상호 적대적 관계를 지속하였다. 한편 당시 유연과 고구려는 북위에 공동 대항하는 등 우호적 관계를 유지하였고, 479년에는 동부 내몽고의 흥안령 동쪽 사면에 있던 유목민 집단인 지두우地豆于를 함께 분할코자 기도하기도 했다.[55] 그런 면에서 이 시기 고구려는 상호 밀접한 관계를 지녔던 유연으로부터 북위와 동일하게 카한국으로 대우받았을 것으로 추정된다. 나아가 그런 유연과의 교섭을 통해 고구려인들은 중국 이외의 세계에 대한 넓은 인식을 가지게 되었고, 중국왕조 중심의 국제질서와는 다른 성격의 독자적인 천하관을 가지게 되었던 것이다.

이렇듯 주·객관적으로 볼 때, 5-6세기 중국왕조와 조공책봉관계를 맺었던 고구려의 성격은 실제로 독립불기獨立不羈의 자주국이었다고 보아야 할 것이다.

5. 맺음말

이상이 고구려와 북위 사이의 조공책봉관계의 성격을 살핀 내용이다. 그 내용을 요약하면 다음과 같다.

중국의 남북조가 고구려왕에 수여한 책봉 벼슬에 중국왕조의 중앙

---

54 《魏書》 권103 蠕蠕傳.
55 《魏書》 권100 契丹傳.

과 지방의 관직이 포함되어 있는 점을 주요 근거로 고구려를 중국왕
조의 '지방정권'으로 규정하는 견해가 중국학계의 일각에서 견지되고
있다. 그런데 당시 책봉벼슬에 포함된 중앙과 지방의 관직과 도독제군
사都督諸軍事 등은 중국 내부에서 위·진 이래로 진행된 변화의 산물이
지, 피책봉국의 성격을 반영한 것은 아니었다. 이런 견해는 중국사적
인 측면에서 보더라도 내번內蕃과 외번外蕃의 차이를 도외시한 것이며,
'중국은 옛적부터 이어져 온 통일적 다민족국가이다'라는 선언적인 정
치이념에 바탕을 둔 도식적인 이해일 뿐이다.

　그 다음 조공국을 '속국'으로 규정한 견해는 오래전부터 제기되어
온 것이다. 단 속국이란 의미를 규정하는 데 전근대와 근대 사이에 큰
차이가 있다는 면을 중시하지 않으면 안 된다. 전근대에서 조공국을
속국이라고 하였을 때, 속국은 '내정과 외교를 자치 자주'하며 책봉국
에 전례典禮상의 하위 국가로서 조공 등의 의무를 수행하는 나라라는
뜻이다. 그런데 근대 국제법하에서 속국이란 피보호국, 부용국의 성격
을 지닌 나라를 의미한다. 그렇기 때문에 현대문現代文에서 조공국을
그냥 속국이라고 하였을 경우는 근대적 의미의 속국을 의미하는 것이
되며, 그것은 내정과 외교에 자치 자주하는 나라에 부합치 않는 틀린
견해라고 하지 않을 수 없다. 그러면 조공국의 성격을 어떻게 보아야
할 것인가가 문제인데, 일단 당시 표현에 따라 '자주국'이라 할 수 있
다. 더 구체적으로 이 글의 검토 대상인 고구려의 경우를 보면 책봉국
인 북위나 남조로부터 그 대내외 정책에 대한 어떤 규제도 받지 않았
고, 관념적으로도 독자적인 천하관을 지니고 있었으며, 제3국인 북아
시아 유목민 국가인 유연에 의해서 대등한 카한可汗국으로 여겨졌던
것으로 추정된다. 즉 주·객관적인 면에서 볼 때, 고구려는 실제상 독
립불기獨立不羈의 자주국이라 할 수 있다.

이 글에서 살핀 바가 전근대 시기의 한·중 왕조 간의 조공책봉관계 성격의 한결같은 면모였다고 단정할 수는 없다. 그러나 그 성격의 주요 부분은 공유되고 있었다고 생각된다. 그렇기 때문에 피책봉국 고구려의 경우는 전근대 시기 동아시아 국제관계인 조공책봉관계의 성격 이해에서 고려되어야 할 사례라고 하겠다.

제4장

고구려 유민사 연구
- 요동·당 내지 및 돌궐 방면의 집단을 중심으로 -

1. 머리말

고구려가 멸망한 뒤 그 유민들의 동향과 행방은 고구려 역사의 계승이란 면에서도 주목되는 문제이나, 아직도 분명치 않은 점이 많다. 고구려인들은 토착 농경민이 그 대종을 이루고 있었다. 따라서 이동이 심한 유목민 사회와는 달리 비록 국가는 망하였다 하더라도 그 영역에 주민들이 정주하고 있었을 것이므로, 고구려 멸망 후 그 영역의 지배권의 변동을 추적하면 자연 유민의 귀속도 분명해질 것이라고 일단 상정해 볼 수 있겠다. 그러나 실제는 반드시 그렇게 간단한 것만은 아니다. 고구려 멸망 후 그 영역이 어느 한 세력에 의해 완전 지배되지 못하였다. 668년 이후 일련의 격심한 정치적 변동과 치열한 전쟁은 구고구려 영역의 귀속에 복잡한 양상이 나타나게 만들었다. 고구려 영역의 태반 이상을 차지한 발해가 건국한 것은 고구려가 멸망한 뒤 30여 년이 흐른 뒤였으며, 그때는 고구려의 수도였던 평양성 일대가 폐허가 된 뒤였다.

아울러 장기간에 걸친 분쟁과 갈등의 와중에서 행해진 강제 이주와 유망流亡·투합投合 등으로 고구려 유민들의 거주에는 심한 변화가 있었다. 그것은 원고구려 영역이 농경·삼림지대 및 초원지역을 포함하고 있었고, 그에 따른 고구려인들의 다양한 생활양식과 땅에 견주어 인구가 희박하였던 당대의 생활환경으로 말미암아 더욱 촉진되었다.

대체로 고구려 유민들의 행방은 일단 여섯 부류로 크게 대별해 볼 수 있을 것 같다.

첫째는, 신라에 흡수된 부류이다. 이는 그 원주지가 신라에 병합됨에 따라 함께 귀속된 집단도 있겠고, 668년을 전후한 무렵 이래로 계속된 일련의 격동 속에서 연정토淵淨土 일파나 안승安勝의 무리 등과 같이 신라로 투합해 간 이들도 있겠고, 전쟁 포로로 끌려간 자도 있었을 것이다.

둘째는, 발해의 건국과 함께 발해민이 된 사람들이다. 이들은 고구려가 멸망한 뒤에도 계속 원주지인 중·동부 만주 지역에 거주하고 있었던 집단들과, 발해 건국의 중심세력이었던 영주 방면에 이주되었다가 동주東走한 이들, 그리고 요동 방면에서 발해 쪽으로 귀부해 갔던 무리 등으로 구분하여 생각해 볼 수 있겠다.

셋째는, 일본열도로 이주해 간 유민집단이다.

넷째는, 당 내지內地로 옮겨진 이들이다. 대체로 만리장성 부근 일대를 기준으로 그 이남지역에 옮겨진 집단이다. 이들은 다시 고구려 지역과 인접한 영주 방면에 옮겨진 집단과, 산서山西·농우隴右 지역 등의 변경 지대에 정주하게 된 이들 및 그 이남의 지역에 옮겨진 자들로 나누어 볼 수 있을 것이다.

다섯째는, 요동 방면의 집단이다. 요동지역은 당의 지배하에 일단 들어갔으나 뒤에 변동이 있었고, 그리고 고구려 유민에게는 이 지역이 수백 년 동안 토착해 온 그들의 원주지이며 계속 그들이 살고 있었으므로 따로 분류하여 고찰할 필요가 있겠다.

여섯째는, 몽고 방면의 돌궐 등 유목민 사회로 투합投合해 간 집단이다.

이 여섯 부류 가운데 앞의 세 부류는 일찍부터 각기 신라사와 발해사로서, 그리고 일본사의 일부분으로서 연구되어 온 바이다. 그러나 당·돌궐 및 요동 방면의 유민들에 대해서는 그 연구가 미진하였다. 이는 그들이 한국사 본류의 전개과정과 밀접한 상관관계를 갖지 못하였다고 본 인식에 주로 말미암은 것이다. 아울러, 그들이 각기 그 지역에서 그들의 역사를 계승해 나갈 상속자를 갖지 못하였고, 또한 중국사나 돌궐사의 전개에 깊은 영향을 끼쳐 뚜렷한 집단적인 족적을 남기지도 못하였으므로 자연 그들에 대해 관심이 별로 기울여지지 못하였던 것 같다.

이 장에서는 이들 당 내지·돌궐 및 요동 방면의 고구려 유민들의 상황에 관해 고찰해 보고자 한다. 그런데 이들 세 방면 집단의 존재양태와 그 각각의 변천과정은 동아시아 전체의 정세 변동이라는 면에서는 상호연관을 가지나, 각 집단별 전개과정은 상호 간에 깊은 유기적 관계가 적거나 전혀 없이, 다분히 고립적으로 진행된 면이 강하다. 그래서 이들에 관한 서술은 시간적인 면에서 병렬해서 기술하지 못하고, 집단별로 그 시종始終의 변천을 고찰해 나가기로 한다. 그에 따라 자연 전체적인 체계와 구성에서 각 절 사이에 유기적인 연결성이 부족하다는 점을 전제하는 바이다. 그리고 유민에 관한 사료가 매우 적고, 그것도 당의 이종족 통합에 관계된 사실을 기록한 연대기적 성격이 주가 되고 있다. 이런 사료적 한계로 말미암아 그 고찰이 각 지역에 이거하게 된 유민들의 사회적 상황을 밝히거나, 당이나 돌궐의 정치적

문화적 영향에 대응한 유민 집단 자체의 반응이나 변모를 살펴보기보다는, 주로 국제관계의 변화에 따른 유민집단의 외부적인 상황 변천에 거의 한정되었음을 미리 말해 두는 바이다.

2. 요동지역의 유민

668년 평양성이 함락된 뒤 당은 이곳에 안동도호부를 설치하고 2만의 군을 진수시켰다. 고구려 전역을 9도독부 46주 100현으로 나누고, 그 우두머리에는 당의 고구려 정벌에 공이 있는 자 가운데 뽑아 임명하였으며, 당의 관리를 보내어 직접 이들과 함께 유민을 통치하게 하였다.[1] 그리고 한편으로는 강력한 토착 기반을 지닌 고구려인의 반당 저항세력을 제거코자 669년에 호강豪强한 민호에 대한 강제 이주를 단행하였다. 2만 8천 2백 호를 육·해로를 통해 당 내지의 강江·회淮 이남 및 산남山南·병주幷州·양주涼州 이서의 여러 주로 이주시켰다.[2] 이때 고구려 중심지인 평양 일대와 요동지역의 주민들이 그 주된 대상이 되었던 것으로 여겨진다. 고구려 말기의 전 호수가 69만 7천 호이니, 이 2만 8천 2백 호란 산술평균값으로도 전 인구의 약 20분의 1에 해당되는 큰 부분이다. 더욱이 수십 년에 걸친 전란으로 호구의 감소와 이탈이 심해 피폐한 상태에서 유력한 민호의 강제 이주는 고구려사회에 심대한 타격이었다.

---

1 《舊唐書》권199 上 高麗傳. 擢酋豪有功者 授都督刺史縣令 與華官參治.
2 《舊唐書》권5 高宗 總章 2年 5月 庚子條.

그리고 670년에는 요동지역을 주현州縣으로 구획하는 작업을 본격적으로 시도하여, 유민사회에 대한 그 지배력의 강화를 도모하였다.3

이러한 당의 지배정책은 곧바로 고구려 유민들의 강력한 반발을 가져와, 평양 일대에서 670년 검모잠 일파의 부흥운동이 일어났으며, 이어 안시성 등지에서 반당 봉기가 잇따랐다. 남으로부터는 신라가 당에 대한 공세를 적극화하고, 유민들의 부흥운동을 지원하였으며, 670년 3월에는 신라장군 설오유와 고구려장군 고연무가 이끄는 연합군이 압록강을 건너 요동으로 진격해 들어가기도 하였다.4

이에 당은 다시 대규모 원정군을 여러 차례 파견하여 대처하였다. 고구려 유민들의 부흥운동은, 671년 안시성이 함락되자 점차 소멸되어 갔다. 요동지역을 평정한 뒤, 672년 이근행李謹行과 고간高侃이 이끄는 당군 4만이 평양에 진주하였고, 이제 전투는 대동강 이남지역을 중심으로 전개되었다. 마침내 673년 호로하(瓠瀘河: 임진강)에서 부흥군이 당군에 패배하자, 평양 부근 일대의 고구려 유민이 신라로 달아나고 부흥운동은 좌절되었다. 그러나 이어 당군과 신라군의 대규모 정면충돌이 전개되어, 675년 양주 부근 매초성에서 당군이 결정적으로 패배하였다. 이에 당은 한반도에서 퇴각하지 않을 수 없어 676년 안동도호부를 요동으로 옮기니, 사실상 당의 고구려 지역에 대한 지배권은 요동에 한정되게 되었다.

안동도호부를 옮긴 뒤, 당은 신라의 진출을 저지하고 말갈의 대두를 방지하며 나아가 한반도로 재차 진출을 도모하고자, 우선 그 전진기지로서 요동지역을 안정시키고 강화하는 데 주력하게 되었다. 그런 정책

---

3 《舊唐書》卷5 高宗 總章 3年 春正月 辛卯條.
4 《三國史記》卷6 文武王 10年 3月條.

의 일환으로서 676년 고장高藏을 요동도독조선군왕에 봉하고, 그와 함께 669년 당의 내지로 강제 이주시켰던 유민들을 요동으로 귀환시켰다. 고구려의 마지막 왕이었던 그를 표면에 내세워 요동의 유민들을 안집케 하고, 이주시켰던 유민을 돌려보내 피폐하고 허갈해진 요동의 충실을 도모코자 함이었다. 그리고 나아가 전 고구려 영역과 반도에 대한 재병탄을 시도하기 위한 조처였다. 이해에 의자왕의 아들 부여융을 웅진도독대방군왕에 봉하고, 당 내지 서주徐州·연주兗州에 강제 이주시켰던 백제 유민을 요동의 건안성에 옮겨 웅진도독부를 교치시켰음도 동일한 의도에서였다.5 당은 678년 재차 한반도에 대한 대규모 원정을 논의하였다. 그런데 마침 이때 토번이 당의 서부 국경을 공격해왔으므로 우선 이에 대처하는 것이 시급하여, 신라에 대한 재원정 논의는 그만 두었다.6

676년 요동으로 귀환할 때 고장의 관직은 요동도독이었다. 이 도독이란 직함은 당의 지방관의 그것이라기보다 당의 기미羈縻 지배 아래 있는 피복속민 집단의 수장首長에게 주는 칭호로 보아야 할 것이다. 당시 안동도호부 예하에는 여러 도독부와 주가 있어 각기 토착민 수령으로 도독과 자사를 봉하였다. 고장이 띤 관직이 비록 동일한 도독이었지만 조선군왕朝鮮郡王인 그는 사실상 요동지역 유민의 상징적 대표로 임하였다. 그의 귀환과 함께 677년 안동부는 그 치소를 요동성에서 신성으로 옮겼다. 신성은 고구려 서부의 중진重鎭으로서, 동으로는 국내성 지역으로 연결되며, 서로는 거란 및 요서로 통하고, 북으로는 부여성 지역에 이르는 교통과 전략상의 요지였다. 이곳을 진수함으

---

5 《資治通鑑》 卷202 儀鳳 元年 2月 甲戌條.
6 《資治通鑑》 卷202 儀鳳 3年 10月條.

로써 요동의 고구려 유민과 외부인 특히 속말수 일대 말갈족과의 교섭을 차단하고 감시하여 요동을 안돈시키려는 의도였던 것이다. 아울러 요동성에 고장과 귀환하는 일부 유민을 받아들이기 위한 목적도 있었으리라고 여겨진다.

한편 676년에, 당인으로서 668년 이후 안동부의 관리로 임명되었던 자들을 모두 그만 두게 했다.[7] 668년 당시와는 달리 이미 안동부의 지배 영역이 크게 축소되었으니 불필요한 관리를 정리하고, 유민들의 원성의 대상이 되는 자를 교체하여 쇄신코자 했던 것 같다. 무엇보다 이 조치는 당의 고구려 유민에 대한 지배정책이 후퇴한 면을 드러내 주는 것으로 보인다. 당은 668년 후 그 지배정책으로 당인 관리를 파견하여 고구려인 도독·자사 등과 함께 직접 주민의 통치에 나서도록 하였었다. 집단 내부의 운영은 자치에 맡겼던 유목민족들로 구성된 당의 여타의 기미주에 비추어 볼 때, 이는 더 직접적으로 당의 지배질서를 토착사회에 강요한 것이다. 이것이 고구려인의 저항과 신라의 진출에 부딪치자 크게 수정되어, 당관을 뒤로 물리고 보장왕을 전면에 내세우는 등, 더 완화된 전형적인 기미주 체제를 취하는 일련의 조치가 있었던 것으로 보겠다. 그런데 당은 안동부의 통치권 행사 범위를 축소시키는 대신에, 고구려사회의 실정에 밝은 자를 안동부에 보내어 그 지배체제의 보완을 기도하였다. 남생男生의 파견은 그 대표적인 한 예이다. 남생이 요동에서 벌인 활동에 관해서는 다음의 기록이 있다.

의봉儀鳳 2년(677) 칙명을 받들어 요동을 위무하였다. 군현을 일부 개편하고 질병을 막고 구휼救恤하였으며, 전야를 구획하고 하천을 바르게 흐르게

---

7 앞의 주 1, 5와 같음.

하였다.[8]

　요동을 위무하였다. 주현을 설치하고 유망민을 불러 들였으며, 세금을 균
등히 하고, 역역力役을 파하였다.[9]

즉 남생이 전후 복구사업에 관한 일반적인 행정업무를 담당하였음
을 말한다. 당시 남생의 구체적인 관직은 알 수 없으나, 어디까지나
칙명을 띤 당의 관인의 자격으로서 안동부의 통치 책임을 맡았다. 그
는 안동부 관사에서 병사하였으며, 그 시신은 옮겨져 낙양 북망산에
성대히 묻혔다.[10]

고장과 남생이란 두 고구려인이 상징하듯, 비록 두 사람의 성격은
상이하지만, 676년 이후 요동사회에서는 고구려인의 자치의 폭이 넓어
지고 그 정치적 행정적 비중과 역할이 커졌다. 그러나 그것은 어디까
지나 근본적으로는 확고한 당의 지배력 아래에서이다. 이 무렵 당의
요동 지배정책은 요동도독조선군왕부와 안동도호부를 두 축으로 하는
이원적인 것이었다. 즉, 고장을 상징적인 정점으로 하여 여러 주의 도
독·자사 및 현령에 임명된 고구려인에 의한 자치와, 안동도호를 장으
로 한 당인 관리들의 감독과 통제에 따라 이 지역의 통치가 이루어졌
던 것이다.

이러한 자치와 감독 통제라는 이율배반적인 접목은 곧 분쟁을 불러
일으켰다. 고장은 귀환한 뒤 얼마 안 있어, 옛 복속민이었던 속말말갈
과 통모하여 반당 거사를 기도하다가 발각되어 유배되었다. 이에 위협

8 《泉男生墓誌銘》, 李蘭映 編, 《韓國金石文追補》, 255~256쪽. 奉勅存撫遼東 改置郡
　縣 救瘼恤隱 襁負如歸 劃野疏彊 奠川知正.
9 《唐書》 卷110 男生傳.
10 위와 동일.

을 느낀 당은 다시 당 내지로 대규모 유민 이주를 단행하였다. 이주의 대상은 676년 귀환했던 유민이 주가 된 호강豪强한 민호였다. 이에 "약구자류안동弱寠者留安東"이란 표현처럼 빈약한 민호가 요동에 남게 되어 요동의 유민사회는 크게 위축되었다.[11]

이 이후 요동은 대체로 전과 동일한 기미주 체제가 유지되었으나, 여러 기미주들을 대표하는 요동의 조선군왕부는 폐지되었다. 고장과 같은 전 유민들을 단합시킬 수 있는 정치적 잠재력을 가진 자의 등장을 방지하고자 함이었다. 그래서 요동주처럼 가장 중심지역의 도독은 친당적인 인물로 기용하였으며, 그 가운데에는 이미 전에 안동부에 남생을 파견함에서 보듯 당 내지로 옮겨진 고구려인 중에서 택하여 임명하기도 하였다.

이러한 당의 요동지역 지배는 696년 거란족의 반란을 계기로 난관에 봉착하게 되었다. 당의 압제에 저항하여 봉기한 거란족은 영주를 함락하고 하북으로 쳐들어갔으며, 동으로 안동부에 압력을 가중시켰다. 영주가 함락됨에 따라 당은 요동지역을 지원하려면 해로로 발해만을 건너 병력과 물자를 수송해야 될 형편이어서, 요동의 정세는 긴박하였다. 그런 상황에서 고구려 유민의 동향은 당이 깊게 우려하는 대상이 되었다. 그래서 당시 거란 토벌의 임무를 맡은 청변도대총관淸邊道大總管 무유의武攸宜는 요동지역의 동요를 막고자 요동주도독遼東州都督과 안동도호부 예하의 모든 주의 자사 등에게 친서를 보내었다. 아래는 요동주도독에게 보낸 서한의 일부이다.

청변도대총관건안군왕유의淸邊道大總管建安郡王攸宜가   요동주고도독遼東州高

都督에게 편지를 보낸다. 번부蕃府의 어진 생질 모某가 이르러, 역적 손만참孫萬斬을 십여 진 파하였고 오랑캐 일천 인을 사로잡았다는 소식을 알게 되었다. 삼군三軍이 기뻐하고 만리 떨어진 곳에서도 기쁨을 함께 하였다. … 적은 숫자로 많은 무리를 공격하여 추하고 흉한 적을 꺾어 국가로 하여금 동쪽을 염려치 않게 하니 이는 도독의 힘이다. 어진 조카의 뛰어남은 그 외삼촌과 매우 닮았다. 모某와 함께 하여 절의를 지키고 공을 세워라. 이에 각인에게 상으로 금대金帶와 붉은색 포袍를 주노라. 다시 스스로 기록해 상주하면 헤아려 영관榮官이 주어질 것이다. 도독은 이 뜻을 깊이 헤아려라. … I2

즉 먼저 거란군과 교전에서 승리한 것을 축하하고 중상重賞을 약속하며 계속 분투를 당부하였다. 이어 그 서한은 전황의 호전과 곧 대공세가 있을 것을 알리며, 아울러 설눌薛訥로 하여금 번한병蕃漢兵 5만을 이끌고 해로로 요동에 진군하게 할 것이니, 동요하지 말고 힘써 줄 것을 당부하였다. 그리고

(무유의武攸宜)가 안동제주의 자사와 장수 및 부족 관속 등에게 글을 보낸다. 초봄의 날이 찬데 공들이 오랫동안 병마兵馬를 거느리고 나라를 위해 변방을 지키느라 … 흉적의 평정이 바로 오늘에 있다. 청컨대 공들은 병마를 훈련하고 격려해 함께 기각掎角의 세를 이루어라. 봉후封侯의 기회가 이에 있다. 각자 힘써 이를 도모하라. I3

I2 《陳伯玉文集》卷10 爲建安王與遼東書. 淸邊道大總管建安郡王攸宜致書於遼東州高都督 <u>蕃府賢甥某至</u> 仰知破逆賊孫萬斬 十有餘陣 幷生獲夷賊一千人 三軍慶快 萬里同歡 … 以少擊衆 陷醜摧兇 使國家無東顧之憂 是都督之力也 賢甥俊酷似其舅 遂與某等 應機破敵 劾節立功 此已各償金帶緋袍 薄荅誠效 更自録奏 擬加榮官 都督遠知此意也. 〔補〕필자는 1981년 논고에서 밑줄 친 부분을 요동주 고도독과 동일인으로 보았다. 그러나 이에 대한 지적처럼, 이는 잘못된 이해였다(古田 徹, 〈いわゆる小高句麗の存否問題〉, 《東洋史研究》 51-2, 1992; 김종복, 《발해정치외교사》, 2009, 66~67쪽). 고도독의 생질을 가리키는 것으로 보는 것이 옳다.

I3 《陳伯玉文集》卷10 爲建安王與安東諸軍州書.

고 하여 안동부 예하 기미주의 자사 및 제장 등을 격려하며, 그들의 동요를 막으려 하였다.

위의 고도독은 고구수高仇須로서,[14] 그는 당시 안동도호부 예하의 기미주인 요동주의 도독이었으니, 고구려인으로 보아야 할 것이다. 그리고 이때 당(실제로는 무주武周)은 요동으로 공격해 온 거란군을 진압하는 데 고구려 유민을 활용하였다. 고구려 유민인 고문高文·고자高慈 부자는 마미성磨米城 전투에서 전사하였다.[15]

무유의武攸宜가 청변도대총관淸邊道大總官에 임명된 것이 696년 9월이며, "초춘유한운운初春猶寒云云"하였으니, 위의 글이 보내진 것이 697년 2월 무렵이다. 또 고구수의 전승 보고에 대한 답신으로 보내졌으니 고구수의 전승은 그전, 아마도 697년 정초나 696년 말 무렵에 있었던 것으로 보아야겠다.[16] 696년 9월에는 안동도호 배현규裵玄圭의 거란 침공군 격퇴가 있었다.[17] 이런 사실들은 이 무렵 요동은 안동도호부 지배 아래 기미주체제가 계속 유지되고 있었음을 보여 준다.

그런데 거란의 반란으로 말미암아 당이 요동지역을 종전처럼 계속 유지하기엔 심각한 어려움이 따랐다. 육로가 차단되어서 해로로 수송하여야 하니, 자연 막대한 노력과 경비가 들고 위험이 수반되었다. 난이 평정된 뒤에도 돌궐의 세력이 영주 일원을 장악하고 있어 어려움은 여전하였다. 그리고 영주에서 동으로 탈주해 간 대조영 집단이 요동의 북에 있었기 때문에, 요동의 고구려 유민의 동요와 이탈을 막고

---

14 《陳伯玉文集》卷4 爲建安王破賊表. 臣某言今月日 得遼東都督高仇須等 月日破逆賊 契丹孫萬斬十一陣 露布并捉生口一百人 送至軍前事云.

15 〈高慈墓誌銘〉, 李蘭暎 編《韓國金石文追補》, 1968, 259~260쪽.

16 日野關三郞, 〈小高句麗國の建國〉, 《史淵》72, 1957.

17 《舊唐書》卷59 許欽突傳;《資治通鑑》卷205 萬歲通天元年 9月條.

안동도호부를 유지하고자 계속 군단을 주둔시켜야 할 형편이었다. 아울러 당시 당은 북의 돌궐과 서의 토번의 침구에 대응하여 수행된 잦은 외정과 광대한 영역의 진수鎭守로 많은 인력과 물자를 소모하고 있었다. 이런 상황에서 자연 안동도호부의 폐지론이 제기되었다. 697년 적인걸狄仁傑은 상소하여 '안동을 폐하고 요서를 충실히 하여 원방에 군비를 투여하는 것을 줄일(罷安東 以實遼西 省軍費於遠方)[18] 것'을 주장하였다. 그는 재차 상주하여 해로를 통한 병력과 물자 운송의 어려움을 지적하며, 요동을 지키는 것은 석전石田같으며 말갈은 먼 곳이라 계륵鷄肋과 같으니 … 그 땅을 얻어도 족히 경직耕織할 수 없고 그 주민은 족히 부세를 납부할 수 없다며, 설눌薛訥의 주둔을 파罷하고 안동진安東鎭을 폐하며, 삼한 군장 고씨高氏를 그 주主로 삼을 것을 청하였다.[19]

이렇게 안동부를 둘러싼 논의가 심각하게 제기되고 있는 가운데 698년 안동도호부를 안동도독부로 강격降格하였다. 그리고 이해에 고장高藏의 손자인 조선군왕 고보원高寶元을 충성국왕忠誠國王으로 봉한 뒤 요동에 파견하여 그 유민을 통령케 하려고 하였다.[20] 이 충성국왕이란 왕호는 신라가 안승에게 준 보덕국왕報德國王을 연상케 한다. 아무튼 이 계획은 실행되지 못하였다. 아마도 고장의 전철을 되풀이할 것을 우려한 반대 때문인 것 같다. 그러나 앞에서 말한 어려움은 여전히 있으니, 이에 699년 고장의 아들 고덕무高德武를 안동도독으로 봉하여 요동을 통령케 하였다. 안동도독의 직이 고씨 왕손에 맡겨짐으로써, 요동에서 고구려인의 정치적 역할이 강화되었음을 알 수 있겠다.

18 上揭書 卷89 狄仁傑傳.
19 《通典》卷186 高句麗.
20 《舊唐書》卷199上 高麗傳.

히노카이 사브로日野開三郎는 이 고덕무의 부임을 계기로 고씨 왕통의
소고구려국이 요동에 건국되었다고 주장하였다.[21]

그러나 고덕무는 비록 고씨 왕손이지만 어디까지나 지방 도독부의
장長으로서 당의 관인이었다. 당시 당의 조정에는 전부터 고보원高寶元
이 고려조선군왕高麗朝鮮郡王으로서 고구려 유민을 상징적으로 대표하
고 있었다.[22] 곧 고장의 자손을 왕으로 봉해 의례적인 예우를 해 주어
장안에 유거시켜 둠으로써 요동을 간접적으로 통제하고 있었다. 725년
현종玄宗이 태산泰山에서 행한 봉선封禪에 고려조선왕이 백제대방왕百
濟帶方王 등과 함께 내신지번內臣之蕃으로 참석하였다.[23] 내신지번이란
당 영역 안에 거주하고 있고, 지방관의 통제를 받으며, 기미주 형태로
복속되어 있던 이족異族 집단을 말한다. 당시 백제란 요동의 건안성에
교치한 것에 지나지 않았다. 고려조선군왕은 실제 요동 통치엔 관여치
않으며 당의 경사京師에 거주하고 있었다. 725년 봉선 때 거란왕과 해
왕奚王은 신라 사신 등과 함께 조헌지국朝獻之國의 예였다. 당시 거란
과 해에는 당의 세력이 뻗치고 있었지만 어디까지나 당의 영역 밖에
존재하고 있었기 때문이다. 그리고 천보天寶 원년(742) 안록산이 평로
군절도사겸류성태수平盧軍節度使兼柳城太守 압량번押兩蕃(거란契丹 해奚)

---

21 日野關三郎, 앞의 논문.
22 高藏에 이어 그 손자인 高寶元을 686년 朝鮮郡王에 봉하여 長安에 留居시켰다
《舊唐書》高麗傳). 百濟王孫의 경우도 扶餘隆을 帶方郡王으로 封하였고, 그가 죽
자 손자 扶餘敬으로 襲爵케 하였다(《舊唐書》百濟傳). 그 후 계속 封爵이 계승되
었음은 725년 泰山의 封禪 儀禮에 高麗朝鮮王과 百濟帶方王이 참석하였음을 보아
알 수 있다. 조선군왕과 대방군왕이 공식 명칭이었는데, 고려조선왕이나 백제 대
방왕이라고도 통상적으로 썼던 것 같다.
23 《舊唐書》卷23 禮儀3 開元 13年 11月 壬辰. 玄宗御朝觀之帳殿 大備陳布 文武百
僚 二王後 孔子後 諸方朝集使 … 戎狄夷蠻羌胡 朝獻之國 突厥 頡利發 契丹 奚等王
大食 … 日本 新羅 鞾鞨之侍子及使 內臣之番 高麗朝鮮王 百濟帶方王 十姓摩阿史那
興昔可汗 三十姓左右賢王 牂柯 … 烏滸之酋長 咸在位.

발해흑수사부경락사渤海黑水四府經略使가 되었는데,24 이에서도 그가 대
외관계를 담당한 외번外蕃으로는 사부四府만 있고 요동은 없다. 요동의
고구려 유민집단은 당의 영역 안에서 지배되고 있었던 내신지번이므로
제외된 것이다. 즉 천보 연간까지도 소고구려국의 존재를 운위할 수
없었다는 것을 말한다. 따라서 고덕무의 안동도독 부임은 적인걸의 상
소처럼 안동부를 폐하고 고씨 군장을 세워 통치를 위임하자는 것과는
거리가 먼 것이다. 비록 보호국적인 것이라 하더라도, 한 왕조의 성립
과 존속에는 최소한 그 지역에서 거주하는 최고 집권세력으로서 왕실
의 영속성은 있어야 하는데, 안동도독은 당의 지방관의 직이고 그것도
세습되지 않았다.25 699년 이후 요동은 기미주 체제를 계속 유지하였
다고 보아야 할 것이다. 그것은 8세기 중엽의 상황을 기록한《구당서
舊唐書》지리지에서도 확인되는 바이다. 그러길래 적인걸의 상소에 대
해 "그렇게 행해지지 않았지만 식자들은 이를 옳다 하였다(事雖不行
識者是之)"26는 평이 나왔던 것이다.

그런데 이후 8세기 전반의 요동을 둘러싼 주변의 정세는, 돌궐의
세력이 막북漠北을 제압하고 거란·해·실위를 복속시키며, 흑수말갈에
까지 세력을 뻗쳤고, 발해가 점차 발전해 나가고 있었다. 발해는 732
년 해로로 등주를 공격하였고, 733년 신라군과 당군을 격퇴한 뒤 역
으로 당의 평로군平盧軍 관하의 성읍을 공격하기도 하였다.27

---

24 《唐書》卷225上 安祿山傳.
25 日野開三郎은 開元 3년에 돌궐에서 唐으로 來降해 온 高麗王 英離支 高文簡과
  大首領 高拱毅 등을 요동의 小高句麗國王과 그 최고 귀족으로 보아, 高德武 부임
  이후(699) 요동에서 소고구려국이 계속 존속하였고 高氏 王統이 계승되었다고 주
  장하였다(日野開三郎, 앞의 논문). 그러나 高文簡 集團 등은 요동에 거주치 않았
  다(이 점 3장 참조).
26 《舊唐書》卷89 狄仁傑傳.
27 《唐書》卷136 李光弼傳 附 烏承玭傳.

이렇게 돌궐과 발해의 세력이 주변에까지 미치게 됨에 따라, 요동의 유민사회도 크게 동요하여 이산離散하게 되었다. 고덕무 부임 이후의 유민 동향을 기술한 기록에 따르면, 이 이후 고려의 구호舊戶로서 안동에 있던 이들은 점점 적어졌다. 돌궐이나 말갈 등으로 나뉘어져 투합投合해 갔다.[28]

당 현종 천보 11년(752)의 기록인 《구당서》 지리지에 따르면, 당시 요동은 안동도호부 예하에 4도독부 10주의 기미주가 있었다.[29] 호구戶口는 5,718호 18,156구였다 하는데, 너무 적은 숫자라서 의아스럽게 느껴지기도 한다. 아무튼 같은 시기의 기록인 영주 관하의 다른 기미주와 비교할 때, 가령 연주燕州는 2,045호 11,603구였다.[30] 이것은 요동이 면적에 견주어 호구가 매우 적었음을 보여 주는데, 이는 위에 인용한 기록과 부합하는 바이다. 이때 안동도호부란 704년 이후 복치復置된 것이다.[31]

고구려 멸망 후 우여곡절을 겪으며 계속 유지되었던 당의 요동 지배는 8세기 중엽에 들어서 급속히 붕괴되어 갔다. 성세를 자랑하던 당 제국이 안록산의 난을 고비로 크게 약화됨에 따른 것이다. 755년 안

---

28 《舊唐書》 卷199上 高麗傳.
29 《新唐書》 地理志에선 안동도호부 예하에 9州가 더 많은 23州의 기미주가 있었던 것으로 기술하였다. 이 九州는 拂涅州 越喜州 등인데, 이는 毗伽可汗의 사후 급속히 약화된 돌궐이 746년 전면 붕괴되자 발해가 그간 돌궐의 세력하에 있었던 말갈 諸族을 병합하니, 越喜部와 拂涅部 등의 일부가 요동의 당의 세력하로 來投해 온 것을 정주시켜 기미주로 만든 것으로 추정하기도 하였다(日野開三郎, 〈突厥の瓦解·渤海の靺鞨諸族併合と小高句麗國の九州增領〉, 《史淵》 81, 1960 참조).
30 《舊唐書》 卷39 地理志二 河北道 營州上都督府 燕州條.
31 安東都護府는 704년에 復置되었는데 그것은 幽州에 治所를 두었으며, 유주 도독이 도호를 겸임하였다. 그 뒤 714년 平州로 移置되었다. 743년에는 遼西故城으로 移置되었다. 安祿山의 난 후 756년 폐지되었다(《舊唐書》 地理志二 河北道 安東都護府條).

록산이 반란을 일으키자, 평로군 자체에도 분열이 생겨 반군과 근왕군 사이에 교전이 벌어졌으며, 주된 전장이 하북으로 옮겨져 장기화되고 격렬해짐에 따라 요동에는 어느 쪽도 적극적으로 그 힘을 미치지 못 하는 상황이 되었다. 이때 발해는 평로유후사平盧留後事 서귀도徐歸道 의 원병 요청을 거절하고, 난 자체에는 불개입의 입장을 천명하였다.[32] 그리고 요동지역으로 세력을 뻗쳐 목저주木底州와 현토주玄菟州 등을 병합하였다.[33] 목저주는 혼하 상류에 위치하였으며 발해 서경 압록부 의 환주桓州인 국내성에서 혼하의 지류인 소자하 계곡을 따라 요동평 야로 나가는 길목이다. 현토주는 안동부 예하의 주명州名에는 보이지 않으나, 고구려시대의 현도성으로서 무순撫順 부근이며 발해가 이곳을 점령하고 주를 설치한 것 같다. 현토玄菟-목저木底-국내성國內城으로 이어지는 교통로는 현토군 때 이래로 저명한 교통로였다.

한편 756년 이후 안동도호부가 폐지되었으며, 난의 와중에서 요동에 대한 당의 통제력은 크게 약화되었던 것 같다. 그러다가 안사의 난이 진압된 뒤 786년에 요서의 연군燕郡에 진안군鎭安軍이 설치되어서[34] 당의 세력이 다시 요서 지방을 장악하였다. 그러나 이 진안군은 유주

---

32 安祿山의 亂에 대한 발해의 태도와 당시 정세는 발해에 갔다가 귀국한 日本 使 臣의 보고에서 부분적으로 찾아볼 수 있다.《續日本記》卷21 天平寶字 2年 12月 戊申條 참조.
33 758년 9월과 759년 10월에 日本에 파견된 발해 사신의 관직이 각각 行木底州刺 史兼兵署小正과 玄菟州刺史兼押衙官이었다(《續日本記》 天平寶字 2年 9月 丁亥條 및 3年 10月 辛亥條). 새로 점령한 두 州의 刺史의 職卿을 띤 使臣을 日本에 파 견한 것은 安史의 亂에 대한 정세를 日本에 자세히 전해 주기 위한 배려에서인 것 같다. 당시 일본은 安史의 亂에 대한 정보를 얻기를 열망하였다. 발해로 파견 하였던 일본사신의 귀국 보고에 의해 난을 전해 들은 일본 조정은 크게 놀라 자 체의 국방에 주력하고 軍事體制를 강화하는 데 부심하였다(藤間生大,《東アジア世 界の形成》, 1967, 71~84쪽 참조).
34 《唐會要》卷78 范陽節度使管下 鎭安軍. 貞元二年 四月十二日 於燕軍守捉置.

幽州의 노룡번盧龍藩에 속하는 것이며, 안사의 난 이후 당은 중앙정부와 동부의 번진세력 사이에 대립이 심한 상태였다. 이는 곧 노룡번의 세력이 적극 요동으로 진출하기는 어려운 형편이었던 것을 추측케 해 준다.

이러한 주변 정세 속에서 8세기 말 요동의 고구려 유민집단의 실상에 관해 전해지는 바가 없는데, 돌연 9세기 초 다음의 기록이 보인다.

> 원화元和 13년(818) 4월 고구려가 악물樂物 두 부를 바쳤다.35

동일한 사실을 전하는 《신당서新唐書》 고려전에서는

> 구성舊城이 이따금 신라로 들어갔다. 유민들은 분산하여 돌궐이나 말갈로 달아났다. 고씨 군장이 마침내 끊어졌다. … 뒤에 점점 나라를 형성하여 원화元和 말에 이르러 사자를 보내 악공을 바쳤다.

라고 하였다. 이때는 고구려가 멸망한 지 150년이 흐른 뒤이다. 위두 기록의 고려국이란 요동의 고구려 유민의 나라, 즉 요동의 소고구려국이라 할 수 있겠다.36 이 소고구려국의 성립 배경을 생각해 보면, 국제 정세 면에서는 요동이 8세기 후반 이후 발해 세력과 당 세력의 완충지대가 됨에 따라 독자적인 세력 결집이 가능해졌던 것 같다. 그리고 대외적으로는 그동안 오래 당의 지배를 받아왔지만, 고구려인은 토착 농경민이었고 기미주羈縻州 형태로 예속되어 왔으므로, 자체의 집단성과 자치력을 상당히 유지할 수 있었기 때문에 국제역관계國際力

---

35 《唐會要》卷95 高句麗.
36 日野開三郎, 〈小高句麗國の成立〉.

關係의 변동에 따라 외세의 압박이 사라지니 점차 자체의 국가체를 형성할 수 있게 되었던 것 같다. "후초자국後稍自國"이란 표현은 대체로 안사의 난 이후 조금씩 독자적인 정치체를 성립시켜 갔다는 사실을 말해 준다.37

그러나 앞에서 살펴보았듯이 8세기 초 이후 이 지역은 인구가 적어졌고, 요동평야 자체만으로는 사방이 트인 수적지지受敵之地로서 방어에 크게 난점이 있었다. 그래서 일시 당과 발해의 힘의 균형 아래에서 독자적인 소국 형성이 가능했지만, 그것은 매우 취약한 것이었다. 소고구려국의 당에 대한 조공이 단 1회 이외에는 보이지 않는 것은 바로 이런 점을 말해 준다. 곧 이어 발해의 판도 안에 병합되어 들어갔다고 여겨진다.

발해는 10대 선왕宣王 대인수大仁秀의 치세(818-830)에 접어들어서 크게 팽창하였다.38 이때에 요동을 병탄하였던 것 같다. 이 무렵 발해가 요동에 설치한 주현州縣의 이름은 일부 《요사遼史》 지리지에 전해지고 있다. 《요사》 지리지는 착오가 많은 두찬杜撰으로 익히 알려져 온 바이다. 특히 주현州縣의 연혁을 기술함에서 그러하다. 그 가운데 하나로서, 주민을 이주시켜 설치한 새로운 주현의 내력을 서술할 때 그 민호의 원주지의 것을 분별없이 그대로 기재하였다. 그러한 점들에 유의하면서 검토해 보면, 발해의 요동 병합의 사실을 찾아볼 수 있다.

---

37 《新唐書》卷43 地理志7 羈縻州條에 인용된 賈耽의 道里記에선 "營州入安東道…營州東百八十里至燕郡城 又經汝羅守捉 渡遼水至安東都護府五百里 府故漢襄平城也"라 하였다. 이 賈耽의 道里記는 德宗 貞元 17年(801)에 撰述된 古今郡國縣道四夷述이다. 그러나 그 記事는 여러 시기의 記錄을 모아 編述한 것이므로, 801년 무렵 당시에도 요동 지방이 唐의 지배 아래 있었다는 것을 증명한다고 볼 수는 없다. 요동에 설치되었던 安東府는 8세기 초에 없어졌다.

38 《唐書》卷219 渤海傳. 討伐海北諸部 開土境宇.

먼저 동경도東京道 요양부遼陽府 흥료현조興遼縣條를 보자.

> 흥료현興遼縣은 본래 한漢의 평곽현平郭縣이었다. 발해가 장녕현長寧縣으로 바꾸었다. 당唐 원화元和 연간에 발해 대인수大仁秀가 남으로 신라와 관계를 정정定定하고 북으로 여러 집단들을 복속시켜 군읍郡邑을 설치하고 지금의 이름을 정하였다. 호가 1천 호이다.

이 밑줄 친 부분(南定新羅 北略諸部 開置郡邑)은 《당서唐書》 발해전渤海傳의 "토벌해북제부討伐海北諸部 개토경우開土境宇"에 대응하는 것으로서 대인수大仁秀대의 팽창을 말해 준다. 그런데 위 기록에선 대인수대 이전에 이 지역은 벌써 발해 영역으로 장녕현長寧縣이었고, 대인수가 흥료현으로 개칭하였다고 한다. 그러나 상경도上京道 조주祖州 함녕현咸寧縣 조에서는 이렇게 말한다.

> 함녕현은 원래 長寧縣으로 요양遼陽을 공파한 뒤 그 민을 옮겨 설치하였다. 호戶가 1천이다.

즉 요 태조 때 요양의 장녕현을 공략하여 그 주민 일부를 옮겨 함녕현을 설치했다는 것이다. 따라서 장녕현은 10세기 초까지도 존속하였음을 말해 준다. 이로 미루어 위 흥료현의 기사는 착오가 있음을 알 수 있다. 이것은 대인수대에 발해가 소고구려를 병탄하고 장녕현을 설치하였던 것을, 뒤에 요 태조가 점령하여 그 민호의 일부를 조주祖州로 옮겨 함녕현을 설치하고, 잔류민으로서 현명縣名을 바꾸어 흥료현으로 삼았던 것으로 보아야 하겠다. 동경도東京道 진주조辰州條에는 이렇게 되어 있다.

본래 고려의 개모성이다. … 발해가 바꾸어 개주蓋州라 하였다. 또 진주
辰州로 바꾸었다. 진한辰韓에서 명칭이 비롯하였다. 마을이 늘어서 있어 매
우 번화하였다. 그 민을 조주祖州에 옮겼다. 처음에는 장평군이라 하였다.
호가 2천으로서 동경 유수사留守司에 속하게 하였다. 통현統縣으로 건안현이
있다.

이 진주辰州는 개주蓋州이며, 장녕현인 한대의 평곽현平郭縣은 개주
의 남에 있으니,39 진주와 장녕현은 서로 인접한 위치에 있었다. 10세
기 초에 요 태조가 장녕현 주민의 일부를 상경도 조주祖州로 옮겨 그
속현인 함녕현을 설치하였음은 위에서 보았는데, 같은 시기에 인근 지
역인 진주의 주민도 조주로 일부 옮겼음을 볼 수 있어 두 기록은 부
합함을 보여 준다.40 또한 동경도 요양부의 속현은 다음과 같다.

선향현仙鄕縣은 원래 한漢의 요대현遼隊縣이었다. 발해가 영풍현永豐縣으
로 바꾸었다. 학야현鶴野縣은 원래 한의 거취현居就縣이었다. 발해가 학산현
鶴山縣으로 바꾸었다. 석목현析木縣은 본래 한의 망평현望平縣이었다. 발해가
화산현花山縣으로 바꾸었다.

이런 기록들은 요동의 중심부인 요양부, 즉 요동성 일대가 발해의
영역 안으로 병합되었던 사실을 전해 주는 것이다. 종래까지 대체로
위의 흥료현興遼縣 기사를 포함한 여러 기록을 부정하여 왔다. 이는
《요사遼史》 지리지의 내용이 워낙 두찬杜撰이 심하여 전체적으로 신빙

---

39 《讀史方輿紀要》 山東 蓋州衛條. 平郭城 在衛南 漢縣 屬遼東郡 後漢因之 晉省縣 而
城存.
40 《遼史》 券37 地理志一 上京道 永州 永昌軍 長寧縣條에 "長寧縣 本顯德府縣名 太
祖平渤海 遷其民於此 戶四千五百"이라 하였다. 이 中京 顯德府의 長寧縣과 遼陽의
長寧縣은 명칭은 동일하지만, 발해 당대에도 並存하고 있었던 것으로 보아야겠다.

성이 낮았다는 점과, 아울러 발해의 영역이 그 최성기에도 서남쪽 국
경선이 압록강 하류의 박작구에서 휘발하 상류의 산성자山城子 부근으
로 여겨지는 장령부長嶺府를 잇는 선을 넘지 못하였다고 보아, 그 서남
지역에 관한 발해의 주현 설치 기사는 일괄 부정하는 입장 때문이었다.

그러나 앞에서 보았듯이 8세기 후반에 접어들면서 발해는 목저주木
底州와 현토주玄菟州를 점령하였으며, 10세기 요의 요동 진출에 따라
그와 요동성 일대를 둘러싸고 쟁투를 벌였다. 이런 사실을 두고 볼
때, 8세기 후반 요하 하류 평원의 동북쪽 관문격인 목저주와 현토주
일대까지 세력을 뻗쳐 요동 평원을 위압할 기세였던 발해가 9세기 전
반 대인수대의 대팽창 때 남진하여 8세기 말 9세기 초 일시 자립하였
던 소고구려를 병탄하였다고 보는 것이, 위의 흥료현 등의 기사 내용
에 대한 올바른 이해일 것이다. 당시 9세기 전반 요동을 둘러싼 국제
관계를 보면, 당제국이 50여 년 치청淄靑 일대에서 반독립적인 세력을
형성하였던 이정기李正己의 손자 이사도李師道의 난을 819년 진압하였
지만, 이어 유주幽州, 성덕成德. 위박魏博의 삼진三鎭이 차례로 당조에
이반하였다. 이 혼란 속에 827년에는 횡해절도사橫海節度使 이동첩李同
捷의 난이 있었다. 이렇게 지방 절도사들의 반복적인 반란 속에서 당
제국은 쇠약해졌다. 몽고고원을 제압하고 있던 위구르回紇도 791년 북
정도호부北庭都護府를 둘러싸고 벌어졌던 토번과의 싸움에 패퇴한 뒤
약화되어 9세기 전반에 요동에까지 세력을 뻗칠 여력이 없었으며, 수
년 동안에 걸친 천재天災와 귀족 간의 내분에 시달리다가 840년 키르
키즈의 기습을 받아 붕괴되었다.[4] 남의 신라도 왕위계승분쟁이 치열했
던 때로서 북으로 진출할 기도를 할 수 없었던 시기였다. 이런 국제정

4| 《舊唐書》 卷195 回紇傳.

세는, 팽창하는 발해의 세력이 요동의 소고구려 병탄을 용이하게 하였을 것이다.[42]

그러나 9세기 말 무렵 발흥한 거란이 10세기 초에 요동으로 진출해 오기 시작하자, 요동의 상황은 새로운 국면으로 접어들었다. 야율아보기耶律阿保機는 909·918년 두 차례에 걸쳐 요동으로 직접 순행하였으며,[43] 919년에는 요동을 적극적으로 경략하였다.

　　요동 고성故城을 수리해 한민漢民과 발해 호戶를 옮겨 살게 하고, 동평군東平郡으로 명칭을 바꾸고 방어사防禦使를 두었다.[44]

924년 5월에는 발해가 반격하였다.

　　계주薊州 민을 옮겨 요주遼州 지역을 충실하게 하니, 발해가 그 자사刺史

---

42 新羅 興德王 2년(827) 3월에 "高句麗僧丘德入唐賣經至 王集諸寺僧徒 出迎之"(《三國史記》卷10 興德王 2年 3月條)라 하였다. 《三國遺事》도 동일한 내용을 전하고 있다(卷3 塔像 第四 前後所將舍利). 이 고구려 승려에 관한 돌연한 기록에 대해, 丘德의 出自를 金馬渚의 報德國人으로 보는 견해와(李丙燾, 《譯註 三國史記》, 1977, 177쪽) 高句麗 末期에 新羅로 넘어온 普德和尙系의 고구려 유민 출신으로 보는 설이 제기되었다(李弘稙, 〈高句麗遺民에 관한 一·二의 史料〉, 《韓國古代史의 研究》, 1974 所收). 그런데 827년은 고구려 멸망 후 159이 지난 뒤이고, 金馬渚의 報德國이 반란을 일으키다 진압당하여 그 주민이 각지에 옮겨진 지 143년이 흐른 뒤이다. 신라 영역 안에서 생활하고 있었지만 고구려인으로서의 의식을 가지고 있을 수는 있다. 그러나 그가 당에서 귀국하여 신라의 수도로 돌아오자, 왕이 자국의 臣民인 그를 고구려인 승려로 인정하고 諸寺의 승려를 소집하여 대대적으로 환영하였다는 것이 가능할까. 당시는 아직도 전국이 신라 왕실의 지배하에 놓여 있던 때이다. 필자는 丘德을 반도 안에 살던 고구려 유민으로 보지 않고, 요동의 고구려인으로 본다. 818년 요동의 소고구려가 당에 조공하였었다. 이 무렵 入唐하였다가 곧 이은 시기에 발해에 의해(大仁秀代) 본국이 병탄되어지니, 요동으로 돌아가지 않고 丘德이 신라로 왔던 것이 아닐까 여겨진다.

43 《遼史》卷1 太祖卽位三年 正月條, 同 神冊三年 十一月條.

44 《遼史》卷2 新冊 4年 2月 丙寅條.

장수실張秀實을 죽이고 그 민을 약탈하였다.[45]

이에서 말하는 요주는 요하 하류 서쪽의 신민현 부근에 있던 성으로서 요하 이동의 발해 지역과 대치하던 곳이다. 이런 사실은 거란의 진출과 그에 대한 발해의 역습을 나타내 주는 것이다. 이에 거란은 같은 해 7월에 발해의 요동을 공격하였다. 요동을 둘러싼 양국 대결은 거란의 압도적 우세로 진전되었으며, 나아가 926년 당시 내분으로 분열된 발해를 멸망시키기에 이르렀다.

거란의 요동 지배는 고구려 유민사회에 심대한 변화를 가져왔다. 단순한 지배자의 교체만이 아니라, 거란은 이곳에 북중국으로부터 한인을 대거 이주시켰으며, 발해 정복 후 발해 유민의 반항을 염려하여 '그들의 고향'인 요동으로 대규모 집단 이주를 강행하였다. 이 이후 요동의 고구려인은 동족인 발해인에 흡수되어 발해 유민사의 장으로 이어지게 되었다.[46]

3. 당 내지에 옮겨진 유민

I) 관내·농우도 방면의 고구려인

고구려인이 당 내지로 강제 이주된 것은 고·당 사이의 삼십 년에

---

45 《遼史》 卷2 天贊 3年 5月條.
46 요동으로 옮겨진 발해 유민에 대해선 李龍範, 〈遼代의 東京道의 渤海遺民〉, 《史叢》 17, 18, 1973 참조.

걸친 전쟁 기간 동안 크고 작은 전투 때에 여러 번 있었을 것이며, 그 가운데 대규모의 것은 세 차례 있었다.[47] 첫 번째는 당 태종의 침공 때에 있었다. 645년 당군이 안시성 전투에서 패배하여 퇴각할 때에, 먼저 요주遼州·개주蓋州·암주岩州의 민호를 징발해 옮겼으니, 이때에 당 내지로 옮겨진 이가 7만여 인이었다.[48] 이들은 당군이 초반전에 거둔 전과라고 하는 요동遼東·개모蓋牟·백암白岩·현토玄菟·횡산橫山·은산銀山·비사卑沙 등 11성 6만 호 18만 구의[49] 일부이다. 이때 18만 구란 11성의 평상시 호구를 말하는 것으로 보이며, 이 가운데에는 전사나 피난한 호구도 있겠으니 모두 당군에 노획된 것은 아니라고 보겠다. 황성黃城(횡산橫山)과 은성銀城(산山)의 경우 고연수군高延壽軍이 패전하자 그 주민이 스스로 성城을 포기하고 피난하였다.[50] 이때 당 내지로 옮겨진 7만 구의 고구려인은 대체로 669년 이후 집단 사민徙民의 경우와 동일하게 각지에 분산되어 정주하게 되었던 것으로 여겨진다. 이들은 요동에서 당군에 공략당한 직후 집단적으로 기미주羈縻州로 편제되었다. 가령 백암성의 경우 끝까지 항전하려 하자, 당군은 성이 함락되면 성안의 사람과 물자는 모두 노략하여 장졸들에게 나누

---

47 고구려와 중국 세력의 대립과 투쟁은 일찍부터 있었다. 그에 따른 彼我 간의 주민 이동이 많았다. 멀리는 毌丘儉의 침공 시에 다수의 고구려인이 피납되어 중국 내지에 옮겨졌다. 그들이 계속 집단적으로 거주하며 고구려인으로서 개성을 유지하여, 晉代의 江統 등의 徙戎論에서도 고구려인을 그 대상의 하나로 꼽았다(《晉書》 卷56 江統傳). 398년 북위에 의해 山東의 고구려인 집단은 산서성 북쪽 長城 부근으로 徙居되기도 하였다(《魏書》 券2 太祖紀 天興元年 正月 辛酉條). 수와 고구려의 전쟁에서도 양측의 포로 流移民 등이 있었는데, 唐 高祖의 양쪽 流民 쇄환 제의에 따라 622년 그것이 이루어졌다(《唐書》 高麗傳). 당 내지로 옮겨진 고구려인에 대한 고찰은 이해를 기점으로 삼아 그 이후 시기에 행해진 徙民을 대상으로 하는 바이다.

48 《册府元龜》 卷117 諸王部 親征門 貞觀 19年條.

49 위와 같음.

50 《舊唐書》 高麗傳.

어 주려고 하였다. 성이 중도에 항복하자, 그대로 두고 여기에 암주岩州를 설치하여 그 성주인 손벌음을 자사로 임명하였다.[51] 기미주의 양태를 보여 준다. 요주와 개주도 그러한 성격의 기미주로 보겠다. 그러니만큼 7만 구의 고구려인은 이주케 된 뒤에도 전쟁 포로로서 노예로 처치되지는 않았던 것으로 보인다.

한편 전장에서나 수성전에서 끝까지 저항하다 포로가 된 이들은 노예로 처분되었다. 당군의 퇴각 때 함께 끌고 가 장졸들에게 사여하려고 유주幽州에 집결시킨 1만 4천 구의 사람들은 그 일부분이었다.[52]

그리고 이때 당 내지로 옮겨진 고구려인 가운데 다른 처우를 받은 소수의 부류가 있었다. 주로 고구려 상류급 사람들이다. 고연수高延壽·고혜진高惠眞 등은 관작이 수여되어 당의 수도로 옮겨졌으며, 그와 함께 사로잡혔던 고구려군 지휘관급의 3천여 명은 융질戎秩이 수여되어 당 내지로 옮겨졌는데[53] 개별적으로 각지의 군에 충역充役되었던 것으로 보인다.

645년 당 내지로 옮겨진 고구려인의 처지는 위의 세 부류로 나누어 볼 수 있고, 그 양태는 668년 후의 천사 때에도 동일하였던 것 같다.

두 번째 대규모 강제 천사는 669년에 있었다. 이에 관해서는 앞 절에서 살펴본 바로서, 이때 옮겨진 이들은 병주幷州·양주涼州 이서와 강江·회淮 이남 및 산남山南 지역 여러 주의 공한처空閑處에 배정되었다. 이들은 676년 요동에 귀환되었다가 곧 다시 세 번째의 대규모 이주의 주된 대상이 되어 하남도河南道와 농우도隴右道 등지로, 대체로 그 전 지역에 옮겨졌다.

---

51 위와 같음.
52 《新唐書》 高麗傳.
53 위와 같음.

옮겨지게 된 이후 당 내지의 고구려 유민집단의 동향이나 이들에
대한 당의 정책에 관해 별달리 전하는 기록이 없다가,[54] 개원開元 4년
(716)에 있었던 왕준王晙의 상소 가운데 고구려 유민에 관한 단편적
인 언급이 보인다. 왕준은 개원 3년에 오르도스 지역으로 내항해 온
일부 돌궐족이 다시 동요하여 이탈해 나가려는 움직임이 있자, 이에
대한 대책으로 그들을 남부로 옮길 것을 주장했다.

회남과 하남의 땅이 넓은 지역에 안처시키고 일정한 양곡을 지급하여 배
정된 곳으로 보내면, 비록 일시 고단함이 따를 것이나 세금 등을 면제를 해
주면, 반드시 장구히 안온함을 얻을 수 있을 것입니다. 이십 년이 지나면
점차 순한 풍속에 젖어들 것이고 병역에 충당하면 모두 강한 병졸이 될 것
입니다. 북적北狄의 내향자를 남부에 안치하는 것이 불가하다고 하면, 고려
포로를 사막지곡沙漠之曲에 옮겨 살게 하는 것이나 서역 주민을 청주·서주
지역에 살게 하는 것은 이 지역을 이롭게 하였을 뿐인데, 어찌 홀로 항호降
胡만이 이사시키는 것이 불가하다고 할 수 있겠습니까.[55]

---

54 《舊唐書》卷38 地理志 關內道 靈州大都督府條에 다음과 같은 기록이 보인다.
　(貞觀)二十年 鐵勒歸附 於州界置皐蘭高麗祁連三州 並屬靈州都督府. 永徽元年廢皐蘭
等三州 調露元年又置魯·麗·塞·含·依·契等六州 總爲六胡州.
　이에서 高麗州와 麗州의 存在가 주목되는 바이다. 貞觀 20년(646)이면 唐軍이 요
동에서 7만 명의 고구려인을 집단 천사시켜 온 다음 해이고, 調露 元年(677)은
그 전 해에 요동에 귀환시켰던 유민들을 다시 唐 內地로 옮겼던 때이다. 그 명칭
에서 보듯 高麗州는 고구려인을 집단 定住시켜 만든 기미주로서, 鐵勒이 歸附해
와 이들로 구성된 기미주를 설치할 때 함께 高麗州도 설치되었던 것으로 일단 볼
수 있다. 그러나 646년의 高麗州에 대해서는, 《舊唐書》卷195 回紇傳에선 高厥州
를 설치하였다고 하여 주의된다. 《唐會要》도 역시 高厥州라 銘記하고 있다(卷73
安北都護府). 高麗州는 誤記임이 분명하다. 麗州의 경우 돌궐족으로 구성된〈總謂
六胡州〉의 하나이므로(《舊唐書》卷194 突厥傳 上) 고구려 유민으로 구성된 기미
주로 보기 어렵다.
55 《舊唐書》卷93 王晙傳. 並分配 寬鄕安置 仍給程糧 送至配所 雖復一時勞弊 必得
久長安穩 二十年外 漸染淳風 持以充兵 皆爲勁卒 若以北狄降者不可南中安置 則高麗

즉 피복속민을 되도록 그 원주지에서 멀리 떨어진 곳에 정주시켜 그들의 반란의 여지를 없애고 고립시켜 동화해 나갈 것을 주장하였다. 이는 장성 부근으로 북적北狄이 일시 내항하였다가 중국 세력이 약해지면 다시 반란을 일으키거나 아니면 북으로 유목종족의 세력에 호응해 이탈해 갔던 역사적 경험에 따른 중국 나름의 사용책徙戎策인 것이다. 아울러 이 사용책의 다른 목적의 하나로서, 피정복민을 공한지에 정주시켜 호구나 생산력을 확보하고 이족異族의 군사적 능력을 이용하자는 것도 있었다. 이 상소에서 사막지서沙漠之西는[56] 대체로 고비사막 서쪽에 해당하는 오늘날의 감숙성 일대인 당대의 농우도 지역으로, 이주시킨 고구려 유민들의 경우 이 사용책이 성공적이었음을 말하고 있다. 실제로 이 지역에 천사되었던 고구려 유민들은 그 지역의 주요 병력원이 되었다. 아래의 기록은 그 일면을 전해 준다.

> 무릇 관내도에 단결병團結兵이 있다. 진秦·성成·민岷·위渭·하河·난蘭 6주에 고려 강병羌兵이 있고, 여黎·아雅·공邛·익翼·무茂 주에 진방鎭防 단결병이 있다.[57]

진주秦州 등 6주는 당의 농우도에 속하며 오늘날 감숙성과 섬서성 서부지역이다. 이곳에 있었다는 고려병高麗兵은 다른 지역에 정주시켰던 유민 가운데 차출하여 이 지역 수비대로 파견하였던 것일 수도 있겠다. 그런데 개원開元 22년(734)에 편찬된《대당육전大唐六典》권5 병부 조에서 단결병의 설치 지역을 거론하면서 위와 동일한 기사를 싣

. . . .
俘虜置之沙漠之曲 西域編甿散在青·徐之右 唯利是視 務安疆場 何獨降胡不可移徙.

56《新唐書》卷111 王晙傳에선 '沙漠之曲'을 '沙漠之西'로 기술하였는데, 住民을 徙居시킨 방향을 가리키는 것이므로 '西'가 옳다고 본다.

57《舊唐書》卷43 職官志 二 兵部尙書條.

고 있다. 이는 곧 이곳의 고려병도 단결병이라는 것을 말해 준다. 단결병이란 측천무후대부터 조직되기 시작한 지방의 자위를 위한 부대로서 그 지역의 주민을 농한기에 징집해 군에 복무시키고 농번기에 귀농시키는 지방병이었다.58 따라서 진주秦州 등지의 고려병은 이 지역에 이거되었던 고구려 유민집단 출신이었다고 보겠다. 유명한 고선지高仙芝에 대해

　　본래 고려인이었다. 아비 사계舍鷄가 처음 하서군河西軍에 종군하여 누차 승진하여 사진四鎭의 십장十將과 제위장諸衛將이 되었다.59

라고 하였다. 하서군은 양주涼州에 설치된 것이니, 고선지 집안도 감숙 방면으로 사거되었음을 알 수 있다. 병幷·양涼 이서 주州의 공한지에 천사되었던 유민들은 기미주로 편제되지 않았으며, 대체로 소규모 집단으로 나뉘어져 정주하여 단결병으로 복무하는 등 일반 민호로 편제되었던 것 같다. 또한 이들은 삭방군朔方軍·하서군河西軍·농우군隴右軍 등 섬서·감숙 방면 일대 군진의 무인으로 활약하였으며, 고선지는 그 가운데 크게 입신한 예이다.

　한편 왕준의 상소 대상이 된 혈질부跌跌部 등과 함께 개원開元 3년(713)에 돌궐로부터 고구려 유민집단이 대거 당에 내투해 와 관내도의 오르도스 지역에 정주하였다(이에 관해선 다음 절에서 상론). 이 이후 관내·농우도 방면의 고구려 유민집단의 동향에 관한 별다른 언급은 보이지 않는다. 아울러 그 밖에 회사淮泗·하남河南 등지로 이거되

---

58 《資治通鑑》 卷227 唐紀 大宗 大歷 11年 5月條. 詔定諸州兵 皆有常數 其召募給家
　　糧 春冬依者謂之官健 差點土人 春夏歸農 秋冬追集 給身糧醬菜者 謂之團結.
59 《舊唐書》 卷104 高仙芝傳.

었던 고구려 유민집단의 상황에 관한 것도 알려진 바가 없다. 다만 당의 중심부 농경지대에 정주케 된 집단들은 기미주나 변경지역의 경우와는 달리 문화적으로나 정치적으로 비교적 쉽게 동화되어, 그 고유의 습속과 언어 및 집단성을 유지하기가 더욱 어려웠을 것임을 추측해볼 수 있을 뿐이다.

　한편 고구려 유민들의 집단적인 동향에 관한 기록에 견주어 개인적인 거취와 활약상에 관한 것은 다소 전해지는 바가 있는 편이다. 오늘날 사서나 묘지墓誌에 그 족적이 전해지는 개인들은 크게 두 가지 부류로 나눌 수 있다. 하나는, 고구려 멸망 직후 구지배층으로서 당에 옮겨져 주로 경사京師에 거주하면서 우대를 받은 자들이다. 왕족인 고씨와 최고 귀족이었던 연씨 일가가 그 대표적인 예이다. 이들은 당의 고구려 지역과 유민의 지배에 이용되었다. 주변 정세가 악화되고 요동의 유민의 저항과 동요가 심할 때에는 이들을 파견하여 회유하고 안집安輯시키려고 하기도 하였다. 고장高藏이나 고덕무高德武의 요동 파견은 그 예이다. 그리고 요동의 지배에서 때로는 안동부의 관리로, 때에 따라서는 요동의 기미주의 장으로 이들을 보내어 고구려 구지배층으로서 이들이 가지는 정치적 이점을 최대한 이용하였으니, 남생과 고구수의 경우를 앞 절에서 살펴본 바 있다. 고장의 아들인 고련高連과 그 손자인 고진高震은 안동도호를 각각 역임하였다.[60] 아울러 고구려 마지막 왕이었던 고장과 그 자손에게 (고려高麗)조선군왕朝鮮郡王의 관작을 주어 고구려 왕조의 정통성을 계승케 하고 이들을 당의 수도에 유거留居시켜 둠으로써, 요동지역 고구려 유민들의 세력을 원거리에서 통제하고, 나아가 앞으로 있을지도 모르는 사태, 즉 고구려인들의 부

60　高震墓誌銘,《韓國金石文追補》, 265~267쪽.

홍운동이나 신라·발해 등의 요동지역 병탄 움직임에 대비하는 수단으로 삼았다.

또한 수도에 유거된 이러한 류의 왕손들은 당의 제국질서 유지에 이용되기도 하였다. 즉 대외적으론 주변의 이민족 왕조와 외교관계에서 제국의 위엄과 관용의 과시에, 대내적으로는 많은 번속국을 거느리고 있는 천자로서 덕을 지닌 황제임을 당의 신민에 나타내 보임으로써 당왕조의 지배체제를 굳히는 데 소요되는 의례용이기도 하였다. 백제 왕손을 (백제百濟)대방군왕帶方郡王으로 봉하여 우대함은 이런 점을 잘 말해 주는 바이다. 고려조선군왕은 적어도 755년 안록산의 난이 터져 당제국의 전기적前期的 질서가 크게 동요되기까지는 계속 존재하였던 것으로 보인다.

둘째 부류는 자신의 개인 능력으로 입신한 사람들이다. 주로 무인으로서 능력의 탁월성에 의해서인데, 고선지·왕사례王思禮 등이 그 대표적 인물이며, 백제인으로서는 흑치상지黑齒常之·사타충의沙咤忠義 등이 그러하다. 고구려인 왕모중王毛仲은 정치적 기민성을 가져 현종의 일등공신이 되어 크게 출세하기도 하였다.

이들의 활약은 당제국의 국제성과 개방성에 힘입어 한결 용이하였다. 그러나 그런 외형상의 활달한 분위기 가운데서도 당 사회의 내면에서는 한인漢人의 이족異族에 대한 배타성과 모멸이 심하여서, 항시 불안과 위구심이 뒤따랐다.[61] 비록 당제국에 충성하여 출세하였지만,

---

61 男生의 아들 獻誠은 당시 唐의 朝官들 가운데 名弓으로 유명하여 則天武后의 御前弓術試合에 추천되었으나 사양하면서, 〈陛下擇善射者 然皆非華人 臣恐唐官 以射爲恥 不如罷之〉라 하였다. 高仙芝는 勃津國을 정복하고 개선하였으나, 上官인 四鎭節度使를 거치지 않고 승전보고서를 올렸다 하여, 그에게서 〈噉狗腸高麗奴 噉狗屎高麗奴〉라는 모욕을 받았다. 이런 사실들은 평상시의 亡國民으로서 그들 처지의 일면을 보여 준다. 《舊唐書》卷104, 高仙芝傳;《唐書》卷109 泉男生傳 附 獻誠傳.

이들은 대개 역모 등의 혐의로 비참한 종말을 맞았다.[62]

　당제국의 개방성과 배타성이라는 이율배반적인 양면 속에서 망국 이종족 출신으로서 고구려 유민들의 자의식의 세계는 당의 신민으로서의 의식과 고구려인으로서의 의식이 교차되는 양면성을 띠게 마련이었다. 첫째 부류의 경우, 그들의 출자出自, 즉 고구려 왕실 또는 최고 귀족가문 출신이라는 데 대한 높은 자부심으로 이를 과시하였다. 그리고 고국의 정치적 동향에 따라 그 출신의 표시를 고려인·조선인이라 하기도 하였다.[63] 그러나 만리 이국의 압도적인 한족사회의 격절된 생활 속에서 지니는 망국 귀족의 출자에 대한 자부라는 것도 현실적으로는 당의 정책적 배려에 대응한 자기 보존과 과시의 수단일 뿐이며, 화려한 과거의 잔영에 대한 연민과 향수 이상일 수는 없는 것이다. 평양성 함락 직전에 투항하여 사록소경司祿小卿에 제수되었고 이어 요양군遼陽郡 개국공開國公에 봉해져서 우대를 받았으나, 울울한 생활 속에 살다 간 남산男産의 묘지명에

　　장안長安의 고가藁街에 갑제甲第를 분어받고, 은총恩寵입어 훈작勳爵이 높아 공후公侯에 봉해졌네. 그러나 산천山川이 버절內絶하니 요양遼陽땅이 어찌 주어지리오. 고국상심故國傷心은 종의鍾儀의 한恨이오, 장사莊舃의 비음悲吟이라. 정기旌旗 번쩍이고 패옥珮玉이 화려해도, 고종鼓鐘 소리에 근심만 깊어진다. 지난날 생각하니 장림長林이 아득하네. 진진秦 땅에 홀로 앉아 제수濟水 원수洹水를 탓하도다.[64]

62　王毛仲·高仙芝·獻誠 그리고 黑齒常之 등은 모두 逆謀의 誣告를 받아 처형되었다.

63　高慈(700)는 朝鮮人으로, 男産(702)은 遼東朝鮮人으로, 보장왕의 손자인 高震(779)은 渤海人으로 각각 그 出自를 墓誌에 기록하고 있다. 이 가운데 高震을 渤海人으로 기록함은 주목되는 바다. (　)안의 연대는 死亡한 해이다. 高慈墓誌銘, 泉南産墓誌銘, 高震墓誌銘《韓國金石文追補》, 259~266쪽.

라고 한 표현은 그들 내면 의식의 솔직한 일면이라 하겠다. 그러나 그러한 내면의 갈등도 점차 여러 세대가 흐른 뒤에는, 가령 남생의 증손이고 보장왕의 외손인 비毖의 경우 그 출자를 경조京兆 만년인萬年人이라고 그 묘지에 기술할 정도로 당제국에 동화되어 갔다.[65] 고구려최고 귀족가문의 후예이고 실제 그 출신 가계로 말미암아 당 조정의예우를 받았던 자가 이러하니, 여타의 개인적 능력으로 입신한 이들은더욱 그 동화가 빨랐을 것이다.

그리고 장기간에 걸친 고구려와 당의 전쟁에서 많은 고구려인들이전쟁 포로로 사로잡혀 갔다. 이들은 장졸들에게 분배되고 가족은 흩어져 뿔뿔이 노예가 되어[66] 천대와 모멸 속에서 고립된 생활을 영위하다 소리 없이 동화되어 갔을 것이다.

한편, 당의 장성 부근 변경지대로 옮겨진 유민들의 경우에는 집단적인 거주에 따라 그들의 고유문화와 집단성의 유지가 상대적으로 용이하였다. 중국문화의 압박이 덜하였고, 주위에는 상대적으로 저급한 문화를 가진 북방족들이 있었으므로 고구려인으로서 독자성을 강하게 유지할 수 있었다. 그런 여건으로 말미암아 때에 따라서는 독자적인 정치세력으로 대두할 수도 있는 여지가 있었다. 영주 부근에 이거하였던고구려 유민들의 동향에서 그러한 점을 구체적으로 찾아볼 수 있다.

---

64 泉南産墓誌銘, 《韓國金石文追補》, 263~264쪽.

65 泉毖墓誌銘, 《韓國金石文追補》, 264~265쪽.

66 唐 太宗의 후퇴 시에 "遼降口萬四千 當沒爲奴婢 前集幽州 將分賞士 帝以父子夫婦離析 詔有司以布帛贖之 原爲民"함에서 전쟁 포로가 된 유민의 노예로서의 운명을 알 수 있다(《唐書》 卷220 高麗傳).

2) 영주 지방의 유민

영주營州는 화북과 요동을 잇는 회랑 지대의 중심에 위치하였고, 북
으로는 거란·해 지역과 통하는 지리적 전략적 요충지이다. 대릉하유
역의 비교적 건조한 기후인 이 지역은 비록 중국세력의 지배 아래 있
을 때에도 한화漢化된 또는 한족만의 거주지는 아니었다. 그 자연환
경과 지정학적 위치로 말미암아 동북아의 여러 종족과 문화가 착종하
는 곳이었으며 교역의 중심지이기도 하였다. 이 지역은 남북 간의 이
른바 양속지적兩屬地的 성격의 곳으로서,67 중국인의 안목으로는 이족
적인 기풍이 강하였던 지역이었다. 또한 이러한 특성으로 말미암아 영
주는 동아시아의 국제 역관계의 변화가 예민하게 반영되었던 곳이기도
하다.

6세기 말 이래 수·당제국의 출현과 함께 영주는 중국세력의 동북방
경략의 전진기지로서 그 군사적 정치적 중요성이 더해졌다. 거란·해의
지배와 고구려 공략에서 영주는 일선 중심지였다. 그에 따라 영주 예
하에는 당제국에 흡수되어 온 이종족의 기미주가 다수 설치되었으며,
그 영주성의 근방 지역[城傍]에는 거란·해·실위·고구려·말갈 및 돌궐
인들이 뒤섞여 살게 되었다.

668년 이후 영주 지역에 정주케 된 고구려 유민들의 숫자와 그들의
입거入居 계기나 과정 등에 관해서는 분명한 기록이 없다. 가령 이 지
역에 거주하였던 대조영 집안에 대해 "고려가 망한 뒤 조영이 가속家
屬을 데리고 영주에 옮겨와 살게 되었다"68고 하였다. 이로서는 그 집

---

67 卞麟錫, 〈安史亂 展開에 관한 몇 가지 問題〉, 《全海宗博士華甲紀念史學論叢》, 1979
    所收.
68 《舊唐書》卷199 下 渤海靺鞨傳.

안이 고구려 멸망 후 입거되었다는 사실 이상은 알 수 없다. 그 이거
移居의 계기가 강제 천사였는지, 아니면 유이流移나 내투來投였는지 단
정키 어려운 바이다. 사실 이 지역에 입거한 유민들에게는 그 직접적
동기가 이 두 경우 모두 있었을 것이다.

영주는 당의 동북 관문이었다. 중국 내지로 고구려인을 옮길 때 반
드시 거쳐 가는 지역이다. 645년 당 태종 원정 때도 그러하였고, 669
년 대규모 강제 천사를 행할 때 해로로는 등주를 거쳐서였고, 육로는
영주를 통해서 이루어졌다.[69] 676년 유민집단을 요동에 귀환시켰다가,
다시 재차 당 내지로 옮길 때도 영주를 거쳤다. 영주는 사민徙民 때
일차 집결지이며, 이곳에서 중국 각지로 나뉘어 배정되었다. 자연 이
수차례의 대규모 사민 과정에서, 소규모로 직접 이곳에 정주시켰을 경
우도 있었을 것이다.

사민徙民 외에, 유민들이 유이流移나 내투來投해 와 스스로 이곳에
거주하였을 경우도 상정된다. 역사적으로 중국에서 혼란이 벌어졌을
때 많은 한인들이 동으로 고구려에 유이해 왔으며, 반대로 고구려인
또한 서로 흘러들어 갔음을 볼 수 있다. 5세기 초 서쪽으로 유이해
갔던 고구려인 고운高雲이 이 지역에서(당시 지명은 조양朝陽) 북연北燕
의 천왕天王으로 즉위한 일도 있었다. 고구려 말 수십 년에 걸친 전란
과 멸망 후의 일련의 격동 속에서, 특히 전란의 주요 무대였던 요동
방면에서 상당수의 고구려인이 영주 지역으로 유이해 갔을 것이다. 고
구려 예하의 말갈족도 그러하였다. 백산白山말갈은 "그 무리 다수가
중국으로 들어갔다"고 하였으며,[70] 가장 서쪽에 있었던 속말말갈도 많

---

69 《舊唐書》 卷5 高宗 下 總章 2年 5月 庚子條.
70 《舊唐書》 卷199 下 靺鞨傳.

은 수가 당으로 유이 또는 내투來投해 들어갔다. 이들의 다수가 당의 동북 중심지이며 관문인 영주 부근에 정주하게 되어, 이들로 구성된 기미주의 존재를 보여 주고 있다.[71]

영주 지역에 옮겨져 거주하게 된 고구려 유민들의 구체적 생활상이나 예속형태는 또한 분명하지 않다. 아마 그들의 입거 동기에 따라 차이가 있었을 것이다. 일부인은 편호編戶되어 영주 성내城內나 성방城傍에 거주하며 영주도독부에 직접 지배받았을 것이고, 일부는 집단적으로 기미되었을 것이다. 후자의 경우는 이 지방에 거주하였다가 뒤에 발해 건국의 중심세력이 되었던 일부 고구려 유민집단의 동주東走에 관한 기록 가운데 찾아볼 수 있다.

만세통천萬歲通天년(696)에 거란 추장 이진충이 반란을 일으켰다. 조영과 말갈 걸사비우가 각각 취하를 거느리고 동으로 달아났다(《구당서舊唐書》 발해말갈전渤海靺鞨傳).

사리舍利 걸걸중상乞乞仲象이 말갈 추장 걸사비우乞四比羽 및 고려의 무리와 함께 동으로 달아나 … 무후武后가 걸사비우를 허국공許國公에, 걸걸중상을 진국공震國公에 각각 봉하였다.… 이 무렵 걸걸중상이 이미 죽고 그 아들 조영이 나머지 무리들을 이끌고 멀리 달아났다(《당서》 발해전).

이 두 기록은 다소 차이가 있어(특히 대조영의 출자에 관해) 논란이 많았는데,[72] 위 기록에서는 일단 걸걸중상 또는 대조영과 걸사비우가

---

71 燕州, 愼州, 黎州 등은 粟末靺鞨人으로 구성되었고, 夷賓州도 靺鞨族 기미주이다. 《舊唐書》 卷39 地理志 二 河北道 營州上部都督府條.

72 渤海建國 主體勢力인 大祚榮에 대해 '高麗別種'(《舊唐書》 渤海靺鞨傳), '粟末靺鞨 附高麗者'(《新唐書》 渤海傳)라 하여 相異한 出自 표시를 하여 논란이 많았다. 이

거느렸던 집단의 성격과 두 사람의 지위가 주목되는 바다. 《구당서》에
선 각령망명各領亡命이라고 하였는데 《당서》에선 걸사비우는 추酋라 하
여 말갈족의 추장 또는 족장임을 명기明記하고 있고, 또 걸걸중상을
사리舍利라 하였다. 사리는 곧 북방 종족에서 수령首領·족장의 뜻으로
사용되었다.73 특히, 고유한 토어土語인 사리란 용어를 사용하고 있음

장에서는 이 문제를 둘러싼 논쟁점을 구체적으로 개진할 수 없으나, 대조영집단을
고구려 유민사의 일부로 고찰하면서 몇 가지 점만 지적해 두기로 한다. 대조영
집단의 출자를 양당서의 기록에만 한정시켜 고찰할 때, 그것은 해석을 어떻게 하
든 논란이 되풀이될 수밖에 없다. 이 점은 當代의 발해인 자신과 그리고 발해를
둘러싼 인국인들의 발해에 대한 인식을 살펴봄으로써 합당한 이해에 도달할 수
있을 것으로 본다. 먼저 발해 왕실은 스스로를 고구려의 계승자로 자처하였다. 대
조영의 아들 大武藝가 일본에 보낸 國書에서 "復高麗之舊居 有扶餘之遺俗云云"하
였고, 그 아들은 '高麗國王大欽茂'라 자칭하였다. 일본 측의 返書에서는 "敬問高麗
王云云"하였다. 그리고 당에 천사되어 있던 고구려인들의 발해에 대한 인식을 보
면, 보장왕의 손자로서 당의 안동도호를 역임하였으며 779년에 죽은 高震의 경우
묘지에서 그의 출자를 渤海人으로 明記하고 있다. 700년대 초에 죽은 남산이나
고자 등과는 달리, 高震은 고구려의 계승자로서 발해에 대한 분명한 인식이 있었
음을 나타내 준다(주 63 참조). 한편 新羅人 崔致遠은 "高句麗殘孼類聚北依太白山
下 國號爲渤海", "惟彼句麗 今爲渤海", "昔之句麗 今之渤海"라 하여 고구려의 후신
으로 인식하였다. 또한 발해를 멸망시킨 직후 발해 유민의 지배를 직접 담당하고
있었던 東丹國 左次相 耶律羽之가 발해 유민을 요동으로 遷徙시킬 것을 주장하며,
그의 上疏에서 遼陽 땅을 발해인의 고향이라고 記述하여 발해인이 고구려 유민임
을 확실히 인식하고 있음을 보여 준다(《遼史》 卷75 耶律羽之傳). 이렇게 볼 때 大
祚榮 集團은 '高麗別種'(別種은 支派의 뜻)이란 《舊唐書》의 기록대로 고구려 유민
임이 분명하다. 그것은 渤海의 社會構成에서도 그대로 나타나는 바이다(李龍範,
〈渤海王國의 社會構成과 그 文化〉,《東國大論文集》 10, 1973 참조).
73 舍利의 의미는 일단 어떤 지위를 나타내는 일반 명사로 보아야 할 것이다. 이
용어가 쓰여진 예로서 가령《北齊書》卷4 文宣帝 天寶 6年 7月 乙卯條의 "(帝)親
率輕騎五千追茹茹 … 頻大破之 遂至沃野獲其侯利藹焉力婁阿帝 吐頭發郁缺閭狀延等
并口二萬餘 牛羊數十萬頭 茹茹侯利郁缺閭李家提 率部人數百降"에서의 侯利는 舍利
와 같은 용어로서, 酋長·首領의 뜻이 분명하다. 그리고 宋에 침공한 契丹의 兵力
을 分類함에서 渤海人으로 구성된 兵團에 관해 "有渤海首領大侯利高模翰 步騎萬餘
人並惣髡頭發左袵 竊爲契丹之餙"(《宋書》 卷264 宋琪傳)이라 함에서도 侯利는 酋
長·族長의 뜻으로 보아야 할 것이다. 渤海나 靺鞨의 首領은 酋長·族長의 뜻으로
보여지니(金鍾圓, 〈渤海의 首領에 대하여〉,《全海宗博士華甲紀念史學論叢》, 1979),

이 주목된다. 그리고 두 전傳의 이은 탈주 과정에 관한 기록을 볼 때 걸사비우가 패하여 죽기 전까지, 걸사비우와 걸걸중상(또는 대조영)이 함께 동주東走하고 있었지만 각각의 집단을 대등하게 별도로 통수하고 있었음을 볼 수 있다. 측천무후가 두 사람에게 각각 허국공許國公과 진국공震國公을 봉하였던 것이나, 이해고李楷固와 따로 싸웠던 것은 이러한 면을 나타내 준다. 이는 곧 각각의 집단성이 강하였음을 뜻한다. 이렇게 볼 때 위의 기록에서 '사리'나 '추'의 의미는 막연히 일시적으로 뭉쳐진 집단의 우두머리라는 표현으로만 볼 수 없다. 이 두 집단은 영주 지역에 옮겨져 거주하고 있을 때부터 집단적으로 당에 예속되어 있었고, 두 사람은 그 수령이었다. 곧 일종의 기미주와 같은 예속 양태를 취했던 것 같다. 당시 영주 방면에는 이종족들로 구성된 다수의 기미주가 있었다. 심지어 신라인 195호로 구성된 기미주인 귀의주歸義州가 영주 인근의 유주幽州계에 설치되기도 하였다.[74]

영주 지역 고구려 유민들의 운명에 큰 변화를 가져온 첫 정치적 격동은 696년 거란족의 반란이었다. 7세기 전반 이래 당의 전면적인 지배 아래 들어갔던 거란족은 한편으론 당의 압제에 자극되고, 한편으론 그들 내부의 정치적 자각과 종족 통합의 움직임이 성숙됨에 따라, 여러 부족 사이의 분열과 대립을 극복하고 그 중심세력인 심밀씨審密氏와 야율씨耶律氏가 연합하여 당에 대항해 봉기하였다. 이의 국제적인

위의 首領大俟利는 首領＝大俟利로서 漢字語와 土語를 並列시켜 놓은 것이다. 한편《五代會要》卷30 渤海傳에선 "有高麗別種大舍利乞乞仲象"의 原文 細註로서 "大姓 舍利官 乞乞仲象名也"라 하였다. 大를 姓氏로 본 것은 잘못이지만, 이에서는 舍利를 官職으로 기술하고 있다. 그리고《遼史》卷116 國語解에는 "契丹豪民要裹頭巾者 納牛駝十頭 馬百匹 乃給官名舍利"라 하였다. 이때 舍利는 族長, 酋長으로서의 의미가 없어지고, 遼帝國에서 명예직과 같은 성격으로 변한 뒤의 것이다. 舍利(俟利)의 語源에 대해선 분명치 않다.

[74]《舊唐書》卷39 地理志 二 河北道 營州上都督府 歸義州條.

배경으로선 680년대에 들어서서 돌궐이 재흥함에 따라, 막북에 대한 당의 지배력이 상대적으로 동요되는 것을 틈타 돌궐의 후원을 업고 봉기한 것이다. 거란이 영주를 엄습해 오자 이 지역 일대는 큰 동요가 일어나지 않을 수 없었다. 이에 따라 이 일대에 거주하던 여러 종족들은 당제국에 충성을 계속하느냐, 아니면 거란에 호응하여 당에 저항하느냐 선택의 기로에 서게 되었다. 이에서 일부 고구려인과 말갈족이 제3의 길을 택해 동으로 탈주하여 고토로 돌아가기를 도모하였다.

한편, 거란의 침공과 일부 예속민 집단의 동분東奔에 대처하여 당은 영주 방면 일대의 기미주의 주민들을 대거 남으로 옮겨 교치僑置함으로써, 거란에 호응하거나 이탈하는 것을 막고자 하였다.[75] 이어 대규모 역공에 나서 거란군을 격파하였다. 거란이 패배하여 밀리자 이제까지 후면에 있던 돌궐이 전격적으로 남진하여 거란과 해奚를 병합하고 영주를 점령하였다. 이에 영주 지역을 가운데 두고 당과 돌궐이 남북으로 대치하는 상황이 벌어졌다. 이는 동주東走하였던 고구려 유민들에게 당의 압박으로부터 벗어날 수 있는 여유를 주어, 676년 안동도호부 이치移置 이후 당과 신라 어느 쪽도 세력을 미치지 못하여 국제적으로 힘의 진공상태가 되었던 동부 만주 일원에 새로운 힘의 구심점을 마련하여 국가를 건설할 수 있었던 것이다.

그런데 거란의 반란에 따른 격동 속에서 일부 고구려 유민들은 계속 이 지역에 남아 있거나 당군과 함께 행동하였다. 그래서 영주가 다시 당의 지배하에 들어간 이후 이 지역에서 거주하며 당의 군병으로도 활약하였다. 당의 새로운 절도사 제도에 따라 영주 지역 여러 이종족들은 영주에 설치된 평로군平盧軍(치소治所 영주)의 군사로서 많이

---

75 《舊唐書》卷39 地理志 二 河北道 營州上都督府 隷下 羈縻州條 참조.

복무했으며, 영주의 이족적異族的인 기풍은 더욱 성하였다. 특히, 영주 잡호雜胡 출신의 평로절도사 안록산 휘하에서 그러하였다. 이런 가운데서 영주 출신 고구려 유민 가운데 이정기 등이 두각을 나타내었다.

755년에 터진 안록산의 반란은 이 지역 유민들의 동향에 결정적인 영향을 미쳤다. 안록산은 난을 일으킨 뒤 곧 그의 심복 서귀도徐歸道를 평로절도사로 임명하자, 이정기李正己·왕현지王玄志 등이 그를 죽이고 왕현지를 절도사로 추대하여 반란군에 저항하였다. 왕이 병사하자, 이정기는 군병을 동원하여 그의 고종인 후희일侯希逸을 추대하였다. 반란군의 압력이 가중되자, 이李와 후侯는 영주군 2만을 거느리고 남쪽으로 가서 청주青州 방면으로 옮겨 주둔하였다. 이후 이정기는 후侯를 몰아내고 스스로 평로치청절도사平盧淄青節度使가 되어 하남도河南道 일대의 15주를 석권하는 반독립적 세력이 되어 그의 손자에 이르기까지 55년 동안 중앙정부에 대항하며 대표적인 동부 번진藩鎮 세력으로 군림하였다.[76]

한편, 안록산의 난을 계기로 영주 방면에 있던 여러 이종족들이 대거 남으로 이주하게 되었다. 그 가운데 일부는 안록산 군에 가담하였고, 다른 일부는 이정기 등처럼 반군叛軍에 저항하면서 남으로 옮기게 되었다. 난이 진압된 후에도 영주 지역 이족 출신의 장군들이 당의 동부 각지에 할거하였다. 해족奚族 출신의 이보신李寶臣과 영주 호인胡人 이회선李懷仙은 처음에 반군에 가담하였다가 뒤에 중앙정부에 귀의하였으나, 곧 반독립적 세력이 되어 각기 성덕번成德藩과 노룡번盧龍藩의 절도사가 되었다.[77] 유주幽州에 사거徙居되었던 발해말갈인 이회광李懷

76 《舊唐書》卷124 李正己傳.
77 《舊唐書》卷142 李寶臣傳, 卷143 李懷仙傳.

光은 이 무렵 무장으로서 입신하여 경사京師를 횡행하였다.[78]

이렇게 동북부의 이족 출신 무장들이 남으로 옮겨 득세함에 따라, 그들과 함께 영주 방면의 변경 일대의 이종족들도 함께 대거 남진하였다.[79] 이들 장군들 주위에는 자연 이종족 출신 무인들이 많이 종사하였다.[80] 이에 따른 현상으로 고구려인 이정기가 지배하였던 치청 일대는 그 문화 풍속이 이른바 호화胡化되어 상당히 달라지게 되었다.[81]

그러나 중국 내지로 이거함에 따라, 영주 지역과 같은 변경 지대의 독특한 지정학적인 환경 아래에서 어느 정도 격리되어 유지되어 오던 고구려인으로서의 독자성이나 의식이 더 신속히 한화漢化되어 가게 되었다.

영주 방면의 고구려 유민들은 안록산의 난을 고비로 남으로 옮겨 이주하거나 이산하여 역사에서 그 자취가 서서히 소멸되었으며, 이정기 가계의 영화는 이 방면의 유민사遺民史의 마지막 반짝임이었다.

4. 돌궐 방면의 유민

사방으로 이산하였던 고구려 유민 가운데 일부는 지리적으로 잇달

---

78 《舊唐書》 卷121 李懷光傳.
79 營州 일원의 異族 기미주의 安祿山亂 후의 동향에 대해, "自燕以下十七州 皆東北 蕃降胡 散諸處幽州營州界內 以州名羈縻之 無所役屬 安祿山之亂 一切驅之爲寇 遂援 中原 至德之後(757~758) 入據河朔 其部落之名無存者"(《舊唐書》 地理志二 河北道 條)라 하였다.
80 가령 李懷光의 경우 "懷光左右皆胡虜"라 하였다(《舊唐書》 李懷光傳).
81 金文經, 〈唐代 藩鎭의 한 硏究-高句麗遺民 李正己一家를 中心으로-〉, 《省谷論叢》 6, 1975 참조.

아 있는 몽골 방면으로도 이주해 갔을 것을 상정해 볼 수 있다. 고구
려인은 비록 농경민이었지만 유목종족과 깊은 관계를 가져 왔다. 고구
려와 유목민의 접촉은 기원 전후부터 있었으며,[82] 4세기에는 요동을
둘러싸고 선비족과 치열한 상쟁을 벌였다. 5세기 무렵 고구려는 그 세
력권 아래 상당한 정도의 유목민을 복속시켰다. 당시 고구려는 북으로
눈강嫩江유역 남실위南室韋에 철을 공급하면서 세력을 부식하였고, 서
북으로는 유연柔然과 더불어 흥안령 산록에 거주하던 지두우地豆于족
의 분할을 도모하였으며, 그 남쪽 거란족의 상당 부분을 지배하였다.[83]
대체로 흥안령 동록 이동의 동북아에 세력권을 형성함에 따라 고구려
는 동부 내몽고에 깊숙이 세력을 뻗쳤다. 이런 고구려의 세력권은 550
년대에 접어들면서 새로이 흥기한 돌궐세력의 동진에 따라 위협을 받
게 되었다. 그러나 남실위에서 거란에 이르는 지역의 주도권을 둘러싸
고 벌어진 양측의 대결은 어느 한편의 결정적인 승리 없이 지속되었
다. 거란족의 일부는 여전히 고구려가 지배하고 있었다.[84]

　고구려와 유목종족의 이러한 오랜 역사적 관계는 곧 고구려인이 유
목민의 사회와 문화에 깊은 이해와 적응력을 가지게 되었음을 말해
주는 것이다. 고구려 서부 지방, 특히 부여성을 중심으로 한 일대는
유목민과 농경민 및 삼림족이 착종하는 대평원으로서 목축업이 성하였
으며, 고구려인의 기마 습속이 일반적이었다는 사실 등은 그것을 더욱
용이하게 하였을 것이다.

82　琉璃王代에 鮮卑族이 來攻해 왔다가 격파되어 屬民이 되었으며(《三國史記》高句麗
　　本紀 琉璃王 11年條), A.D. 49년에는 後漢세력의 작용에 의해 고구려의 예속민이었
　　던 鮮卑異種 滿離集團이 요동으로 이탈해 가기도 하였다(《後漢書》卷20 祭肜傳).
83　盧泰敦,〈高句麗의 漢水流域 喪失의 原因에 대하여〉,《韓國史研究》13, 1976 참조.
84　위와 같음.

한편 고구려와 돌궐의 관계는 6세기 말 중국 대륙에 통일제국이 출현함에 따라 대립에서 상호 연결을 모색하는 단계로 변모하였다. 곧이어 우세한 중국세력에 의해 돌궐이 복속되고, 나아가 수·당의 고구려 원정에 돌궐이 종군케 되었지만, 고구려는 계속 북방에서 중국을 위협 견제할 수 있는 유목민 세력과 연결을 모색하였다. 수隋의 1차 침공이 있은 뒤, 당시 수에 복속하고 있던 돌궐의 계민가한啓民可汗 아장牙帳에서 수 양제와 고구려 사신이 마주쳤던 사실은 삼자 간 관계의 한 극적인 단면이었다. 당 태종의 침공 때에도 고구려가 그 무렵 일시적으로 돌궐을 누르고 몽고고원을 제패하였던 같은 터키계의 설연타薛延陀에 사신을 보내어 동맹을 모색하였다.85 압도적인 중국세에 대항하고자 동북아와 북아시아의 세력이 상호 연결을 모색하였던 한 사례였던 것이다.

668년 고구려 멸망 후에도, 당제국의 지배에 대해 고구려 유민과 돌궐이 간헐적으로 저항하였으며, 당에 대한 저항이란 면에서 두 족속 사이에는 공통의 이해관계를 가졌다. 그런 가운데서 세가 불리해진 일부 고구려 유민들이 몽고 방면으로 이주해 갔다. 더욱이 690년대에 돌궐이 재흥하여 동으로 남실위와 흑수말갈에까지 그 세력을 뻗침에 따라, 당에 저항적이었던 요동 방면의 유민들이 많이 돌궐로 투합해 갔다. 《신·구당서》 고려전에서

　　이 이후 고려의 호구로 안동安東에 있는 이들은 점점 적어졌고, 나뉘어져 돌궐과 말갈로 투합해 갔다(《구당서》 고려전).

---

85 《册府元龜》 卷991 外臣部 備禦門 貞觀 20年 6月條.
　　及太宗拔遼東諸城 破駐驛之陣 降高延壽 聲振戎狄 而莫離支泉蓋蘇文潛令粟末鞨鞨 誑惑延陀 啗以厚利 延陀氣慴不敢動.

옛 성城은 왕왕 신라로 넘어갔고, 유민은 돌궐 말갈로 분산되었다(《신당서》고려전).

라고 한 것은 그러한 역사적 사실을 극히 개략적으로나마 전하고 있는 것이다.

이거해 간 뒤 돌궐사회에서 고구려인들의 생활과 동향은 돌궐이나 고구려 측 어느 편에서도 전하고 있지 않다. 그런데 돌연 당 현종 개원開元 3년(715)에

묵철가한의 사위인 고려 막리지 고문간高文簡, 혈질도독跌跌都督 사태사思泰, 토곡혼吐谷渾 대추장 모용도노慕容道奴, 욱사시대추郁射施大酋 골굴힐근鶻屈頡斤과 필실힐력苾悉頡力, 고려 대추장 고공의高拱毅 등이 만여 장장帳의 무리를 끌고 투항해 왔다. 조조詔를 내려 이들을 하남에 받아들이게 하였다. 문간文簡을 좌위대장군左衛大將軍 요서군왕遼西郡王에 봉하였으며, 사태思泰를 특진우위대장군特進右衛大將軍 겸 혈질도독으로 삼고 누번군공樓煩郡公에 봉하였다. 도노道奴를 좌무위장군 겸 자사로 삼고 운중군공雲中郡公에 봉하였다. 골굴힐근을 좌효위장군左驍衛將軍 겸 자사로 삼고 음산군공陰山郡公에 봉하였으며, 필실힐력은 좌무위장군 겸 자사로 삼고 안문군공鴈門郡公에 봉하였다. 공의拱毅는 좌령군위장군左領軍衛將軍 겸 자사로 삼고 평성군공平城郡公에 봉하였다. 장군은 모두 원외員外로 두었다. 각각 차이 있게 사여賜與하였다.[86]

고 하여, 일단의 고구려 유민집단이 돌궐로부터 당으로 와서 항복하였음을 전하였다. 이 사건은 그 전년 북정北庭도호부 공격에 실패하여 묵철가한默啜可汗의 아들이 당군에 사로잡혀 죽자, 함께 종군하였

---

86 《唐書》 卷215 上 突厥傳 上.

던 화발힐리발석아실필火拔頡利發石阿失畢 등이 묵철가한의 문책을 두
려워하여 당에 내투함을 계기로 그동안 묵철가한의 노쇠와 탐학에 불
만이었던 종속 제부諸部가 동요하여 투항해 온 것이다.[87] 이때 서돌궐
의 십성부락十姓部落도 함께 투항해 왔다.[88] 이들이 내항하여 거주하였
던 하남河南이란 하곡河曲, 즉 오르도스 지역을 말한다. 그리고 이보다
두 해 전인 선천先天 2년, 즉 개원開元 원년(713)에 고려 대수령大首領
고정부高定傅에게 특진特進을 배수하였는데,[89] 이는 돌궐 안의 고구려
유민집단의 이탈을 조장하려는 당의 책략이었던 것 같고 그것은 2년
뒤에 효과를 보였다.

이 기록은 고구려 유민과 돌궐 사이에 있었던 한 구체적인 사실을
전하는 희귀한 기록으로서 주목된다. 그러면 어떠한 과정을 통해 이들
유민들이 묵철가한 예하로 귀속하게 되었으며, 고문간은 그의 사위가
될 수 있을 정도로 큰 집단을 어떻게 형성하게 되었을까?[90] 이에 대

---

87 《舊唐書》 卷194 上 突厥傳 上 ; 《唐書》 卷215 上 突厥傳 上.
88 《舊唐書》 卷194 上 突厥傳 上.
89 《册府元龜》 卷964 外臣部 册封門 先天 2年 2月條.
90 高文簡, 高拱毅集團에 대해 日野開三郞은 요동의 고구려 유민으로 보았다. 즉
　이들은 그대로 요동에 거주하고 있으면서, 696년의 거란족의 반란 이후 당의 요
　동 지배력이 약화되고, 반면에 돌궐 세력이 강성해지자 돌궐에 귀부하였다가, 玄
　宗代에 당의 세력이 재차 동북방으로 뻗치자 당에 來附하였던 것으로 보았다. 정
　치적으로만 귀속을 바꾸었을 뿐이고, 실제 돌궐에서 당으로 이주한 것이 아니라는
　것이다(日野開三郞, 〈小高句麗國の建國〉). 위의 기록은 전후에 별 연관된 기록 없
　이 불쑥 나타났고, 河曲, 즉 오르도스 지역은 고구려와 너무 멀리 떨어진 곳이라,
　그 북방의 몽고 지역에서 고구려 유민집단이 대거 來投하였다는 기록은 어느 면
　에서 선뜻 이해하기 어려운 감을 주기도 한다. 그러나 위의 기록에서 보이는 돌
　궐의 跌跌部落, 吐谷渾의 慕容道奴集團, 西突厥의 十姓部落 등은 모두 중·서부 몽
　골 지역에서 실제로 715년에 河南(曲)에 來住하였다(《新·舊唐書》 突厥傳). 高文簡
　등의 來投는 이들 집단과 함께 같은 배경 위에서 동일 사건의 일환으로 이루어진
　것이며, 이를 기술함에서도 이들 집단들과 앞뒤로 혼재하여 함께 기록하고 있다.
　굳이 이를 따로 떼어 내어 오르도스 지역이 아닌 요동으로 볼 여지가 없는 바이다.

해선 별다른 기록이 없으나, 대체로 두 가지 경로를 상정해 볼 수 있겠다.

첫째는 유민들이 고구려 본토에서 바로 돌궐 지역으로 갔을 경우다. 즉 국가 멸망에 이은 격동 속에서 흥안령 쪽으로 해서 몽고 방면으로 흘러들어 갔을 경우를 생각할 수 있겠다. 이는 앞에서 인용한 양당서 兩唐書 고려전에서 그 일단을 찾아볼 수 있다.

둘째는 당의 변경에 천사되었다가 정세 변동에 따라 이탈하여 돌궐에 흡수된 경우다. 망국과 함께 당에 강제로 끌려갔던 유민들은 자연 반당적일 수 있으니, 상황이 주어졌을 때 이탈하여 돌궐로 투합해 가는 것은 가능한 일로서 그 개연성이 있다고 하겠다. 영주 방면의 경우 696년 거란족의 반란과 이은 돌궐의 지배라는 상황에서, 일부는 동주 東走하였고 일부는 당에 계속 충성하였다. 그리고 다른 일부의 유민들은 돌궐이 영주 일대를 점령하자 돌궐세력에 추종하여 합류하였을 가능성을 배제할 수 없다. 당 내지로 옮겨져 병并·양주涼州 이서 여러 주의 장성 부근 변경지대로 옮겨졌던 유민들도 북으로 일부 흘러들어 갔던 것 같다.

여기에서 주목되는 것은 개원 3년에 당에 투항해 왔던 집단들의 장에게 사여된 작호의 명칭이다. 돌궐족인 욱사시부郁射施部의 추장 2명에겐 각각 음산군공陰山郡公과 안문군공雁門郡公에 봉해졌다. 이들에게 주어진 작호는 내항 뒤 그들의 새로운 거주지와는 직접적 관계가 없는 의례적인 것일 뿐이다. 그들은 모두 오르도스[河曲] 지방으로 이주하였었다. 그러나 그들 집단에게 어떠한 역사적인 연관성도 없이 전혀 무의미하게 그 명호名號가 주어졌던 것은 아닌 것 같다. 작호인 모모군공某某郡公의 모모군某某郡이란 지명을 볼 때 그것은 모두 당의 관내도와 하동도 북단의 변경 지대 지역들이다. 이 지역들과 위의 집단의 관계를 살펴보면, 욱사시부와 혈질부跌跌部는 정관貞觀 4년(630) 돌궐의 힐리가한이 당에 의해 대파된 뒤 그 나머지 무리들이 분산될 때 당에 투항하였다. 당은 내항한 돌궐의 여러 집단을 장성 이남의 유주幽州에서 영주營州에 이르는 지역과 장성 북쪽의 음산산맥 일대에 정주시켜 기미주로 삼았다.91 이때 위의 두 부는 욱사주郁射州와 혈질주跌跌州로 편제되어 선우도호부 예하의 상건桑乾도독부와 호연呼延도독부의 예하 주로 각각 귀속되었다.92 토욕혼은 663년에 토번에 의해 본국이 공략되자 그 유민이 영주靈州 관내로 옮겨와 안락주安樂州로 편제되었다가 그 뒤 다시 이곳이 토번에 의해 함락되자, 당은 그 부중部衆을 옮겨 선우도호부單于都護府 관하의 삭방朔方 하동지경河東之境에 분산 거주케 하였다.93 그 후 이들 위의 삼부三部는 묵철가한대에 돌궐이 다시 강성해지자, 당의 지배 아래에서 이탈하여 북으로 갔다가 개원開元 3년에 재차 오르도스 지역으로 내항해 왔었다. 이렇게 보면 앞의 세 집단의 추장 4명에게 주어진 작호의 군명郡名은 이들이 묵철가한의 돌궐에게로 이탈해 가기 전에 옮겨 거주해 있었던, 또는 적어도 직·간접의 관계를 가지고 있었던 지역들임을 알 수 있다.94

이 점을 염두에 두고 개원 3년에 돌궐로부터 당에 투항해 온 고구려 유민집단의 장에게 주어진 작호를 살펴볼 때, 먼저 고문간高文簡의 경우 요서군왕遼西郡王에 봉해졌다. 이는 그가 고구려인이고 요서군이

---

91 《舊唐書》 突厥傳 上.
92 《新唐書》 卷43 下 地理志 七 下 羈縻州 關內道條.
93 《舊唐書》 卷221 上 吐谷渾傳.
94 高文簡 등과 같은 때에 唐에 來降한 火拔頡利發石阿失畢에게는 燕山郡王이 봉해졌다. 이 燕山이란 지명은 靈州 도독부 아래의 羈縻州의 명칭에 보이는 바로서(《唐書》 卷43, 地理志 七, 羈縻州 關內道條), 그의 爵號의 명칭도 跌跌思泰 등과 동일한 성격의 것이라 하겠다.

고구려와 인접한 지역이라는 데서 그 작호의 연유를 찾아볼 수도 있겠다. 그러나 함께 내항해 왔던 고공의高拱毅에겐 당 내지의 하동도河東道 북단의 지역인 평성군공平城郡公에 봉해졌음을 볼 때 그것만으로는 설명되지 않는다. 그의 작호도 그가 돌궐로 귀부해 가기 전의 거주지역과 유관하다고 보아야 할 것이다. 고문간은 요서의 영주 방면에서이거나, 원고구려 지역에서 흥안령 쪽으로 해서 돌궐로 이주해 갔던 것 같다.

다음 고공의 집단의 경우인데, 그와 고문간은 다 같이 고구려인이고 고씨이지만 양자가 거느리고 있던 무리는 별개의 집단을 형성하고 있었다. 고공의를 대수령이라 하였고 그에게 자사刺史의 직함이 주어졌다. 자사란 기미주의 이종족집단의 장에게 주어졌던 것이다. 그리고 그는 평성군공에 봉해졌는데, 이 역시 위의 추론대로 그가 병주幷州 방면의 장성 부근 변경지대로 옮겨졌던 고구려 유민들 가운데 북으로 이탈해 갔던 집단의 장이었음을 말해 주는 것으로 보겠다.

이어 고문간 집단과 고공의 집단의 관계를 생각해 볼 필요가 있겠다. 고문간에 대해 《책부원구册府元龜》에선 고려왕막리지高麗王莫離支라 하였다.[95] 왕호와 막리지를 병칭하고 있어 부자연스럽게 느껴진다. 아무튼 실제 돌궐에서 왕호를 사용하지 않았다 하더라도 그 집단이 고공의의 그것보다 크고 우세하였던 것은 분명하다. 그가 묵철가한의 사위였고, 당이 그에게 군왕의 칭호를 주었던 것은 그러한 까닭에서이다. 고문간과 고공의, 그리고 고려대수령 고정부高定傅는 각기 별개의 집단을 거느리고 자체의 고유한 조직과 습속을 유지하면서 돌궐제국에 복속되었던 것 같다. 당시 돌궐은 가한씨족可汗氏族인 아사나씨阿史那

---

95 《册府元龜》 卷997 外臣部 降附門 開元 3年 2月條.

氏와 가돈씨족可敦氏族, 즉 인족姻族인 아사덕씨阿史德氏를 지배 족속으로 하여, 그 아래에 아사나씨와 종족적 친근관계가 있는 철륵鐵勒·키르키즈·돌기시突騎施·갈라록葛邏祿 등, 그리고 피정복민으로서 거란·해·유연·말갈 등의 이종족들이 각각 그들의 고유한 생활과 조직을 유지하면서 집단별로 예속되어 있었다.[96] 돌궐 국가 안의 여러 종족들은 그들 집단의 자치권을 유지하면서 공납과 군사적 조력을 제공하였다. 고구려 유민집단들도 그러하였던 것 같다. 막리지라는 고구려 고유의 관직명을 그대로 사용하고 있음도 그러한 자치권의 존재를 말해 주는 바이다. 단, 돌궐은 고구려 유민집단들을 통합하지 않고, 아마도 돌궐로 옮겨오게 된 배경 등이 다름에 따라 각각 다르게 형성된 몇 개의 집단으로 분리하여 복속시키고 있었던 것 같다.

그런데 개원 3년에 당으로 항복해 온 여러 집단들의 그 후 동향은 일정치가 않았다. 하곡河曲으로 이거해 온 뒤 곧이어 돌궐의 빌게가한毗伽可汗의 세력이 강성해지자, 돌궐족 가운데 혈질부跌跌部 등은 당에 반기를 들고 다시 강을 건너 북으로 돌아갔는데 반해, 화발힐리발석아실필火拔頡利發石阿失畢 등은 당군에 종군하여 그들을 공격하는 등 상이한 움직임을 나타내었다.[97] 이 와중에서 고문간 집단은 계속 당에 복속하였다. 개원 7년에 고문간의 처 아사나씨를 요서군부인遼西郡夫人으로 봉하였음은 그런 사실을 말해 준다.[98] 그리고 앞에서 보았듯이 혈질부 등이 다시 북으로 이탈해 가는 것을 우려하여 남부로 그들을 옮겨 거주시킬 것을 주장한 왕준王晙이 고구려 유민을 사막지서沙漠之

---

96 護牙夫,〈突厥の國家構造〉,《古代トルユ民族史研究》, 1967 所收.
97 《唐書》卷215 下 突厥傳 下.
98 《冊府元龜》卷974. 外臣部 褒異門 開元七年 正月 乙未條. 封遼西郡王高文簡妻阿史那氏爲遼西郡夫人 文簡東蕃酋長 率衆歸我 故有是寵.

西에 정주시켰음은 성공적이었다고 논하였다. 물론 개원 3년에 투항해 온 유민집단과는 다른 집단의 일이었지만, 당시 이러한 견해가 나왔다는 것은, 고문간·고공의 집단 등이 개원 3년 오르도스 지역으로 이주해 온 이후 당의 지배에 대체로 순응적이었다는 것을 말해 준다고 하겠다.

한편 돌궐은 개원 20년 중흥의 영주英主인 빌게가한과 그 동생인 퀼테킨闕特勤이 죽은 뒤, 곧 크게 약화되어 천보天寶 연간에 위구르回紇의 공격을 받아 소멸되었다. 그 이후의 몽고 방면의 고구려 유민들의 동정은 전해지는 바 없으며, 점차 유목민사회에 흡수 동화되어 갔을 것이라고 막연히 추측된다.

그런데 몽고 방면, 특히 동부 내몽고 지역에 끼친 고구려 유민과 그 문화의 영향은 다른 형태로 그 흔적을 남겨 전해지고 있는 것 같다. 가령 한 예로서 눈강嫩江유역을 중심으로 흥안령산맥의 산록을 동서에 걸쳐 이동하며 유목생활을 하는 Solon(索倫)족의 명칭이 주목된다. 현대 몽고어에서 고려를 지칭하여 Solonggos라 하며, 《원조비사元朝秘史》 이후 원대에서도 고려를 일컬어 사량합沙良合·숙량합肅良合이라 부르기도 하였다. 여진어로 고려를 소과璨戈(Sogo), 만주어로는 Solho라 한다.[99] 그래서 Solon족의 칭호는 고려인을 일컫는 Solonggos에서 기원한다는 견해가 제시되었다.[100] 이렇게 보면 Solon족의 구성

---

99 Solonggos, Solho의 語源에 대해 新羅를 音寫한 것이라 보는 견해도 있고(白鳥庫吉, 〈新羅の國號に就にて〉, 《歷史地理》 8-5; 稻葉岩吉, 〈北靑城串山城女眞字摩崖考釋〉, 《靑丘學叢》 2), 고구려의 原名을 수리골, 솔골로 보아 그에서 파생된 것이라고 보는 의견도 제시되었다(李丙燾, 〈高句麗國號考〉 《韓國古代史研究》, 1976 所收).

100 S.M. Shirokogoroff, *Social Organization of the Northern Tungus*, 1929, pp.63~64.

은 고구려 유민으로 또는 유민의 일부 유입에 의해 이루어진 것이라
고 볼 수도 있는 것이다.

그러나 1253년에서 1255년에 걸친 몽고 여행을 통해 직접 견문한
바를 토대로 기술한 Ruburk의 기행문에선 고려를 지칭하는 Caule와
고려인 이외의 Solonga인을 엄연히 구별하고 있고, 14세기 초의
Rasheed-edin의 《연대휘기집年代彙紀集》에도 몽고의 12행성 가운데 제
2행성에 여진인과 Solonga인, 제3행성에 고려인이 속하는 것으로 구별
하고 있다. 즉 高麗=Solonggos는 적어도 14세기까지는 반드시 성립한
다고는 할 수 없다.101 이에 대해 이용범李龍範은 Solon족의 명칭은 북
위 말에서 당대에 걸쳐 눈강유역을 중심으로 하여 대흥안령 일대에
걸쳐 거주하던 실위족을 일컬은, 돌궐의 빌게가한과 퀼테킨의 비문 가
운데 Cölig에서 파생된 것으로 보았다. 그리고 현재의 Solon족의 선조
가 Cölig로 지칭되던 시절에 문화민족인 고구려와의 접촉 경험으로 그
선조를 윤색하여 자기들 조상이 고구려에서 옮겨 왔던 것처럼 자칭하
였는데, 훗날 이를 그대로 믿은 몽고인이 고려까지도 Solonggos로 확
대하여 일컫게 된 것이 아닐까 하고 추리하였다.102 이는 현 몽고어나
《원조비사》 이후의 기록에 따라 Solonggos를 해석하던 것보다 일보 진
전한 설로서 주목되는 것이다. 만약 이 견해를 받아들인다면, Solon족
의 조선祖先이 스스로 고구려인이라 자처하게 된 것은 자연 고구려 멸
망 뒤가 되겠고, 실제로 눈강 일대 실위족 사회에 일부 고구려 유민이
유이流移해 갔지 않았다 하더라도 유민들이 몽고 방면으로 이주해 갔
던 시대적 상황을 배경으로 그러한 전승이 생겼을 것으로 추측해 볼

---

101 李龍範,〈高句麗의 遼西進出 企圖와 突厥〉,《史學研究》 4, 1959, 60~65쪽 참조.
102 위의 논문.

수 있다. 남실위는 고구려가 철을 공급하며 세력을 부식하였던 지역이었다. 그리고 부여 멸망 후 동류 송화강유역의 하얼빈 맞은편 지역에 있었던 두막루豆莫婁(달말루達末婁)가 스스로 고구려에 쫓겨 이주해 온 부여인의 후예로 자처하였다. 그들의 자처함을 그대로 믿은 중국인이 《위서魏書》 두막루전에서 《삼국지三國志》 동이전東夷傳 부여조의 기사를 그대로 전재하여 그 사회를 기술하고 있다.[103] 개원 11년(723)에도 당에 입조하여 스스로 부여인의 후예로 자처하였다.[104] 이 두막루의 예는 Solonggos와 Solon족의 명칭을 이해하는 데 시사를 주는 바이다.

Solonggos의 어원을 둘러싼 논의는 앞으로 더 구체적인 진전이 있어야겠으나, 일단 역사적으로 몽고 방면에 끼친 고구려나 그 유민들의 움직임의 영향을 반영해 주는 것이 아닐까 하는 측면에서 주의를 요하는 바이다. 이런 점에서 비단 Solonggos뿐 아니라 동몽고 방면, 북만주 지역의 문화의 여러 면에 대한 검토가 있어야겠다.

5. 맺음말

이상으로 고구려 멸망 후 그 유민의 동향 가운데 요동지역의 집단과 당 내지로 옮겨진 이들 및 돌궐 방면으로 이주해 간 유민들에 관해 살펴보았다. 이를 요약하여 맺음말에 대신한다.

고구려를 멸망시킨 직후 당은 고구려 지역과 유민을 기미주 형태로

---

103 《魏書》 卷100 豆莫婁傳.
104 《唐書》 卷220 達末婁傳.

편제하되, 당의 관리가 고구려인 자사·도독 등과 함께 직접 통치에 참여하는, 더 노골적인 지배정책을 펼쳤다. 이것이 유민의 저항과 그와 연결된 신라의 적극적인 공세에 부딪쳐 크게 후퇴하지 않을 수 없게 되었다. 676년 안동도호부가 옮겨지고 그 지배영역은 요동지역으로 축소되었으며, 요동의 유민사회에선 고구려인의 정치적 비중이 커지고 자치의 폭이 넓어졌다. 당의 요동 지배는 696년의 거란족의 반란에 이은 발해의 건국 등 정세 변동을 겪으면서도 8세기 중엽까지는 유지 되었다. 당시 요동의 유민은 기미주로 편제되어 있었다. 기미주의 장은 고구려인이었으며, 안동부의 통제와 감독 아래에서 자치를 영위하고 있었다. 그리고 당의 조정엔 고구려 왕손에게 봉해진 고려조선군왕이 있어, 요동 유민사회의 움직임에 대한 원거리에서의 견제와 대비의 수단으로 이용되었다. 즉 기미주·안동부·고려조선왕이란 3요소를 통해 당의 요동 지배가 이루어졌고, 그것은 당군의 무력에 의해 뒷받침되었던 것이다. 그것이 755년 안록산의 난을 고비로 당의 세력이 동북방에서 크게 위축되자 근본적인 동요를 일으키게 되었다. 요동의 유민들은 "점차 나라를 이루는(稍稍自國)"의 형세가 되었다. 8세기 말 9세기 초에 독자적 정치체로서 소고구려국이 성립되어 9세기 초에는 고려국으로서 당에 조공을 하기도 하였다. 그러나 그것은 매우 취약한 것이어서, 곧 선왕宣王대에 발해에 병합되게 되었다. 발해의 요동 지배는 10세기 초 거란의 흥기에 따라 종지부가 지어지고, 이어 한족과 발해인의 대규모 사민이 있게 되었다. 이에 따라 요동의 고구려 유민사회의 형세에는 근본적인 변화가 생겨, 동족인 발해인에 흡수되어 발해유민사의 장으로 이어지게 되었다.

당 내지로 옮겨진 이들은 대체로 세 부류로 나누어 볼 수 있는데, 첫째는 고구려의 구지배층인 왕족 및 귀족들로서 주로 당의 수도 지역으로 옮겨졌다. 이들은 당의 고구려 지역 및 그 유민의 지배를 위한 정책상의 필요에 따라 우대되었고, 실제 요동의 지배에 동원되어 이용되었다. 둘째는 전쟁 포로들인데, 이들은 장졸들에게 사여되어 뿔뿔이 흩어져 노예 등의 예속민이 되었다. 셋째는 대규모로 강제 천사된 이들로서 주로 변경지대의 공한지에 옮겨졌다. 이들 가운데 일부는 오늘날 섬서성 서부와 감숙성 일대인 진주秦州·난주蘭州 등지에 배정되었고, 소규모로 분산 편제되어 정주하였으며, 그 지역의 단결병으로 징집되기도 하였다. 당의 동북방 관문인 영주 일원에도 고구려 유민들이 많이 옮겨져 집단적으로 예속되어 있었다.

당 내지에 옮겨진 유민 가운데 변경지대에 정주케 된 이들은 한족 사회의 정치적, 문화적 압박이 상대적으로 덜하고, 주위에 문화가 저급한 이종족들과 섞여 거주하고 있어, 고구려인으로서의 독자성과 집단성을 유지하기가 어느 정도 용이하였다. 그래서 주변 정세의 진전에 따라 때로는 독자적인 정치세력으로 대두하기도 하였다. 영주 부근에 이거하였던 고구려 유민의 일부가 거란족의 반란을 틈타 동으로 탈주하여 발해를 건국하였으며, 그리고 안록산의 난 가운데 이정기 등 일부 고구려 유민이 남하하여 산동성 일대를 50여 년 동안 지배하는 대 번진세력으로 군림하기도 하였다.

고구려와 지리적으로 연접하고 있는 몽고 방면으로 흘러들어 갔던 유민들도 상당한 규모였다. 7세기 말~8세기 전반에 걸쳐 북아시아를 제패하고 있던 돌궐에 이거하였던 고구려 유민들은 몇 개의 집단으로 나뉘어져 자치를 영위하며 가한에 종속하고 있었다. 그 가운데 고문간은 묵철가한의 사위가 되었으며, 고려막리지高麗莫離支라 일컬었다. 돌궐로 이거해 간 유민들은 대체로 요동 방면 등 원고구려 지역에서 바로 흥안령 쪽으로 해서 이주해 간 이들도 있겠고, 당의 변경 지대에 옮겨졌다가 돌궐의 세력이 뻗쳐오자 투합해 갔던 자들도 있었던 것 같다. 아무튼 이렇게 고구려 유민이 유목민사회에 적응하여 집단을 형성하며 생활하였다는 사실은, 멸망 전의 고구려 자체가 유목민사회의 생활과 문화에 대한 깊은 이해와 적응력을 가지고 있었다는 것을 재확인해 주는 바이다. 몽고 방면의 유민 가운데 일부는 715년 오르도스 지역으로 내려와 당에 투항하였다. 계속 몽고 지역에 남아 있었던 이들은 점차 유목민사회에 흡수 동화되어 갔겠으나, 그들이 이 지역, 특히 동부 내몽고 방면에 끼친 영향은 여러 가지 형태로 그 흔적을 남겼을 것 같다. 그 한 예로서 현재 몽고어에서 고려를 지칭하는 Solonggos와 Solon족의 명칭의 어원에 관해 주목해 보았다. 앞으로 이 지역의 문화와 고구려의 관계에 대한 검토가 있어야겠다. 그것은 비단 고구려 유민의 족적을 밝힌다는 것뿐 아니라, 동북아시아에서 고구려사가 점하는 역사적 위치를 이해하는 데 주요한 지표가 될 수 있을 것 같다.

제2부

발해사 연구

제1장

발해국의 주민 구성과
발해인의 족원族源

1. 머리말

근래 발해사에 대한 관심이 고조되고 있고, 국내외에서 발해사 연구가 활발히 진행되고 있다. 특히 중국의 동북부지역인 옛 발해국 영역에서 이루어지고 있는 고고학적 발굴의 성과가 쌓여 나가고 있고, 러시아의 연해주 지역에서도 발해 유적에 대한 발굴이 행해져 왔다. 그러한 발해 유적에 대한 고고학적 발굴 성과의 축적은 문헌자료의 결핍을 보완케 되어, 발해사의 상당한 부분이 더 구체적으로 구명되었다. 앞으로도 계속 그러한 성과를 기대케 하는 바이다.

그러나 그러한 괄목할 만한 성과가 있었음에도, 그동안 행해진 발해 유적에 대한 해석과 그를 통해 부각된 발해사의 성격에 대한 이해에는 일정한 한계를 보이고 있다. 사실 발해시대를 전후한 시기의 유적에 대한 조사와 연구가 아직 충분히 이루어지지 못한 상태에서, 발해 유적에 대한 해석을 시도할 때 저절로 일정한 제약을 지닐 수밖에 없다. 하지만 그러한 현 단계의 학문 수준이 지니는 기본적인 한계에서 비롯하는 면을 감안하더라도, 작금 제시되고 있는 발해 유적에 대한 해석에는 논자에 따라 그 근본적인 시각에서부터 현격한 상이점을 보이고 있다. 그것은 특히 그 문화담당자들의 종족적 귀속에 대한 뚜렷한 인식의 차이에서 말미암은 바가 크다. 같은 종류의 유적에 대한 이해에서, 한편에선 이를 고구려인들에 의해 이루어진 고구려 문화의 연장이라고 파악하였으나,[1] 또 한편에선 말갈족이 주체가 되어 당문화의 짙은 영향을 받아 이룩한 문화로 설명하고 있다.[2] 그리고 또한 발해국의 역사와 문화를 말갈족의 그것으로 보지만, 당문화의 영향보다는 그 토착적인 독자성을 강조하는 입장도 보이고 있다.[3]

발해국은 다종족국가이고, 그 국내의 지역 간 발전의 불균등성은 상당하였다. 그러한 국가의 주민들이 남긴 유적을 이해할 때 해석의 차이를 나타낸다는 것은 충분히 있을 수 있다. 그러나 그간의 발해 유적에 대한 각양의 설명들은 발해사의 성격을 규정한 일정한 인식을 전제로 한 위에서 행해지고 있는 면을 짙게 나타내고 있다. 그러한 전제적 인식은 각국의 연구자들이 안고 있는 정치상황적 여건에 의해 규

[1] 朱榮憲, 《渤海文化》, 1971(日譯: 1978).

[2] 근대 중국에서 발간된 발해 유적에 관한 각종의 발굴보고서에 이러한 立論의 시각이 공통적으로 개재되어 있음을 볼 수 있다. 그리고 문헌적 고찰에서도 그러한 면을 짙게 띠고 있다. 최근 출간된 한 발해사 개설서에서 이를 더 분명히 나타내었다. 중국에서의 발해사 연구 경향은 아래의 글들에서 그 단면을 집약적으로 살펴볼 수 있다. 文物編輯委員會, 《文物考古工作三十年》, 1979; 諸爲, 〈國內渤海史研究近況介紹〉, 《學習與探索》, 1982-5; 王承禮, 《渤海簡史》, 1983.

[3] A.P. Okladnikov, *The Soviet Far East in Antiquity: an Anthropological and Historical Study of the Maritime Region of the U.S.S.R.*, 1965, pp.176~199; 《シベリアの古代文化》, 1973(1974年 加藤九祚·加藤晋平 共譯), 194~205쪽; E.V. Shavkunov(中村嘉男 譯), 〈沿海州の渤海の遺跡-1960年度の調査より〉, 《シベリア極東の考古學·沿海州篇》 所收(1982年 刊); 《발해국과 연해주의 발해문화유적(露文)》, 1968(宋基豪 譯, 〈沿海州의 발해문화유적〉, 《白山學報》 30·31, 1985. 이는 위 책의 제4장을 번역한 것임) 참조.

제되는 면을 지닌 동시에, 또한 그것은 문헌자료에 의거한 연구를 통해 도달한 발해사의 성격에 대한 각각의 그 나름의 이해에 바탕을 두고 있다.

이러한 점들을 살펴볼 때, 발해 유적의 발굴이 진행되어 갈수록 다시금 발해사의 성격에 대한 그동안의 인식을 되살펴보기 위해 문헌적 고찰을 통한 재검토의 필요성이 절실해지는 바이다.

이 장에서는 발해국을 이끌어 나갔던 중심 족속의 종족적 기원(族源)을 문헌을 통해 고찰해 보고자 한다. 이는 곧 발해국의 주민구성과 그리고 그것과 직결되어 있는 통치구조의 일단을 이해하는 과제이기도 하다. 이 문제를 살피기 위해, 필자는 발해국의 주민이었던 이들에 관한 기록이 상대적으로 더 많이 전해지고 있는 요·금대의 상황을 먼저 살펴보고자 한다. 즉 발해국 멸망 후 그 주민집단들이 요의 지배 아래에서 각각 발해인과 여진인으로 구분되어 서로 상이한 존재 양태를 보이고 있는 점을 주목하고자 한다. 이어 그러한 양자 사이의 상이성이 발해국 존립 당시에서도 존재하였는지 검토하겠다. 나아가 발해 왕실의 출자出自와 발해 왕실을 포함한 발해국 지배집단의 역사 계승의식을 고찰하여, 발해인의 종족적 계통과 발해국의 성격에 대한 이해를 얻고자 한다. 끝으로 발해국의 성격에 대한 그 당대의 인접국 사람들의 인식을 살펴보아, 이를 재확인해 보고자 한다.

2. 요·금대의 발해인과 여진인의 존재 양태

230여 년에 걸쳐 만주와 한반도 북부지역을 지배하며 번영을 누렸

던 발해국은 926년 그 내부적 갈등을 틈탄 거란의 기습적 공격을 받
아 단기간에 허망하게도 무너졌다. 발해국을 멸망시킨 뒤 거란은 동단
국東丹國을 설치하고 일부 발해지배층을 포섭하여 이 지역에 대한 지
배에 나섰다. 그러나 거란의 지배력은 발해국의 전역에 미치지 못하였
으며 곧이어 각지에서 발해인들의 부흥운동이 전개되었고,4 일부 발해
인은 고려로 넘어갔다.5 동단국에 참여하였던 일부 발해인들도 거란의
지배에 적대감을 노골적으로 나타내었다.6 각지에서 일어난 부흥운동
은 거란군에 의해 진압되거나, 세력은 크게 떨치지 못하였으나, 이러
한 발해 유민들의 저항과 불복은 거란에게는 위구감을 조성케 하였다.
그러한 면과 아울러 요 태조의 맏아들인 동단왕 배倍와 차자인 태종
太宗 사이의 갈등으로, 요는 928년 동단국과 발해 유민을 요동지역으
로 옮기는 정책을 단행하였다. 이 결과 동단국은 유명무실한 존재가
되었다가 982년 공식적으로 소멸케 되었다. 그러나 요동으로 옮겨진
발해 유민들은 이 지역에 뿌리를 내려 번성케 되었다. 그래서 요 일대
를 통해 요동이 '고발해지故渤海地'7 '발해고국渤海故國'8이라 운위될 정

---

4 926년 3월에 安邊, 鄭頡, 定理 등 3府 지역에서 거란에 대한 항거가 일어났고, 5
　월에는 南海·定理 등 2府에서 재차 봉기가 있었다. 그리고 이해 3월에 輝發河유
　역 長嶺府 방면의 세력은 西京 鴨綠府의 지원을 받아 거란군에 저항하였다. 이때
　의 상황에 대해 阿保機가 죽은 지 얼마 안 되어 "이미 항복한 州縣이 다시 배반
　하여 도적이 들끓었다"고 《遼史》에서 전했다. 《遼史》 卷2 太祖下 天顯元年 3月, 5
　月條; 卷73, 蕭阿只古傳.
5 《高麗史》 世家 太祖 11년 3월 戊申. 12년 6월 庚申.
6 929년 東丹國의 使臣으로 일본에 파견되었던 발해인 裴璆가 오히려 日本 朝廷에
　서 契丹에 대한 비난과 불만을 토로하여 사달을 일으킨 적이 있는데, 이는 그러한
　한 예이다. 鳥山喜一, 《渤海史考》, 1915, 217~218쪽 참조.
7 "東京故渤海地 太祖力戰二十餘年 乃得之". 《遼史》 卷28 天祚皇帝二 天慶 6年 春正
　月 丙寅條.
8 "遼建五京 臨潢契丹故壤 遼陽漢之遼東 爲渤海故國". 《遼史》 卷36 〈兵衛志〉 下 五
　京 鄕丁條.

도로, 발해인은 이 지역 주민의 대표적인 존재가 되었다.

한편 발해국의 영역이었던 만주 일대는 대체로 혼동강混同江(지금의 북류 송화강)유역을 경계로 그 서남지역은 요의 영역 안에 귀속케 되었고, 요는 이 지역 안의 각지에 주를 설치해 지배하였다. 혼동강 동쪽 지역은 여진족의 여러 집단들이 할거하면서 요와 조공 관계를 맺고 있었다. 그런데 요의 판적版籍 안에 들어간 요동지역 주민의 구성은 잡다하였다. 그 가운데 중심되는 족속은 거란인·해인奚人·한인漢人·발해인·여진인 등이었다. 이 지역의 거란인과 해인은 요의 요동지역 지배와 함께 입식入殖하였고, 한인은 10세기 초 이래 요가 북중국 방면에서 요동으로 천사시킨 이들이다. 요는 이들을 통할하기 위한 군사기구로서 요양성에 각 족속별로 거란해군도지휘사사契丹奚軍都指揮使司·해군도지휘사사奚軍都指揮使司·한군도지휘사사漢軍都指揮使司 및 발해군도지휘사사渤海軍都指揮使司 등을 두었으며, 그리고 요주遼州에 북녀직병마사北女直兵馬司를 설치하였고 동북로여직상온사東北路女直詳穩司 등등을 각지에 두어 여진인 집단을 관장하였다.[9] 그런데 여기에서 주목되는 바는 발해인과 여진인이다. 이들은 모두 발해국 존립 당시 그 주민이었는데 요에 의해 이제 명백히 구분되어 지배되고 있음을 볼 수 있다.

양자에 대한 구분은 요동지역에서뿐 아니라 나머지 지역에서도 그러하였다. 가령 요의 상경도上京道 소속의 진주鎭州 지역에 피정복민을 들어와 살게 했을 때에

---

9 《遼使》 卷46 百官志 2 北面邊防官.

발해·여직女直·한인 유배민 칠백 호를 진鎭·방防·유維 3주에 나누어 거
주게 하였다.10

고 하여 구분하였음을 보여 준다. 다만 요의 판적 안에서뿐 아니라
생여진 지역에서도, 발해인은 따로 구분되어 인식되었다. 11세기 초
두만강 건너편 해란하유역 일대에 거주하고 있던 포로모타부蒲盧毛朶部
의 경계에 발해인이 다수 있음을 안 요의 중앙정부는 발해인으로서
요에 사환仕宦하고 있던 대강예大康乂를 장으로 한 군대를 파견해 이
들을 포획하였다.11 그리고 1003년 4월에 동만주 지역의 올야兀惹·발
해·오리미奧里米·월리독越里篤·월리고越里古 등 5부部가 요에 내공來貢
하였다.12 이 발해부나 앞의 포로모타부 지역에 있던 발해인은 928년
에 있었던 요에 의한 강제 천사 때에 그 망網을 벗어나 계속 동부 만
주 옛 지역에 있었던 발해 유민이었거나, 또는 혹 975년 발해인 연파
燕頗가 부여성에서 반란을 일으키다 실패한 뒤 동부 만주 올야부兀惹
部로 탈주해 갈 때 함께 옮겨 간 발해인 집단이었을지도 모르겠다.13
아무튼 이들은 여타의 주변 여진계 부족들과는 구분되어 발해인으로
인식되고 있음을 보여 준다.
　이러한 예들에서 요대遼代의 발해인과 여진인의 구분이, 발해국 주

---

10 《遼使》 卷37 地理志 1 上京道 邊防城 鎭州條.
11 《遼使》 卷88 大康乂傳. 그런데 本紀의 聖宗 太平 6년(1026) 4월에 "蒲盧毛朶部多
　兀惹戶 詔索之"라 하였는데, 이 일이 大康乂傳에서의 사실과 동일한 것인지도 모
　르겠다. 그럴 경우 兩傳承간에 차이를 보인다. 그러나 渤海人 大康乂 측의 보고에
　바탕을 둔 기록을 믿는 것이 보다 타당하겠다. 대강예에 의해 포획된 이들은 兀若
　國에 참여하였던 발해인일 가능성도 크다.
12 《遼使》 卷14 聖宗 統和 21년 4월조.
13 《遼使》 卷3 太宗上 天顯 3년 12월조. 詔遣耶律羽之 遷東丹民 以實東平 其民或亡入
　新羅女直云云; 卷8 景宗 保寧 7년 7월조. 黃龍府衛將燕頗殺都監張琚以 … 燕頗走保
　兀惹城.

민 가운데 요에 의해 강제 사거된 이들과 그렇지 않았던 이들 간의 차이에서 비롯한 것이 아니었음을 알 수 있다. 다시 말하자면 강제 이주 여부가 양자 간 구분의 기준이 되었던 것이 아님을 뜻한다. 이 점은 요대에 발해인이 집중적으로 거주하던 요양성 지역 일대와 인접해 그 남쪽 요동반도 지역에 거주하던 갈소관여진曷蘇館女眞도 요에 의해 옮겨 살게 된 이들이었음을 통해 재차 확인된다.[14] 또한 요의 판적 안에 귀속되었느냐의 여부는 생여진生女眞과 숙여진熟女眞의 구분의 주요 지표는 되었지만, 발해인과 여진인 사이의 구분의 근거는 되지 못함을 볼 수 있다. 지역적으로 근접해 살고 있었고 때로는 혼주混住하였으면서도, 그리고 생업 면에선 숙여진인도 농업을 하였고 발해인과는 그 경작 방식에서도 외형상으로 유사하였는데도,[15] 발해인과 여진인 사이에 뚜렷이 구분이 지어졌음을 볼 때 양자 간 차이성의 내원來源이 결코 얕지는 않다는 것을 느낄 수 있다. 그러한 차이성은 양자의 존재 양태를 통해 살펴볼 수 있다.

발해인은 국망 때에 포로로 잡혀간 이들은 알로타斡魯朵의 예민隸民이 되었고,[16] 928년의 천사 때에 발해인 가운데 빈민들의 상당수는 거란인들의 예민으로 되었다.[17] 그러나 요양으로 옮겨진 다수의 이들은 주현민으로 편제되어 지배되었다. 반면에 요의 판적 안에 있던 여진인, 즉 숙여진의 경우 대개 부족 및 부락 단위로 집단적으로 예

---

14 《三朝北盟會編》卷3 阿保機慮女眞患 乃誘其强宗大姓數千戶 移置遼陽之南 以分其勢 使不得相通 遷入遼陽著籍者 名曰合蘇款 所爲熟女眞也.；《金史》卷86 獨吉義傳. 本名丹魯浦 曷速館人也 徙居遼陽之阿米吉山 祖回海 父秘剌 收國二年 曷速館來附 秘剌領戶三百 遂爲謀克.

15 《契丹國志》卷22 四至隣國地理遠近.

16 《遼史》券31〈營衛志〉上 營衛 算斡魯朵條.

17 《遼史》卷3 太宗上 天顯 3년조.

속되었다. 부족 안에서 재래의 조직과 생활을 유지하면서 그 수장을
통해 간접적으로 요에 예속되었다. 다음의 기록은 그러한 일면을 전해
준다.

> 동남쪽으로 가면 오절도숙여진부족五節度熟女眞部族에 이른다. 모두 1만여
> 호이다. 산림 속에 거주하며, 군사와 수렵에 능하다. 거주처로는 가옥과 문
> 이 있으며 모두 산 밑에 자리 잡았다. 경작하는 것은 발해인과 동일하다.
> 조세를 버지 않으며 혹 북주北主(요의 황제)가 정벌에 나서면 호戶의 가구
> 를 헤아려 병마를 차출한다. 병역을 마치면 곧 본처로 돌아가게 한다. …
> 아울러 거란 추밀원이 관할한다. 거란인이나 혹 발해인을 차출하여 절도節度
> 의 관할 아래에 둔다. 그 땅은 남북이 700여 리이고, 동서가 400여 리이며,
> 서북으로 동경東京에 이르는데 400여 리이다.[18]

요양성의 동남방에 있던 이 오절도숙여진부족의 부락들은 요의 절
도節度 아래에 있었지만, 직접적으로 일정한 조세나 역이 부과되지 않
았으며 요의 정역征役이 있을 때 그 병력이 차출되었을 뿐이다. 그리
고 간간이 특산물로 된 공물을 바치었으나 일상생활은 부락의 자치에
맡겨져 있었다. 다른 숙여진의 경우도 비슷하였다.[19] 요는 그 영내의
이들 숙여진 부족들에 대해 큰 부족의 장은 왕王으로, 작은 부족의 장
은 부사部使로 봉해 속국이라 일컬었다. 북원北院 휘하의 속국으로서
여진국순화왕부女眞國順化王府 · 북여진국대왕부北女眞國大王府 · 남여진국

---

18 《契丹國志》卷22 四至隣國地理遠近.
　　次東南 至五節度熟女眞部族 共一萬餘戶 皆雜處山林 尤精弋獵 有屋居舍門 皆於山牆
　　下闢之 耕鑿與渤海人同 無出租賦 或遇北主征伐 各量戶下 差充兵馬 兵回各逐便歸本
　　處 … 並系契丹樞密院所管 差契丹或渤海人 充節度管押 其地南北七百餘里 東西四百
　　餘里 西北至東京五百餘里.
19 위와 같음.

대왕부南女眞國大王府·갈소관여진국대왕부曷蘇館女眞國大王府·압록강여진
대왕부鴨綠江女眞大王府·빈해여진국대왕부瀕海女眞國大王府 등이 그러한
것들이다.20 이들 속국에 대한 아래와 같은 《요사遼史》의 기록은 위에
인용한 그것과 동일한 내용을 전해 준다.

　　일정한 조공이 없다. 필요한 상황이 되면 사신을 보내 징병한다. 혹 조詔
　　를 내려 정벌전을 하게 하며, 명을 따르지 않으면 토벌한다. 조군助軍하는
　　숫자의 많고 적음은 상황에 따르며, 정해진 숫자는 없다.21

　　요의 영역 밖에 있던 장백산부長白山部·포로모타부 등의 여진부족들
은 요에 부용해서 때때로 공납을 바치었으나 그 반복이 무상하였다.22
동부 만주 오지의 생여진의 여러 부部는 그러한 면이 더하였다. 요와
종종 충돌이 벌어지기도 하여, 요는 고려와 생여진의 접경지대 요소요
소에 성城과 보堡 및 영營 등을 설치해 이에 대비하였고, 생여진 여러
부의 추장에게 태사太師 등의 칭호를 사여하고 조공무역으로 회유하는
기미책을 구사하였다.

　　이렇게 숙여진과 생여진은 요에 대한 예속도에서는 차이를 보였으
나, 양자 모두 부족단위로 그들의 집단을 이끌어 나가고 있었음에는
동일한 면모를 보였다. 이는 곧 생여진과 숙여진은 요의 영역 안에 귀
속되었느냐의 여부와 관계없이 그 기본적인 사회 양태에선 비슷한 면
을 지니고 있었음을 뜻한다. 그리고 북부北府 예하의 오연여직부奧衍女
直部나 남부南府 예하의 을전여직부乙典女直部 등과 같은 여진부들도

20 《遼史》 卷46 北面屬國官條.
21 《遼史》 卷36 〈兵衛志〉下 屬國軍條.
22 《遼史》 卷33 〈營衛志〉下 部族下.

역시 부족단위로 편제되었다.23 물론 여진인 가운데에는 이와 같은 예
속 형태와는 달리, 앞에서 본 진주鎭州의 여진호의 예처럼 주州로 편
제된 것 같은 이들도 있었다.24 그러나 요의 지배 아래 있던 대부분의
여진인들의 예속 양태는 부部나 속국屬國 류의 집단적인 것이었다.

이처럼 발해인과 여진인이 요대에 그 예속된 형태에서 뚜렷한 차이
를 보이는 것은, 소수 종족인 거란족이 요를 운영해 나가기 위해 영역
안의 여러 족속을 나누고 끊어 지배하려는 정책에서 비롯된 면을 배
제할 수는 없지만, 장기간에 걸쳐 그렇게 할 수 있었던 것은, 근본적
으로 두 집단 사이의 사회 상태의 차이가 있었기에 가능한 것이었다.
당시 여진인은 부족 및 부락 단위의 결집을 이루는 공동체적 관계가
강하게 남아 있었던 상태였으므로 이를 지배키 위해 그 족장을 통한
간접적 지배책을 취하였다. 반면에 발해인 사회에선 이미 계급분화가
진전되어서 그러한 공동체적 관계가 해체되었기 때문에 그들을 주현민
으로 편제해 관리를 통해 직접 지배하였던 것이다.

요가 발해인을 통치키 위한 조처로서 요 태조는 926년 발해를 멸망
시킨 뒤 그의 장자 배倍를 왕으로 한 동단국을 세울 때에

> 좌우 대상大相과 차상次相 등 4명과 백관을 두었고, 모두 한법漢法을 사
> 용하였다. 세공歲貢으로 포 15만 단端과 말 천 필을 바게 하였다.25

---

23 《遼史》 卷33 〈營衛志〉 下 部族下, 卷35 〈兵衛志〉 中 衆部族軍.
24 奧衍女直部는 營衛志에서 "戍鎭州境"이라 하였다. 이 女眞部는 鎭州 지역에 徙居
시킨 渤海 女眞 漢人 등 700戶와 관계가 있을지 모르겠다. 즉 앞에서 본 〈地理
志〉1 邊防城 鎭州建安軍條에서 州로 편제된 듯한 女眞戶가 실제는 部族 단위로
예속되었을 가능성도 있다(鳥田正郎, 《遼代社會史研究》, 1978, 93쪽 참조).
25 《遼史》 卷72 義宗傳.

이때 한법의 내용이 구체적으로 무엇인지 알 수 없으나, 요제국 안에 귀속된 한인들을 통치하는 데 적용하였던 중국식 법제를 말하는 것으로 보인다. 발해인을 요동으로 옮긴 뒤인 태종대 이후에도 이 원칙은 그대로 지속되었다.

> 태종 때에 이르러서도 발해인을 다스리는 데 모두 한법漢法에 의거하여 바뀐 것이 없다.26

이렇듯 발해인에게 한인과 동일한 법제를 적용하였던 것은, 요조遼朝의 일방적인 정책적 고려에 따른 소산만으로는 볼 수 없다. 이는 발해국이 그 존립 당시에 당의 개원례開元禮와 역력曆 및 그 밖의 율령을 수용하였고, 그 제도와 문물 면에서 당 제도의 영향이 컸다는 측면도 있지만, 기본적으로는 당시 발해인 사회의 성격이 한인의 그것과 비슷한 상태였기에 그러한 정책이 가능하였던 것으로 보아야겠다. 발해인과 한인을 함께 주현민으로 편제하였고 양자가 일정 지역에 혼주混住하였던 경우가 많았음도27 그러한 측면을 말해 준다.

발해인과 여진인의 구분은 금대金代에 들어와서도 여전하였다. 금이 흥기할 때 아골타阿骨打는 요동 일대의 발해인의 회유에 주력하여, 여진과 발해가 '본래 한 집안이었다(本同一家)'고 선명宣明하였다.28 그러나 실제로는 양자 사이의 구분과 차별은 뚜렷하였고, 그러한 면은 금

---

26 《遼史》 卷61 〈刑法志〉 上.
27 長泰縣과 定霸縣도 그런 예의 일부이다.
　《遼史》 卷37 地理志一. 上京道 上京臨潢府 長泰縣 本渤海長平縣 太祖伐大諲譔 先得是邑 遷其人於京西北 與漢民雜居 戶四千. 定霸縣 本扶餘府强帥縣民 太祖下扶餘 遷其民於京西北 與漢人雜處 分地耕田 統和八年 以諸宮提轄司人戶置 戶三千.
28 《金史》 卷2 太祖 2년 9월.

이 진전되면서도 지속되었다. 금金은 흥기 초기에 요동을 정복하고 여진인과 동일하게 이 지역의 주민인 발해인·해인奚人 및 거란인들을 각기 족속별로 맹안猛安·모극謀克으로 조직하였다. 그러나 화북을 장악하고 금의 지배체제가 확립되어 감에 따라, 1145년 요동의 한인과 발해인의 맹안·모극을 해체하고 그 병권을 여진인에게 귀속시켰다.[29] 이후에도 발해인과 한인은 맹안·모극호에 충용하는 것을 금지하였다.[30] 나아가 요동지역에 발해인이 밀집해 거주하며 번성한 것을 우려하여 이들을 장성 이남지역으로 수백 호씩 소규모 단위로 천사시켜, 발해인의 집단적인 세력화 방지에 주력하였다.[31] 이때 비단 요양에 집중적으로 거주하던 발해인 집단뿐만 아니라 나머지 발해인에 대해서도 철저하고 광범위한 강제 이주가 이루어졌다. 당시 도황후悼皇后의 근시近侍로 있던 발해인 고수성高壽星까지도 천사의 대상으로 포괄시킴에 따라 후后가 황제에게 호소하여 이에 천사 책임자가 문책을 받은 일까지 있었다.[32]

금제국 안에서 발해인의 처우는 한인의 그것과 대체로 동일하였던 것 같다. 1138년 9월 기록을 보자.

> 백관의 고명誥命에서 여직女直·거란契丹·한인漢人은 각각 자기 문자로 하고 발해인은 한인漢人과 같이 한다.[33]

---

29 《金史》卷44〈兵志〉兵制條.
30 《金史》卷46 食貨一.
31 《松漠紀聞》卷上. 契丹所遷民益蕃 至五千戶 勝兵可三萬 金人慮其難制 頻年轉戍山東 每徙不過數百家 至辛酉歲盡驅以行 其人大怨.
　　《金史》卷4 熙宗 皇統 9년 8월조.
32 《金史》卷132 秉德傳.
33 《金史》熙宗 天眷元年 9월조.

여기에서 발해인은 여진인과 구별되고, 오히려 한인과 같이 취급되었음을 볼 수 있다. 또한 금국 조정에서 인재를 등용하는 데 발해인과 한인을 한 범주로 해서 임용하는 것이 관행이었다. 1157년 정월에 금 황제 해릉海陵의 말에서 그러한 관행을 볼 수 있다.

아들을 아는 데는 아비만한 이가 없고, 신하를 아는 이는 임금만한 이가 없다. 짐이 일찍이 이를 시험해 보았다. 짐이 인재를 뽑는 일을 알아보았다. 너희들이 만약 너희와 같은 빼어난[同類] 자를 천거치 않을 경우, 반드시 벼금가는[相善] 자를 천거하라. 짐이 듣건대 여직女直·거란인으로서 벼슬살이를 하려는 자는 반드시 형부상서 오대烏帶나 첨서추밀 요설遙設에게 의뢰하여 먼저 받아들여지면, 좌사원외랑 하리골례何里骨例가 일을 맡기었다. 발해·한인으로 벼슬길에 나선 자는 이부상서 이통李通, 호부상서 허림許霖에게 의뢰하여 먼저 받아들여지면 우사랑중右司郞中 왕울王蔚이 일을 맡기었다. 무릇 벼슬길에서 짐이 아는 자는 적고 모르는 자는 많으나 신하가 아닌 자가 없다. 어찌 원근遠近과 친소親疏에 따른 다름이 있겠느냐.34

해릉왕海陵王 때에 발해인과 한인의 벼슬살이[仕進]를 실제 주관하였던 이가 이통李通·허림許霖·왕울王蔚 등 한자성을 지닌 아마도 한인漢人이었고, 거란인·여진인의 경우 여진식 이름을 지닌 여진인이었던 것은, 1138년의 조처에서 반영되었던 당시 발해인의 성격과 같은 면모를 말해 준다. 이는 곧 발해인이 사회적·문화적으로 여진인보다 한인의 것과 비슷하였음에서 기인하는 결과이다. 그것은 다만 금대에서 비롯

---

34 《金史》卷129 李通傳. 知子莫若父 知臣莫若君 朕嘗試之矣 朕詢及人材 汝等若不擧同類 必擧其相善者 朕聞女直·契丹之仕進者 必賴刑部尙書烏帶 簽書樞密遙設 爲之先容 左司員外郎阿里骨列任其事 渤海·漢人仕進者 必賴吏部尙書李通 戶部尙書許霖 爲之先容 左司郎中王蔚任其事 凡在仕版 朕識者寡 不識者衆 莫非人臣 豈有遠近親疏之異哉.

한 것은 아니다. 요대에 발해인을 한법에 의거해 통치하였음과 동일한 배경에서이며, 발해인과 여진인에서 보이는 그 존재 양태의 차이는 요대 이래로 현저하였음을 보여 준다. 양자가 같이 만주 지역에 거주하였고 고구려·발해를 거친 역사적 배경을 공유하였으며, 금 초에 여진과 발해가 '본동일가本同一家'였다는 정치적 구호를 내세웠지만, 양자의 간격은 여전하였음을 나타내 준다. 요의 판적 안에 있던 숙여진과 그 영역 밖에 있었던 생여진은 금대에 들어서 같은 여진인으로 조만간 융합되었으나, 발해인과는 그렇지 못하였음을 볼 때 두 족속 사이의 벽이 높았음을 다시금 확인할 수 있다.

두 족속의 습속 면에서도 차이를 볼 수 있다. 1169년 정월에

> 한인과 발해인 형제의 처가 정해진 상喪을 치른 뒤 친정에 돌아간 뒤에 예를 갖추어 속혼續婚하면 허락한다.[35]

고 하였다. 여기서도 발해인과 한인을 동일 범주로 조처하였는데 이는 앞에서 살펴본 바와 같다. 이 1169년의 조처는 다음과 같이 이해된다. 즉 당시 금국에서 한인과 발해인 사이에서도 여진인의 영향을 받아 취수혼娶嫂婚levirate을 행하는 자가 일부 있었는데, 이것은 전통적인 한인 사회의 일반적 윤리로선 매우 타기唾棄되는 행위이었다. 그래서 이에 대해 금 조정은 절충적인 조처를 취하였다. 과부가 3년상을 치르고 일단 친정에 돌아간 뒤에 다시 예를 갖추어 속혼續婚, 즉 망부亡夫의 형제와 혼인하는 것은 인정한다는 식으로 처리하였던 것이다.[36]

---

35 《金史》卷6 世宗 上 大定 9년 正月條. 制漢人渤海兄弟之妻 服闋歸宗 以禮續婚者 聽.
36 田中克己,〈北アジアの諸民族におけるレウィレート〉,《北亞細亞學報》 3, 1944.

원래 여진인들 사이에선

> 부모가 죽은 뒤 군모群母(자신의 친모 외의 아버지의 처첩)를, 형이 죽으면 그 형수를, 숙부 백부가 죽으면 그 조카가 숙모백모를 처로 삼는다. 귀천 없이 사람마다 수명의 처가 있다.[37]

는 기록이 말해 주듯 취수혼娶嫂婚이 널리 선호혼(選好婚: preferred marriage mode)으로 행해지고 있었다. 여진인들의 취수혼 관행은 금이 화북지역을 장악한 뒤에도 상당 기간 계속되었다. 이와 달리, 한인 사회에서는 취수혼이 윤리적·법적으로 일찍부터 불륜으로 보아 금기시되어 왔다.[38] 그런데 발해인의 풍속에 대해 송인宋人 홍호洪浩는

> 부인은 모두 사납게 투기를 한다. 대씨와 타성이 상호 결속하여 10자매를 형성한다. 교대로 그 남편을 기찰해, 측실이나 유녀를 용납하지 않는다. 소문이 들리면 반드시 그 사랑한 여자를 독살한다. 한 지아비가 이를 범하였는데 그 아내가 이를 알지 못하고 있으면, 아홉 여인이 무리지어 모여 망신을 주며 다투어 떠들어 질투를 나타내었다. 그런 까닭에 거란 여진 등에서는 모두 창녀가 있으며 그리고 그 양인들은 모두 작은 집과 시비侍婢를 두고 있다. 그런데 발해에는 그런 것이 없다.[39]

---

37 《大金國志》卷39 婚姻條. 父母死則群母 兄死則其嫂 叔伯死則姪亦如之 無論人有數妻.
38 近代에 이르기까지도 중국의 일부 농민들 사이에선 轉婚·兄弟轉婚·轉親 등의 명칭으로 娶嫂婚이 간혹 행해졌다. 그러나 이는 예외적인 것이며, 일찍부터 유교윤리에서 이를 禁忌視하였고 法令으로도 이를 금하였다. 노태돈, 〈高句麗 初期의 娶嫂婚에 관한 一考察〉, 《金哲埈博士華甲紀念史學論叢》, 지식산업사, 1983 所收 참조.
39 《松漠紀聞》卷上. 婦人皆悍妒 大氏與他姓相結爲十姉妹 迭機察其夫 不容側室及他游 聞則必謀置毒 死其所愛 一夫有所犯 而妻不之覺者 九人則群聚而詬之 爭以忌嫉相夸 故契丹女眞諸國皆有女倡 而其良人皆有小婦侍婢 唯渤海無之.

고 하였다. 위 기사는 취수혼과 관계되는 기록은 아니나, 이에서 발해인의 부부생활이 적어도 여러 명의 처를 거느리고 있는 여진인과는 상이하다는 면을 인지할 수 있다. 이 점과 아울러 발해인의 취수혼을 한인 사이에 예외적으로 행해지던 그것과 동일하게 취급하였던 1169년의 조처에서, 당시 발해인들 사이에선 취수혼이 선호혼으로는 이미 행해지고 있지 않음을 확인할 수 있다. 사실 이 취수혼이 선호혼으로 널리 행해지는 사회에선 친족집단의 공동체적 성격이 강하였다. 완안부完顔部 여진의 흥기과정에서 그 수장首長 지위가 형제계승되는 면을 보여 준다.40 수장 지위가 계승되는 순차는 과부를 취하는 그것과 기본적으로는 같은 궤로서, 형제계승과 취수혼은 상호 적합적으로 결합될 수 있었던 관행이며, 곧 해당 집단의 공동체적 관계를 바탕으로 해서 행해졌다.41 그에 견주어 발해인과 한인 사이에선 그러한 혼속이 널리 행해지지 않았던 것은, 공동체적 관계가 일찍이 해체되었기 때문이다. 발해국은 그 국초부터 왕위가 부자로 이어졌다. 고구려의 경우 그 초기에는 취수혼이 선호혼으로 널리 행해졌고 왕위도 형제계승되었는데, 대체로 3세기 이후 그러한 관행이 깨어져 갔다.42

이렇듯 요·금대를 통해 발해인은 여진인과 그 존재 양태 면에서 뚜렷한 차이를 보였고, 실제생활 면에선 오히려 한인과 유사하게 처우되었다. 또한 발해인은 주현에서 한인과 때로는 섞여 살면서도, 금 중기

---

40 太祖에 이르기까지의 金王室의 世系에 관해서는 《金史》《高麗史》《松漠紀聞》《大金國志》《神麓記》 등의 傳承이 각각 다소의 차이점을 보이나, 太祖代까지 首長位의 父子繼承의 관행은 확립되어 있지 못하였고, 世祖에서 太祖에 이르기까지 4代 또는 5代에 걸쳐서는 분명한 兄弟繼承의 관행을 나타내었다. 金庠基, 〈金의 始祖〉, 《東方史論叢》, 1974 所收.
41 노태돈, 앞의 논문, 1983.
42 위와 같음.

에 장성 이내로 분산 천사되어 점차 절대적 다수인 한인 사회에 몰닉沒溺 동화되기까지는 한인과도 명백히 구분되는 존재였다. 요의 동경도東京道에선 한인과 발해인을 각기 관장하는 군사기구가 따로 있었고, 금 초에도 한인과 발해인을 대상으로 한 맹안·모극이 각각 별개로 조직되었다.

　이러한 객관적인 존재 양태와 더불어, 발해인은 스스로 자기들 족속에 관한 귀속의식을 지니고 있었다. 발해인으로서 금대를 통해 명족名族으로서 성가가 높았던 요양遼陽 장씨張氏와 웅악熊岳 왕씨王氏 집안의 혼인관계를 보면, 그 혼족姻族이 주로 고씨高氏·대씨大氏·장씨張氏·왕씨王氏 등의 발해인이었다.43 같은 발해인으로서 강한 자의식의 일단을 볼 수 있다. 요의 지배 아래에서 수차에 걸쳐 일어난 대연림大延琳의 난, 고영창高永昌의 난 및 요주饒州 고욕古欲의 난44 등과 같은 발해인들의 봉기는 그러한 자의식의 집단적 발로인 것이다. 또한 발해인들은 그들의 고유한 춤과 음악 및 음식 등과 같은 생활상의 특성을 유지하였다.45

---

43 外山軍治, 〈金朝治下の渤海人〉, 《金朝史研究》, 1964 所收.

44 《遼史》 卷28 天祚皇帝二, 天慶 5년 2월조. 饒州渤海古欲等反 自稱大王.

45 《契丹國志》 卷24 王沂公行程錄. …至柳河館 河在館旁 西北有鐵冶 多渤海人所居 就河濾沙石 煉得成鐵 渤海俗 每歲時聚會作樂 先命善歌舞者 數輩前行 士女相隨更相唱和 回旋宛轉號曰 踏錘. 이 기록에서 당시 거란의 지배 아래에서 幽州 방면 쪽으로 옮겨 살고 있던 발해인 집단이 고유한 舞樂을 즐기고 있는 모습을 볼 수 있다. 현재 한국의 農樂과 農舞의 일면을 연상케 한다. 渤海樂은 金國 조정에도 전해졌다(《金史》 卷39 〈樂志〉 上). 그리고 渤海人의 쑥떡(艾餻)은 遼의 조정에서 端午날의 別味로 여겼다(《遼史》 卷53 〈嘉儀〉下 歲時雜儀條).

　쑥을 넣어 만든 둥근 절편(車輪餠) 즉 쑥떡은 수릿날(端午)의 別味로서 최근까지도 우리나라 민간에서 널리 만들어 먹었다. 단오를 수리날이라 하기도 함(俗謂端午爲車衣)은 《삼국유사》에서도 전한다(三國遺事 卷2 文虎王 法敏). 洪錫謨의 《東國歲時記》에서 단오날 쑥떡을 먹는 풍속을 거란의 풍속의 영향이라 하였는데, 위의 《삼국유사》에 전하는 車得公説話나 발해의 풍속 등으로 보아 이는 잘못이다.

이처럼 발해국 멸망 이후 그 주민들은 발해인과 여진인으로 구분되어 뚜렷이 다른 존재 양태를 보였고, 발해인은 요·금대를 통해 여진인·한인·거란인 등과도 다른 독자적인 하나의 족속 단위를 이루고 있었다. 이후 이 책에서 발해인이라 하였을 때는 그와 같은 족속을 지칭한 것이다.

그러면 같은 발해국의 주민이었던 발해인과 여진인이 언제부터 서로 뚜렷한 차이성을 지니게 되었을까. 이에 대해선 일단 그 차이성이 발해국 멸망 이후에 비롯된 것이 아님은 확인할 수 있다. 앞에서도 보았듯이 요에 의해 발해국의 주민이 천사될 때에, 주현민으로 편제되는 이들과 그렇지 않은 집단이 구분되었다. 이미 발해국 존립 당시부터 양자 사이에 구분이 있었고, 그 차이성에 의거해 요의 사민책이 시행되었던 바이다.

그리고 발해국 멸망 후, 발해국이 있었던 지역으로부터 내투해 온 이들에 대해 고려는 처음부터 발해인과 여타의 여진계 인으로 뚜렷이 구분해 파악하여 명기하였다. 《고려사》의 기록은 그런 면을 여실히 보여 준다.

이는 곧 발해인과 여진인이 발해국 존립 당시부터 구분되는 존재였음을 말한다. 다만 발해국이 존립할 때는 함께 '발해국인渤海國人'으로 인식되어 왔다가, 926년 이후 양자를 포괄하는 공통의 틀인 발해국이 소멸됨에 따라 더욱 뚜렷이 구분되는 존재로 파악되었던 것이다.

그러면 구체적으로 양자는 발해국 존립 당시 어떠한 형태로 존재하

柳得恭의 《京都雜志》에선 '단오를 수릿날[戌衣日]이라 하는데, 戌衣는 우리말의 수레[車]로서, 쑥으로 떡을 만드는데 수레바퀴 모양으로 만들어 먹는다. 그래서 수릿날이라 한다.'고 하였다. 단오날 쑥떡 먹는 풍속은 발해에서 비롯한 것이라고 기술하였다.

였을까. 이에 대해선 우선 발해국 말기의 상황부터 살펴보는 것이 좋겠다. 그 구체적인 일례로서 철리부鐵利府와 남해부南海府 지역을 검토해 보자.

3. 발해국의 주민 구성

1) 철리부鐵利府와 남해부南海府 지역의 예

철리부는 철리 고지故地에 설치되었으며 6개의 주와 미상인 수의 현으로 구성되었다.[46] 철리부가 설치되었던 곳은 철리말갈의 원주지로서, 철리부鐵利部는 〈표 1〉에서 보듯 당에 빈번히 조공하는 등 8세기 초반에 두각을 나타내었다. 그러다가 740년대 이후 당에 대한 조공이 두절되었다. 그리고 746년에는 발해인과 철리인 천백여 명이 일본에 건너간 일이 있다.[47] 이는 발해가 철리부鐵利部를 병합함에 따른 결과로 여겨진다.[48] 곧 철리부의 당에 대한 조공의 두절과 서로 부합되는 바이다. 또한 당시 8세기 초반 일부 말갈족에 그 세력을 뻗쳤던 바

---

46 《唐書》渤海傳.
47 《續日本記》卷16 聖武天皇 天平 18년조.
48 池內宏, 〈鐵利考〉, 《滿鮮史硏究》 中世編 第一册, 1933 所收; 和田 淸, 〈渤海國地理考〉, 《東亞史硏究-滿洲篇-》, 1955 所收; 鳥山喜一, 《渤海史上の諸問題》, 1968, 237~240쪽; 王承禮, 앞의 책, 55쪽. 단 앞의 양인이 발해인과 철리인을 발해국의 사절단으로 본 것에 대해 鳥山喜一은 이들을 발해의 鐵利部 병탄에 따른 어떤 파동으로 말미암아 일본에 亡命해 간 집단으로 보았다. 王承禮도 鳥山喜一의 견해와 같이 逃亡한 집단으로 보았다. 아무튼 이 시기 발해의 鐵利部 병탄에 따른 사실로 보는 데는 동일하다.

있던 돌궐이 741년 당시 붕괴되는 등의49 국제정세의 변동도 발해국의 철리부와 이은 흑수부黑水部 등의 병탄에 유리한 상황조건이 되었을 것으로 보인다. 아무튼 그 후 어느 시기에 이 지역에 부府와 주현州縣이 설치되었다.

발해국 존립 당시 철리부 지역의 구체적인 상황에 관한 전승은 보이지 않는다. 그런데 발해국 멸망 뒤인 928년에 요는 이 지역의 주민을 이주시켰다. 요의 상경도 경주慶州의 부의현富義縣과 영주永州의 의풍현義風縣은 철리부 예하 의주義州의, 그리고 동경도 광주廣州는 철리부鐵利府 광주廣州의 주민을 옮겨 설치한 주현이었다.50 이때 옮겨진 주민은 주현민으로 편재되었음을 보아 요대에 발해인으로 불렸던 이들과 동류의 족속이었다고 볼 수 있으며, 《요사》에서도 발해인으로 명기하였다. 한편 그 밖의 이 지역 주민들은 그대로 원주지에 머물며 독자적인 세력집단인 철리부鐵利部로서 그 뒤 동부 만주에서 세력을 키워나갔다. 특히 주목되는 점은 926년 1월 발해가 멸망하였는데 그 직후인 같은 해 2월에 철리부가 요에 입공入貢하였다는 사실이다.51 이어 철리부는 계속 요와 교섭하는 등의 활발한 움직임을 보였다.52

이러한 사실에서 발해국 존립 당시 철리부 지역의 상황에 관해 몇 가지 점을 추론해 볼 수 있다. 먼저 발해 말기 철리부鐵利府 지역의 주민은 '발해인'과 '말갈인'이란 두 부류로 구성되어 있었다는 사실이다. 그래서 전자만이 요에 의해 옮겨지게 되었다.

---

49 《唐書》卷215 下 突厥傳 下.
50 《遼史》卷37〈地理志〉上京道 慶州條, 永州條, 卷38 東京道 廣州條.
51 《遼史》卷2 天顯 元年 2月 丁未條.
52 931, 933, 937, 938년 등 계속 遼에 鐵利가 朝貢하는 등 활발한 움직임을 보였다. 遼代의 鐵利部의 동향은 池內 宏,〈鐵利考〉참조.

표 | 철리鐵利·불열拂涅·월희越喜·흑수말갈黑水靺鞨 조당표朝唐表

조공 연대	발해 기년	拂涅	鐵利	越喜	黑水
714년	高王 17년	○○	○	○	
716		○			
717		○			
718		○	○		
719		○○○	○	○	
721	武王 仁安 2년	○	○		
722		○	○○	○	○○
723		○	○	○	
724		○	○○	○○	○
725		○	○	○	○○○○
726					○
727			○○		
730		○			○○
735		○	○	○	
736			○		
737		○			
739	文王 大興 2년	○			
740			○	○	
741		○		○	○
747					○
748					○○
750					○
752					○
802	康王 正曆 8년			○	
815	僖王 朱雀 2년				○
841	彝震王 咸和 11년	○	○		
912	末王 6년				○
924					○
925					○

*이 表는《책부원구》외신부外臣部 조공朝貢과 포이褒異의 기록에 의거하였음.
*○는 입공入貢 횟수를 표시한 것임.

다음으로는 740년대 이후 철리부鐵利部가 발해국에 병합되어 공식적
으로는 이 지역이 부府·주州·현縣으로 편제되었지만, 실제에선 부락
안에까지 중앙정부의 힘이 미쳐서 그 주민을 직접 장악하는 데까지

나가지는 못하였던 것 같다. 철리말갈의 여러 부락을 규합하는 대수령
과 같은 존재를53 가능케 하는 기존의 구심력은 제거되었겠지만, 각
부락은 여전히 자치력을 유지하면서 부락 단위로 발해의 지방통치조직
에 귀속되었던 것으로 보인다. 그래서 발해 중앙정부의 통제력이 이완
되면, 부락 사이의 연결을 도모하고 때로는 독자적인 대외적 움직임도
전개하였다. 841년에 있었던 당에 대한 철리부의 입공도 그러한 예이
다.54 926년 발해의 멸망과 함께 곧 바로 철리부의 요에 대한 입공과,
지역에 있던 발해인에 대한 강제 천사의 파동에도 불구하고, 오히려
더 활발해진 철리부 움직임의 계속적 전개가 가능하였던 것은 그와
같은 배경에서가 아닐까 한다.

이러한 두 가지 점을 다시 결합시켜 보면 곧 이 지역 주민 구성의
이중성은 통치구조의 이중성과 연결되어 있었음을 파악할 수 있다. 나
아가 이 지역의 주요 촌락이나 거점에 부·주·현이 설치되어 발해인은
주로 이곳에 거주하였고, 그 주변 각지의 말갈 부락들이 각각 그에 예
속된 상태가 상정될 수 있다. '발해인'과 그리고 주현의 관아가 설치된
지점의 주요 촌락에 함께 거주하던 일부 소수의 말갈인은 중앙정부의
지방관에 의해 직접 파악되어 지배되었고, 철리말갈인들은 각기 그 渠
帥를 통해 간접적으로 지배되었다. 거수들에게는 때로는 하위 지방관
직을 주어 지배조직의 말단에 귀속시켰던 것으로 상정된다.55

---

53 〈표 1〉에서 철리말갈의 714, 721, 722(9월), 725년의 對唐朝貢使節은 大首領이
   이끌었고, 여타의 경우는 首領 등이 대표였다. 이 大首領은 鐵利部 전체를 영도하
   던 자이거나 그에 준하는 이로 여겨진다. 大首領 아래에는 邑落 단위의 族長인 首
   領이 있었던 것 같다. 속말말갈의 돌지계 집단의 경우는 그 一例가 되겠다(205쪽,
   주 114 참조). 《册府元龜》 卷971 外臣部 朝貢4, 卷975 外臣部 褒異2.
54 《册府元龜》 卷974 外臣部 褒異1.
55 발해의 對外使節團에서 下位 수행원으로 자주 보이는 首領들 중에는 발해국 지
   방행정체계의 말단에 종사하던 그러한 말갈 部落의 渠帥 출신이 있었던 것으로

사진 Ⅱ 9세기 발해 전국도
(송기호 교수가 작성한 지도를 인용한 것임)

그리고 당시 이들 철리말갈鐵利靺鞨의 여러 부락은, 요대에 요동지
방에 거주하였으며 농경화가 더 진전된 숙여진의 경우에 미루어 볼
때, 공동체적 관계를 강하게 유지하고 있었을 것임은 능히 추측할 수
있다. 이와 같은 주민 구성과 통치구조의 이중성을 지녔기 때문에, 발
해국 멸망 직후 요에 의한 발해인의 천사와 다른 한편에서 철리부鐵利
部의 결집이 동시에 이루어졌을 수 있었던 것이다. 발해의 남해부 지

_____

보인다. 鈴木靖民, 〈渤海の首領に關する豫備的 考察〉, 《朝鮮歷史論集》上, 1979 참조.

역에서도 유사한 면을 찾아볼 수 있다.

남해부는 옥저고지沃沮故地, 즉 함경도 해안일대에 설치되었으며 옥주沃州·정주睛州·초주椒州 등 3개 주와 16개 현으로 이루어졌다.56 이 지역은 일찍부터 고구려의 영역이었으며, 발해국 당시에는 옥주의 면綿은 발해국의 특산물로서 유명했듯이 농경이 발달하였다. 또한 남해부는 발해의 신라도新羅道로서 발해의 동경東京 용원부龍原府에서 신라의 천정군泉井郡까지는 39개의 역이 설치되어 있었고,57 남해부 토호 포토號浦는 대일對日 항로로 이용되는58 등 교통망도 비교적 발달한 지역이었다. 그런데 이 남해부 지역의 주민 구성을 고찰할 때 주목되는 점은, 《삼국사기》와 《고려사》에 전하는 발해 말기 및 그 멸망 후 이 방면에서 신라나 고려와 접촉했던 철륵鐵勒·흑수黑水·달고達姑 등과 같은 족속 집단의 존재이다. 이들 족속들은 발해국 말기에 신라나 고려의 북쪽 경계를 초략하기도 하였고 또 무리를 지어 내투하기도 하였다.59 그리고 궁예의 부하였다가 뒤에 이탈해 동북방의 골암성에 근거를 두고 독자적인 세력을 구축하였던 윤선尹瑄은 '흑수번중黑水蕃衆'을 그 휘하로 끌어들여 세력 확대를 도모하였다. 그는 918년 왕건이 즉위하자 고려에 귀복하였다.60 사실 그동안 사서에서 전하는 이들 족속들의 원주지와 신라 및 고려의 동북경이 워낙 멀리 떨어진 곳이라서 이 철륵鐵勒(리利·려驪)·흑수·달고 등의 명칭이 거짓 칭한 것〔僞稱〕에 불과한 것이라는 견해도 있었으나,61 고려인들의 기록 그대로 실

---

56 金毓黻, 《渤海國志長編》 卷12 南京南海府條.
57 《三國史記》 卷37 〈地理志〉 4 所引. 賈耽古今郡國志.
58 《續日本記》 卷34 光仁天皇 寶龜 8年 正月 癸酉條.
59 三上次男, 〈新羅東北境外に於ける黑水·鐵勒·達姑等の諸族に就いて〉, 《史學雜誌》 52-11, 1941 참조.
60 《高麗史》 卷92 王順式傳附尹瑄傳.

제 칭호로 보는 것이 옳겠다.[62] 이들 집단이 신라와 고려의 동북경에 가까운 지역에 거주케 된 동인에 대해선 의견이 분분하였지만,[63] 아무튼 발해국 존립 당시 이들 집단이 남해부 지역에 거주하고 있었다는 것은 확실한 사실이다. 이는 당시 이 지역의 주민 구성의 일단을 말해 준다.

발해국 멸망 뒤 남해부 지역에선 곧이어 그해 5월에 거란에 대항해 봉기가 일어났으며, 나아가 압록강 중류의 서경 압록부를 중심으로 한 발해 부흥세력〔後渤海國〕과 연결을 꾀하는 움직임도 있었다.[64] 한편 926년 이후 이 지역의 일부 발해인은 요동으로 강제 천사되었다. 요동경도의 해주海州와 그 속주屬州인 빈주嬪州·요주耀州 등은 남해부의 옥주沃州·정주睛州·초주椒州의 주민을 옮겨 설치한 주였다.[65] 또한 일면에서는 국경을 접하고 있던 고려로 이 지역 발해인이 상당수 이주해 갔을 것이다. 그런데 발해국의 붕괴에 따른 이러한 일련의 격동에도 불구하고, 이 지역의 흑수黑水·달고達姑·철륵鐵勒 등의 집단은 계속 원주지에 머물며 독자적인 움직임을 보이었다. 936년 왕건이 후백제에 대한 최종적인 공략전에 나설 때에, 흑수·철리 등이 강한 기병〔勁騎〕 9천을 동원하여 고려군의 일익을 담당하였던 것은 그 한 예이다.[66]

발해 말기부터 그 멸망 이후에도 계속된 이들 족속들의 그러한 독자적인 활동 상황은, 곧 발해국 존립 당시 남해부 지역이 부·주·현의 지역 단위로 편제되었으나, 실제로 흑수 등의 집단들은 자체의 기존

61 池內 宏, 〈鐵利考〉 附說 '麗初의 僞鐵利', 《滿善史研究》 中世編 第一冊, 1933 所收.
62 小川裕人, 〈三十部女眞に就いて〉, 《東洋學報》 24-4, 1937; 三上次男, 앞의 논문.
63 위의 논문 참조.
64 李範龍, 〈高麗와 渤海〉, 《한국사》 4, 1974 所收 참조.
65 《遼史》 〈地理志〉 東京道 海州南海軍 節度條.
66 《三國史記》 卷50 甄萱傳.

질서를 유지한 채 부락 단위로 발해의 지방조직에 예속된 상태에 있었던 것을 말해 준다.[67] 그래서 발해국의 통제력이 약화되자 각각 신라 및 고려와 개별적인 관계를 맺을 수 있었고, 926년 이후의 일련의 파동에도 불구하고 계속 독자적인 활동을 전개해 나갈 수 있었던 것이 아닐까 한다. 철리부 지역과 기본적으로는 동일하게 주요 성과 관·역 및 토호포와 같은 큰 포구 등을 중심으로 한 교통망과 농경이 발달한 지역에는 주로 발해인이 거주하여 중앙정부의 지방관에 의해 직접적으로 지배되었고, 흑수黑水 등의 부락은 그 거수를 통해 간접적으로 예속되어 있었던 것으로 여겨진다.

이상의 두 지역의 예를 통해서 발해국 주민 구성의 이중성은 그 말기에서도 확인할 수 있었고, 그것은 지역 단위의 주현제와 족제적 성격이 강한 부락별 편제라는 통치구조의 이중성과 밀접히 연결되어 있었음을 살펴보았다. 그러면 발해국의 이른 시기 그리고 상대적으로 더 중심적인 지역에서 그것은 어떠하였을까.

2) 토인土人과 말갈

발해국 초기의 주민 구성에 관한 사료로서는 다음의 《유취국사類聚國史》 수속부殊俗部의 기록이 주목된다.

　　Ⓐ 발해가 사신을 보내 방물을 바쳤다. 그 왕이 아뢰기를 … 또 당에 있는 학문승 영충永忠 등이 부쳐온 편지를 전하여 올렸다. Ⓑ 발해국은 고려의 고지故地이다. 천명개별천황天命開別天皇 7년 고려왕 고씨가 당에 의해

---

67 노태돈, 〈渤海 建國의 背景〉, 《대구사학》, 1981; 河上 洋, 〈渤海の地方統治體制－－つの試論として－〉, 《東洋史研究》 42-2, 1983.

멸망하였다. 뒤에 천지진종풍조부천황天之眞宗豊祖父天皇 2년 대조영이 발해국을 세웠다. 화동和銅 6년 당의 책립을 받았다. 그 나라는 (넓이가) 2천 리에 달하며 관역館驛이 없으며 곳곳에 촌리村里가 있는데 모두 말갈 부락이다. 그 백성은 말갈이 많고 토인이 적다. 모두 토인土人이 촌장이다. 대촌의 장을 도독이라 하고 다음을 자사라 한다. 그 아래는 백성들이 모두 수령首領이라 한다. 토지는 극히 추워 논농사에 적합지 않다. 그 습속이 글[書]을 안다. ⓒ 고씨高氏 이래로 조공이 끊이지 않는다.

위의 기사는 대략 세 부분으로 나뉘어진다. Ⓐ는 연대기적 사실로서 연력延曆 15년(796)에 발해사신이 내일來日한 것과, 영충永忠 등이 서신을 올린 것을 기술한 것이다. Ⓑ는 발해국의 연혁을 서술한 부분이며, ⓒ는 발해와 일본 사이의 교섭의 성격을 규정하는 일본 중심의 자존적 역사관을 나타낸 것이다. 이 가운데 Ⓑ 이하의 기록을 종래 영충의 견문에 따른 것으로 보아, 8세기 말 9세기 초의 발해의 상황을 전하는 것으로 이해해 왔다. 그러나 이 기록의 내용과 그 서술형식으로 볼 때에 이는 영충과는 관계없는 것으로서, 발해국 초기에 발해를 방문하였던 일본사신의 견문기에 바탕을 둔 것이며, 《유취국사》의 저자가 중국 정사正史의 사이전四夷傳 체제를 모방해 발해국의 연혁을 기술하는 형태로 수속부殊俗部에 수록하였다고 보는 견해가 타당하겠다.[68] 이 기록은 《신당서》 발해전이나 가탐賈耽의 《고금군국지古今郡國志》에서 전하는 바와 같은 부주현제府州縣制와 관역제館驛制가 아직 정비되기 전 단계인 초기 발해국 사회의 상태를 기술한 주요한 자료이다.

이 기록에서 먼저 토인土人의 존재가 주목된다. 그런데 '토인'은 《유취국사》의 여러 사본寫本에 따라서는 '사인士人'으로도 기술되어 있다.[69]

---

68 石井正敏,〈渤海の日唐間における中繼的位置について〉,《東方學》51, 1976.

만약 '士士'가 옳다면 발해국의 백성에는 사인士人 즉 관인官人이나 지
배신분층이 적고 말갈이 많다는 뜻이 되겠다.

그런데 "그 백성은 말갈이 많고 토(사)인이 적다(其百姓者 鞨鞨多 土
(士)人少)"고 한 서술은 말갈과 토(사)인을 대비시킨 표현이다. 만약
사인이 옳다면, 그에 대응하는 부류를 일컫는 용어는 관인官人 대 비
관인非官人의 의미이거나 또는 신분 사이의 차이를 나타내는 단어이어
야 하는데, 말갈은 어디까지나 족속 이름일 뿐이다. 그리고 '백성百姓'
은 그 성격에 관해 논의가 분분하였으나, 역시 일반민을 일컫는 것으
로 보인다.[70] 그러면 일반민 가운데에는 사인이 적다는 뜻인데, 이는
어느 시기 어느 나라에서나 일반적인 사실로서 굳이 특기할 필요가
없는 바이다. 이는 '토인'이 옳다고 본다. 그리고 토인과 말갈과의 관
계를 같은 족속이되 정치적으로 치자와 피치자의 관계에 있는 것만으
로 보는 견해도 동일한 논리에서 옳지 않다. 토인과 말갈은 양자를 족
속상으로 서로 대비시킨 표현이다. 곧 토인은 말갈족과 함께 발해국의
주민을 구성하고 있던 다른 어떤 족속을 지칭하였던 것이다.

토인이란 그 지역의 토착 원주민을 가리킨 말이다. 발해국을 주도하
는 중심 족속을 토인이라 표현한 것으로 보아, 위의 기사의 토대가 되
었던 견문기를 썼던 일본 사신은 사행使行을 하기 전에 발해국의 성격
에 대한 일정한 이해와 지식을 지니고 있었던 것 같다. 즉 발해국은
'토인'으로 표현된 어느 족속의 나라이며, 그 문물제도는 어떤 정도의
수준일 것이라는 인식을 가지고 있었다. 그런데 실제 도착하여 직접
견문해 보니 자신이 전에 지녔던 그것과는 다른 면모가 있게 되자, 이

---

69 鈴木靖民, 앞의 논문, 1979, 주 20 참조.
70 朴時亨(朴鐘鳴 日譯), 〈渤海史硏究のために〉, 《古代朝鮮の基本問題》 所收.

를 특기해 "관역이 없고 곳곳에 촌리가 있으나 모두 말갈부락이며, 그 백성은 말갈이 많고 토인이 적다"고 서술하였던 것이다. 그렇지만 모든 촌의 장은 토인이 되었다는 등의 사실을 통해, 자신이 지니고 있었던 종래 인식의 한 부분을 확인하였다. 그래서 뒤에 자신의 견문한 바를 기록으로 남길 때도 발해국을 주도하고 있다고 여겨 왔던 그 족속을 표현해 계속 토인이라고 하였던 것이다.

이상의 《유취국사》의 기록에서 발해국의 주민은 말갈과 토인이라는 두 부류의 족속으로 구성되어 있었고, 토인이 주동적인 집단이었음을 볼 수 있다. 곧 발해국의 주민 구성에서 족속상의 이중성이 그 이른 시기부터 존재하였고, 그리고 일본 사신의 통행로를 생각할 때 발해국의 중심 지역에서도 그러한 이중성이 형성되어 있었음을 알 수 있다. 나아가 이 '토인'과 말갈의 존재는, 발해국 멸망 뒤에 뚜렷이 구분되는 존재 양태를 보였던 '발해인' 및 여진인의 존재와 자연스럽게 연결 지어 생각해 볼 수 있겠다. 발해인에게는 발해국을 주도하였던 고씨高氏·대씨大氏·왕씨王氏 등의 우성右姓들이 포함되어 있었고, 그리고 여진인은 말갈족의 후예이니, 곧 토인-발해인, 말갈-여진인이란 등식을 성립시켜 볼 수 있겠다. 물론 발해국의 진전과 함께 말갈족의 일부가 사회적·문화적으로 토인에 동화됨에 따라, 결과적으로 발해국의 주민 구성에서 토인이 점하는 비율이 증대되었을 수는 있겠으나, 앞 절에서 보았듯이 양자 사이의 구분과 상이한 위치는 발해국 말기까지 지속되었다.

그러면 구체적으로 토인이란 어떠한 족속을 지칭하였을까. 이를 일단 위의 인용문 중에서 살펴보면, "발해국자渤海國者 고려지고지야高麗之故地也" "자고씨이래自高氏以來 조공불절朝貢不絶"이라 하였다. 즉 발해는 고구려의 고토故土에 자리 잡았고, 그를 계승하였다고 간주하였

다. 따라서 발해국의 원주原住 토착민이란 뜻으로 표현된 토인은 고토
의 주민인 고구려인을 지칭하는 것이다. 그리고 《유취국사》의 저자인
스가하라 미치자네管原道眞는 그 자신 일본에 온 발해사신을 접대하면
서 시회詩話를 논하며 교환交驩하였던 바 있었다.[71] 자연 그는 발해국
의 성격에 대해 일정한 이해를 가지고 있었을 것이다. 그러한 그가 위
의 기사를 다른 책에서 인용 전재하였던 것은[72] 그러한 사실을 인지하
였기 때문으로 보아야 하겠다. 비단 그뿐 아니라 발해국 존립 당시,
발해국의 성격을 고구려인에 의한 고구려의 계승국이라고 여긴 것은
일본 측의 공통된 인식이었다(다음 장에서 상론). 곧 '토인'은 그 종족
적 계통이 고구려인이었음을 말해 준다.

그러나 문제는 그렇게 간단하지만은 않은 것 같다. 발해국을 주도하
였던 집단에는 분명 말갈족 계통도 포함되어 있었다. 발해 초기의 대
일본 사절 및 대당 사절에는 그 대사大使를 포함해 이름이 '몽蒙'으로
끝나는 말갈족 계통의 이들이 보인다.[73] 그들이 당시 발해국을 주도하
던 집단인 '토인'에 포괄되었음은 확실한 바이다. 그리고 발해 건국의
주체세력이 되었던, 당의 영주 방면에서 동주東走해 온 집단 가운데에
는, 분명히 말갈족이던 걸사비우乞四比羽 휘하의 집단도 있었다. 이들
이 '토인'의 일부를 이루었을 것임은 능히 추정할 수 있다. 아울러 대
조영 집단의 출자에 대한 논란까지 감안한다면, '토인'의 출자에 대해

---

71 鳥山喜一, 《渤海史考》, 206~212쪽 참조.
72 石田正敏, 앞의 논문, 1976 참조.
73 對唐 사절에는 725년에 鳥借芝蒙, 730년에 智蒙, 736년에 本智蒙 등의 이름이
보이고, 對日 사절에는 739년에 已珍蒙 已闐弃蒙, 752년에 慕施蒙 등의 이름이 보
인다. 이후에는 '蒙'자로 끝나는 이름은 보이지 않는다. '蒙'자는 고구려 시조의 이
름도 朱蒙이었으므로 반드시 말갈족의 이름이라고만은 할 수 없으나, 발해국 존립
당시 越喜·黑水·鐵利 등 말갈 계통 對唐 조공사의 성명이 蒙字로 끝나는 이가 많
음을 보아 말갈족 계통으로 일단 볼 수 있겠다.

간단히 단정하여 결론을 짓기에는 문제가 있는 바이다.

그러면 '토인'은 고구려계와 말갈계 가운데 어느 쪽이 주류를 이루었을까. 앞에서 보았듯이 '토인'과 말갈, 발해인과 여진인의 구분이 확연하였다. 토인에는 양계兩系 모두 있었고 또한 '토인'이 발해국의 비교적 이른 시기부터 형성되었다면, 어떻게 양계가 그렇게 초기부터 상호 융합이 가능하였을까. 이는 곧 발해인의 족원을 고찰하는 데 긴요한 과제가 되는 바이다. 이를 위해 먼저 구체적으로 발해국의 주민이 되었던 여러 집단들의 계통에 대해 살펴볼 필요가 있겠다.

4. 발해인의 족원

1) 발해국의 주민이 된 집단들

발해국은 다종족국가였으나, 그 주민의 절대 다수를 점하였던 이들은 고구려인계의 집단과 말갈족계의 집단이었다. 이를 다시 각각 발해국의 주민으로 귀합케 되는 과정에 따라 분류해 보면 다음과 같다.

먼저 고구려인으로서 발해국의 주민이 된 이들은 첫째, 고구려국의 멸망 후 그 주요 중심지였던 요동과 반도의 서북부 지역에서 동으로 이주해 온 이들이다. 이들에 관한 구체적인 전승은 없으나 다음의 기사는 그 개략적인 면을 전한다.

고려 구호舊戶로서 안동 지역에 있는 자들은 점점 적어졌다. 이들은 돌궐과 말갈 등으로 나누어 옮겨 갔다(《구당서》 고려전).

고려의 옛 성은 왕왕 신라로 들어갔고, 유민은 돌궐 말갈로 흩어져 들어

갔다(《당서》 고려전).

즉 668년 평양성 함락 후 많은 수의 고구려 유민들은 당의 지배에
대항하여 적극적으로는 부흥운동을 일으켰고, 소극적으로는 신라·돌
궐·말갈 등의 지역으로 옮겨 갔다. 전자의 경우도 여의치 않자, 인근
지역으로 분주奔走해 갔다. 그러한 고구려 유민들의 저항과 당의 유민
들에 대한 강제 이주의 결과, 요동지역에는 "가난하고 빈약한 자만 안
동에 남았다(弱寠者留安東)"[74]란 표현처럼 소수의 이들만 남게 되었고,
평양 일대는 황폐화되었다. 이때 동부 만주로 이주한 이들은 뒤에 발
해국의 고구려계 주민의 한 부분을 이루게 되었다.

둘째 부류는 고구려가 멸망한 뒤에도 계속 원주지에 남아 있었던
이들이다. 발해국의 영역 가운데 부여부扶餘府·장령부長嶺府·남해부南
海府·압록부鴨綠府·용원부龍原府 등의 지역은 원래 고구려의 영역이었
다. 이들 지역의 주민도 오랜 전란과 이은 혼란의 파동波動 속에서 그
주거에 변동이 많았겠지만, 일부는 여전히 원주지에 남아 있었을 것이
다. 특히 용원부 지역은 전란의 발톱이 직접 할퀴고 간 곳은 아니었
다. 그 밖에 용담산성 등 고구려식 산성이 보존되어 오는 오늘날의 길
림시 일대 지역의 경우도 그러하다.

셋째는 영주 방면에서 동으로 탈주해 온 이들이다. 《구당서》는 물론
이고, 대조영 집단을 속말말갈계라고 한 《신당서》 발해전에 의거하더
라도 대조영 등이 동주할 때 '고려여종高麗餘種'들이 함께 참여하였음

---

74 《新唐書》 高麗傳.

을 전하고 있다.

넷째는 9세기 중반 이후 발해국이 요동지역을 병합함에 따라 흡수
되었던 고구려인들이다. 이 지역에 남아 있었던 고구려 유민들은 그
수는 적었지만 안록산의 난 이후 당의 세력이 퇴조함을 타 점차 독자
적인 소국을 형성하여 9세기 초에는 당에 조공을 하기도 하였으나, 곧
이어 선왕宣王대 발해국의 팽창에 따라 병합되었다.[75]

다음으로 말갈족의 여러 집단을 분류해 보면, 첫째 영주 방면에서
동東으로 옮겨 온 집단이 있었다. 둘째는 고구려의 세력 아래 있다가
고구려국의 멸망 이후 분산 약화된 말갈족들이다. 아래의 기록은 이들
에 관한 사실을 전해 준다.

> 그 백산부는 일찍이 고려에 부용하였다. 그래서 평양이 함락된 뒤 그 무
> 리의 다수가 중국으로 들어갔다. 골돌(汨(伯)咄) 안거골 호실부 등도 또한
> 고려가 공파된 뒤 분산 미약해져 그 소식이 들리지 않는다. 그 유민(遺人)들
> 은 모두 발해에 의해 편호되었다. 오직 흑수부가 전성을 누려 운운[76]

이들 백산부白山部·백돌부伯咄部·안거골부安居骨部 및 호실부號室部
등은 고구려의 세력 아래 있었다. 가령 백돌부는 북류 송화강, 즉 속
말수粟末水의 하류와 눈강嫩江이 합류하는 지역인 오늘날의 백도눌伯都
訥 부근 일대와 납립하拉立河 하류 일대에 거주하던 집단이었다.[77] 백
돌부의 거주 지역은 오늘날의 장춘·농안 부근인 북부여성의 북쪽이

---

75 노태돈, 〈高句麗遺民史研究−遼東·唐內地 및 突厥方面의 集團을 中心으로−〉,《韓
    㳧劤博士停年退職紀念史學論叢》, 1981.

76 《舊唐書》卷199下 靺鞨傳.

77 《吉林通志》卷10. 粟末之西北曰伯咄 今之伯都訥 與金史之部渚㵖 皆伯咄之音轉 唐
    書作汨咄 轉寫之誤也 則伯咄即伯都訥矣.

되겠다. 길림시 일대인 원 부여 지역은 4세기 말 무렵에 이미 고구려 세력 아래 귀속되었고, 유명한 모두루牟頭婁가 광개토왕대에 북부여의 지방관으로 진수鎭守하였다. 그 뒤 5세기 말 6세기 전반 물길이 강성하여 일시 길림 지역이 물길勿吉의 세력 아래로 들어갔으나, 6세기 후반 이후 재차 고구려의 영역으로 되었다. 장춘 농안 지역에 북부여성이 두어졌다. 그래서 수隋의 개황開皇 연간(581~600) 북부여성 서북 지역에 거주하고 있던 대추장 돌지계突地稽가 이끄는 일부 속말말갈족이 고구려의 압박에 저항하다 견디지 못하여 수로 달아났다. 고구려가 장춘 농안 일대인 북부여 지역을 재차 장악하였고, 그리고 북으로 눈강유역의 오늘날 치치할 부근 일대에 있던 남실위에 철을 공급하면서 세력을 부식하였다.78 이러한 가운데 당시 남실위와 부여성 사이에 놓여 있던 백돌부는 고구려의 세력 아래로 귀속되었을 것임은 자연스러운 추측인 것이다. 이 백돌부 안의 여러 부락을 일면 통제하고 일면 각각 그 존립을 보장해 주면서 작용하고 있던 고구려의 세력이 무너짐에 따라, 고구려와 깊게 연결되어 있던 백돌부 자체도 큰 변동이 있게 되었다. "또한 고구려 멸망 후 분산 미약해져 소식이 들리지 않는다(亦因高麗破後 奔散微弱 後無聞焉)"라고 한 위의 인용문은 그러한 상황을 말해 준다.

안거골부安居骨部와 호실부號室部도 동일한 상황을 상정할 수 있다. 이들 부는 발해국이 성립된 뒤 상대적으로 이른 시기에 그에 흡수되었다. 그리고 원주지에 남아 있던 속말부의 일부 사람들도79 그러하였던 것으로 여겨진다. 이들 여러 집단들이 발해국의 주민이 되었던 말

---

78 노태돈, 〈高句麗의 漢水流域 喪失의 原因에 대하여〉, 《韓國史研究》 13, 1976.
79 이 책의 204~206쪽의 서술 참조.

갈계 사람들의 두 번째 부류이다. 모두 고구려국 당시에 그 세력 아래
에 있었던 집단이었다.

셋째 번 부류는 〈표 1〉에서 보듯, 8세기 전반까지 계속 당에 입공
하면서 독자적인 세력으로 활동하다가, 8세기 중반 이후 발해국에 흡
수된 집단이다. 철리부鐵利部·월희부越喜部·흑수부黑水部·불열부拂涅部
등이 그들이다.

이상의 분류를 다시 정리해 보면 다음과 같다.

　　(A) 고구려인: ① 영주 방면으로부터 동주해 온 집단.

　　　　　　　　② 고구려국의 서·남부지역에서 동으로 이주한 사람들.

　　　　　　　　③ 원주지에 머물고 있다가 발해국에 편입된 사람들.

　　　　　　　　④ 9세기 전반에 흡수된 요동의 소고구려국의 주민.

　　(B) 말갈인: ① 영주 방면에서 동주해 온 집단.

　　　　　　　　② 백돌부·안거골부·호실부 및 속말부의 잔여 세력.

　　　　　　　　③ 흑수부·철리부·월희부·불열부 등 늦게 병합되었던 집단.

그러면 이들 집단들 가운데 '토인'이 되었던 이들은 어떠한 부류인
가. 위의 여러 집단 가운데 우선 상대적으로 늦게 병합되었던 (A)의
④와 (B)의 ③은 제외하더라도, '토인'의 내원을 추구하는 데 문제는
없겠다. 《유취국사》의 기록에서 보듯 비교적 이른 시기에 발해국의 주
민은 토인과 말갈로 구분되어 있었기 때문이다.

다음으로 발해국 초기의 주민 구성이 '토인'과 '말갈'로 구분되었는
데, '토인' 집단에는 고구려인과 아울러 말갈계 사람들도 포함되어 있
었다. 그렇다면 (B)의 ①과 ② 가운데 어느 집단이 '토인'과 대비되는
'말갈'의 중심이 되었을까. 이는 '토인'과 '말갈'이 발해국이 성립된 뒤

이른 시기부터 구분되었고, 발해 건국의 주체세력의 주요 부분을 이룬 것이 (B)의 ①을 포함한 영주營州 방면에서 동주東走해 온 집단이었다는 사실 등을 고려할 때, (B)의 ② 집단이 《유취국사》에서 전하는 '말갈'이 되었다고 보아도 무리는 없을 것이다.

이렇게 보면 (A)의 ①②③과 (B)의 ①이 '토인'을 형성하였다고 볼 수 있겠다. 물론 부분적인 가감은 있었을 수 있겠지만, 전체적으로 보아 발해국의 주민을 형성케 된 집단들의 계통별 분류의 측면에서는 그러한 추론이 가능하다. 아울러 이 '토인'이 말갈(B-②,③)에 견주어 수적인 면에서도 그렇게 심하게 소수일 수는 없다는 점을 짐작케 한다.

그러면 토인의 주축은 (A)인가 아니면 (B)의 ①인가. 전자가 중심이 되어 후자를 흡수하여 형성된 것이라면 발해는 고구려의 계승국으로 상정될 수 있고, 실제 그렇게 되어 나갔을 것이다. 반면에 (B)의 ①이 주축이 되어 (A)를 흡수하였다면, 발해는 말갈족의 나라로, 또는 제3의 성격을 띤 국가로 진전되어 나갔을 것이고, '발해인'은 말갈족의 큰 테두리 안에 속하든가 아니면 제3의 새로운 민족지(民族誌: ethnography)의 단위가 되는 족속이 되었을 것이다.

일단 수적인 면에서 (A)집단이 (B)-①집단보다 훨씬 많았을 것임은 확실하다고 할 수 있겠다. 그런데 토인, 즉 발해인 가운데 발해국 당시 및 그 멸망 후 활동한 이로서 성명이 알려진 이들을 살펴보면, 고씨高氏와 대씨大氏가 압도적으로 많다.[80] 요동으로 옮겨진 뒤에, 요의 지배에 항거하여 이 지역에서 두 차례 일어난 발해인 봉기의 중심

---

80 大氏가 97명, 高氏가 59명으로 압도적인 다수를 점하였다. 김육불, 앞의 책, 卷9 宗臣例傳, 卷16 族俗考3, 卷20 補遺 참조.

인물이 각각 대씨(대연림大延琳)와 고씨(고영창高永昌)였다는 사실도 우
연한 일은 아니었다. 이 가운데 고씨는 고구려의 대성大姓이었으니, 대
씨의 출자가 관심의 초점이 되겠다. 대씨는 발해 건국의 주체세력이
되었던 영주 방면에서 동쪽으로 도망해 온 집단 즉 (A)-①과 (B)-
①의 중심이었고, 발해 왕족이다. 만약 대씨가 고구려인이었다면, 토인
은 고구려인이 주류가 되었던 집단임이 명백해진다. 그럼 대씨의 출자
를 검토해 보자.

2) 발해 왕실의 출자

(1) 기존의 설들

발해 왕족인 대씨의 출자에 관한 전승은 《구당서》와 《신당서》의 그
것을 각각 대표로 하는 고려별종설高麗別種說과 속말말갈부고려자설粟
末鞨韜附高麗者說로 대별된다. 서로 상치되는 이 두 전승을 놓고, 그간
발해 왕실의 출자에 관한 많은 논의에서는 어느 한편을 택하고 다른
한편을 착오로 간주하는 입장을 취함에 따라, 두 설이 평행선을 긋는
면을 보였다. 그런데 주로 그간 대비되어 왔던 《신당서》와 《구당서》,
특히 두 사서의 발해전과 발해말갈전을 살펴볼 때, 각각은 그 나름의
장점과 단점을 지니고 있다. 《구당서》의 경우 《신당서》에 견주어 발해
건국 과정에 대한 서술의 시간적 순차가 더 정연하며, '계루고지桂樓故
地' 등과 같은 부분의 기록은 원 전승에 충실한 면을 보인다. 반면
《신당서》는 그 내용이 발해 말기에까지 미치고 발해의 제도에 관해
비교적 자세한 사실을 수록하고 있다. 또한 《신당서》〈예문지〉에 장건
장張建章의 《발해국기渤海國記》가 등재되어 있음을 보아 그것을 참조하

였음이 분명하여 이 점이 특별히 강조되기도 하나, 《오대회요五代會要》
역시 《발해국기渤海國記》를 참조하였으나 대씨 집안을 '고려종高麗種'이
라 기술해 놓고 있어,[81] 반드시 《신당서》 전승의 우월성을 내세울 수
는 없다.[82] 이렇게 볼 때 두 사서의 발해전 가운데 어느 한쪽이 전체
적으로 보아 그 내용이 우월하니, 발해 왕실의 출자에 관한 전승도 그
쪽을 취한다는 입장은 선뜻 동의키 어려운 바이다. 또한 두 당서 외의
그 밖의 중국 측 사서들에서는 별종설을 취한 것과 말갈설을 택한 것
이 모두 있고, 같은 사서 안에도 두 설이 모두 각각 기술된 것도 있
으며, 그리고 당대인인 신라인 최치원의 발해에 관한 서술에서도 두
설이 모두 보인다는 (다음 절에서 상론) 사실에서도 그러하다.

　그러한 가운데서 이 두 전승을 통합적으로 이해하고자 하는 시도도
제기되었다. 《신당서》의 기술이 워낙 명확히 그 뜻을 규정하였기 때문
에 그 자체에 대한 이론異論의 용훼를 허하지 않는 것과 달리, 《구당
서》의 그것은 '별종'의 의미를 혹 다르게 해석할 수 있는 여지를 남겨
놓고 있기에 그에 대한 다각도의 해석이 시도되었다.

　그 가운데 하나로서 별종의 '별別'을, 같은 종족 안에서 나뉘어진 다
른 한 갈래를 뜻하는 것이 아니라, '별개'의 한 종족을 의미하는 것으
로 파악하는 견해이다. 그래서 별종이란 '종족상으로는 서로 다르나
다만 정치적으로 예속관계에 있는 집단을 가리키는 것이다'라고 해석
하는 것이다.[83] 그러한 견해에 따르면 '고려별종'과 '속말말갈부고려자'

---

81 《五代會要》 권30 渤海條.
82 朴時亨, 앞의 논문; 古畑 徹, 〈渤海建國關係記事の再檢討-中國側史料の基礎的硏
　　究-〉, 《朝鮮學報》 113, 1984. 大氏의 출자에 대해 《五代會要》 渤海條는 《渤海國
　　記》에 의거하였으므로, 《新唐書》 渤海傳의 기사가 《渤海國記》가 아닌 다른 사료에
　　의거한 것으로 보기도 한다(古畑 徹, 위의 논문).
83 張博泉, 〈'別種'芻議〉, 《社會科學戰線》, 1983-4.

는 동일한 의미가 되어 두 당서의 기록이 상호 부합하는 것이 된다.

　그러나 '별종'이란 용어 자체만으로는 그 용례상으로 볼 때, 단순히 정치적인 상하 통속관계에 있는 집단을 가리키는 것으로만 해석될 수는 없다. 중국 사서의 일반적 용례에서는 물론이고,《구당서》의 그것에서도 그러하다. '별종'은 기준되는 족속과 어떠한 종족상의 친연親緣 관계를 지니고 있다고 여겨진 집단을 지칭한 용어인 것은 분명하다.[84]

　두 전승을 종합적으로 이해해 보려는 다른 한 견해로선, 발해인 예濊(맥貊)설이다. 즉 이 견해는 고려별종=예(맥)=발해말갈=속말말갈이라는 이해이다. 이 설의 기저는 사서에서 동일하게 말갈족이라고 기술된 족속은 실제로는 서로 다른 두 부류의 종족으로, 즉 예맥계 말갈과 읍루-물길계 말갈로 구성되어 있다고 보는 데 있다. 그 논거로는 《수서》 말갈전에서 수대隋代의 말갈 7부의 상황을 기술하여, 불열부 이동의 부들은 석촉을 사용한다고 하여 그 이서의 말갈 여러 부들과는 차이성을 지니고 있다고 기술한 점을 제시하였다. 그리고 불열부 서쪽에 있는 집단, 예컨대 가령 수대의 속말말갈의 거주지는 예맥계인 부여족의 그것과 동일함을 들었다. 또한 말갈은 맥의 전음轉音이라고 하기도 했다. 특히 권오중權五重은《삼국사기》에서 백제 및 신라본기의 초기 부분에 보이는 말갈의 존재와 그 활동지역이 동예의 그것과 합치됨을 아울러 들어, 말갈족의 일부를 예족으로 보았고, 부여·옥저·동예 등의 예족이 발해말갈이라고 주장하였다.[85]

84　別種을 단지 정치적인 統屬關係만을 나타낸다는 견해에 대해, 北方諸族이 漢族 王朝에 依附하였던 例가 많았으나 '漢族別種'이란 표현은 없었다고 하는 비판이 나오기도 했다. 孫進己·艾生武·庄嚴,〈渤海的族源〉,《學習與探索》, 1982-5.

85　말갈족을 두 부류로 구분하여 파악한 견해로서 日野關三郎은 말갈족을 濊貊系 족속과 純통구스계 족속으로 나누어서, 白山部와 栗末部를 각각 夫餘族과 沃沮族으로 비정하였다. 權五重은 濊系 靺鞨과 挹婁系 靺鞨로 區分하여 前者에 부여족과

이러한 예(맥)설에서 발해인을 특히 대씨 집안을 예(맥)계로 보는 것 자체는 경청할 만하다. 그러나 문제는 말갈족이라고 명기되어 전하는 족속의 한 부분을 분리 구분하여 이를 예맥족 또는 예족으로 볼 수 있느냐에 있다. 그러한 경우 앞 장에서 보았듯이, '읍루계 말갈'의 거주지가 아닌 지역에서 보이는 발해국의 주민 구성에서 나타난 족속별族屬別의 이중구성을 설명키 어려운 것이 아닐까 한다. 아무튼 이러한 입론의 가장 중요한 논거는 역시 말갈족 가운데 일부의 거주지가 부여족이나 옥저·동예족의 그것과 일치한다는 점이다. 그 외에 맥貊 또는 예濊와 말갈 사이에 그 종족 명칭상의 상사점은 찾기 힘들다. 즉 말갈이 (예)맥의 전음轉音이어서, 그 명칭의 유사성으로 말미암아 동일 족속을 때로는 (예)맥으로 때로는 말갈로 혼용하여 일컬었을 가능성은 없는 바이다.

그럼 구체적으로 속말부粟末部의 원주지 문제를 살펴보자. 사실 북부여 지역에는 속말말갈인이 거주하였다. 6세기 말 부여성 서북에 거주하고 있던 돌지계突地稽 집단은 그 구체적인 예이다. 그리고 오소고부烏素固部와 같은 당에 귀부한 속말말갈의 집단을 부투말갈浮渝靺鞨이라고도 하였다.[86] 또한 돌지계에게 당대에 부여후扶餘侯의 작호가 주어졌다.[87]

東濊 등이 속하며 이들이 渤海靺鞨이라고 보았다. 孫進己 等은 예맥계 말갈과 勿吉系 말갈로 나누고 粟末部는 前者에 속하며 발해국은 속말부가 중심이 되어 부여·고구려·옥저 등이 아울러진 예맥족의 국가로 파악하였고, 이 예맥족의 다수는 漢族과 滿洲族에 融入되었다고 보았다. 日野關三郎, 〈靺鞨七部考〉, 《史淵》 36·37, 1947; 〈靺鞨七部の前身とその屬種〉, 《史淵》 38·39, 1948; 權五重, 〈靺鞨의 種族系統에 관한 試論〉, 《震檀學報》 49, 1980; 孫進己 等, 앞의 논문, 1982.

86 《舊唐書》 卷39, 〈地理志〉 2, 河北道 愼州 黎州條. 愼州 武德初置 隷營州 領涑沫靺鞨烏素固部落 與黎州 載初二年 析愼州置 處浮渝靺鞨烏素固部落 隷營州都督.

87 《册府元龜》 卷970, 外臣部 朝貢門 武德 2年 12月條.

그러나 이러한 사실이 곧 속말부의 전신이 부여족이었다는 것을 말하는 바는 아니다. 부여국은 3세기 이래 고구려 및 모용연慕容燕과의 쟁투에서, 특히 후자에 의해 수차례 그 중심부가 유린되었고 많은 부여인들이 피랍되었다. 구체적으로 살펴보면, 285년에는 모용씨에 의해 길림시 일대에 있던 수도가 함락되는 큰 타격을 받아 그 왕이 자살하였고 일시 그 중심부를 북옥저 지역으로 옮겼다. 그 뒤 진晉의 지원 아래 다시 복국復國하였으나, 모용씨에 의한 초략抄掠은 계속되어 사로잡힌 부여인들은 북중국 방면으로 매매되기도 하였다.[88] 한편 복국을 할 때 일부 부여인들은 계속 북옥저 지역에 머물렀다.[89] 그 뒤 부여국은 고구려의 압박을 받아 중심부를 서쪽으로 옮겼다가, 346년에는 모용씨의 침공을 받아 왕 이하 5만여 명이 사로잡혀 갔다.[90] 그에 따라 속말수粟末水 유역의 부여국의 호구는 크게 감소되었다. 고구려에 복속된 이후, 다시 6세기 초에는 물길에 의해 부여 지역이 점거되었고, 부여 왕실은 고구려 내지로 이거하였다. 이러한 일련의 과정에서 부여의 일부 지역이 텅 비게 되었고, 그러한 곳에는 말갈족이 상당수 이주케되었다. 더 살기 좋은 곳을 찾아, 그리고 철기문화와 농경화의 진전에 따라 동부 만주 오지에 있던 읍루挹婁—물길계勿吉系 족속에게 기회가 주어지면 이들이 서·남부지역으로 이주하였던 것은 유사 이래 계속된 흐름이었다. 그 물결은 발해가 망한 뒤인 요대에는, 남여진 및 갈소관 여진 등의 존재에서 보듯, 마침내 요동반도 남부에까지 미치게 되었다. 6세기 종반 고구려가 재차 장춘 농안 일대인 부여성 지역을 석권하자, 그에 저항하다가 여의치 않자 수隋로 망명해 간 돌지계 집단도

---

88 《晋書》夫餘傳.
89 池內 宏, 〈夫餘考〉, 《滿鮮史硏究》上世篇 第一册, 1930 所收.
90 《晋書》 卷109, 慕容皝載記. 3年條; 《資治通鑑》 卷97 晋 孝宗 永和 2年條.

그러한 과정을 거쳐 이 지역에 이거하였던 말갈족이었다고 여겨진다. 그가 받았던 작호인 부여후扶餘侯의 부여扶餘나, 부투말갈浮渝靺鞨의 부투浮渝는, 돌지계 집단이나 오소고 부락이 부여족이라는 뜻이 아니라 수·당으로 이주해 가기 전의 거주 지역의 명칭인 것이다. '부투말갈'에서 종족 명칭은 말갈이고, 부투는 백산白山·속말粟末·흑수黑水 등과 동일하게 그 거주 지역의 지명에서 연유한 말갈족 안에서의 구분을 표시하는 것이다.

《수서》나 《신·구당서》에서 속말부는 흑수부 등과 함께 동일하게 말갈로 분류되었다.[91] 《수서》 말갈전에서 속말부를 말갈족이라 한 것은 수에 내조來朝해 온 속말부 사람들의 말에 따른 것이다.[92] 즉 속말부인 스스로 말갈족이라 한 것이다. 그리고 수·당의 영내로 이주해 간 속말부사람은 모두 말갈족으로 명기하였다.[93] 흑수부 등 여러 말갈족 제부諸部의 존재를 알고 있던 당대當代 중국인이, 속말부인을 계속해서 동일한 말갈족으로 파악하였다는 사실은 결코 무시할 수 없다. 당시 자타에 의해 모두 그 종족 명칭을 말갈족이라 한 것을 굳이 예(맥)족으로 파악할 근거는 없다. 곧 옛 부여국의 지역에 거주하였던 수대의 속말부는 종족상으로는 어디까지나 말갈족이었다. 《수서》에서 말하는 불열부 이동과 그 서쪽의 차이는 말갈족 안에서 철기문화의 보급도나 농경화의 정도에 따른 문화적 낙차에서 기인하는 바라고 보아야겠다.[94]

---

91 《隋書》《舊唐書》《新唐書》 靺鞨傳 및 黑水靺鞨傳.
92 노태돈, 〈高句麗의 漢水流域 喪失의 原因에 대하여〉, 《韓國史研究》 13, 1976.
93 突地稽의 집안도 唐에서 高官으로 顯達한 이후에도 계속 말갈족이라고 그 出自를 기술하였다. 《新唐書》 卷110 李謹行傳.
94 돌화살촉의 사용이 어떤 족속의 고유한 특성일 수는 없겠다. 문화적 낙후성에서 말미암는 현상일 뿐이다. 철기문화의 보급에 따라 바뀌게 마련이다. 동부 만주 오지의 말갈족도 시대의 진전과 함께 더 나은 문화를 수용하게 됨에 따라 舊習도 변하게 되었다. 예컨대 唐代에도 穴居生活을 하였던 黑水靺鞨의 후예인 完顔部 女

문제는《삼국사기》신라·백제본기 초에 보이는 말갈이다. 이는 당시 동해안 일대에 거주하던 주민을《삼국지》동이전에서 예濊라 하였고, 광개토왕비문에도 예穢라고 하였음을 보아, 이에 관한 별다른 새로운 자료가 없는 한 역시 정다산丁茶山 이래의 위말갈설僞靺鞨說을[95] 취하는 게 옳겠다.

이상에서 '고려별종'에 관한 여러 설을 검토해 보았다. 발해 왕실에 관한 상반된 두 종류의 전승 그 자체로만 볼 때, 계속 두 견해는 평행선을 그을 수밖에 없을지도 모르겠다. 그러나 그에 관한 더욱 합리적인 이해를 얻기 위해서, 별종의 용례와 그 의미를 다시 한 번 살펴보자.

(2) 별종別種의 성격

별종의 용례로는 우선 후예를 뜻하는 경우가 보인다. "선비鮮卑는 동호東胡의 별종"이라고[96] 한 것이 그러한 예다. 선비족과 오환족은 동호가 흉노에게 패퇴하여 분산된 뒤 그 여중餘衆들이 각각 모여 이루어진 족속들이다. 이때 원래의 본족本族인 동호라는 이름의 족속은 소멸되었다. "철륵은 흉노의 별종이다(鐵勒匈奴之別種)"라고 한 것도 같은 의미이다.[97]

다음으로는 고구려를 부여 별종이라 일컫는 경우와 같은 예이다. 이

眞의 경우, 遼代에는 地上 가옥과 溫突도 사용케 되었다.《大金國志》卷9. 女眞之
初 尙無城郭 星散而居 國主 … 與其下無異 金主所獨享者惟一殿 名曰乾元 所居四外
栽柳以作禁園而已 其殿宇遶壁盡置火坑平居 無事則鎖之 或時開鑰 則與臣下雜坐于坑
后妃躬侍飮食.

95 丁若鏞,〈疆域考〉卷2《與猶堂全書》第6集 所收.
96《三國志》卷30 烏丸鮮卑傳.
97《舊唐書》卷199下 鐵勒傳.

때 별종은 기준이 되는 본족本族에 견주어 지파支派·별파別派의, 또는
적계嫡系에 대한 방계傍系의 집단을 뜻하는 것이 된다. 본족과 별종은
함께 존재하였을 수 있다.

　공시적으로 존재하는 두 집단이 중국인에 의해 별종 관계에 있다고
파악될 당시에는, 양자는 계통 면에서는 동종同種임을 말하며, 아울러
현상적으로는 양자 사이에 동질성과 함께 약간의 상이성도 띠고 있었
던 상태를 말해 준다. 예컨대 《삼국지》 동이전에서,

　　동이東夷에서 예로부터 전해 오는 말에 (고구려가) 부여 별종이라 하였
　　다. 언어 등이 부여와 많이 같으며 그 성질과 의복에 다름이 있다(고구려조).
　　그 기노耆老가 스스로 일컫기를 고구려와 동종이라 한다 … 언어와 법속
　　이 대개 고구려와 같고 의복이 서로 다르다(동예조).

　라고 하였다. 동예조에서 찬자가 고구려 별종이란 직접적인 표현은
하지 않았지만 같은 의미를 함축한 것이다.

　그러면 본족과의 관계에서 현상적으로 동질성과 함께 약간의 차이
성도 지니고 있던 그러한 별종이 생성케 된 동인이 어디에 있을까. 역
시 먼저 종족 분기分岐가 그 동인으로 제기된다. 가령 《신·구당서》에
서 고구려나 백제를 부여 별종이라고 하였는데,[98] 양국의 왕실은 부여
족에서 분기하였다는 뚜렷한 전승을 지니고 있다. 사실 별종이란 용어
그 자체에서, 종이란 말에는 어떠한 족속 계통상의 계승관계를 뜻하는
의미가 함축되어 있다. 종種을 같이한다고 하였을 때, 저절로 동일 조
선祖先에서부터 갈라져 나왔다는 인식을 갖게 한다. 실제 족제적族制的

---

98 《舊唐書》《新唐書》 高麗傳, 百濟傳.

성격이 강한 단계의 사회에선 인구의 증가나 통수권 계승 문제 및 정책 결정에 따른 이견 등등의 문제들로 말미암는 종족 내부의 갈등을 해결키 위한 방편으로, 그리고 때로는 전쟁 등에 따른 여파로, 집단의 분기가 행해졌고 그에 따른 이주의 예는 흔히 있었다.99

그런데 일정 영역 안의 주민들에 대한 강력한 통제력을 지닌 지배 체제를 구축한 영역국가에선, 그러한 종족의 집단적 분기는 극히 어려운 일이다. 오히려 족제적 질서 자체가 해체되어 감에 따라, 특정 족속이 주도한 영역국가가 수백 년에 걸쳐 우월한 세력과 문화를 유지해 나갔을 때, 주변의 이질적인 기원을 지닌 족속들조차도 점차 그에 동화되어 가는 면을 띠게 됨은 자연스러운 것이다.

고구려국의 경우 5세기 초 이래 이백 수십 년 동안 그 남부 및 북부의 일부 지역을 제외하고는 국경선에 큰 변동이 없었다. 5세기 초 수도를 평양으로 옮겼으며, 전국이 대소의 성을 단위로 하여 편제되어 나갔다. 사회 분화는 깊이 진전되었고, 빈부의 차등에 따라 조세가 부과되었으며,100 율령이 시행되어 왔다. 이미 그러한 면모는 5세기 이전부터 진전되어 오고 있었다. 그래서 고구려국 초기에 보이던 공동체적 관계를 바탕으로 한 족제적 편제는 지양되어 나갔고, 초기 고구려국에서 원고구려족, 즉 5부의 주민이 집단적으로 점하고 있던 우월적 지위도 소멸되어 갔다.101 그에 따라 그 영역 안에 포괄되어 있던 많은 족

---

99 衛氏朝鮮에서 朝鮮相 歷谿卿이 右渠王과의 對漢政策을 둘러싼 異見으로 휘하의 2천호를 이끌고 남으로 이주해 간 것이라든가, '夫餘別種'인 고구려왕실과 백제왕실이 각각 부여 또는 고구려에서 分岐해 나가 남으로 이주해 간 것도 傳乘上으로는 그러한 문제에 따른 갈등에서였다. 선비족의 모용씨인 吐谷渾이 慕容廆와 결별하고 西遷하였던 것도 동일한 예이다.

100 《周書》《隋書》高麗傳.

101 노태돈, 〈三國時代의 部에 관한 연구─成立과 構造를 中心으로─〉, 《韓國史論》 2, 1975.

속 사이에 상호 융합이 진전되었다. 이에는 청동기시대 이래로 비슷한
문화 기반을 공유해 왔던 예맥·한韓계의 집단은 물론이고 일부 한인漢
人들도 뒤에서 살펴볼 웅악熊岳 왕씨王氏의 경우처럼 흡수되어 나갔다.
그 결과 더욱 큰 족속 단위로서 준민족準民族인 고구려인이 형성되어
갔다. 곧 그 영내의 종족들은 분기해 나가던 상황이 아니라, 역으로
상호 융합이 진전되어 나가고 있었다. 원고구려족을 중심으로 한 그러
한 상호 융합 과정에서 그 영내에 포괄되어 있던 같은 계통의 종족들
가운데 상대적으로 융화가 덜 진전된 집단이 있을 수 있겠다. 이때 융
합 동화의 기준은 국내성·평양·요동평야 등 고구려의 주요 중심부 지
역의 주민의 그것이다. 이들 지역을 중심으로 동심원을 그려 나갈 때,
상대적으로 바깥쪽 즉 변경지역 주민의 문화와 사회의 성격은 중심부
에 견주어 다소간의 차이성을 지닐 것임은 당연한 현상이다. 예컨대
548년 고구려가 예병濊兵을 동원해 백제의 독산성을 공격한 일이 있
다.[102] 이 예는 《삼국지》 동이전 단계, 즉 3세기 무렵에도 구려 별종으
로 일컬어지던 동예東濊로서 광개토왕대 이후 완전 고구려 영역의 주
민이 되었다. 같은 예맥계로서 고구려인의 큰 범주에 속하게 되었지
만, 지역적 또는 종족적 특성을 유지해 6세기 중반 아직도 중심부의
고구려인과 다소의 차이성을 지닌 상태임을 말해 준다. 물론 곧이어
신라에 병합되지 않았다면 그 뒤 융화가 더 진전되었을 것임을 상정
할 수 있다. 아무튼 고구려 멸망 때까지 그 영역 안에 있는 예맥·한
계에 속하는 집단 가운데 그러한 무리가 있을 수 있겠다. 668년 이후
당이 고구려 유민들을 가능한 한 분단시켜 파악해 지배하려고 할 때,

---

102 《三國史記》 高句麗本紀 陽原王 4年 正月條, 新羅本紀 眞興王 9年 2月條, 百濟本
　　紀 聖王 26年 正月條.

그러한 부류는 별종으로 구분될 수 있다.103

특히 말갈족과 이웃하여 살고 있는 변경지대의 경우, 그 지역의 고구려계 인의 습속과 생활양태는 중심부의 그것과 상당한 차이성을 지녔을 수 있다. 또 한편으로는 그러한 변경지역에 거주하며 오랫동안 고구려의 지배 아래에 있었던 말갈족 가운데 일부는 고구려인과 인접해 살면서 그 사회적·문화적 영향을 받아 고구려화된 면을 지니게 되었을 것이다. 그런 지역의 두 계통의 주민 사이의 차이성은, 중심부의 고구려인과 고구려 영역 밖의 예컨대 흑수말갈인과의 사이에서 보이는 것처럼, 그렇게 크게 현저한 것이 아닐 수 있다. 따라서 만약 이러한 지역의 주민 출신일 경우, 당시 중국인과 같은 제3자가 그 출자를 말할 때 그 계통에 대한 두 전승이 나올 수 있는 소지가 있는 바이다.

이렇게 융합이란 측면에서 살펴볼 때 두 당서의 전승의 차이는 극대극極對極의 현격한 것은 아니다. 즉 속말수유역에 거주하던, 고구려계 변경민(《구당서》)과 고구려화된 말갈계 주민(《신당서》)으로 각각 그 전승은 말하고 있다. 어느 쪽이 타당한지를 검토하기 위해 다시 속말

---

103 《舊唐書》에서 대조영 집안을 '高麗別種'이라 하였다. 그런데 唐에 徙居되었다가 그 뒤 뛰어난 활동을 하였던 고구려 유민인 王毛仲·王思禮·高仙芝 등의 출자를 《신·구당서》에서 모두 高麗人이라 기술하였다. 또한 돌궐 영내로 이주해 가 그곳에서 집단을 형성해 살다가 뒤에 당에 來居하였던 高文簡·高拱毅 등의 집단에 대해서도 高麗人이라 기술하였다. 그리고 大氏 집안처럼 唐의 營州에 옮겨졌다가, 뒤에 안록산의 난 후 大藩鎭勢力을 구축하였던 李正己 집안의 출자도 高麗人이라 하였다. 이는 大氏 집안을 高麗別種이라 한 것과 대비되는 바로서, 양자 간의 그 존재 양태에서 약간의 상이성이 있음을 인식한 데서 비롯한 것이라 여겨진다. 혹 大氏가 따로이 국가를 건설하였기에 別種이라 하였을 것이라고 想定해 볼 수도 있지만, 그렇지도 못한 尙可孤를 "東部鮮卑宇文之別種"(《舊唐書》尙可孤傳)이라 하였음을 볼 때 타당치 않다. 《舊唐書》에서 말한 高麗別種이란 중심부의 고구려인에 대비되는 高句麗系人이라고 보아야겠다. 在唐 고구려 유민에 대해선 노태돈, 앞의 논문, 1980 참조.

수 지역과 그리고 대조영 집단 및 걸사비우 집단의 양태를 살펴볼 필
요가 있다.

(3) 걸사비우 집단과 대조영 집단

대조영 집단과 함께 당의 영주 지역에서 동쪽으로 도망해 온 걸사
비우 집단은 속말말갈 출신이었다.[104] 이 걸사비우 집단은, 당이 평양
성을 함락시킨 뒤 고구려 유민들의 저항을 원천적으로 봉쇄키 위한
방책으로 669년에 고구려의 호강豪强한 민호와 반당적反唐的 집단을
당 내지로 대규모 강제 천사시켰을 때, 그 일환으로 영주 지역에 옮겨
졌었다. 668년 후 속말말갈 여러 부락의 동향이 일정치 않았는데, 이
렇게 강제 이주의 대상이 되었던 것은, 걸사비우 집단이 고구려의 대
당對唐 전쟁에 깊이 참여하였고, 반당적인 색채가 강하였기 때문으로
보아야겠다. 걸사비우 집단이 7세기 말 영주 지역에 대한 당의 지배력
이 일시 약화되자, 이 지역의 고구려인과 함께[105] 동쪽으로 갔던 것도
그러한 면을 나타내 준다. 곧 그만큼 이 집단이 고구려와 일찍부터 밀
착된 관계를 지녔던 것이다. 668년 이후 당에 많이 옮겨져 거주케 된
백산말갈이 '일찍부터 고구려에 복속하였던'[106] 집단이었음과 상통하는
면이다. 그러한 측면은 속말수유역의 대부분의 말갈족이 거의 300여
년 동안에 걸쳐 고구려의 지배 아래 있었다는 사실에서 뒷받침된다.

휘발하輝發河 이통하伊通河 등의 그 지류를 포괄한 속말수粟末水, 즉
북류 송화하유역 일대는, 예컨대 길림시吉林市 주변의 동단산東團山과

---

104 崔致遠, 〈謝不許不國居上表〉, 《崔文昌侯全集》(大東文化研究院 刊, 1972) 所收.
105 大祚榮集團을 속말말갈로 기술한 《新唐書》도 東走 초기부터 乞四比羽集團과 고
　　구려인이 합세하였음을 전하고 있다.
106 《舊唐書》 靺鞨傳.

소달구騷達溝 및 서단산西團山 유적 등에서 보듯,107 청동기시대 이래로 금속기문화와 농경 목축이 발달해 왔다. 《삼국지》동이전 단계, 즉 3세기까지는 이 지역은 주로 부여족의 거주지였다. 그 뒤 앞에서 말하였듯이 말갈족들이 일부 이주해 와 살게 되었다. 원주原住 부여족은 많이 산분散奔되었으나, 늦어도 4세기 말 이후 북부여 지역 전체가 고구려에 귀속됨에 따라, 부여족과 그와 같은 예맥계 족속인 고구려족이 결합된 '고구려인'은 여전히 이 지역의 중심 족속으로 거주하였다. 길림시 외곽에 있는 고구려식 산성인 용담산성龍潭山城이나, 부여천扶餘川 일대의 40여 성108 등과 같은 대소의 성들은 고구려인의 주요 거점이었다. 6세기 초 물길勿吉의 세력이 커져서 북경北境의 고구려 부락 십여 개가 유린되었고, 그간 고구려가 부여 지역을 지배하기 위한 정책상의 필요에 의해 그 명맥을 유지시켜 두고 있던 부여왕실이 그 위협을 받게 되어 더 안전한 남쪽의 내지로 옮겨지는 등, 이 변경지대의 경역境域에 변화가 있었다. 그러나 물길 자체가 읍락마다 각기 추장이 있어 통합되지 못한 '불상총일不相總一'한 상태였으므로,109 그 세력이 지속적이고 광범한 것은 되지 못하였다. 부여성 일대를 포함해 속말수 하류지역은 물길의 세력 아래로 들어갔으나, 중·상류지역은 여전히 고구려의 지배 아래에 있었다. 6세기 중반 그 하류지역도 재차 고구려의 지배에 귀속되었다.110 고구려 말기 부여성은 북부여성주北扶餘城州로서111 동서의 유목민과 삼림족속 사이의 연결을 차단하고 고구려의 서

---

107 三上次男, 《滿鮮原始墳墓の研究》, 1961, 296~323, 339쪽; 東北考古發掘團, 〈吉林西團山石棺墓發掘報告〉, 《考古學報》, 1964−1; 劉景文, 〈試論西團山文化中的靑銅器〉, 《文物》, 1984−4; 李健才, 〈夫餘的疆域和王城〉, 《社會科學戰線》, 1982−4.
108 《舊唐書》卷83 薛仁貴傳.
109 《魏書》勿吉傳.
110 노태돈, 앞의 논문, 1976.

북 변경을 통괄하는 중진重鎭이었다.

이렇듯 늦어도 4세기 중반 이래로 근 삼백여 년에 걸쳐 속말수유역 특히 그 중·상류지역은 그보다 더 일찍부터 고구려의 지배 아래에 있게 됨에 따라,[112] 이 지역 거주 속말말갈족의 일부는 고구려인과 근접해 살면서 상호 접촉하게 되었을 것이다. 자연 부여·고구려의 문물에 접하게 되고 상대적으로 농경화도 더욱 진전케 되었을 것임은 능히 상정할 수 있다. 그것은 곧 일부 속말말갈족이 고구려화해 갔음을 의미한다.

그런데 《수서》 말갈전에선 속말부가 "고려와 서로 접하였고 승병이 수천이며 용맹하여 매번 고려를 노략질하였다(與高麗相接 勝兵數千 多驍武 每寇高麗中)"고 하였다. 즉 일부 속말부와 고구려가 수대隋代에 적대적 관계에 있었음을 전한다. 이는 일부 속말부의 고구려화라는 앞의 논리와 정면으로 상치된다. 그러나 이 《수서》의 기록은 속말부 전체에 대한 것이 아니라, 당시 개황開皇 연간(580~600) 속말말갈족의 거주지로서는 가장 서북쪽이 되는 부여성 서북에 있던 돌지계 휘하의 승병勝兵 수천의 8개 부락의 일부 속말말갈의 그것일 뿐이다.[113]

---

111 《三國史記》卷37〈地理志〉4.

112 扶餘國이 고구려의 압박을 받아 서쪽 鹿山 지역으로 그 中心部를 옮겼다가 永和 2년(346) 慕容氏의 공격을 받아 큰 피해를 입었다(주 90과 동일 出典). 이를 보아 4세기 중엽 고구려의 세력은 적어도 속말수 중류지역에까지는 뻗쳤던 것으로 여겨진다.

113 《隋書》靺鞨傳에서 "其國西北與契丹相接 每相劫掠 後因其使來 高祖誚之 云云"하였다. 이때 其國의 실제적인 대상은 隋代 말갈 7부 가운데 가장 서쪽에 있어 거란족과 접해 있던 粟末部를 뜻한다. 그런데 《隋書》에서 속말부가 勝兵 數千이라 하였는데, 이 數値와 표현은 부여성 서쪽에 거주하였던 돌지계 집단의 그것과 합치된다. 부여성 서쪽은 거란족 지역과 서로 접한다. 부여성 지역은 渤海時代에도 "항시 勁兵을 두어 契丹을 방어하였다" 하였으며, 발해의 契丹道였다. 이렇게 보면, 위에서 인용한 바의 隋에 파견되었던 말갈 사신은 돌지계 집단에서 보냈던 자

당시 속말부 안에는 여러 작은 부족들이 존재하였다. 가령 돌지계突地稽 집단이 수에 귀부해 온 사실을 기술하여

> 개황開皇 연간에 속말말갈이 고려와 싸워 이기지 못하자, 궐계부厥稽部 부장部長 돌지계가 불사래부勿斯來部 굴돌시부窟突始部 열계몽부悅稽蒙部 월우부越羽部 보획뢰부步護賴部 파해부破奚部 보보괄리부步步括利部 등 8부 승병勝兵 수천 인을 거느리고 부여성 서북에서부터 부락을 끌고 내부해 와, 유성柳城에 거주케 하였다.114

라고 하였다. 돌지계는 궐계부의 족장이며, 동시에 8부 전체를 통괄하는 부족연맹장격인 대막불만돌大莫弗瞞咄 즉 대수령이었다. 돌지계 휘하의 집단이 속말말갈의 일부에 지나지 않았으니까, 당시 속말부 안에는 이들 8부의 부部와 같은 소부족이 많이 존재하였을 것이다. 고구려의 지배 아래에선 돌지계와 같은 대수령의 존재는 제거되고, 소부족 단위로 예속되어 갔을 것이다.

그런데 이들 여러 소부족들의 존재 양태와 고구려인에 융화되어 간 정도는 반드시 동일치는 않았겠다. 앞에서 말한 바의 속말수유역에 있는 성들을 위시한 주요 지역에 거주하였던 고구려인과 인접해 살면서 상대적으로 일찍부터 고구려에 복속되어 있었던 집단과, 오지의 집단 사이에는 차이가 있었을 것임은 능히 짐작케 하는 바이다. 그러한 면은 속말부 여러 집단의 대외적 움직임을 통해서도 추정해 볼 수 있다.

먼저 돌지계 집단이나 오소고烏素固 부락과 같이 고구려에 끝까지

로 볼 수 있다. 곧이어 돌지계 집단이 隋로 奔走해 갔던 것은 그러한 隋와의 연결의 緣을 이용해서였다. 그리고 《隋書》 靺鞨傳에서 속말부가 "每寇高麗中"이라 한 사실도 이 돌지계 집단으로부터 들은 바에 의거한 것이라 하겠다.

114《太平寰宇記》 권71 河北道 燕州曹 所引 隋北蕃風俗記.

심복치 않고 있다가, 수·당으로 이탈해 나간 집단이 있었다. 그리고
668년 후 곧바로 당에 복속하여 그에 군사적인 조력을 했던 부류가
있었다.[115] 셋째로, 고구려 멸망 후 당에 적극적으로 귀복歸服치 않고
원주지에 남아 있던 집단이다. 676년 보장왕寶藏王 고장高藏이 요동으
로 귀환한 직후, 곧 말갈과 통모하여 반당 거사를 도모하였는데,[116] 이
때의 말갈이란 요동지역과 인접해 있는 속말말갈로 보아야겠다. 이 집
단이 셋째 부류에 속하겠다. 넷째가 668년 후 당에 강제로 끌려간 집
단이다.

이러한 속말부 안의 여러 집단의 상이한 움직임들은 그 시기 해당
집단의 단기적인 정치적 이해관계에 따른 결과로 볼 수도 있지만, 기
본적으로는 그러한 각양의 움직임의 배경은 고구려와의 밀착도 및 고
구려화의 정도에 따른 차이에 크게 비롯된다고 보아도 좋을 것이다.

이렇게 볼 때 걸사비우 집단은 속말말갈 안의 여러 집단들 가운데
가장 고구려화가 진전된 무리였다고 여겨진다. 이런 면이 696년 이후
영주에서의 동주東走 및 발해 건국 과정에서 보인 고구려인과의 결속,
그리고 발해국 초기에 고구려인과 융합된 '토인'의 형성이 가능하게
되었던 역사적인 배경이다.

---

115 文武王 10년(670) 沙湌 薛烏儒와 太大兄 高延武가 각각 이끈 신라군과 고구려
    부흥군이 압록강을 건너 屋骨(缺字)에 이르니, 靺鞨兵이 먼저 皆敦壤에 대기하고
    있어, 이를 공격해 격파했다. 이어 唐兵이 밀려들자 我兵이 白城으로 물러섰다
    (《三國史記》 文武王 19년조). 이때의 말갈병은 唐將의 지휘 아래 편제되어 있던
    군대는 아니다. 我軍의 진출에 대응한 당의 命을 받아 그 수령이 지휘해 따로이
    출전한 部族兵으로 보아야겠다. 압록강 건너편 요동 방면은 속말수유역에서부터는
    서남부에 해당한다. 이 지역에 긴급한 출동을 할 수 있는 집단이란 말갈족 가운
    데 제일 서쪽에 있던 속말말갈뿐이다. 668년 후 당에 복속한 속말말갈의 한 부류
    였었다.
116 《舊唐書》 高麗傳.

한편 대조영 집단의 경우를 살펴보면, 영주에 옮겨져 거주케 된 것
은 걸사비우 집단의 그것과 기본적으로는 같은 동기에서였다. 그런데
동주東走 과정에서 대조영과 걸사비우는 '탈주하는 집단을 각각 거느
렸고(各領亡命)', 걸사비우가 전몰하기 전까지는 두 집단의 움직임은
개별적인 면이 강하였다. 두 집단은 영주에 억류되어 살고〔幽居〕 있을
때에, 일종의 기미주 형태로 각각 따로 예속되어 있었던 것 같다.[117]

그리고 대조영과 걸사비우의 출자에 대해, 후자는 모든 전승에서 한
결같이 말갈족이라 한 것에 견주어, 전자는 '고려 별종'이라 기술된 것
이 다수이다. 이는 두 집단 사이에 일정한 상이성이 존재하였음을 말
해 준다. 그런데 《삼국유사》에 인용된 《신라고기新羅古記》에 따르면,
대조영은 '고려구장高麗舊將'이었다.[118] 즉 그는 고구려의 장수로서 그
군사조직에 직접 참여하였음을 전해 준다.

이러한 점들을 종합해 보면, 걸사비우가 상당히 고구려화한 말갈족
이라면, 대조영은 적어도 그보다는 더 중심부 고구려인에 가까운 그리
고 더 고구려 조정에 밀착된 양태를 보여 준다. 이는 곧 그가 속말수
유역에 거주하던 변경의 고구려인, 즉 고려 별종일 가능성이 더 큰 것
을 의미한다.

그러나 이런 점만 가지고 단정하기는 충분치 못하다. 자신의 족원族
源에 관한 발해 왕실 스스로의 견해를 들어볼 필요가 있겠다. 그것은

---

117 노태돈, 〈渤海建國의 背景〉, 《大丘史學》 19, 1981.
118 《帝王韻記》에서도 "前麗舊將大祚榮" 云云하였다. 그런데 대조영이 719년에 죽었
  으므로, 그가 70여 세를 살았다고 하여도 668년 고구려 멸망 때에 20살 정도다.
  그래서 《新羅古記》의 기록을 부정시하는 견해도 있었다. 그러나 신라의 예이지만
  斯多含이 15,6세의 나이에 神將으로 參戰하였음을 볼 때, 대조영의 경우도 그 집
  안 휘하의 부락민을 이끌고 고구려의 군사조직에 직접 또는 그 父라는 乞乞仲象
  과 함께 참여하였을 수 있다. 굳이 부정할 근거는 없다.

비단 발해 왕실의 출자에 관한 것일 뿐 아니라, 발해 건국 후의 진전
방향을 나타내는 것이기도 하다.

3) 발해인의 귀속의식

발해 왕실의 역사계승 의식을 전해 주는 주요 기록으로서는 먼저
발해가 일본에 보낸 국서國書와, 일본과의 교섭과정에서 일본인들이
남긴 발해에 관한 서술이 주목된다. 발해와 일본의 공식적인 첫 교섭
은 727년 발해 사절단이 일본에 파견된 것에서 비롯한다. 이때 무왕武
王이 일본에 보낸 국서는 이후 진행된 양국의 교섭 형식과 고구려와
의 관계에 대한 발해인의 역사의식의 일면을 담은 것으로서 자주 논
급되어 왔다. 이를 다시 한 번 살펴보자.

> 무예武藝가 아뢴다. 산하는 경계境界를 달리하고 국토가 같지 않아, 멀리
> 서 풍유風猷를 들으며 경앙傾仰함을 더할 뿐이다. 엎드려 생각하니 대왕은
> 천조天朝로부터 명을 받아 일日의 땅에 터를 멀어 누대에 걸쳐 거듭 빛을
> 발하였고 장구히 이어왔다. ⓐ 무예가 외람되이 열국列國을 주관하고 제번諸
> 蕃을 총괄하여 고려의 옛 터를 복復하고 부여의 유속遺俗을 지니게 되었다.
> 다만 하늘 끝에 있어 길이 험하고 해한海漢이 멀어 소식이 통하지 못하였고
> 길흉을 알 수 없었다. 친인親仁의 결원結援은 좋은 가르침에 부합하니 사신
> 을 통하고 이웃을 방문함을 오늘에 시작하게 되었다. 이에 삼가 영원장군寧
> 遠將軍 낭장郎將 고인의高仁義 등을 보내어 … 이웃나라 사이의 우호를 길이
> 두터이 하자.119

---

119 《續日本記》卷10 神龜 5年 正月 甲寅條. 武藝啓 山河異域 國土不同 延聽風猷 但
　　增傾仰 伏惟大王 天朝受命 日本開基 奕葉重光 本枝百世 ⓐ 武藝忝當列國 濫惣諸蕃
　　復高麗之舊居 有扶餘之遺俗 但以天崖路阻 海漢悠悠 音耗未通 吉凶絕問 親仁結援

이 국서의 내용 가운데 이 절의 주제와 관련된 부분으로서는 먼저 밑줄친 Ⓐ 부분이 주목된다. 이 구절은 발해가 고구려 유민들에 의해 건국된 고구려의 계승국이라는 사실을 나타내 주는 주요 자료로 그동안 많이 언급되어 왔다. 한편 위의 구절은 단순히 당시 발해국의 영역에는 옛 고구려국의 영토가 일부 포함되어 있다는 현황을 과시한 것뿐이며, 발해와 고구려 사이의 승습承襲관계는 어디까지나 지역상의 그것에 한한 것이라고 해석하는 견해도 근래 제기된 바 있다.[120] 그런데 이 구절은 발해가 일본과 처음으로 국교를 맺고자 하면서 자국의 현황과 내력을 집약적으로 표현하여 일본 측에 통보한 것이다. 특히 '복復'자의 의미는 간과할 수 없다. 그것은 고구려의 옛 땅을 단순히 차지했다는 뜻이 아니라, '회복'하였다는 뚜렷한 계승의식을 나타낸 것이다. 부여의 '유속遺俗'을 지니게 되었다는 표현에서도 그러하다. 이 국서를 가지고 일본에 간 발해사신이 고인의高仁義, 고제덕高齊德 등 고구려계의 인물임을 볼 때, 발해 조정이 일본에 자국의 내력을 알리려는 의도는 분명한 것이다. 그래서 이듬해인 728년 일본이 발해에 보낸 국서에서

천황이 삼가 발해군왕에게 묻는다. 계啓를 보고 (발해가) Ⓑ 옛 땅을 회복하고 지난날의 조선祖先의 훌륭한 덕업德業을 잇게 되었음을 알게 되었다. 짐朕이 이를 기쁘게 여긴다.[121]

庶叶前經 通使聘隣 始乎今日 謹遣寧遠將軍郎將高仁義 … 永敦隣好.

120 姜守鵬, 〈從古代文獻看渤海國的族屬問題〉, 《求是學刊》, 1980-3; 劉振華, 〈渤海大氏王室族屬新證-從考古材料出發的考察〉, 《社會科學戰線》, 1981-3.

121 《續日本記》神龜 6年 4月 壬午條. 天皇敬問渤海郡王 省啓具知 恢復舊壤 聿修曩好 朕以云云.

고 하였다.[122] 이는 일본 측이 발해의 국서와 발해사신을 통해 얻게 된, 발해가 고구려의 계승국이라는 인식을 나타낸 것이다.

그럼 이때 발해가 처음으로 일본과 국교를 맺고자 하면서 고구려 계승을 표방하였던 의미를 살펴보기 위해, 다시 밑줄친 Ⓐ의 기사를 검토해 보자. Ⓐ의 문구는 두 부분으로 나뉘어진다. 앞부분의 "무예첨 당열국武藝忝當列國 남총제번濫惣諸蕃"은 대구이다. 열국은 제번과, 첨 당은 남총과 각각 대응하는 같은 의미의 표현이다. 즉 무예가 "외람되 이 열국을 주관하고 제번을 총괄하고 있다"고 하였다. 이어 뒷부분에 서 고구려 옛 영역의 회복을 말하였다. 이 두 부분의 표현에서 나타내 고자 하는 의도는 서로 연결된다. 곧 제번을 총괄하고 있는 발해의 현 황을 내세우고, 그것을 옛 웅국雄國 고구려와 연결시킴으로써, 자국의 위엄과 영광된 내력을 일본 측에 과시하였던 것이다.[123] 그리고 이어 서 발·일 양국 사이에 대양이 가로놓여 그동안 격절하였는데 이제부 터 서로 통빙通聘하여 영돈인호永敦隣好하자고 제안하였다. 이렇게 볼 때 고구려 계승의 표방은 대일교섭에서 발해의 존엄을 과시하려는 의 도를 내포한 것이라 할 수 있겠다. 아울러 과거 일본과 교섭에서 우호 적이었던 고구려·일본 관계를 계승코자 하는 현실적 의도도 함께 있다.

그러면 발해 왕실의 그러한 계승의식의 표방이 대일 교섭에서만 보 인 단순히 정략적 목적에서 비롯한 외교상의 기교에 지나지 않은 것 일까. 그렇게는 볼 수 없다. 당시 발해 조정에선 고구려 계승의식이 현실적 기반을 지니고 있었다.

725년 당이 흑수말갈에 흑수부黑水府를 설치함에 따라, 발해는 앞뒤

---

122 聿修는 祖先의 德業을 기려서 이를 敍述한다는 뜻이다. 즉 祖先의 덕업을 계승 한다는 것을 의미한다.
123 武王代에 발해는 실제 "斥大土宇 東北諸夷畏臣之"(《新唐書》 渤海傳)하였다.

에서 당의 직접적인 위협을 받게 되었다. 이러한 상황에 대처하면서, 발해 조정에선 양론이 제기되었다. 무왕武王의 동생인 대문예大門藝는 당시 발해의 국세國勢보다 몇 배나 커서 강병强兵 30만을 지녔던 대국 고구려가 대당전쟁으로 결국 패망케 되었음을 들어 당에 대해 유화책을 취할 것을 주장하였다. 그러나 무왕은 단호히 강경책을 택해 흑수 말갈의 공략에 나섰다. 즉 이는 흑수말갈에 대한 당의 지배력을 인정할 경우, 여타의 발해국 예하에 복속해 있던 말갈제부靺鞨諸部(즉 발해 국서에서 말하는 제번)도 그러한 과정을 거쳐 당의 세력 아래 귀속되어 갈 것이고, 그것은 결국 발해국의 해체를 몰고 올 것이라고 판단하였던 것으로 여겨진다. 이렇게 당에 대해 강경노선을 택함에 따라, 자연 예상되는 당과의 충돌에 대비하는 한 방안으로서 일본의 동향을 파악하고 그와 우호관계를 맺고자 시도한 것이 727년의 일본에 대한 사신 파견이었다. 676년 안동도호부가 퇴축한 이후 이 무렵에 와서 재차 시도되는 당의 동북아 방면에 대한 세력 확대에 대응하여 발해 조정이 취한 이러한 강경정책은 고구려의 그것과 맥이 닿는 것이다. 이는 곧 대일 국서에서 보인 고구려 계승의식은 무왕이 택한 정책과 연결되어 당시 발해 조정에 현실적인 기반을 지닌 것이었고, 발해국가 진전의 방향성과 결합된 것이었음을 말해 준다. 과거 고구려의 대당정책을 부정시하던 대문예가 제거되고, 이어 733년 당 및 신라와 전쟁을 치르면서 무왕의 정책이 성공적으로 수행됨에 따라 그러한 계승의식은 더 확고히 기반을 내리게 되었을 것이다.

비단 대외정책뿐 아니라 문화적으로도 그러하였다. 발해 초기의 도읍지 '구국舊國'인 길림성 돈화敦化의 육정산고분군에서, 무왕의 무덤인 진릉珍陵으로 추정되는 제일고분군의 6호분과 거기에 배장된 무왕의 손녀로서 문왕의 딸인 정혜공주의 무덤이 모두 대형 석실봉토분이며,

특히 후자는 말각抹角고임천정天井의 양식이 뚜렷이 남아 전한다.[124] 이는 평양이나 국내성 부근의 고구려 지배층의 무덤 양식과 직결되는 것이다. 대일 국서와 그 왕족의 무덤 양식에서 발해 왕실 스스로가 자신들의 출자와 계승의식에 관해 확실한 표명을 하고 있음을 볼 수 있다.

그러한 면은 727년 이후 계속된 발일 교섭에서 확인할 수 있다. 그 구체적인 사례로 759년 정월 일본 조정에 온 발해사신에 관해 《속일본기續日本記》에서 다음과 같이 기술하였다.

> 제帝가 헌軒에 나가니, ① <u>고려사高麗使 양승경楊承慶</u> 등이 방물을 바치고 아뢰었다. ② <u>고려국왕 대흠무大欽武</u>가 말하기를 일본에서 조림팔방성명황제照臨八方聖明皇帝가 돌아가셨음을 듣고, 숭모하는 마음을 다할 수 없어 이에 보국장군 양승경 귀덕장군 양태사楊泰師 등에게 ③ <u>표문과 공물을 가지고</u> 입조하게 하였다. 조詔를 내려 말하기를 고려국왕이 멀리서 선조가 천궁天宮으로 가신 것을 듣고 가만히 있을 수 없어 양승경 등을 보내 위문을 …[125]

이어 이해 2월 발해사의 귀국 때에 함께 발해에 파견된 일본사 고원도高元度가 지니고 간 일본국서에서 "천황경문天皇敬問 고려국왕운운高麗國王云云"하였다.[126] 위의 759년 정월조의 기사에서 먼저 눈에 띄는 것은 밑줄친 ①과 ②이다. ①은 일본인의 기술이고 ②는 발해 측의 표명이니,[127] 발·일 양측 모두 발해가 고구려의 계승국임을 공언하였음

124　王承禮 等, 〈吉林敦化六頂山渤海古墓〉, 《考古》, 1961-6; 朱榮憲, 앞의 책, 72~75, 140~148쪽.
125　《續日本紀》卷22 天平寶字 3年 正月 庚午條.
126　《續日本紀》卷22 天平寶字 3年 2月 戊戌條.
127　② 이하의 기사는 渤海 國書가 아니고 楊承慶 등이 구두로 奏日한 것이거나 談話한 내용을 일본인 錄事가 기술한 것이니, 그 구체적인 수식어, 즉 고려국왕 등

을 보여 준다.

발해사를 고려사로, 발해왕을 고려왕으로 그리고 발해국을 고려국으로 표현한 예는 이외에도 《속일본기》의 여러 군데에서 많이 보인다. 비단 사서뿐 아니라, 평성궁平城宮 출토의 목간에서 발해사를 고려사로 기술한 것이 보이며,[128] 763년에 써진 동대사東大寺의 고문서에서도 발해인을 고려객인으로 기술하였다.[129] 곧 8세기 당시 일본 조정에서 발해가 고구려의 계승국이란 인식은 널리 퍼져 있었음을 볼 수 있다. 그래서 일본은 때로는 견발해사遣渤海使로 고구려와 관계있는 일본인인 고려조신대산高麗朝臣大山(761)과 고려조신전계高麗朝臣殿繼(777)를 각각 임명하기도 하였다.[130] 759년에 일본사신으로 발해에 간 고원도[131]도 고구려계 사람으로 여겨진다. 이는 발해가 고구려 계승국이란 인식에서, 발해와 교섭을 원활하게 하려는 방책에서였다고 보여진다. 그러한 일인들의 인식은 1차적으로는 양국 사이의 교섭을 통해 얻어

과 같은 부분은 그 시기 일본 조정의 발해에 대한 일정한 정책과 의식을 나타낸 것이지 발해인 스스로의 그것은 아니라고 보는 견해가 있다(註 120의 劉振華의 논문). 이 견해는, 위의 기사에서 '奏曰'大欽茂言'과 같은 기술과, 皇帝 表 貢物 入朝 등과 같은 전에 없던 표현으로 보아 그러하였을 개연성이 크다. 그런데 이때 어떠한 國書를 가지고 왔음이 ③의 表文 云云에서 알 수 있다. 이 국서에 의거하였든지 아니면 楊承慶 등의 口奏에 의해서든 간에 발해 측에서 고려국왕이라고 자칭함이 있었기에 일본 측 錄事가 ①과 ② 같은 표현을 하였을 것이다. 그리고 이듬해의 日本國書에서 "天皇敬問 高麗國王云云"하는 표현을 하게 되었던 것으로 보아야겠다. 외교문서인 국서에서 상대국의 국명을 일방적으로 改稱해서 보낸다는 것은 상상키 어렵다.

[128] 石井正敏, 〈日渤交涉における渤海高句麗繼承國意識について〉, 《中央大學大學院研究年報》 4, 1975 의 주 38)에서 인용하였음.

[129] 《大日本古文書》 卷16 所收. 天平寶字 7年 正月 24日 付의 "樂具闕失并出納帳"(正倉院文書)에 "高麗客人禮佛會破損如件"이란 표현이 있다. 石井正敏, 앞의 논문, 1976, 주 24)에서 재인용.

[130] 《續日本記》 天平寶字 5年 10月 癸酉條, 寶龜 8年 5月 癸酉條.

[131] 《續日本記》 天平寶字 3年 2月 癸丑條.

진 지식에 의거한 것이다.

727년의 발해사의 도일到日과 그리고 728년의 일본사의 발해 방문 이후, 발해 말기까지 발해 측에선 총 34회에 걸쳐 사절단이 일본을 찾았고 일본사의 발해 방문은 13회에 달했다. 발해사절단의 인원수는 100여 명이 넘는 경우가 허다하였고, 771년의 경우처럼 325명에 달하는 대규모의 것도 있었다. 일본에 온 발해사절은 일인들과 접촉하였고 일본에 발해사의 시詩들이 남아 전해지고 있다. 그런 과정에서 발해의 내력과 사정은 저절로 일인들에게 깊이 알려지게 되었을 것임은 분명한 바이다. 그리고 앞에서 살펴본《유취국사》기록의 저본底本이 되었던, 발해 초기에 발해를 방문하였던 일본사의 견문기와 같은 류의 발해국의 사정에 관한 정보와 지식이 일인들의 직접적인 관찰을 통해 일본에 알려지기도 하였다.

이렇듯 장기간에 걸친 양국 교류가 행해지는 가운데서 발해를 고구려의 계승국으로 여기는 일인들의 인식이 지속되었다는 사실은, 곧 실제 발해 왕실이 고구려 계승을 뚜렷이 표방하였고, 나아가 발해국이 고구려인 계통에 의해 주도되었기 때문으로밖에 달리 해석할 수 없다.

이는 곧 당시 일인들이 발해를 고구려의 계승국으로 본 것이 일본 조정의 의도적인 책략에 따른 영향의 산물이라고는 해석할 수 없음을 말한다. 당시 일본 조정에서는 고구려를 조공국으로 여기는 그들 나름의 인식을 지니고 있었다. 그래서 발해와의 교섭에서 발해를 고구려의 계승국이라고 간주함으로써, 발해에게도 번국蕃國의 예를 취하도록 요구하는 외교적인 책략을 취하였던 것은 사실이다. 753년의 일본국서에서《고려구기高麗舊記》를 들먹이며 발해가 일본에 대해 조공국의 예를 취해 줄 것을 요구하였던 일은 그러한 일면이며, 그러한 기도는 그 뒤 일본국서에서 몇 차례 더 보인다.132 그러나 그런 일본 조정의 책략에 영향을 받아 일인들이 발해를 고구려 계승국으로 인식하게 되었다는 식의 이해는, 더욱이 나아가 그러한 일본 측의 책략에 대응해 일본과의 교섭을 유리하게 이끌기 위해 발해가 고구려 계승국을 표방하였다는 식의 주장은 성립할 수 없는, 본말이 전도된 것이다. 실제 일본인들은 발·일 교섭을 통해 알게 된, '발해가 고구려의 계승국'이라는 객관적 이해에 입각해, 이 점을 일본에 유리하게 이용하고자 고구려가 조공국이었다는 그들 나름의 주장을 강조하였다고 보는 것이 순리인 것이다.133

그런데 발해인의 역사 계승의식을 검토하면서 빠뜨릴 수 없는 점은, 대일교섭에선 명백하게 고구려 계승국임을 표방하였으나 당과의 교섭에선 그러한 면이 보이지 않는다는 사실이다. 이 점에 대해선, 당과 발해 사이의 관계에서 고구려 계승이란 이미지가 지니는 의미를 지적한 언급은 경청할 만한 면이 있다.134 당에겐 고구려는 두려움을 주는 경적勁敵이었다. 그러한 인상을 발해가 새삼 불러일으켜 적대감을 야기할 필요는 없는 것이다.135 그리고 당시, 적어도 발·당 교섭이 열린 8세기 전반에는, 당이 정책적으로 고구려 왕손을 고려조선군왕高麗朝鮮郡王으로 봉해 당의 수도에 유거留居시켜 놓고 있었다.136 고구려 왕실의 적손嫡孫 왕손이 번왕蕃王으로 당의 조정에 머물러 살고 있는데, 고구려 계승국을 표방한다는 것은 발해국의 외교적 위치를 약화시킬 뿐이다. 발해가 이러한 점들을 인식하고 있었음은 발해가 일본에 보낸 사절에는 고씨高氏가 월등히 많았는데, 대당 사절에는 고씨가 적고, 특히 초기에 대씨大氏가 압도적으로 다수였다는 사실에서도 알 수 있다.[137] 즉 대당 교섭에선 고구려의 계승국임을 의도적으로 나타내려 하지 않았음을 알 수 있다.

그 점은 당 측도 동일하다. 676년 신라에 쫓겨 요동으로 안동도호부를 옮긴 이후, 당은 고구려·백제 지역에 대한 신라의 영유권을 인정치 않았다. 733년 발해에 대한 신라와 당군 연합군의 공격이 있은 이후 비로소 대동강 이남의 그것을 인정하였다. 그 이전에는 고구려왕손의 경우와 동일하게 백제왕손에게 (백제)대방군왕을 봉해 당의 수도에 유거시켜 두고 있었다. 가능하면 다시 반도로 진출하려는 의도를 지녔으며, 실제 678년 반도에 대한 재차 대규모 원정을 논의하였다. 그리고 요동의 고구려 유민들에 대한 지배력을 강화하고자 676년에 연남생淵男生과 보장왕을 각각 안동부의 관리와 요동도독으로 임명해 파견하였다. 696년 거란족의 봉기로 요동으로 가는 육로가 막히고, 거란군의 공격을 받기도 하여, 요동지역에 대한 그 지배력이 동요되었으나, 설인귀薛仁貴의 아들 설눌薛訥을 사령관으로 한 5만의 병단을 산동에서 해로로 파견하여 재차 그 지배력을 강화하였다. 그리고 699년에는 보장왕의 아들 고덕무를 요동도독으로 파견하여 유민들을 통령케 하였다. 당의 요동지배는 안록산의 난이 발발한 8세기 중엽까지 유지되었

---

[137] 705년에서 906년까지 92회의 對唐 使節團 가운데 그 姓氏가 분명히 알려진 이들을 보면, 大氏가 33명, 烏氏가 3명, 李氏가 1명, 楊氏가 3명, 王氏와 馬氏가 각각 1명씩이다. 특히 高氏는 810년 이후에야 보인다(김육불, 《渤海國志長編》 卷7, 大事表에 의거함). 반면에 對日使節에는 正使 85명 가운데 高氏가 26명이나 되었다(白鳥庫吉, 〈渤海國に就いて〉, 《史學雜志》, 44-12).

다.138 이러한 사실들을 감안할 때, 당 조정이 발해를 고구려의 계승국으로 간주한다는 것은 자기모순에 빠지게 된다. 즉 실제 번왕으로 고려조선군왕을 두었고 요동지역을 지배하고 있으며, 고구려인과 그 영역에 대한 영유권을 주장하는 자신의 정책에 상충하게 되는 것이다. 그것을 인정한다는 것은 실제 요동지역의 고구려 유민에 대한 지배를 위태롭게 하는 것이다. 그렇지 않아도 이 지역의 고구려인은 신라나 동부 만주 쪽으로 많이 이탈해 나갔었다.

그리고 발해가 건국될 무렵, 당의 조정에선 요양遼陽 이동 지역이 옛 고구려의 영역이었고 고구려 유민이 그 지역에 많이 거주하고 있었는 데도, 이를 말갈로 통칭하는 경향이 있었다. 예컨대 중신重臣 적인걸狄仁傑이 697년의 상소(《구당서》 적인걸전)에 이어, 699년에 재차 안동도호부를 폐하자고 하면서는 해상으로 군사와 군량을 수송하기 어려움을 말한 뒤, "요동은 석전石田을 지키는 것과 같고, 말갈은 먼 곳으로서 계륵鷄肋이라고 하면서, 청컨대 설눌을 파罷하고 안동진安東鎮을 폐하며 삼한 군장인 고씨를 그 주主로 삼자"139고 상소하였다. 즉 요동과 그 동쪽지역을 나누어, 전자를 고구려인의 지역으로 후자를 말갈족의 지역으로 구분해 인식하였다. 그리고 668년 이후 안동도호부의 고구려 유민들의 동향을 기술하여, 그들이 신라와 돌궐 및 말갈로 이탈해 갔다고 한 《신·구당서》 고려전 기사에서 '말갈'도 그러한 인식의 한 예이다. 이는 676년 이후 당이 고구려 지역에 대한 지배권을 주장하는 상징적인 정책을 견지하였으나, 그 실제적 지배력은 요동에 한정되었으므로, 자연 점차 요동만을 고구려인의 지역으로 간주케 되었음

138 이상의 내용은 노태돈, 앞의 논문, 1980 참조.
139 《通典》 卷185 高句麗傳. 遼東所守 已是石田 靺鞨遐方 更爲雞肋 … 臣請罷薛訥 廢安東鎮 三韓君長 高氏爲其主.

을 말해 준다.

　이러한 상황에서 대조영 집단이 '말갈' 지역에서 세운 나라를 지칭할 때 일단 말갈이라 불릴 수밖에 없는 것이다. 여순旅順 황금정黃金井에 각석刻石되어 전하는, 당 사신 최흔崔忻이 713년 발해국에 파견되었을 때 띤 공식 직함인 '칙지절선로말갈사敕持節宣勞靺鞨使'도 이러한 면에서 이해하여야 할 것이다. 즉 여기에서 말갈은 반드시 발해만을 의미하지는 않는다고 여겨진다. 발해를 포함해 요동의 동쪽 말갈족 지역의 여러 집단을 위무 파악하는 임무를 띠었다는 의미로 보아야겠다. 이 713년에 당 측에서 처음으로 대조영을 발해군왕으로 책봉하였다. 그리고 《통전通典》 등의 사서에서 발해를 말갈이라 일컫은 기사도 발해 초기 그에 관한 그러한 인식과 관행을 전재轉載한 것으로 보인다.

　그런데 발해와 당의 교섭 가운데 792년(문왕文王 55년)의 경우가 주목된다. 35명으로 구성된 사절단의 대표인 양길복楊吉福이 띠고 있던 발해의 관직명이 '압말갈사押靺鞨使'였다.140 이 관직명은 곧 말갈을 관할하는 직책이라는 뜻을 지닌 것이다. 이때의 말갈이 구체적으로 어떤 집단을 가리키는지는 알 수 없으나, 적어도 이 관명에서 알 수 있는 것은 말갈족에 대해 발해 조정이 어떠한 동류의식同類意識도 지니고 있지 않다는 점이다. 당의 압신라사押新羅使·압발해사押渤海使 등과 같은 예에서 보듯, 압모모사押某某使하였을 경우, 그 모모는 관할의 대상이 되는 집단일 뿐이다. 만약 발해의 왕실이 그리고 그 중심 족속이 말갈족이었다면, 발해 건국 후 100년도 채 되지 않은 시기에 그러한 관직명을 사용하였다고는 상상키 어렵다.

　발해인의 고구려 계승의식은 발해 유민들 사이에서도 찾아볼 수 있

---

140 《唐會要》 卷96 渤海.

다. 서경西京 압록부鴨綠府 지역에 근거를 둔 발해 유민의 나라인 정안
국定安國의 왕 오현명烏玄明이 여진사신 편에 부친 대송對宋 국서에서,
자국의 내력을 말하면서 "고려구양高麗舊壤 발해유려渤海遺黎"라 하였
다. 고구려—발해로 이어지는 계승의식을 표명하였다.[141]

요동지역에 강제 천사되었던 발해인들 사이에서도 고구려 계승의식
을 찾아볼 수 있다. 12세기 전반 금조金朝에 사환仕宦하여 활약하였던
장호張浩에 대해

> 장호張浩는 자가 호연浩然이다. 요양遼陽 발해인으로서 본성은 고高이다.
> 동명왕東明王의 후예이며 증조 패覇가 요遼에 벼슬살이를 하면서 장씨가 되
> 었다.[142]

라고 하였다. 요대에 성을 장씨로 바꾸었으나, 의연히 고구려인 후
예 의식을 지니고 있었음을 보여 준다. 장씨 집안은 요·금대를 통해
요양의 발해인 가운데 웅악熊岳 왕씨王氏와 함께 대표적인 벌족閥族이
었다.[143] 왕씨의 경우, 왕정균王庭筠(1051~1202)의 묘비에서 그 계보
에 관해 다음과 같이 기술하였다.

> 공公의 휘諱는 정균庭筠이고 자는 자단子端이다. 성은 왕씨이다. 가첩家牒
> 에 따르면, 그 32대조 열쯴은 태원太原 기祁인이다. 후한 말 혼란 때 요동
> 으로 옮겨 거주하였다. 조조가 공을 불렀으나 응하지 않고, 평생 은거하였
> 다. 그 뒤 요동 또한 전란에 휩싸이자 자손이 동이東夷 각지로 흩어졌다.

---

141 《宋史》卷491 定安國傳.
142 《金史》卷83 張浩傳.
143 《金史》에 張氏 집안으로는 張浩, 張汝霖, 張玄素, 張汝弼 등 4명이, 王氏 집안으
로는 王政과 王庭筠 2명이 각각의 列傳을 가지고 있다.

17대손 문림文林이 고려에 사환하여 서부장西部長이 되어 왕사王事에 전몰戰
歿하였다. 또 8세손 악덕樂德은 발해국에 살았는데 효孝로서 널리 알려졌다.
요 태조가 발해를 평정한 뒤 그 아들을 동단왕東丹王으로 봉하여 요양을 수
도로 삼게 하였다. 악덕의 증손 계원繼遠은 벼슬에 나가 한림학사가 되자
가족을 요양으로 옮겨 … 요 천경天慶(1111~1120) 연간에 개주蓋州 웅악
현으로 옮겨 적籍을 두었다.[144]

묘비에 따르면 왕씨는 그 원조遠祖가 900여 년 전에 동으로 이주해
온 한인漢人이었다 한다. 이는 가탁假託한 것인지 아니면 사실인지는
단정키 어렵다. 동으로 이주한 한인일 수도 충분히 있다.[145] 그런데 왕
씨 집안은 그 뒤 수백 년 동안 고구려국의 주민으로서, 고구려에 사환
도 하여, 고구려인이 되었다. 당과 전쟁에서 고구려가 멸망한 뒤에는,
당의 지배에 저항해 동으로 이주해 간 고구려 유민으로서 발해인이
되었다. 10세기에는 발해인으로서 요동에 옮겨 살게 되었다. 왕정균의
처는 장호의 손녀였다. 당시 장씨 집안의 혼인관계를 보면, 그 며느리
들은 대씨大氏·고씨高氏·왕씨王氏 등 발해인 집안에서 맞아들였다.[146]
발해인으로서 강한 자의식을 볼 수 있다. 즉 요·금대에 그에 사환하여
현달한 장씨와 왕씨 두 집안의 사회적·문화적 존재 양태는 발해인으

---

144 元遺山先生撰王黃華墓碑(《遺山先生文集》卷16 所收). 外山軍治, 앞의 논문에서 재
     인용.
     公諱庭筠 字子端 姓王氏 家牒載 其三十二代祖烈! 太原祁人 避漢末之亂 徒居遼東 曹
     公特徵不應 隱居終身 其後遼東亦亂 子孫散處東夷 十七代孫文林 仕高麗爲西部將 歿
     於王事 又八世日樂德 居渤海 以孝聞 遼太祖平渤海 封其子爲東丹王 都遼陽 樂德之
     曾孫繼遠 仕爲翰林學士 因遷家遼陽……遼天慶中 遷蓋州之熊岳縣 遂占籍焉.
145 그 무렵 중국의 전란을 피해 漢人들이 다수 동으로 이주해 왔다. 《三國史記》
     高句麗本紀 故國川王 19년(197)과 山上王 21년(217)조에 많은 한인들이 고구려에
     이주해 왔음을 전해 주고 있다.
146 外山軍治, 〈金朝治下の渤海人〉, 《金朝史研究》, 1964 所收.

로서 그것이었고, 두 집안의 내력에 따른 귀속의식도 그 가계 전승에서 보듯, 고구려-발해로 이어지는 그것이었다. 이는 다만 두 집안에만 한한 것이라고 볼 수는 없겠다.

이상에서 살펴본 바처럼, 발해 조정은 고구려 계승의식을 뚜렷이 지니었고, 그런 의식은 발해 초기부터 나타내었다. 반면에 발해국 존립 시기 전체를 통해 발해인 스스로가 말갈족 계통임을 나타내는 어떠한 언급도 보이지 않는다. 오히려 '압말갈사'라는 발해사신의 관직명에서 보듯 그에 대한 부정적인 의식을 명백히 보여 준다. 그리고 926년 이후에도 발해인은 고구려-발해로 이어지는 계승의식을 지녔다. 이러한 귀속의식은 발해사회의 주민 구성 면에서 토인과 말갈로 이루어진 이중성이 그 초기부터 나타났고, 국망 후에는 발해인과 여진인으로 뚜렷이 구분되는 존재 양태를 지녔음과 연결되는 바이다. 이러한 사실은 앞에서 제기하였던 문제에 대해 더 확실한 이해를 가지게 해 준다. 즉 대씨 집단이 고구려화된 속말말갈인이었느냐 아니면 속말수유역 변경지대의 고구려인이었느냐에 대해 발해 왕실 스스로의 표명에 의해 후자 쪽임을 알 수 있다. 또한 역사적으로 볼 때 실제로 더 큰 의의를 지니는 것은, '고려 별종'인 발해왕실이 건국 후 고구려인과 결합하여 그들이 중심이 된 사회를 건설해 나갔느냐 아니면 말갈족과 결합해 나갔느냐에 있다. 그 점에선 전자 쪽임은 명백한 바이다. 열의 하나로서, 대씨 집안의 원조遠祖가 말갈계였을 경우를 상정한다 하더라도, 대조영 자신이 고구려의 무장이었으며 고구려화한 걸사비우 집단보다 더 깊이 고구려화해 있었고, 그리고 건국 직후부터 보이는 발해왕실의 귀속 의식과 그 주민 구성 및 그와 연결된 지배구조를 살펴볼 때, 대조영은 이미 고구려인으로 보는 게 당연한 것이다. 그 점은 금의 왕실인 완안가完顏家의 경우가 좋은 참고가 되겠다.

금왕실인 완안가의 시조 전승에 따르면 그 선조는 고려인이었다 한
다. 북중국을 정복하고 제국을 건설한 뒤에도 그러한 시조 전승은 금
왕실에 의해 인정되고 있었다.[147] 그리고 금국 형성기에 발해인에 대해
서도 여진인과 '본동일가本同一家'였다는 것을 내세우기도 하였다. 그러
나 금왕실의 역사계승의식은 물길-말갈-여진으로 이어지는 그것이었
으며, 실제 그 핵심적인 세력기반도 여진인이었다. 발해인은 엄격히
구분되어 차별되었다. 그 남계상男系上의 조선祖先이 고려인이었다지
만,[148] 금국 성립 당시 완안가는 엄연히 여진인이었고 그들이 취한 방
향과 세력기반도 여진인이었다. 오늘날 누구도 아골타阿骨打를 고려인
이라고 하는 이는 없다.

이제 다시 이 장 첫머리에서 제기하였던 '토인'의 성격과 그 구성에
대해 결론을 내려 보자. 토인은 고구려계 집단(A)과 영주에서 동쪽으
로 옮겨 온 말갈계 집단으로(B-①) 구성되었다. 이 가운데 중심이 된
집단은 전자이며, 후자가 그에 융합되어 들어가는 형태로 토인, 즉 발
해인이 형성되었다. 그러한 융합이 이른 시기부터 가능했던 것은, 후
자가 이미 고구려국 당시부터 깊이 고구려화되어 있었다는 역사적 배
경 위에서였다. 이렇게 보면 발해인의 족원은 고구려인이라고 할 수
있으며, 그들에 의해 주도된 발해국의 성격은 고구려의 계승국으로서
면모를 지녔던 것이다. 그러한 사실은 발해 존립 당시 그 인접국 주민

---

[147] 1216년 金의 朝廷에서 金의 시조가 高辛氏와 黃帝의 후예였다는 주장이 나오자,
張行信은 "按始祖實錄 止稱自高麗而來"하였음을 들어 반대하였다. 이 始祖實錄은
熙宗 皇統元年(1141)에 完顔勗 등이 撰進한 "始祖以下十帝實錄"이 분명하다. 《金
史》卷66 完顔勗傳, 卷107 行信傳.

[148] 金의 시조가 고려인이었다는 傳承은 《金史》, 《高麗史》, 《松漠紀聞》, 《大金國志》,
《三朝北盟會篇》所引 〈神麓記〉 등에서 모두 전하고 있다. 이에 관한 是非의 논의
는 金庠基, 〈金의 始祖〉, 《東方史論叢》, 1974와 李東馥, 〈金의 始祖傳說에 대한 一
考察〉, 《東國史學》14·15(李龍範교수 정년기념 합집호), 1981 참조.

들에 의해서도 확인되는 바이다. 그럼 이어 그 점을 고찰해 보자.

5. 발해국의 성격에 관한 인접국인의 인식

이에 대해선 먼저 당시 당에 옮겨와 살게 되었던 고구려인들이 발해국의 성격에 대해서 어떻게 인식하고 있었는지가 궁금하다. 그런 면에서 779년 낙양에서 죽어 그곳에 묻힌 고진高震의 묘지명 기록이 눈에 띈다. 거기에서 다음과 같이 기술하였다.

> 공의 이름은 진震이고 자는 모某이다. 발해인이다. 할아버지 장藏은 개부의동삼사開府儀同三司 공부상서工部尚書 조선군왕朝鮮郡王 유·성군개국공柳城郡開國公이었다. 아버지 연連은 운휘장군雲麾將軍 우표도대장군右豹韜大將軍 안동도호安東都護였다. 공은 부여의 귀貴한 족族이며 진한의 빼어난 족으로서 … 대를 이어 왕을 칭하였고 계승하여 국빈이 되었으며 … 명銘에 가로되 조선의 귀한 족으로서 누대에 걸쳐 왕을 칭하였으며[149]

이에서 보듯, 고진은 보장왕寶藏王의 손자였으며, 그 아버지인 연은 안동도호를 지냈다. 그도 안동도호를 역임하였다. 그만큼 고진의 집안은 발해국의 사정에 대해 정통하였다고 볼 수 있다. 그러한 그의 묘지명에서 그의 출자를 발해인으로 기술한 것은 묘지 찬술자 양경揚憬이

---

[149] "唐開府儀同三司工部尚書特進右金吾衛大將軍安東都護郊國公上柱國公墓誌并序"《韓國金石文追補》(李蘭英編, 1968), 265쪽. 公諱震 字某 渤海人 祖藏開府儀同三司工部尚書朝鮮郡王柳城郡開國公 祢諱連雲麾將軍右豹韜大將軍安東道護 公酒扶餘貴族 辰韓令族 … 繼代稱王 嗣爲國賓 … 銘曰 其一曰 朝鮮貴族 奕葉稱王 ….

지만, 그것이 평소 고진과 그의 집안이 지니고 있던 스스로의 출자에 대한 의식 및 발해국의 성격에 대한 인식과 전혀 무관한 것일 수는 없는 바이다. 그와 그의 집안은 발해인이 고구려인의 후예임을 분명히 인식하고 있었음을 말한다. 그것은 그 부자가 안동도호를 역임하면서 얻게 된 실제적인 발해국의 성격에 대한 지식에 바탕을 둔 것으로 보아야겠다.[150]

다음으로 발해국 존립 당시, 신라인이 지니고 있던 발해국에 대한 인식을 살펴보자. 839년 입당入唐하여 구법 순례를 하였던 일본인 승려 엔닌圓仁은 당의 등주 지역 적산포赤山浦에 거주하던 신라인들이 사원에 모여 추석 명절을 즐기고 있음을 보고, 그 명절의 내력을 신라인에게 물었다. 그에 대한 신라인의 대답은 다음과 같다.

> 노승 등이 말하기를, ⓐ 신라국이 옛적에 발해와 서로 싸울 때 이날에 승리하였다. 그래서 악樂을 연주하고 기뻐 춤추었으며, 그것을 대대로 이어 갔다. 백가지 음식을 차리고 노래하고 춤추며 악기를 연주하며 사흘을 이어 놀았다. 지금 이 산원山院에서 고향과 고국을 그리며 기념한다. ⓑ 그 발해가 신라에 패하고 간신히 남은 무리 1천 인이 북으로 도망갔는데, 그 뒤 들러갔다 돌아와 ⓒ 옛터에 의거해 나라를 이루었으니, 지금 발해라 일컫는 것이 이것이다.[151]

---

[150] 在唐 고구려인으로서 그 墓誌銘이 남아 전하는 이들의 출자 표시를 보면 다음과 같다. 男生은(679) '遼東郡平壤城人', 獻誠은(701) '其先高句麗國生', 男産은 (702) '遼東朝鮮生' 男生의 孫子인 慈는(733) '京兆萬年人', 高慈는(700) '朝鮮生'으로 각각 명기하였다. ( )는 사망 연대이다. 700년대 초, 즉 발해국이 확립되어 그 실체가 당에 잘 알려지기 이전에 죽은 이들은 모두 지역 명칭과 고구려국으로서 그 출자를 표시하였다. 慈의 경우 완전 동화된 면을 보인다. 그런데 이들보다 훨씬 뒤에 죽은 高震의 경우 유독히 발해인으로 명기한 것은, 당시 그의 집안이 발해국의 실체에 대해 확실한 인식이 있었기 때문으로 보아야겠다.

[151] 圓仁, 《慈覺國師入唐求法巡禮行記》卷2 開城 4年 8月 15日條.

이 노승 등의 말에서, 추석절의 내력에 관한 설명이 올바른지의 여부는 차치하고, 주목되는 바는 발해국의 성격에 대한 그들의 인식이다. 이에서 ⓐ와 ⓑ의 발해는 고구려를 가리킨다. 곧 당시 재당在唐 신라인이 발해와 고구려를 같은 계통의 실체로 이해하고 있음을 나타내 준다. 그리고 ⓒ는 고구려인이 그 고국故國의 지역에 자리 잡아 발해국을 세웠음을 말한 것이다. 그런데 8세기 후반 고구려인 이정기 집안이 치淄·청靑·등주登州 등지를 장악하여 대번진大藩鎭 세력을 구축한 이래로, 발해와의 무역도 번성하였다. 특히 발해산 명마名馬의 교역이 등주登州 등에서 빈번히 이루어졌다.[152] 이씨 집안의 몰락 이후에도 이 지역에서 신라 및 발해와 당과의 교역이 빈번하였다. 839년 8월 13일의 엔닌의 일기에 발해의 교관선交關船이 이 지역 청산포靑山浦에 내도來到하였음을 적고 있다. 그리고 이 무렵 등주부성登州府城 남가南街에 발해관渤海館과 신라관新羅館이 있었다.[153] 이처럼 등주 지역에서 발해인과 신라인의 교역활동이 성하였으니, 그에 따른 두 나라 사람들의 직·간접의 접촉과 상호에 대한 이해가 진전되었을 것이다. 그런 만큼 이 지역에 거주하던 신라인은 발해인에 대한 경쟁의식을 지니고 있었고 그 성격에 대해 더욱 명료한 인식을 지니고 있었다고 보아야겠다. 위의 기록은 그러한 한 면을 전해 준다.

다음 신라 말기 사람인 최치원崔致遠의 글에서 보이는 발해에 대한 인식을 살펴보자.

老僧等語云　新羅國昔與渤海　相戰之時　以是日得勝矣　仍作節樂而喜儛　永代相續不息. 設百種飮食　歌儛管絃　以晝續夜　三個日便休　今此山院　追慕鄕國　今日作節　其渤海爲 新羅罸　纔有一千人　向北逃去　向後却來　依舊爲國　今喚渤海國之者是也.
152《舊唐書》《新唐書》李正己傳.
153 圓仁, 앞의 책, 開城 5年 3月 2日.

① 저 구려句麗가 지금의 발해이다.154

② 구려의 미친 바람이 잠잠해진 뒤에 잔여 세력이 타고 남은 찌꺼기를 거두어 모아 따로 집단 부락을 만들 것을 모의하고는 느닷없이 나라 이름을 도둑질하였으니, 옛날의 구려가 지금의 발해로 바뀐 것을 알겠습니다.155

③ 발해의 원류는 구려가 아직 망하기 이전에는 말갈의 작은 부락이었는데 무리가 번성해져 율栗(속粟)말末의 작은 집단이 되었다. 일찍이 구려를 쫓아 당의 버지로 옮겨 왔다. 그 수령 걸사우乞四羽와 대조영이 무측천武則天의 집정 때 영주에서 반란이 일어나자 곧 도주하여 황량한 언덕을 근거로 삼아 처음 나라를 세워 진국振國이라 일컬었다. 이에 구려의 유민과 물갈勿吉의 잡류雜流가 백산에서 올빼미 소리를 내며 떼로 모여드는가 하면, 흑수黑水에서 사납게 구는 것을 의리로 여기며 기승을 부리곤 하였다. 처음 거란과 합세하여 악행을 조장하더니 얼마 뒤에는 돌궐과 통모通謀하여 … 그들이 처음 읍거邑居를 세울 적에 우리나라에 와서 이웃으로 의지하며 도움을 청하였는데, 그 추장 대조영이 신의 나라 제5품 대아찬의 벼슬을 받았다. 그리고 그 뒤 선천先天 2년(713)에 와서야 비로소 대조大朝의 총명寵命을 받아 발해군왕에 봉해졌다. 그 뒤 점차 요행으로 총애를 받더니 어느새 신의 나라와 대등한 예로 대하게 되었다는 말을 듣기에 이르렀는데 …156

④ 고구려의 남은 무리가 북으로 태백산 아래에 모여 국호를 발해라 하였다.157

---

154 "惟彼句麗 今爲渤海"(〈新羅王與唐江西高大夫湘狀〉,《崔文昌侯全集》).
155 "句麗旣息狂飇 劣收遺燼 別謀邑聚 遽竊國名 則知昔之句麗 則今之渤海"(〈與禮部裵尙書瓚狀〉장).
156 "渤海之源流也 句驪未滅之時 本爲疣贅部落 靺鞨之屬 寔繁有徒 是名栗末小蕃 嘗逐句驪內徙 其首領乞四羽及大祚榮等 至武后臨朝之際 自營州作孽而逃 輒據荒丘 始稱振國 時有句驪遺燼 勿吉雜流 梟音則嘯聚白山 鴟義則喧張黑水 始與契丹濟惡 旋於突厥通謀……初建邑居 來憑隣援 其會長大祚榮 始授臣藩第五品大阿餐之秩 後至先天二年 方受大朝寵命 封爲渤海郡王 邇來漸見辜恩 遽聞抗禮"(〈謝不許北國居上表〉장).
157 "高句麗殘孽類聚 北依太白山下 國號渤海"(〈上太師侍中狀〉장).

위 구절들은 각각 네 종의 표와 장狀에서 인용한 부분들이다. 이들 글은 9세기 말 10세기 초 신라의 국세가 대내외적으로 영락零落해진 상태에서, 당에서 일어난 발해와의 쟁장사건爭長事件에 대응해 그 국가적 위신을 유지해 보려는 외교적 노력의 일환으로서, 그리고 ④는 최치원 자신이 신라사新羅使로서 당의 해안에 도착한 뒤 겪은 현실적인 곤경에서 벗어나기 위한 도움을 요청하고자 쓴 것이다. 그래서 이들 표와 장에 담긴 전체적인 내용과 표현은 그러한 한계적 상황을 감안하며 이해하여야겠다. 이 4종의 글을 최치원이 썼던 직접적 계기는 각각 달랐지만, 공통된 점은 당 측에 대해 신라가 발해에 견주어 당에 더 충실한 관계를 맺어 온 더 오래된 문명국임을 내세우고자 한 면이다. 그러한 면을 발해국의 내력을 밝힘으로써 환기시키고자 하였다. 아무튼 이를 통해 그의 발해국의 성격에 대한 인식을 알아볼 수 있다. ①, ②, ④에서 그는 발해가 고구려인들에 의한 고구려 계승국임을 명백히 규정하였다. 그런데 ③에서는 발해의 원류가 속말말갈栗(粟)末鞨鞨이라 하였다.

이 ③에서 말한 대조영이 신라의 대아찬으로 봉해진 사실은 신라 측의 기록에 따른 것이다. 발해의 원류가 속말말갈계였다는 기술은, 오랫동안 당에서 생활하였던 바 있던 최치원이 《신당서》 발해전의 이 관계 기술의 저본이 되었던 어떤 자료와 같은 류의 당 측 전승에 의거하였는지도 모르겠다. 하여튼 당 말에 그러한 전승이 있었음은 분명하다. 이 표문에서 최치원이 말하고자 했던 바는, 발해의 원류가 당의 영주 방면에서 동쪽으로 도망해 온 말갈족으로서 그 내력이 추루醜陋하다는 것을 강조한 것이다. 그런데 "기수령걸사비급대조영운운其首領乞四比及大祚榮云云"하여, 발해 건국 전에 이미 패몰하였고 그 출자가 말갈족이 확실한 걸사비우를 일부러 대조영보다 앞에 내세워 강조하였다. 이 점은 곧 그가 대조영의 출자를 고구려인이라고 한 다른 전승도 있음을 알고 있었다는 것을 말해 준다. 아무튼 ③은 발해의 원류에 대한 그 나름의 주장을 한 것일 뿐이고 발해 건국 후의 진전 방향과 그 전체적인 성격에 대한 어떤 인식을 나타낸 것은 아니다. 그가 지니고 있던 발해국의 포괄적인 성격에 대한 인식은 ①, ②, ④에서 표현된 그것이라고 보아야겠다.

다음으로《삼국사기》와《삼국유사》에 실린 발해 관계 기사를 검토해 본다. 먼저《삼국유사》의 기이편紀異篇 말갈 발해조에서는 발해에 관한 《통전通典》의 기사를 전재한 뒤 세주細註로《삼국사기》의 기사를 약기略記하였으며,《신라고기新羅古記》의 기사를 소개한 뒤 찬자의 안설按說을 서술하였다. 이 가운데 안설에서 "발해는 말갈 종이다(渤海乃靺鞨之種)"라 운위하였으나, 이는 일연一然의 소견이므로, 발해국의 성격이라는 객관적 사실이나 그에 대한 신라 당대인의 인식에 관한 문제와는 다른 차원에서 논의되어야 될 사학사史學史의 대상이 되는 것이다. 이 세주에서 주목되는 바는《신라고기》의 기사이다. 이 책의 작성 시기는 확실하지 않으나, 신라 당대의 것일 가능성도 크다. 만약 그렇다면, 이에서 "고려 옛 장수 대조영은 성은 대씨로서 잔병을 모아 태백산 남쪽에 나라를 세워 국호를 발해라 하였다(高麗舊將大祚榮姓大氏 聚殘兵 立國於太白山南 國號渤海)"라고 한 것은 신라인의 발해에 대한 인식의 한 면을 나타내 주는 것이 되겠다.

《삼국사기》에 전하는 발해 관계의 기사는 매우 적다. 발해라고 구체적으로 표기한 이 관계 기사는 733년에 있었던 발해 공격에 관한 것 외에는, 최치원전의 기사뿐이다. 후자는 최치원문집에 실린 것을 전재한 것으로서, 그의 대발해관은 앞에서 본 바이다. 전자를 살펴보면, 신라본기 성덕왕聖德王 32년(733)과 33년 조의 기사에선 발해를 발해말

갈, 말갈이라고 기술하였다. 그리고 김유신전에서도 733년의 북정건北
征件에 관한 언급에서 말갈발해靺鞨渤海라 하였다. 그런데 733년의 기
사는 당 측의 '발해말갈'에 대한 공격 요청과 북정北征 사실을 《자치
통감》의 기사를 전재하여 밝힌 것일 뿐이다. 그리고 734년의 기사는,
당에서 숙위宿衛하고 있던 김충신金忠信이 당 황제에 올린 표를 전재
한 것이다. 이 기록들에서 신라인의 발해에 대한 인식을 파악한다는
것은 무의미하다. 《삼국사기》의 발해 관계 기사로서 그동안 더 많은
주목을 끌었던 것은 원성왕 6년 조와 헌덕왕 4년 조에서 신라에서 발
해에 사신을 보낸 것을 기술한 '북국北國'이란 표현이다. 최치원의 '사
불허북국거상표謝不許北國居上表'에서 보듯, 당시 신라인이 발해를 북국
이라고도 불렀던 것은 분명하다. 이 북국이란 표현에는 남국南國과 합
쳐 하나의 동일족속권同一族屬圈을 상정하는 관념이 내포되어 있다고
일단 해석해 볼 수도 있다.[158] 그러나 당시 여타의 남·북국이란 용례
에서 볼 때, 북국이란 표현 그 자체만을 가지고서는 적극적으로 동족
의식을 내포한 것이라고는 보기 어렵다는 지적이 가능하다.[159]

이렇게 볼 때, 《삼국사기》의 기사를 보아서는 당시 신라인의 발해국
의 성격에 대한 인식을 나타내는 구체적인 면을 찾아보기 어렵다. 이
에서 유의하여야 할 점은, 마땅히 상당히 있었어야 할 발해와 신라의
교섭에 관한 기사 및 여타의 발해 관계 기사가 태무殆無하다는 사실이
다. 이는 《삼국사기》 편찬 당시의 고려 정계政界의 상황과 편찬자의
사관과 무관한 것일 수 없다. 이 문제와 《제왕운기帝王韻紀》 이후의 사
서의 발해 관계 기사는, 발해국의 성격이란 사실 그 자체에 관한 문제

---

158 李佑成,〈南北國時代와 崔致遠〉,《創作과 批評》, 10-4, 1975; 朴時亨, 앞의 논문.
159 李基白,《韓國史講座 古代篇》, 1982, 306쪽 참조.

라기보다, 오히려 발해사에 대한 선인들의 인식이 어떠하였느냐는 다른 차원의 과제이므로 이 장에서는 줄인다.

다음으로 발해국을 멸망시킨 거란인들이 발해를 어떻게 여겼느냐를 살펴볼 필요가 있겠다. 이에 대해선 927년 동단국東丹國의 좌차상左次相이었던 야율우지耶律羽之가 발해인을 요양에 옮길 것을 주장하는 상표에서 다음과 같이 말한 것이 주목된다.

> 발해가 남조南朝를 두려워하여, 험하고 스스로 지킬 수 있는 홀한성忽汗城에 자리 잡았다. 지금 상경上京에서 아득히 먼 곳이다. 그곳은 이미 사용하지도 않고 또 지키는 것을 파罷하지도 않고 있다. 어떻게 할 것인가. 선제先帝가 그들의 마음이 이반된 것을 보고 그 틈을 타 움직여, 싸우지 않고 멸할 수 있었다. 하늘이 주고 사람이 함께 함이었다. 발해의 남은 무리들이 점점 번식한다. 지금 먼 지역에 거주하는 데 후환이 될까 두렵다. 양수梁水 지역은 그들의 고향이다. 땅이 기름지고 나무와 철이 풍부하고 물고기와 소금이 많다. 그들이 미약한 틈을 타 발해인을 이곳으로 옮기면 만세萬世의 좋은 대책이 될 것이다. 그들은 고향을 찾게 되고 또 나무와 철 소금과 물고기의 풍요로움을 획득할 수 있어, 안정된 삶을 누리게 될 수 있다. 그런 연후 무리를 뽑아 우리의 왼편을 보좌케 하고, 돌궐·탕구트·실위로 하여금 우리의 오른편을 돕게 하면, 가히 앉아서 남방南邦을 제압할 수 있어 천하를 하나로 할 수 있을 것이다.160

여기에서 양수梁水는 대량수大梁水로서 지금의 태자하太子河이니, 요양 일대의 평야지대를 지칭하는데, 이 양수 지역을 발해인의 고향이라고 하였다. 이에 대해 말갈족과 연결시켜 해석해 보려는 견해들도 있으나, 발해국 성립 이전에 말갈족이 요양 일대에 거주한 적은 없었다.

---

160 《遼史》 卷75 耶律羽之傳.

이는 발해인이 원래 고구려인이었다고 거란인이 인식하고 있었음을 가리키는 것 이외의 사실로 해석할 수 없다.[161] 이 야율우지의 방책에 따라, 928년 발해인들은 요동성을 중심으로 한 요양 일대에 옮겨 살게 되었다. 요대를 통해 이 지역은 발해고지渤海故地로 여겨졌고,[162] 그리고 《요사》〈지리지〉에서는 이 지역 주현의 내력을 고구려시대와 발해시대의 그것과 바로 연결시켜 서술하였다. 이에는 물론 착오가 많다. 그런데 그러한 인식이 널리 퍼졌던 것은, 이 지역을 발해인의 고향으로 여겼던 당대의 발해인 및 거란인의 인식이 결부됨에서 더 용이하게 이루어질 수 있었던 바이다. 또한 고구려 멸망 후 요양 일대에는 비록 그 수는 적어졌지만 계속 고구려인들이 거주하였고, 8세기 종반 9세기 초에 일시 자립하여 소고구려국을 형성하였다가 곧이어 9세기 전반 선왕宣王대 이후 발해에 병합되었다는 역사적 사실도,[163] 그러한 인식이 더 용이하게 정착될 수 있었던 한 요인이 되었겠다. 아무튼 발해국을 멸망시키고, 그 유민을 다스리는 직책을 맡고 있었던 거란인 야율우지가 발해인을 고구려인의 후예라고 본 점은 주목해야겠다. 아울러 그의 상주문에서 중국왕조를 남조南朝로 기술한 점도 당시 이 단어의 용례를 보여 주는 일례로서 유의된다.

다음 발해국의 성격에 대한 인접국인의 언급으로 유의되는 것이 내륙아시아인들의 언급이다. 프랑스인 동양학자 페리오가 가져간 돈황문서 가운데 티베트어로 쓰여진 프랑스 국립도서관 돈황문서 분류번호 1283번(Pelliot Tibetian 1283)이 그것이다.

---

161 李範龍, 〈渤海王國의 社會構成과 高句麗遺裔〉, 《東國大論文集》 10, 1973.
162 주 7 및 8과 같음.
163 노태돈, 앞의 논문, 1980.

북방에 있는 왕들과 왕통王統을 기술한 것이다. … 그(해奚)의 동방을 보
면, Drug인이 Mug-lig로, 중국인이 Keu-li라 부르는 나라가 있다.
Shan-ton(산동)지방의 대신 Chan-Chun-Chi(張忠志?)의 관할구(?)인
Keu-li의 주민은 ….

이 문서는 감숙성 회랑지대에서 투르판에 이르는 지역의 어느 곳에
살았던 비非터키계의 나라인 Hor국에서 8세기 중반 어느 시기에 그
북방에 있던 나라들에 관한 정보를 수집하여 기술한 것이다. 그 뒤 8
세기 종반 9세기 초 토번吐蕃이 팽창하여 이 나라를 병합한 뒤, 이를
티베트어로 번역해 놓은 것이다. 이에서 밑줄 친 부분의 Drug는 터키
(투르크)족을 지칭하며, Mug-lig는 발해를 가리킨다. 8세기 중반에 쓰
여진 몽골고원의 고古돌궐비에서 'Bökli' = 'Mökli'는 '맥구려貊句麗'를
가리키는 말로서, 고구려를 나타낸다. 이 'Mökli'와 'Mug-lig'는 같은
단어이다. 즉 8세기대 내륙아시아의 터키계 종족들 사이에서 고구려를
'매크리', '무그리그'라 하였고, 발해를 가리킬 때도 동일한 말로 기술
하였음을 나타내 준다. 즉 발해와 고구려를 같은 계통의 국가로 인식
하였음을 말해 주는 바이다. 그리고 중국인, 즉 당인唐人이 발해를
'Keu-li' 즉 고려라 불렀음도 전하고 있다.[164]

　발해국의 성격에 대해 많은 기록을 남긴 측이 일본인데, 그에 관해
선 앞 장에서 살펴본 바이다.

　이어 여진인들의 발해 인식을 살펴볼 때, 금 태조 아골타가 건국 초
에 발해인을 초유招諭하면서, 여진과 발해는 '본래 한 집안이다(本同一
家)'라 하였다.[165] 《금사》 세기世紀에서 여진의 족원族原을 밝히면서도

---

164 〔補〕 노태돈, 〈고구려 발해인과 내륙아시아 주민과의 교섭에 관한 일고찰〉, 《대
　　동문화연구》 23, 1989.

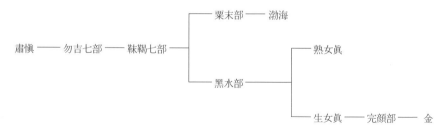

표 2 《금사》 세기에 나타난 여진의 계통

같은 내용을 기술하였는데, 그 계통을 위와 같이 규정하였다.

　여기에서 먼저 금 태조의 말은 앞에서도 말하였듯이 요 영내의 발해인을 포섭키 위한 정치선전에 지나지 않은 것이다. 요대 이래 여진인과 발해인은 엄격히 구분되었고, 금대에도 발해인의 적籍을 따로 만드는 등 여전하였다. 구체적으로 양자의 의식면에서나 그리고 금국의 발해인에 대한 조처에서, 발해인과 여진인이 서로를 같은 족계族系로 여긴 면은 보이지 않는다. 《금사》 세기의 족계에 대한 기술은 실제 여진인이 지닌 그것이라고 하기보다, 위의 금 태조의 말과 《신당서》 혹수말갈전과 발해전을 저본으로 한 《금사》 찬자의 그것이라고 보는 것이 더 사실에 가까울 것이다.

　그럼 《금사》 이전의 중국 측 기록을 살펴보면, 그 현전現傳하는 가장 이른 시기의 것은 713년 최흔崔忻이 여순旅順 황금정黃金井가에 남긴 각석명刻石銘이다. 이에 관해선 앞에서 말한 바이다(218쪽 참조). 이후의 사서에선 발해를 발해말갈, 말갈, 발해 등으로 표현하였다. 때로는 동일 사서 안에서도 그러한 표현들이 교차되었다. 발해국의 성격이나 종족적인 측면을 기술한 표현에서도, '진국본고려振國本高麗' '발

---

165 《金史》 卷1 世紀, 卷2 太祖 2年 10月條.

해말갈본고려별종渤海靺鞨本高麗別種' 또는 '본고려종本高麗種' 등으로
서술한 사서들이 있고, 한편으로는 '말갈'이라 한 것들도 있으며, 그리
고 "발해본호말갈渤海本號靺鞨 고려지별종야高麗之別種也"라 서술하기도
하였다.166 이렇듯 중국측 사서에서 보이는 기술의 혼잡은, 발해국이
다종족국가였고, 그 시조의 출자에 대해 두 갈래의 전승이 있었으며,
발해 건국 무렵의 요동과 동부 만주 지역에 대한 당의 정책과 인식
등에 크게 말미암았던 바이다. 후자에 대한 문제와 대조영 집단의 출
자에 관한 두 갈래의 전승에 대해서는 앞 절에서 살펴본 바 있다.

이렇게 볼 때, 발해인은 고구려인이 중심이 되어 일부 고구려화된
말갈인이 융합되어 이루어진 족속이며 발해국은 고구려 계승국으로서
의 성격을 뚜렷이 지니고 있었다는 역사적 사실은, 시조에 관한 두 갈
래 전승을 가졌던 중국 측을 제외한 그 밖의 당시 발해국과 직·간접
의 교섭관계를 맺고 있었던 신라인·일본인·재당 고구려 유민 등과 발
해를 멸망시킨 거란인의 인식에서도 확인되는 바이다.

6. 맺음말

이상에서 살핀 바를 요약하여 맺음말에 대신하겠다. 1절에선 발해국
존립 당시 그 주민이었던 이들이 국망 후에는 발해인과 여진인으로
사서에 뚜렷이 구분 기술되어 나타남에 주목하였다. 양자는 그 존재

---

166 중국 사서들에 보이는 발해의 성격과 시조의 출자에 관한 각양의 서술 기사 자
체의 抄錄은 朴時亨, 앞의 논문 참조.

양태와 귀속의식 면에서 판이한 면을 보였다. 요·금의 지배 아래에서 발해인은 오히려 한인과 비슷한 처우를 받고 있었다. 이러한 양자의 차이는 발해국 존립 당시부터 그러하였다. 발해국의 주민 구성은 이른 시기부터 족속별로 이중성을 나타내었고, 그것은 지방지배조직의 이중성과 연결되어 있었다. 즉《유취국사》에서 전하는 '토인'과 말갈은 926년 이후의 발해인과 여진인으로 각각 이어지는 면을 볼 수 있다. 이것이 2절의 내용이다. 3절에선 이 토인, 즉 발해인의 족원이 어떠한가를 살펴보았다. 발해인은 고구려인을 중심으로 해서 고구려화했던 일부 말갈인이 이에 융합되어 형성된 족속이었고, 발해인은 고구려 계승의식을 명백히 지니고 있었음을 알 수 있었다. 그리고 대씨 왕족은 속말수유역에 거주하던 고구려계 변경민이었다. 곧 발해인의 족원은 고구려인이었고, 발해국은 고구려 계승국의 성격을 지녔음을 고찰할 수 있었다. 그러한 발해국의 성격은 당시 그 인접국 주민들의 발해에 대한 인식을 통해 확인할 수 있었던 것이 5절의 내용이다.

제2장

대對발해 일본 국서에서 언급한
《고려구기高麗舊記》에 대하여

1. 머리말

663년 백강구전투를 고비로 그간 밀접하게 전개되어 왔던 한반도와 일본열도 국가들의 직접적인 정치적 군사적 상호 연관관계는 한 단락이 지어졌다. 오늘날 한일 양측의 학인들 사이에선 이 7세기 후반에 이르기까지 고대 한일관계사의 실상과 그 성격에 관한 이해에 큰 시각의 차이를 드러내고 있다. 그러한 상반된 이해와 인식에 따른 양측의 마찰은 이미 8세기에서도 벌어졌었다. 신라와 일본의 교섭에서 양국은 서로 상대방 국서가 전례에 어긋난다고 접수하기를 거부하는 사달이 있었다. 7세기 이전의 고구려와 일본의 관계에 대한 인식 차이에서 비롯한 발해와 일본 사이의 마찰은 그러한 면을 더 구체적으로 보여 준다.

그렇다면 7세기 이전의 상호관계에 대해 양측의 인식이 왜 그렇게 차이를 나타내게 되었을까. 이는 7세기 이전의 실제적인 상호관계와 그리고 그 이후 두 지역에서 전개된 역사적 사실에 대한 깊은 이해 위에서 비로소 파악될 수 있는 방대한 문제이다. 이 장에서는 다만 이 문제에 대한 이해의 일단을 얻기 위해 양측의 인식의 차이가 나타나게 된 비교적 이른 시기인 8세기 중반 발해와 일본 사이에 벌어진 외교적 마찰에서 드러난 당시 일본인의 대고구려관과, 과거의 고구려·일본 관계의 사실을 전해 준다며 일본 측이 구체적 논거로 제시한 《고려구기高麗舊記》에 관하여 살펴보고자 한다.

2. 《고려구기》에 담긴 내용

753년 발해에 보낸 일본국서에서 발일 관계의 성격을 조공관계로 규정하고, 발해가 일본에 대해 신례臣禮를 취해야 된다고 하면서 다음과 같이 그 주장을 개진하였다.

천황이 발해국왕에게 삼가 묻는다. 짐이 부족한 덕으로 삼가 보도寶圖를 받들어 만민을 기르고 팔방에 두루 임하였다. 왕은 해외의 한 모퉁이에 살면서 멀리서 입조하니, 그 지극하고 밝은 마음이 매우 가상하다. 단 아뢰는 바(啓)를 살피니, 신臣 누구(名)라 칭하지 않았다. 《고려구기高麗舊記》를 찾아 살펴보니, 국가가 평안하였을 때 상표문에서 ⓐ 족族으로는 형제이며 의義로서는 군신君臣이라 하면서 ⓑ 혹은 원병을 청하고 혹은 새 임금의 등극을 경하하고 조빙朝聘의 항식恒式을 닦으며 지극히 충성스러움을 나타내었다. 그런 까닭에 선조께서 그 정절을 가상히 여겨 특별한 은혜로 대하였다 … 이런 이유로 지난번 돌아간 이후 칙서를 버렸다. 그런데 어찌 올해 입조 때 또 상표上表가 없느냐. 예에 따라 나가고 물러나야 함은 그때나 이때나 동일하다. 왕은 깊이 생각하여라.1

이러한 주장은 물론 발해가 고구려 유민들이 재건한 고구려 계승국이라는 인식을 전제로 한 것이다. 이는 그동안의 발·일 교섭에서 발해 측의 국서와 사신들을 통해 그리고 발해에 파견된 일본사신의 견문보고 등에 의거해 얻어진 판단이라 하겠다. 그런 객관적 사실을 바탕으로 해서 발해와의 교섭에서 우월한 위치를 확보하기 위해 당시 일본 측이 고구려와 일본 관계의 '전례'를 정면으로 제기해 강조하였던 것이다.[2] 그런데 여기에서 주목되는 바는 《고려구기》를 그 구체적 근거로 제시하였다는 점이다. 이 《고려구기》는 여타의 사서에선 보이지 않는다. 그래서 이의 실재를 부정하고, 발해와의 관계를 유리하게 이끌기 위한 일본 측의 책략에서 나온 허사虛辭라고 보는 견해가 있다.[3] 그런데 772년 발해에 보낸 일본국서에서도 고구려가 일본의 조공국이었다고 하였으며, 그 이후에도 계속 그런 주장을 하였던 것이 보인다(후술). 그런 주장들을 과대한 자존의식에서 나온 황당한 것이라고 가볍게 일축해 버릴 수도 있다. 그런데 발일 관계에서 일본 측이 과거 고일 관계를 조공관계였다고 간주하는 입장을 계속 견지하였다는 것 자체는, 그런 주장의 사실성 여부와는 별개로 또 하나의 엄연한 사실이다. 그러면 과연 실제 사실이 그러하였을까. 아니면 어떻게 되어 당시 일본인들이 그런 인식을 하게 되었을까. 이러한 면을 살피기 위한 방편으로 위의 일본국서의 주장에 따라 《고려구기》의 존재를 일단 긍정하고 그 내용을 살핀 뒤, 실제 역사적으로 고일 관계에서 그런 면이 가능했는지를 검토해 보자. 그러면 일본국서의 주장에 관한 사실성 여

---

1 《續日本紀》卷19 天平勝寶 5年 6月 丁丑.
2 노태돈, 〈渤海國의 住民構成과 渤海人의 族源〉, 《韓國古代의 國家와 社會》, 일조각, 1985 소수.
3 鳥山喜一, 《渤海史の諸問題》, 1968, 241쪽.

부가 확인될 수 있겠고, 《고려구기》의 실체도 더 분명히 파악될 수 있을 것이다. 아울러 그 과정에서 8세기 일본인들의 대고구려관의 형성 배경의 일단이 이해될 수 있겠다.

구체적으로 위의 국서를 살펴보면 Ⓐ와 Ⓑ는 《고려구기》에 의거한 것이 되겠으며, Ⓐ는 고구려 측에서 온 국서의 일부를 인용한 것이고, Ⓑ는 고일 교섭을 일본 측의 입장에서 집약적으로 회고하여 기술한 형태이다. 그리고 "혹은 청병하거나 혹은 새 임금의 등극을 경하하며 운운"함을 볼 때, 고구려 측에서 보낸 국서가 여러 건이 있었음을 나타내 준다. 이런 면에서 볼 때, 위에서 말한 《고려구기》는 당시 일본 조정에 모아져 전해지고 있던 고구려 측으로부터 보내온 국서와 그 밖의 고구려와 일본의 교섭에 관계된 기록들을 가리킨 것으로 일단 생각해 볼 수 있겠다. 그 가운데 Ⓐ의 문구는 분명 고구려가 일본에 칭신稱臣하였음을 나타낸다. 그렇다면 고일 사이에 언제부터 그러한 관계가 성립하였을까. 이 점에 관해선 772년의 일본국서를 살펴볼 필요가 있다.

천황이 삼가 고려국왕에게 묻는다. … Ⓒ 지난날 고려의 전성全盛 때 그 왕 고무高武가 조상 대대로 큰 바닷가에 살면서 친함은 형제와 같고 의義는 군신 같아 바다에 돛을 띄우고 산을 넘어 조공이 이어졌다. 말년에 이르러 고씨가 망하게 되었던 이래로 소식이 두절되었다. 신구神龜 4년 이래로 왕의 선고先考인 좌금오위대장군발해군왕이 멀리서 사신을 보내 조공하여, 선조가 그 지극한 마음을 가상히 여겼다. … 지금 가져온 글을 보니 갑자기 글 쓰는 법이 바뀌어져 보낸 날짜 아래에 관품 성명을 쓰지 않았고, 글 말미에 헛되이 천손天孫과 외람된 칭호를 개진하였다. … Ⓓ 또 고씨 치세 때에 병란이 끊이지 않아 조정의 위엄을 빌리기 위해 형제라 칭함을 얻었으나 Ⓔ 지금 대씨가 까닭 없이 망령되이 사위와 장인(舅甥) 관계라 일컬으니 예에 어긋난다. 다음에 버조할 때에는 다시 그렇게 하지 않아야 한다. 만약 능히 과거의 허물을 고쳐 스스로를 새롭게 한다면 이는 좋음을 이어감이 무궁할 것이다.[4]

이 772년의 일본국서의 내용도 기본적으로는 753년의 그것과 동일하다. 이 국서는 전년에 일본에 보낸 발해국서에 대해 반박하는 형태이므로 일본 측 주장이 더 자세히 개진되어 있다. 전년의 발해국서의 내용은 일본 측의 기휘로 《속일본기》에 전재되어 있지 않으나[5] 위의 일본국서를 통해서 볼 때 발해왕이 천손을 자부하였고 발일 관계를 구생舅甥 관계로 규정하는 등 일본에 대한 발해의 우월적 위치를 강조하였던 것인 듯하다. 이에 대해 일본 측은 고일 관계의 선례를 강조하며 기존의 주장을 되풀이하였다. 이에서 ⓒ는 앞의 753년 국서의 Ⓐ와 Ⓑ와 같은 내용으로서, 특히 '친여형제親如兄弟 의여군신義如君臣'의 표현은 Ⓐ와 같으니, 아마도 같은 《고려구기》에 바탕을 둔 서술로 여겨진다. Ⓓ는 형제관계로 칭하게 된 것이 일본의 위세를 빌리기 위한 것이었다는 그 나름의 설명을 한 것이다. 그런데 여기서 주목되는 것은 ⓒ에서 고구려왕의 성명을 '高武'로 적기한 것이다. 그럼 고무가 어느 왕일까. 《삼국사기》나 《신·구당서》에선 영류왕의 이름을 건무建武라 전하나, 《통전通典》에선 무武라고 하니,[6] 일단 영류왕으로 비정해 볼 수도 있겠다. 그렇다면 《고려구기》라 일컬은 문서류에는 영류왕대에

---

4 《續日本紀》 卷32 寶龜 3年 2月 己卯.
5 771년 壹萬福이 가지고 온 渤海國書는 그 文辭가 無禮하다 하여 일본 측에 의해 접수가 거부되었다. 그래서 壹萬福이 일부 표현을 수정하는 등 외교적 절충을 벌였었다. 771년의 발해국서가 《續日本紀》에 수록되지 않은 것도 그러한 까닭에서이다(《續日本紀》 卷32 寶龜 3年 正月條).
6 《通典》 권185 高句麗傳.

일본에 신하를 자처한 어떤 국서가 들어 있음을 뜻한다. 곧 고구려가
일본과 상하 관계를 맺었던 시기를 확인할 수 있다.

　　그러나 ⓒ의 기사를 다시 한 번 살펴보면 그렇게 간단히 귀결시킬
수 없는 면이 있다. 이 779년의 국서 전체의 구성 면에서 볼 때, ⓒ의
부분은 특정 시대의 고일 관계를 집약적으로 표현한 것이다. 그래서
ⓒ에 이어 고씨 멸망 후 그것이 두절되었다가 대씨大氏에 이르러 재차
'내조來朝'해 온 것을 서술하고 있다. '고려 전성 시'라는 말도 고구려
의 특정 시기를 지칭한 것이 아니라, ⓓ의 고씨지세高氏之世라는 말과
같은 뜻으로서 고구려 존립 당시라는 의미이다. 그래서 ⓓ의 고씨 때
의 사례와 ⓔ의 지금 대씨대의 그것을 대비하고 있다. 구체적으로 "조
종혁세祖宗奕世 개거영표介居瀛表 … 조공상계朝貢相繼", 즉 "대대로 큰
바다의 한편에 살면서 … 조공을 계속하였다"는 표현도 특정 왕대의
사실이란 의미보다 고씨지세에 그러하였다는 뜻을 나타낸 것으로 보는
것이 문맥상 더 타당하다. 이렇게 볼 때 그 왕 '고무'의 '무武'자는 '씨
氏'자의 착오일 가능성이 크다.[7] 이는 곧 753년의 일본국서에서 인용
한 '족유형제族惟兄弟 의즉군신義則君臣 운운云云'한 《고려구기》의 상표
문이 영류왕대의 것이라고 단정할 수 없음을 뜻한다. 다만 고구려의
어느 시기에 있었던 것으로 추정할 수 있을 뿐이다. 만약 고무라는 말
을 그대로 취신할 경우, ⓒ의 사실 전체는 영류왕대의 것을 기술한 바
가 되며, 고일 조공관계의 대표적 사례로서 거론하였다고 생각해 볼

---

[7] 武字와 氏字는 그 字劃으로 볼 때 문서의 판독과 轉寫過程에서 錯誤를 일으킬 수
　있는 여지가 있다. 〔補〕《속일본기》 기사의 글자는 소장처와 寫本에 따라 판독에
　약간의 차이가 있다. 위에 인용한 기사에 대해서도 그러하다. 구체적인 소장처와
　寫本에 따라 '武' 또는 '氏'로 판독하였다. 鈴木靖民·金子修一·石見淸裕·濱田久美
　子, 《日本古代の外交文書》, 2014, 17쪽 참조.

수도 있다. 그럴 경우 이은 "조종혁세 운운"한 표현과 연결에 어색한 면을 지닌다. 아무튼 이 문제는 구체적으로 고일 교섭관계의 사실들을 검토해 봄으로써 확실한 판단을 할 수 있을 것이다.

3. 고구려와 왜국의 교섭

고구려와 야마토 왜 사이에 본격적인 교섭이 시작된 것은 570년대에 들어서면서부터이다. 고구려가 이때에 들어 야마토 왜와 교섭을 시도하였던 것은 당면한 국제정세에 대응하기 위한 노력의 일환이었다. 당시 고구려는 남으로 신라의 팽창에 따라 한강유역과 함흥 일대를 상실하였고, 서북으로는 돌궐과 상쟁하고 있었으며, 서로는 북제와 사이에 불편한 관계가 조성되어 있었다. 또한 종전까지 중국의 남조하고만 교섭하였던 백제가 각각 564년과 570년에 북제와 통교를 시작하였다. 고구려를 둘러싼 이러한 새로운 정세는 그전과는 상이한 양상이었다.[8] 이에 대응하고자 고구려는 남조와의 관계를 더 긴밀히 하였으며, 동으로 왜와 교섭을 추진하게 되었다. 570년 이후 고왜 교섭 내용 가운데, 여기에선 앞에서 제기된 양국 사이의 교섭 형식 문제에 한하여 살펴보겠다. 이를 '고무', 즉 영류왕대를 포함한 7세기의 양국 교섭을 중심으로 살펴보고자 한다. 753년과 779년의 일본국서에서 각각 "(고

---

8 이에 관해서는 노태돈, 〈5~6세기 東아시아 國際情勢와 高句麗의 對外關係〉, 《東方學志》 44, 1984 참조.

려高麗)혹걸청병或乞請兵" "고씨지세高氏之世 위가조위爲假朝威 피칭형제被稱兄弟"라 기술함에서도 보듯, 만약 《고려구기》에서 운위한 것처럼 고구려가 칭신하였다면 그것은 전란 특히 수·당과의 전쟁에 따른 군사적 위기에서 비롯되었을 것이기 때문이다.

600년대에 들어서 고·왜 교섭을 《일본서기》의 기사에 따라 차례로 살펴보면, 먼저 601년 2월 왜에서 고구려와 백제에 각각 사신을 파견하였다 한다. 이때 사신 파견의 목적은 고구려, 백제 양국에게 '급히 임나를 구원하라'는 것이었다 한다. 이 기사는 전년 600년(추고推古 8년)조의 왜가 경부신境部臣 등을 보내어 만여 명의 군대로 신라를 쳐 신라왕을 항복시키고 임나를 구원하였다[9]는 환상적인 설화적 기사에 이은 것으로서, 이때가 대가야가 멸망한 지 40여 년이 흐른 뒤임을 고려할 때 어떠한 방향으로 고찰해 보아도 그 신빙성이 부정되는 기사이다. 다음 602년 윤10월에 고구려 승려 승륭僧隆과 운총雲聰이 왜에 건너갔다. 이어 605년 왜의 원흥사元興寺 장육존상丈六尊像을 주조할 때 고려국 대흥왕大興王이 황금 300량을 보내왔다고 《일본서기》에 전한다. 원흥사 자재장資財帳에서 장육광명丈六光銘을 기재한 바에 따르면 아래와 같다.

고려 대흥왕이 대왜大倭와 막 우호를 맺고 삼보三寶를 받들어 멀리서 선근공덕善根功德을 행함을 기뻐하며 황금 320량으로 대복大福을 이룸을 도왔으니 …[10]

---

9 《日本書紀》 卷22 推古 8年 是歲條.
10 李弘稙, 〈日本書紀所載高句麗關係記事考〉, 《韓國古代史의 硏究》(1974)에서 재인용.

이때는 영양왕대이며, 그의 이름은 대원大元이다. 대흥왕이라 한 것은 불교를 흥륭케 한 왕이라는 뜻으로 원흥사 측에서 칭했는지 모르겠다. 아무튼 이 무렵 고구려는 왜국에 대한 외교의 한 방안으로 승려 파견 등을 여러 차례 행하였다. 이해의 조처도 그러한 하나의 예로 보인다. 610년에는 담징曇徵과 법정法定을 왜에 보냈다. 615년에는 그간 왜의 성덕태자의 스승으로 활동하였던 혜자慧慈가 귀국하였다. 선진 불교문화가 왜에 대한 영향력 확대의 한 방편이었던 것은 삼국과 왜의 교섭에서 일반적으로 보이는 형태이다.

618년(영양왕 29, 추고 24) 8월에 고구려의 사신이 일본에 도착하여 수와의 전쟁에서 승리한 사실을 통보하였다. 이에 관해《일본서기》에선 다음과 같이 전한다.

> 고려가 사신을 파견해 방물을 바쳤다. 그리고 수양제의 30만 군이 공격해 왔으나 도리어 우리에게 격파되었다고 하면서, 사로잡은 정공貞公과 보통普通 등 두 명의 포로와, 북과 나발 및 공성도구인 투석기 등 10개와, 토산물과 낙타 1필 등을 바쳤다.[II]

이해에 수가 멸망하였는데, 수제국은 사실상 그 전년에 파탄하였다. 수의 패망에 따라 고구려는 그동안의 위기와 긴장에서 벗어나게 되었다. 이에 왜에 사신을 보내어 그간의 수와의 전쟁 결과를 통보하였는데, 고구려사신이 전한 전승의 예 가운데 612년 수 양제의 침공 때 그 선봉부대 30만을 전멸시킨 대첩을 일본 측에서 그 대표적인 예로 특기하였던 것 같다. 수제국과의 장기간에 걸친 전쟁에서 대승을 거둔

II 《日本書紀》卷22 推古 26年 8月條.

뒤 노획한 무기와 포로 등을 가지고 건너가 전승을 전하였을 때, 고구
려 측이 지녔을 호기로움과 자부는 가히 짐작할 수 있는 바이다. 왜에
대한 칭신 여부를 운위할 여지가 없는 상황이었다. 이해 9월에 영양왕
이 죽고 그 동생인 (건建)무武가 즉위하였다. 건무 자신도 612년 수군
의 침공 때, 해로로 평양성을 직공한 수군을 격파하여 그 협공책을 분
쇄하고 해로를 통한 수군의 보급선을 차단함으로써 이해의 대승에 주
요한 역할을 하였다.12 비록 이 612년의 사신 파견은 영양왕 대의 일
이지만, 건무 자신도 그 성격과 목적을 익히 알고 있었을 것이다. 영
류왕이 즉위한 뒤, 고·당 관계는 당분간 우호적 관계를 유지하였다.
622년 양측은 고·수전쟁 때의 양측 포로나 유민流民을 서로 돌려보내
주기도 하였다.13 고·당 사이의 이러한 면들은 곧 영류왕이 즉위한 후
갑자기 대일관계의 형식이 바뀌었을 가능성이 적었음을 말해 준다.

구체적으로 영류왕대 고구려와 왜의 교섭 사례를 살펴보면 영류왕
8년(625) 고구려 승려 혜윤慧潤을 야마토 왜에 파견하였다.14 이는 그
전부터 있어 온 승려 파견과 같은 성격으로 여겨진다. 그 뒤 영류왕
13년(630)에 대사大使 연자발과 소사小使 약덕 등이 왜에 파견되었다.
《일본서기》에서는 이에 대해서 3월에 고구려사와 백제사의 도착 사실
만을 간단히 적고 있다. 그런데 연자발 등은 영류왕 즉위 이후 처음으
로 파견된 공식적인 사신이었다. 이 무렵 당태종의 대외 팽창 기도가
본격화하고 있었고, 신라와 백제가 당과 연계를 도모하였으며, 고구려
와 신라 사이에 군사적 충돌이 벌어졌다. 이에 고구려는 그 서부 국경
에 천리장성을 구축하는 등 당의 세력 팽창에 대한 대처방안을 강구

---

12 《隋書》 卷64 來護兒傳.
13 《唐書》 高麗傳.
14 《日本書紀》 卷22 推古 33年 正月條.

하고 있었는데, 이번의 왜에 대한 사신 파견도 그러한 일환이라고 여겨진다.

그러나 이 무렵까지 당은 아직 막북의 유목민 세력을 완전히 제압치 못하였으며,[15] 고구려와 신라의 상쟁은 그전부터 있어 온 것으로서 그 전년인 629년의 김유신의 낭비성 공략은[16] 그렇게 심각한 타격은 아니었다. 즉 고구려가 기존 대왜교섭의 형식을 바꾸면서까지 청병할 상황은 아니었다. 그러한 면은 영류왕대(618~642)에 왜국으로 사신을 파견한 것이 630년 한 차례 밖에 없었다는 데서도 알 수 있다.[17]

642년 연개소문이 쿠데타 이후 왜에 사신을 파견하였고, 이듬해도 사신을 보내었다. 신왕의 등극과 연씨의 집정을 통보하며 우호적 관계 유지를 피력하였던 것이 아닐까 한다. 당에 대한 대결노선을 지향하였던 연개소문으로선 왜와 우호 관계 유지에 힘을 기울여야 했다. 2년 후인 645년 7월 고구려는 왜국에 사신을 파견하였다. 사신의 구체적인 언동에 관해서는 전해지는 바 없으나, 아마도 645년 초 당태종의 침공에 따른 상황 등을 설명하였던 것 같다. 이 무렵 일본 조정에서도

---

15 突厥은 貞觀 4년(630)에 이르러 唐將 李靖의 공격으로 頡利可汗이 패배하여 사로잡혔고, 그 조카인 突利可汗이 631년 장안에 입조 도중 병사하였음을 고비로, 당에 제압되었다. 그러나 이어 薛延陀가 흥기하였고, 吐谷渾의 세력도 尚存하였다. 그러나 이들을 격파하고 서쪽의 高昌國까지 정복함에 이르러서는 당제국의 다음 침략 대상은 분명해졌다. 당의 팽창책을 예의 주시하고 있던 고구려는 640년 고창국이 망하자, 다음 해에 고구려에 파견되어 온 당 사신에게 倍前의 후대를 하며 그 동정을 탐색하였다. 당에 대한 경계심과 위기의식이 고조되었음을 보여 준다. 630년까지는 아직 그런 단계는 아니었다(《舊唐書》 突厥傳, 高麗傳 참조).

16 《三國史記》 卷4 眞平王 51年條.

17 《日本書紀》 皇極 2년(643) 6월조에 따르면, 이때 고구려사신이 筑紫에 도착하였다. 이를 중앙에 보고하니 "群卿聞而謂之曰 高麗自己亥年不朝 而今年朝也"라 하였다 한다. 己亥年은 곧 639년(영류왕 22년, 舒明 11년)이니, 이때 고구려가 왜에 遣使한 일이 있었음을 말한다. 그러나 바로 전해인 642년에도 고구려사신이 到日하였으므로, 이 기사는 의문스럽다. 李弘稙, 앞의 논문, 1974, 196쪽 참조.

소가씨蘇我氏가 타도되고 이른바 대화개신이 선포되던 때이다. 새로운
집권세력이 고구려와 관계에 임하는 자세는 왜왕이 고구려사에 전한
다음의 말에서 엿볼 수 있다.

> 거세덕대신巨勢德大臣이 고려사신에게 말하였다. 명신어우일본천황明神御宇
> 日本天皇이 조詔를 내려 천황이 보낸 사신와 고려 신자神子가 보낸 사신에게
> 말하기를 지난 시간은 짧고 다가올 시간은 길 것이니, 온화한 마음으로 서
> 로 계속 왕래하자.[18]

여기에서 明神御宇日本天皇이란 부분은 후대의 가필이라는 등의 논란
이 분분하다. 아무튼 그 내용은 두 나라가 우호 관계를 앞으로 지속하
자는 것이다. 여기에서 고구려왕을 고려 신자神子라 하였는데, 이는 주
몽신화에서 보이는 바와 같이, 고구려 왕실이 지니고 있던 천손의식을
경중敬重함에서 나온 것으로서, 현실적으로 당시 왜 측이 대고구려 관
계에서 취하고 있던 자세의 일단을 반영해 주는 바이다.

이상 영류왕대를 전후한 시기의 고구려와 왜의 관계를 《일본서기》
의 기록에 따라 검토해 보았다. 이 기록에서는 《고려구기》에서 말하는
바와 같은 고구려의 칭신稱臣 조공과 같은 교섭관계의 흔적은 찾아볼
수 없다. 구체적으로 고구려에 대한 자세를 보여 준 왜왕 고토쿠孝德
의 말에서도 그러하다. 오히려 수와 당과의 전쟁에서 승리한 고구려
측의 호기로운 위세와 문화적 선진국으로서의 자태를 느껴 볼 수 있
다. 혹 영류왕대에 있었던 고·왜 관계의 어떠한 사실이 《일본서기》에
누락되었을 수 있지 않을까 하는 생각을 가져볼 수도 있겠다. 그러나

---

18 《日本書紀》 卷25 大化 元年 7月 丙子.

753년은 《일본서기》의 편찬이 완료된 때로부터 겨우 30여 년 뒤이고, 그때에도 《고려구기》가 일본 조정에 남아 있었다면 《일본서기》 편찬 때에도 존재하였을 것이니, 이를 참조하지 않았을 리 없다.

이렇게 볼 때 772년 발해에 보낸 일본국서에서 운위한 "기왕고무其王高武"의 '武'字는 '氏'字로 보는 것이 옳은 것임을 알 수 있다. 그러면 《고려구기》에서 전하는 바와 같이 고구려에서 "족유형제族惟兄弟 의즉군신義則君臣"이라는 국서를 보낸 것은 도대체 언제인가. 이은 시기의 고·왜 관계를 살펴보자.

《일본서기》에 따르면 646, 647, 654, 655년에 고구려가 사신을 보내왔다고 간략히 전하였다. 656년 8월에 고구려는 달사達沙 등을 왜국에 사신으로 파견하였고, 그해 9월에 선신엽적膳臣葉積 등의 일본 사신이 고구려에 보내졌다.19 그 전년인 655년 5월에는 정명진程名振과 소정방이 이끈 당군의 고구려 침공이 있었다.20 이해 왜국으로 사신을 파견한 것은 계속된 당과 신라와의 충돌에 대처하는 고구려 측의 외교적 노력에서였다고 추측된다. 646년 이후 4차례 왜국으로 사신을 파견한 것도 그러한 것이었다고 여겨진다. 당시 고구려는 당에 대항하여 그 외교적 연계망의 구축에 진력하고 있었다. 전통적으로 고구려가 중국세력에 대응하고자 주력했던 것처럼 돌궐, 설연타 등 북아시아 세력과 연결을 도모하였고,21 나아가 멀리 중앙아시아 사마르칸트 지역의

---

19 《日本書紀》 卷26 齊明 2年 8月 9月條.

20 《당서》 卷3 高宗 永徽 6年 2月 5月條.

21 통일중국 세력에 대항하여 고구려가 유목민국가와 연결을 도모하였던 것은 對隋 전쟁에서도 보였던 바이다. 돌궐 啓民可汗의 牙帳에서 수 양제와 고구려 사신의 遭遇는 그 극적인 한 예이다. 돌궐이 일시 쇠퇴한 뒤 등장한 설연타와도 고구려는 계속 연결을 도모하였다. 당 태종의 침공 때 연개소문이 설연타에 사신을 보내며 당에 대한 배후 공격을 요청하였던 사실은 그러한 한 측면이다(《册府元龜》 卷99 外臣部 備禦 貞觀 20年 9月條).

국가에까지 사신을 보내었다.22 당을 서변에서 압박할 수 있는 길을 모색하는 노력에서 비롯한 것이다. 당시 고·당 양측은 모두 동원할 수 있는 역량을 다 발휘하여 전 동아시아 범위에서 대결을 벌여 나갔다. 659년과 660년 정월에도 고구려 사절이 왜국에 도착하였다. 신·당 사이의 연합이 굳어지고 당의 동진세가 강화될수록, 급박해진 위기에 대응하는 고구려 측의 방위책으로 왜국에 사신 파견이 빈번해졌다. 이러한 국가적 위기에서 고구려가 왜국에 원병이나 여타의, 특히 신라를 견제할 수 있는 지원을 요청하였을 수 있다. 다만 그 구체적인 어떠한 내용도 《일본서기》에 전혀 보이지 않고 있다. 그런데 이런 정세 아래에서 고구려 측이 지원을 얻기 위해 스스로 일본에 칭신하는 데까지 나갔을지는 의문이다. 고·당 대결을 격화시킨 한 요인이기도 한 연개소문의 대외강경책을 볼 때도 그러하다. 당 태종의 침공을 격퇴한 뒤 계속된 당과의 대치상태에서 고구려 측이 취한 자세에 관해 당 측이 다음과 같이 전하고 있다.

처음 황제가 장차 귀환하려 하면서 개소문에게 활과 의복을 사여하였다. 개소문이 이를 받고도 감사 인사를 하지 않았으며 더욱 교만 방자해졌다. 비록 사신을 보내 표表를 올리었으나, 표의 언사가 모두 황탄한 것이었으며, 또 당의 사자를 오만하게 대하였고 항시 변경의 틈을 노렸다. 누차 칙령을 내려 신라를 공격치 말라 하였지만 침탈을 그치지 않았다. 태종이 조詔를 내려 고구려의 조공을 받지 말 것을 명하였으며, 다시 고구려를 토벌할 것

22 사마르칸트시 교외에 있는 아프라시앞 궁전지 벽화에 보이는 鳥羽冠을 쓴 2명의 사신은 신라인이라고 보기보다는 고구려인으로 보는 게 순리이다.
穴澤和光·馬目順一, 〈アフラシヤビ都城址出土の壁畵にみえられる朝鮮人使節について〉, 《朝鮮學報》 80, 1976; 金元龍, 〈사마르칸트 아프라시앞 宮殿壁畵의 使節圖〉, 《考古美術》 129·130합집호, 1976; 〈古代韓國과 西域〉, 《美術資料》 34, 1984.

을 논하였다.23

구체적으로 당에 보낸 고구려 측 국서의 내용이나 입장은 전하지 않으나, 위의 인용문을 통해 미루어 짐작할 수 있다. 고·수 및 고·당 전쟁의 근본 원인은, 동아시아 국제정국이 5~6세기와 같이 다원적인 세력균형 상태로 유지되는 가운데 독자적인 세력권을 유지하려는 고구려 측의 입장과 통일중국제국을 중심으로 한 일원적 세계질서를 구축하려는 수·당 노선의 대결이었다.24 더욱이 대당 강경노선을 취하여 그 침공군을 격퇴하였던 연개소문으로서는 당과의 병존적 위치를 자부하였을 것임은 위의 기사를 통해서도 감지할 수 있다. 이 시기 고구려가 당의 팽창세에 대한 공동의 대처 필요성을 강조하는 형태로서 왜국에 혹 했을지도 모르는 지원 요청을 제의한 것이 아니었을까 생각되나, 이 역시 막연한 추측일 따름이다.

660년 신·당군에 의해 백제가 멸망하였다. 이듬해 당군은 평양성을 공격하였다. 이제 당의 침공군에 대한 저지선이 평양성으로까지 밀리게 되었다. 특히 이해에 당군은 동계작전도 수행하였다. 70여 년에 걸친 대수·당 전쟁에서 고구려가 침공군을 격퇴하는 전통적인 전략은 성을 중심으로 방어에 주력하고 별동대로 적군의 긴 보급선을 초략抄掠해 차단하며 동절기까지 버티어 상대방으로 하여금 보급 부족과 추위에 쫓겨 퇴각할 수밖에 없게 하는 것이었다. 그때 후퇴하는 적군의 후미를 공격해 나가 대승을 쟁취하였다. 645년 당 태종의 침공 때 단한 차례 이 기본 전략에서 벗어나 15만의 병력을 동원해 당군과 요동

---

23 《資治通鑑》 卷198 唐紀14 太宗 下之上 貞觀 24年 閏 3月 戊戌條.
24 노태돈, 〈5~6世紀 동아시아 國際情勢와 高句麗의 對外關係〉.

평원에서 대회전을 벌였다. 노성한 장수의 반대를 무릅쓰고 취해진 이 전투에서 패배한 뒤, 재차 전통적인 방어책으로 돌아갔다. 그 결과 안시성 방어전에서 승리하였던 바이다. 그러나 이제 당군은 한강유역에서부터 올라온 신라군의 보급 지원을 받을 수 있게 됨으로써 동계작전까지도 감행하였다. 당군이 지닌 최대의 약점인 긴 보급선의 문제는 보완될 수 있게 되었다. 이는 당의 장기 소모 전략에 지쳐 있던 고구려에게는 치명적인 것이었다. 2년 후 663년에는 백제 부흥군과 이를 지원하기 위해 파견된 왜군이 신·당군에게 격파되었고, 백제 부흥군 지도부의 일부는 고구려로 달아났다.25 이어 많은 백제 유민과 부흥군이 왜군과 함께 왜국으로 망명해 갔다. 고구려의 남부를 압박하는 신라군을 견제할 세력이 소멸되었다. 이에 고구려의 군사적 위치는 극도로 악화되었다.

이런 상황에서 665년 연개소문이 죽고 그 아들들이 집정하였으나, 이듬해 말 내분이 터지고 그 틈을 타 당군이 개입하였다. 고구려는 666년 정월과 10월 두 차례에 걸쳐 일본에 사신을 파견하였다. 난국 타개 방안의 하나로 일본과 관계 강화를 기도한 것으로 보인다. 일본은 663년 백제에 파병한 일도 있고 또 부여풍과 같이 일본과 깊은 관계를 가졌던 바 있던 이들이 고구려에 체재하고 있어서, 고구려로서는 일본이 더욱 군사적 조력을 얻을 수 있는 대상으로 중시되었을 것이다. 그러나 내분과 외침의 와중에서 곧 멸망하게 되었다. 668년 7월 일본으로 사신 파견은 고구려로서는 절박한 마지막 몸부림이었다고 하겠다.

---

25 백제부흥군의 왕이었던 扶餘豊은 백강구 전투 패배 후 고구려로 달아났다. 끝까지 저항하던 임존성의 遲受信도 고구려로 넘어갔다.(《三國史記》 백제본기 6 國亡 後 기사;《日本書紀》 卷27 天智 2年 8月條)

이런 고구려 말기 특히 내분과 외침으로 절망적인 상황이었던 668년 대對일본 사신 파견에서는 《고려구기》에서 말하는 바와 같은 국서를 보냈을 가능성을 전혀 배제할 수 없는 상황이었다. 그런데 앞 장에서 보았듯이 753년의 일본 국서에 따르면 《고려구기》에는 "혹걸청병或乞請兵 혹하천조或賀踐祚"하는 여러 건의 상표문이 있었다. 즉 668년에 설사 칭신稱臣 청병하였다고 가정하더라도 이는 충분치 못하다. 특히 천조踐祚, 즉 새 왕의 등극을 축하하는 상표문의 존재를 상정할 수 없다. 668년에서 가까운 앞 시기로서 천지天智가 662년 등극하였으나, 고구려가 일본으로 사신을 파견한 것은 665년(천지天智 4)이었다. 그리고 그 앞 시기에는 656년 제명齊明이 등극하였고, 그해와 이듬해 고구려 사신이 일본에 도착했음이 전해지나, 이 시기 고왜 관계에선 칭신稱臣 운운할 여지가 없음은 앞에서 말한 바이다.

그러면 고구려의 대일 상표문들이라는 《고려구기》란 실재하지 않았으며, 단지 대對발해 관계에 유리한 위치를 점하기 위한 책략에 따른 허사에 불과한 것인가. 그러나 아직 그렇게 단정할 수는 없다. 《일본서기》에는 668년 평양성 함락이 있은 3년 뒤부터 다시 '고려'의 내조來朝를 전하는 기사가 연속적으로 보이며, 일본에서 고구려에 사신을 파견한 기사도 있다. 이 기사들에 주목해 볼 필요가 있다.

4. 금마저 고구려와 일본의 관계

다음은 《일본서기》 천지天智천황 10년 정월과 천무天武천황 원년 5

월 기록이다.

> 고려가 상부上部 대상大相 가루可婁 등을 보내어 조조調를 바쳤다(671년 정
> 월 문무왕 11년).
> 고려가 전부前部 부가변富加抃 등을 보내어 조를 바쳤다(672년 5월 문무
> 왕 13년 5월).

673년 8월에는 고구려 조공 기록이 있다.

> 고려가 상부上部 위두대형 감자邯子 전부前部 대형 석간碩干 등을 보내
> 조공하였다. 신라가 한내말韓奈末 김이익을 파견해 고려사를 축자筑紫에 보
> 내었다.

이후에 675년 3월, 8월, 676년 12월, 679년 2월, 680년 5월, 682년
6월에도 고려가 사신을 보내어 조공하였음을 전한다. 그리고 679년,
681년 7월 및 684년 5월에는 일본에서 고려국에 사신을 파견하였다.
이렇듯 671년 이후 고려에서 일본에 9차례의 사신 파견이 있었고
이 가운데 674년 이후 7차례는 모두 신라가 고려의 사신을 호송하였
으며, 일본은 고려국에 세 차례 사신을 보내었다. 15년 동안에 걸쳐
일본과 교섭한 이 고려국은 금마저에 자리 잡았던 고구려 유민의 나
라였음은 이미 논급된 바이다.26 이 고구려와 일본의 교섭에 관계된
구체적인 사실이나 더 나아가 국서류 등에 대한 언급은 전혀 없다. 단
지 위에서 인용된 바처럼 고려의 누구가 조조調를 바쳤다, 조공했다는

---

26 村上四男, 〈新羅と小高句麗國〉, 《朝鮮學報》 37·38 合輯號, 1966; 鈴木靖民, 〈百
   濟救援の役後の百濟および高句麗の使について〉, 《日本歷史》 241.

식의 기록뿐이다.

그런데 이에 관해선 신라와의 관계에서 보이는 기록이 좋은 참고가 될 것 같다. 아래는 670년 무렵 검모잠 등이 한성漢城(황해도 신원新院)에서 안승을 고구려왕으로 옹립한 뒤, 신라에 구원을 요청하고 그 즉위를 고하는 글이다.

> 망한 나라를 일으키고 끊어진 왕계를 잇는 것이 천하의 공의公義이니, 오직 대국에게 이것을 기대합니다. 우리나라는 선왕이 도를 잃어 멸망을 맞게 되었습니다. 지금 신臣등은 나라의 귀족인 안승을 임금으로 맞이하여, (신라의) 번병藩屏이 되어 영세토록 충忠을 다하고자 합니다.27

이에 문무왕은 670년 8월 안승을 고구려왕으로 봉하였다. 그 책봉문은 다음과 같다.

> 함형咸亨 원년 경오庚午 추추秋秋 8월 1일 신축辛丑에 신라왕은 고구려 사자嗣子 안승에게 명을 내린다 … 선왕의 정사正嗣는 공뿐이니, 공이 아니면 누가 제사를 주관하겠는가. 삼가 일길찬 수미산 등을 보내어 공을 책봉하여 고구려왕으로 삼으니, 공은 마땅히 유민들을 어루만지고 모아서 옛 기틀을 이어 일으켜 영원토록 인국이 되어 형제처럼 지낼지어다. 공경하고 공경할지어다.28

전자에서는 번병이 되어 충성할 것을 다짐했고, 후자에서는 부용국附庸國을 어루만지는 상국上國의 모습이 과시되어 있다. 이미 왕년의 신라와 고구려의 관계가 아니다. 이제 공식적으로 양자 사이에는 상하

---

27 《三國史記》卷6 문무왕 10년 6월조.
28 《三國史記》卷6 문무왕 10년 8월조.

관계가 취해졌다. 그런데 고구려왕 책봉문에서 "영구히 인국이 되어 형제처럼 지낼지어다(永爲隣國 事同兄弟)"란 표현은 흥미롭다. 엄격한 상하관계로 예속시키려는 자세는 아니다. 책봉문으로서는 상당히 너그러운 표현이다. 이때는 아직 신라와 당 사이에 치열한 상쟁이 벌어지고 있던 시기이다. 신라로선 당군을 몰아내기 위해 고구려 유민들의 포섭이 절실하였는데, 안승은 고구려 유민들의 마음을 신라로 귀합시키는 데 유용한 상징으로 부각시킬 수도 있는 존재였다.29 아울러 망국민으로서 안승은 제법 어느 정도 규모의 독자적인 세력을 형성하고 있었다. 이러한 측면들에 대한 고려가 번왕蕃王으로서 고구려왕을 책봉하는 위의 문구의 표현에 반영되었음을 짐작할 수 있다. 아무튼 위의 상표문과 책봉문에서 제시된 고구려와 신라의 관계를 압축해 표현하려 할 때 "족族으로는 형제이고 의義로서는 군신(族惟兄弟 義則君臣)"이라는 고구려가 일본에 보냈다는 《고려구기》 상표문의 구절을 연상치 않을 수 없다. 이를 우연한 상사성이라고 할 수만은 없다. 안승 집단의 고구려가 신라로부터 인정받은 관계를 나타내는 표현을, 일본과의 교섭에서 고·일 관계에 대한 자신의 입장으로 개진하였을 가능성은 큰 것이다.

이에 다시 753년 일본국서를 되살펴보면, 고구려가 일본에 칭신하며 "或乞援兵 或賀踐祚"하였다 했다. 우선 천조踐祚에 대한 하례賀禮를 보면, 일본의 천무천황이 즉위한 것이 673년 2월인데, 이해 5월과 다음 해 8월에 고구려 사신이 일본에 갔다. 안승 집단은 671년 이래로

---

29 671년 薛仁貴가 신라를 비난하는 書信에서, 고려 안승이 어리고 그 민의 세력도 줄어들어 별 수가 없을 것이라고 강조하였다. 안승과 그리고 그를 책봉한 신라에 대한 그러한 비난은 역설적으로 안승이 지닐 수 있는, 즉 신라가 노리는 정치적 효과에 대한 당측의 예민한 반응인 것이다(《三國史記》 卷7 문무왕 11년 7월조).

연속적으로 일본에 사신을 보냈다. 고단한 유민집단으로서 해외에 사신을 파견한다는 것은 쉬운 일이 아니었음에도 이렇듯 빈번하게 사신을 파견하였다는 것은, 어떤 긴급하고 절실한 목적이 있었기 때문이라 하겠다. 672년 8월과 673년 5월에 각각 백수성과 호로하에서 고구려 부흥군이, 안승 집단과의 관계는 알 수 없지만, 당군과 결전을 벌였다.30 그리고 안승 집단이 남으로 옮겨와 금마저에 자리 잡을 무렵에도 그 인근 금강유역에선 신·당 사이에 전투가 벌어지고 있었다. 전체적으로 당시 옛 고구려와 백제 지역에선 전진戰塵이 가득한 상황이었다. 이럴 때 금마저에 있던 고구려의 안승 집단이 일본에 빈번히 사신을 파견하였다면 그 주된 목적이 청병이었을 것임을 능히 추측할 수 있다. 더욱이 일본은 663년 이 지역에 백제 부흥군을 지원해 출병한 바 있었으므로 더 청병의 대상국으로 여겨질 수 있었을 것이다.

이렇게 볼 때《고려구기》에서 전하는 고구려의 일본에 대한 칭신稱臣과 청병請兵 및 천조踐阼에 대한 하례 등은 671년 이후 안승의 고구려와 일본의 관계에서 확인되는 바이다. 곧《고려구기》란 안승의 고구려가 보낸 국서와 그 관계 기록들을 일본 조정에서 모아 놓은 것이라고 판단된다. 그럼 안승의 고구려와 일본의 교섭 기록이 어떻게 되어 원고구려와 일본의 교섭 사실로 8세기 일본인들에게 인식되게 되었는지에 대해 살펴보자.

---

30 《三國史記》卷7 문무왕 12년 8월조;《舊唐書》卷5 咸亨 4년 5월조.

5. 일본의 고구려 번국관蕃國觀 형성

금마저 고구려와 일본의 교섭에서, 시간이 흐를수록 전자의 후자에 대한 저자세는 심해졌던 것 같다. 그것은 전자의 주변 상황이 열악해 짐에 따른 양상이다. 671년 7월 요동지역 고구려 유민들 저항의 중심이었던 안시성이 당군에게 함락되었고, 672년 8월과 673년 5월에 각각 백수성과 호로하에서 고구려부흥군이 격파됨에 따라, 대당전쟁에서 고구려 유민들의 역할은 크게 약화되고 완전히 신라군이 그 주역이 되었다. 한편 신라군은 백제 지역을 성공적으로 장악해 나갔다.31 이에 따라 신라와의 관계에서 금마저 고구려의 위치도 더욱 열악해지게 마련이었다. 그런 면은 고일 교섭에서도 반영되었다. 674년 8월 일본에 보냈던 고려사는 신라 측의 호송을 받아 축자筑紫에 도착하였다. 신라 측의 호송은 고구려의 독자적인 대외활동에 대한 통제와 감시가 그 주요 목적의 하나이었다고 보아야겠다.32 이어 그해 9월 문무왕은 고구려왕 안승을 보덕왕으로 봉하였다. 곧 신라왕의 덕에 보답하는 또는 보답하여야 하는 왕이란 뜻이니, 번신蕃臣의 위치로 명백히 규정하였다. 이는 670년 고구려왕 책봉문에서 "영위린국永爲隣國 사동형제事同兄弟"라 한 것에서 한 걸음 더 종속도를 진전시켰다. 그런 상황은 신

---

31 신라군의 옛 백제 지역에 대한 공략은 671년 8월 사비성에 小夫里州를 설치하였고, 673년 8월에는 대아찬 徹川 등을 파견해 西海를 鎭禦케 하는 등 670년 초반까지 대체로 성공적으로 진척되었다.

32 이 무렵 신라가 고구려의 대일 교섭을 전면 봉쇄치 않았던 이유는 몇 가지로 생각해 볼 수 있다. 당시 대당전쟁을 수행하고 있던 신라는 한때 적대국이었던 일본의 동향에 대한 정보 수집의 필요성, 신일관계의 개선을 위한 하나의 통로가 될 수도 있다는 가능성, 고구려의 대외활동에 대한 전면적 통제의 실제상 어려움 및 안승집단의 예상되는 반발 등의 제요소를 고려했을 것으로 상정해 볼 수 있겠다.

라가 병합한 고구려와 백제 지역에 대한 주군현화에 박차를 가함에 따라 더 악화되었다. 이에 정면으로 저항할 힘이 없는 고구려는 신라 왕에 대한 충성을 고창하며 신라 측에 시혜적 배려를 호소하는 입장을 더 깊이 취하게 되었다. 680년 2월 문무왕이 종녀宗女로 안승의 비를 삼게 한 데에 대한 다음의 사은표謝恩表는 그러한 면을 여실히 보여 준다.

> 신 안승이 아룁니다. 대아찬 김관장金官長이 이르러 교지教旨를 버리어 외생공外生公(생질甥姪)으로 하읍下邑의 버주內主(부인婦人)로 삼으시니, … 제녀帝女를 위(嬀: 舜)에 하가下嫁하고 왕희王姬로 齊에 시집보내는 것은 성덕聖德을 드러내어 범재凡才를 관계치 아니하심이나, 신은 본래 범류로서 행실과 재능에 하나도 꼽을 것이 없습니다. 다행이 창운昌運을 맞아 성화聖化를 입고 매양 특별한 은택을 받아 보답할 길이 없는 터이온데, 거듭 천총天寵을 입어 … 어찌 한 두 부형父兄이 그 주심을 받았을 뿐이겠습니까. 선조先祖 이하가 진실로 기뻐하시는 바입니다. 신이 교지教旨를 받지 못하여 감히 입조처 못하오나 기쁨을 견디지 못하여, 삼가 대장군 태대형 연무를 시켜 표를 올려 아뢰는 바입니다.[33]

이제 신라와의 관계에서 "옛부터 속민屬民으로서 고구려에 조공해 왔던[34]" "동이東夷 매금寐錦 위에 군림하여[35]" "스스로 천하의 중심임을 자부하던[36]" "천손의 나라[37]"인 왕년의 고구려의 위광은 흔적도 찾아볼 수 없고, 오히려 욕되이 선조 이하의 혼령들까지도 그 은총에 기뻐할

---

33 《三國史記》 卷7 문무왕 20년 5월조.
34 廣開土王陵碑 제1면.
35 忠州 高句麗碑 제1면.
36 牟頭婁墓誌 제4~5행.
37 新浦市 오매리 절골터 金銅板 銘文.

것이라고 말하면서 신라왕의 성덕에 감읍한다는 표현을 썼다. 자구책으로 그렇게 해야만 하였던 보덕왕의 애처로운 상황을 나타낸 것이다. 하지만 그런 가운데서도 한편으로는 여전히 고구려왕이라 칭하였고 태대형과 같은 고구려 원래의 관등을 사용하는 등 고구려의 전통 명맥을 유지하며 스스로 독자성을 고수하려는 모습을 찾아볼 수 있다. 일본에 사신을 파견한 것도 그러한 노력에서였고, 그 사절단은 외견상으로는 종전과 같은 부명部名과 관등명을 띠고 독립국가로서 체모를 갖추려고 하였다. 그러나 갈수록 악화되는 한계 상황에서 스스로 독자적인 존립을 강구하고자 일본에 계속 사신을 보내어 도움을 요청하였을 때, 고구려 측이 취하였을 대일 자세와 그 표문의 표현 형태는 680년 신라에 보낸 고구려왕 안승의 사은표로 미루어 짐작할 수 있는 바이다. 그리고 일본은 681년과 684년 고구려에 사신을 보내었다. 이때 직접 방문하여 살펴본 고구려, 그 고구려에 대한 일본사신들의 느낌과 보고가 어떠하였을 것인지 가히 짐작할 수 있는 바이다. 즉 일본에 칭신 조공하며 보내온 그 표문과 부합하는 약소한 소국에 대한 그것이었을 것이다.

그런데 안승의 고구려가 보낸 사신이 처음 일본에 도착한 것은 671년 정월이었고 원고구려가 보낸 사신은 668년 7월이었다. 양자 사이의 시차는 불과 2년 반 정도이다. 양자 모두 고구려왕이 보낸 사신이며, 고유의 부명部名과 관등명을 띠었음에서도 같다. 또한 안승의 사신들이 자국을 668년 이전의 고구려와 이어진 국가임을 내세웠을 것이다. 그러나 금마저 고구려와 일본의 교섭마저도 두절된 뒤, 상당한 시간이 흐름에 따라 양자를 구분하는 인식이 흐려지고 이를 동일시하는, 즉 연속적 실체로 이해하는 경향이 커져 나갔음은 짐작되는 바이다. 《일본서기》에서는 668년에 고구려가 멸망했음을 기술하였는데, 671년 이후에 금마저 고구려의 사신이 일본에 도착한 것을 '고려가 사신 모모를 보내어 조공하였다' 등으로 서술하고, 이 고려에 대한 어떤 설명도 하지 않았다. 그것이 의식적이든 아니든, 양자를 뚜렷이 구분해 파악치 않고 동일시하는 면을 보여 준다.

당시 7세기 후반 이후 일본국가는 중앙집권화가 진전되고 체제 정비가 이루어지며 천황이 초월적인 권력자로서 위상을 강화해 나가는 등 융성해 갔다. 그에 견주어 모국의 멸망에 따라 일본열도에 건너와 있던 고구려 백제 유민들의 모습은 갈수록 초라해져 갔고, 그들이 지녔던 생산기술과 문화의 우월성은 점차 그 빛을 잃어가게 되었다. 일본 조정에 사환仕宦한 이들은 천황의 권력에 기생하여 봉사하는 존재일 수밖에 없었다. 아울러 이미 망해 버린 모국과 일본의 과거 관계에 대해 그들이 표명할 수 있는 입장도 일인의 그것에 추종하는 것이 되기 십상이다. 이에 따라 점차 당시 일본 귀족들이 현실 생활 속에서 느끼는 고구려 백제 양국에 대한 이미지는 짐작할 수 있는 바이다.[38]

그런 속에서 금마저의 고구려를 원고구려의 연장으로 이해하였을 때, 고구려와 그리고 고일 관계의 성격에 대한 인식에서는 금마저의 고구려에 대한 그것이 더 직접적으로 작용하였을 수 있다. 시간적으로 금마저의 고구려가 일본과 늦게까지 관계를 맺었다. 그리고 무엇보다 천황가의 영광을 내세운 당시 일본 조정의 독선적인 천하관에 그것이 더 영합될 수 있는 것이다. 또한 역으로 고대 일본의 최대 해외파병이

---

38 711년(和銅 4년)에 狛朝臣秋磨가, 敏達天皇(586~587)대에 고구려에 使行갔던 그의 선조가 그로 말미암아 姓을 狛로 바꾸었는데, 이제 다시 本姓인 阿倍로 환원해 줄 것을 요청한 일이 있었다(《續日本紀》 권5 和銅 4년 12월 壬子). 이 무렵 삼국에서 유래하는 것에 대한 일본인들의 선호도 변화를 느낄 수 있게 하는 한 예이다(이홍직, 앞의 논문 참조).

었던 663년의 백제부흥군 지원과 그에 수반된 백제왕 부여풍을 위시
한 백제부흥군의 대일 종속적 관계에 따른 생생한 경험과 인식39 및
이은 금마저 고구려의 칭신조공의 사실 등은 《일본서기》에 보이는 바
와 같은 그러한 대삼국관對三國觀과 독선적 천하관을 구체화하는 데
한 요소로서 직접적인 작용을 하였을 것이다. 그에 따라 7세기 종반의
사실과 그에 따른 인식은 거슬러 그 전대에까지 소급되어 적용되었다.
그래서 《일본서기》 한국 관계 기사의 초두를 장식하는 신공황후神功皇
后 삼한정벌기사와 같은, 즉 삼국이 상대上代부터 일본의 종속국이 되
었다는 황당무계한 신화도 역사적 사실로 거침없이 기술되었던 것이다.

  일단 안승의 고구려와 원고구려가 동일시된 이후, 고일관계가 조공
관계였다는 인식은 그 뒤까지 지속되었다. 앞에서 살펴본 바와 같이
발해와의 교섭에서 고구려의 전례를 강조하였고, 그 구체적 증거로
《고려구기》를 운위하였다. 당시 일본 조정에 전해지고 있던 《고려구
기》는 그러한 인식이 분명한 사실임을 확신케 하였던 것이다. 753년과
772년의 일본국서에서 고구려 및 그 계승국인 발해와 일본과의 관계
를 고씨지세高氏之世와 대씨지세大氏之世로 양분하여 개관해 비교하였
다. 금마저 고구려는 고씨지세에 일괄되었다. 그 뒤 발해에 보낸 일본
국서에서도 그러한 식의 표현을 볼 수 있다.40

---

39 《일본서기》 齊明 6년 10월조, 天智 즉위년 9월조, 원년 정월조, 5월조 참조. 663
   년 이후에도 백제가 다시 天智 7년 4월과 6월에 각각 일본에 사신을 보내어 進調
   하였다 한다. 이 백제는 어떠한 백제 유민의 세력집단으로 여겨지며, 또한 請兵
   등의 원조를 기대한 사신 파견이었다고 하겠다. 이에 대해 天智 10년 6월 己巳조
   에 "宣百濟三部使人所請軍事"하였는데, 이는 그러한 백제의 군사원조 요청에 대한
   일본측의 반응을 나타낸 것으로 볼 수 있겠다(末松保和, 〈新羅幢停考〉, 《新羅史の
   諸問題》; 鈴木靖民, 앞의 논문). 아무튼 이러한 백제 유민세력의 대일 교섭의 형
   태도 금마저 고구려의 그것과 같은, 혹은 그보다 더한 臣禮를 취하였을 것임은 짐
   작할 수 있다.

그러면 발해인은 이와 같은 일본인들의 주장에 어떻게 반응하였을까. 바꾸어 말하자면 발해인이 지니고 있던 고구려관과 고일 관계에 대한 인식은 어떠하였을까. 이는 이 장의 주제에서 조금 비켜나는 문제이나, 이에 관해 약술함으로써 끝맺음을 하겠다.

6. 맺음말 – 긴밀한 우호관계와 상이한 과거 인식-

발해가 일본에 처음 통교通交를 시도할 무렵 발해 조정의 고구려관은 강대한 웅국雄國으로서의 그것이었다. 무왕武王의 동생 대문예는 고구려를 발해보다 몇 배나 융성한 강병強兵 30만의 대국이었다고 하였다.[41] 그리고 727년 일본에 보낸 무왕의 국서에서 자국의 현황을 말하면서 "발해가 열국列國을 주관하고 제번諸蕃을 총괄하여 고구려의 옛 땅을 회복하고 부여의 유속遺俗을 잇게 되었다"[42]고 하였다. 이렇듯 발해가 강성해져 옛 고구려를 계승케 되었다고 자부하였을 때 발해인이 내세우는 그 고구려의 이미지는 웅국雄國으로서의 그것이었다.[43]

그런데 753년 고구려의 '전례前例'에 따라 발해가 일본에 신례臣禮를 취하여야 한다는 주장을 담은 일본의 국서가 보내진 뒤, 758년 발

---

40 예컨대 798년(발해 康王 正曆 4년, 일본 延曆 17년)에 발해에 보낸 일본국서에서 "往者高氏繼緒每慕化 而尋大家復基 亦占風而靡絕 中間音疎傲慢 有乖舊乘云云"하였다(《日本紀略》前篇 所引《日本後紀》권7).

41 《唐書》渤海傳.

42 《續日本紀》권10 神龜 5년 정월 甲寅.

43 노태돈,〈渤海國의 住民構成과 渤海人의 族源〉.

해에서 다시 사절단을 일본에 파견했다. 759년 정월 이 발해 사절단을 일본 조정에서 접견하였는데, 그에 관해 《속일본기》에서는 다음과 같이 기술하였다.

> 제帝가 헌軒에 임하시너 고려사 양승경 등이 공물을 바치고 상주하여 아뢰기를, Ⓕ 고려국왕 대흠무가 말씀하시기를, 듣건대 일본의 조림팔방성명황제照臨八方聖明皇帝가 천궁天宮으로 가겠다 하니 흠모하는 마음을 다할 수 없어 보국장군 양승경과 귀덕장군 양태사 등을 보내어 표와 공물을 올립니다. Ⓖ 조를 버려 고려국왕이 멀리서 선조先朝가 천궁으로 가신 것을 듣고 가만히 있을 수 없어, 양승경 등을 보내어 위문하니 …44

이어 이해 2월 발해사가 귀국할 때에 함께 파견된 일본사가 지니고 간 일본국서에서 "천황경문고려국왕운운天皇敬問高麗國王云云"하였다.45 위의 기록은 발해왕이 고려왕으로 자칭한 예로서 특히 주목을 받아왔다. 그런데 위의 기사에서 Ⓕ 이하를 발해국서로 본다면 발해왕은 일본에 신례臣禮를 취하였던 것으로 되어 있다. 그래서 이를 두고, 753년의 일본 조정의 질책을 받고 공구恐懼한 발해 문왕이, 일본의 번국이었던 고구려의 왕이라 일컬으며 공손히 순종하는 자세를 취하였다는 것이 일본 학계의 통설로 되어 왔다. 곧 발해 왕실이 '고구려가 일본의 번국蕃國이었다'는 일본의 주장에 동의하였던 것이 된다.

그러나 Ⓕ 이하의 기사는 발해국서의 내용을 그대로 전재한 것이 아니다. 이를 753년과 760년에 국서를 휴대치 않았던 발해사신이 구두로 주왈奏曰한 것을 각각 기술한 《속일본기》의 기록 "奏稱 渤海國王

---

44 《續日本紀》 권22 天平寶字 3년 정월 庚午.
45 《續日本紀》 권22 天平寶字 3년 2월 戊戌.

言 日本照臨經天皇朝 不賜使命 已經 餘歲 云云"46 및 "奏曰 國王大欽武言 云云47"과 대비해 볼 때 동일한 형식임을 알 수 있다. Ⓕ 이하의 기사 는 양승경 등 발해사신이 일본 조정에서 구두로 주왈奏曰한 내용을 일 본 기록관이 기술한 것으로 보인다.48 이는 Ⓕ 부분에 되풀이되고 있 음에서도, 동일한 방식의 필치를 느끼게 한다. 이 무렵을 전후한 시기 의 발해국서 양식은 '무예계武藝啓' '흠무계欽武啓'하는 식으로 시작되 어, Ⓕ의 그것과 다르다. 그리고 '영뇌표문병상공물입조令賚表文并常貢 物入朝'와 같은 표현과 용어는 쓰이지 않았다.49 Ⓕ 부분은 발해사가 조문의 뜻을 표한 것을 일인 기록관이 기술하면서 그 표현상의 수식 어는 일 측의 입장에 의거해 기술된 것으로 여겨진다. 이때 '영뇌표문 令賚表文'이란 기술을 보아, 어떠한 국서를 가지고 간 듯하나 적어도 Ⓕ 이하 부분 그대로는 아니다. 그렇지 않았다면 772년에 다시 표면 화되었던 발일 사이의 외교의례상 마찰을 이해키 어렵다. 758년이나 772년은 똑같이 발해에선 문왕의 치세이다.

그 다음 "고려왕대흠무언高麗王大欽武言"이란 표현에서 고려왕은 문 왕이 자칭한 것인가, 아니면 일본 측이 발해를 고구려와 같은 번국으 로 간주하려는 의식에서 일방적으로 그렇게 기술하였는가 하는 점이

---

46 《續日本紀》 권19 天平勝寶 5년 5월 乙丑.
47 《續日本紀》 권22 天平寶字 4년 정월 丁卯.
48 劉振華, 〈渤海大氏王室族屬新證─從考古材料出發的考察〉, 《社會科學戰線》, 1981-3.
49 727년에 보낸 渤海國書에선 '并附貂皮三百張奉送 土宜雖賤 用表獻芹誠'이라 하였 고(《續日本紀》 권10 神龜 5년 정월 甲寅), 739년 國書에서는 '并附大虫皮羆皮各七 張 … 蜜三升進上 至彼請檢領'이라 했다(《續日本紀》 권13 天平 11년 12월 戊辰). 이런 前例와 그리고 위의 표문, 공물, 입조 운운한 기록은 발해국서의 표현 그대 로라고 보기 힘들다. 곧 위에서 인용한 759년의 기사에선 日側의 발해를 蕃國視 하려는 강한 의지가 개재되어 있음을 볼 수 있고, 그것은 753년의 일본의 對渤海 國書에서 드러난 바이다.

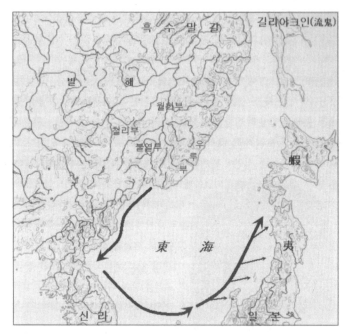

사진 12 발해의 대일對日 주된 항로
(김창석,《한국 고대 대외교역의 형성과 전개》, 2013, 219쪽에서 인용함)

논란이 될 수 있겠다. 그런데 이듬해 759년의 일본국서에서 "天皇敬問
高麗國王云云"하였다. 외교문서인 국서에서 상대국의 국명을 임의로 일
방적으로 개칭해 보낸다는 것은 상상키 어렵다. 발해가 고구려의 전례
에 따라 번례蕃禮를 취하여야 한다고 강조한 753년 일본국서에서도
"天皇敬問渤海國王云云"이라 하였다. 이 758년의 '고려왕'은 발해사신이
가지고 온 어떠한 국서에 의거한 것이든가 아니면 양승경楊承慶 등의
구주口奏에 의해서든 간에, 발해 측이 자칭한 바에 의거한 것이라고
보아야겠다. 그래서 이에 의거해 다음 해 일본국서에서 "天皇敬問高麗
國王云云"하는 표현을 하였던 것이다. 이렇게 볼 때 이 고려왕이란 표
현에서 발해국의 고구려 계승의식을 볼 수 있다. 아울러 753년 일본

국서에서 고구려가 일본의 번국蕃國이었다고 일본 측이 주장하였는데
도 발해 측이 오히려 스스로 고려왕이라 자칭하였음에서, 우리는 당시
발일 양측이 지니고 있던 대고구려관 및 고일 관계에 대한 인식의 상
이성을 감지할 수 있다. 그러한 면은 771년과 그 이듬해 양국 사이에
왕래한 국서에서 더욱 분명히 나타나 있다.

　772년 정월 일본 조정에 제출된 발해 국서에선 앞에서도 언급하였
듯이 발일 관계를 장인과 사위〔舅甥〕 관계로 규정하여 발해의 우월적
위치를 강조하였고, 그리고 발해 왕실이 스스로 천손이라 운위하였다.
이 천손의식은 고구려 왕실의 그것을 계승한 것이다.[50] 이에 대해 일
본 측은 발해의 무례를 탓하고 재차 고구려의 전례前例를 운위하는
"天皇敬問高麗國王云云"하는 국서를 보내었다. 이에서 재차 양측이 생각
하는 고구려상과 그에 따른 고일 관계에 대한 인식이 상이하였음이
단적으로 드러났다. 고구려의 번국蕃國으로서 '전례'에 관한 일본 측의
주장에 대해, 발해 측은 오히려 고구려를 이은 자국의 우월성을 들고
나왔다.

　그런데 이 771년 발해사절단은 그 규모가 325명에 달하였다. 이는
사절단의 파견이 정치적인 목적만은 아니었음을 말해 준다. 익히 지적
된 바처럼 그에는 상업주의가 깃들여 있었다.[51] 이 이후에도 계속 대
규모의 발해사절단이 일본에 건너가 일본 조정이 베풀어 주는 외교사
절에 대한 예우를 향유하며 활동하였다. 그래서 그 당시 이들을 상고

---

50 朴始亨(朴鍾鳴 日譯), 〈渤海史研究のために〉,《古代朝鮮の基本問題》 所收. 물론
　　천손강림신화는 비단 고구려 왕실만이 가졌던 것은 아니다. 고대 東北아시아 여러
　　나라에서 널리 보였음은 사실이다. 그러나 발해인의 종족적 출자와 발해 왕실의
　　귀속의식 등을 고려할 때, 이 천손의식은 고구려 왕실의 그것을 이은 것으로 보
　　인다. 노태돈, 〈渤海國의 住民構成과 渤海人의 族源〉 참조.
51 鳥山喜一,《渤海史考》, 182~184, 193쪽.

단商賈團이라고 비난하는 목소리가 일본인으로부터 나오기도 하였다.[52]

당시 발해를 둘러싼 국제정세를 보면 7세기 중엽 돌궐이 해체되고 안록산의 난 후 당이 약화되어 그 국경에 대한 중요한 잠재적 위협이 소멸되었고, 신라와도 733년 이후 별다른 충돌 없이 평온이 유지되었다. 그런 가운데서 당과 빈번한 교역과 문화교류를 하고, 일면 자체의 제도와 문물이 정비되어 이른바 해동성국海東盛國의 번영을 구가하였다. 발해는 전통, 즉 고구려의 역사에 대해 자부심을 지녔고, 몽고고원의 유목민 국가나 당과 교류하는 등 넓은 세계에 대한 인식과 교섭망을 지니게 되었다. 대외적인 위협도 존재하지 않는 상황에서, 발해가 수천 리 넓은 바다를 사이에 두어 사실상 별다른 직접적인 군사적, 정치적 요소도 작용할 수 없었던 일본과 계속된 밀접한 교섭에서 추구하고자 하였던 주된 목적은 상업적 이익이었다. 그에 따라 8세기 말 이후 발해는 대일 교섭에서 더 유연한 자세를 취하였다. 때로는 일본 측의 자존의식에 일부 부응해 주기도 하였고, 그런 발해의 자세에 일본 조정의 상하가 스스로 경하慶賀하며 흡족해 하였다.[53] 그런 속에서 양국의 교류는 발해 멸망 때까지 긴밀히 지속되었다. 8세기 초반 이래로 발해가 일본에 보낸 사절단이 38회, 일본의 그것이 13회에 달하였다. 발해에게 일본은 당 다음가는 교섭 상대국이었다. 일본에게 발해는 당에 못지않은, 그리고 적어도 그 빈도와 교섭기간 및 그 규모 면

---

52 826년 우대신 藤原緒嗣의 상표문에서 발해 사절단에 대해 "實是商旅 不足隣客 以彼商旅 爲客損國 未見治體 云云"하였다. 鳥山喜一, 앞의 책, 189~190쪽.

53 795년(渤海 康王 正曆 원년)에 보낸 발해국서를 받고 일본 조정에서는 "先是 渤海國王所上書疎 體無定禮 詞多不遜 今所上之啓 首尾不失禮 誠款見乎詞 群臣上表 奉賀曰 … 明王應世 懷遠是崇 故有殷代則四海歸仁 周日則九夷順軌 … 伏見彼國 所上啓 辭義溫恭 情禮可觀 云云"하며 발해가 來附해 온 것을 천황의 聖德이라고 경하한 것은 그러한 일례이다(《日本後記》 권5 延曆 15년 10월 壬申).

에서 오히려 당보다 더 밀접한 교섭 상대국이었다.

이렇듯 양측이 그 과거의 상호관계 인식에선 서로 상이한 입장을 기본적으로 견지하면서도, 밀접한 우호적인 교섭관계를 유지하였던 것은 역사상 흥미로운 예라고 할 수 있겠다.

제3장

《삼국사기》에 등장하는
말갈의 실체

1. 머리말

말갈은 읍루-물길-말갈-여진-만주족으로 이어지는 오늘날 만족滿族의 조상으로서, 동부 만주 지역이 그 원주지原住地였다. 말갈이란 명칭이 처음 중국 사서에 등장하는 것은 6세기 후반부터이다. 그런데 《삼국사기》에 따르면, 말갈이 기원 전후 무렵부터 한반도 중부지역에 등장하여 백제와 신라의 초기 역사에 상당한 영향을 미쳤던 것으로 기술되어 있다. 만약 《삼국사기》의 기사를 그대로 인정할 경우, 이는 기존의 한국고대사나 동양사의 이해와 크게 상충하여 주요한 문제점을 던진다. 아울러 말갈족이 우리 민족의 형성에 주요한 한 요소가 되었음을 뜻하니, 이 역시 가벼이 할 수 없는 점이다.

《삼국사기》에 전하는 '말갈' 기사에 대해, 조선 후기 이래로 그동안 다수의 학인들이 이의 사실성을 인정치 않고, 이 '말갈'은 '위말갈僞靺鞨'로서 그 실체는 동예東濊였다고 보아 왔다. 나아가 근자에는 이들 '말갈' 기사를 통해 예족의 거주 범위를 상정하고 그 지역 안의 고고 자료를 활용해 동예의 문화를 이해하려는 시도가 있었으며,| 신라와

백제에 침공한 '말갈'의 배후에 낙랑 세력이 작용하였음을 파악하거나 남하 이동 중인 신라 건국 세력의 존재를 추정하는 주장도 발표되었다.2 한편 내외의 사서에 등장하는 말갈을 읍루계 말갈과 예(맥)계 말갈로 나누고, 삼국사기의 '말갈'은 후자에 해당한다는 설이 발표된 바 있다.3 또한 한반도의 '말갈'도 두 부류로 구분하여 백제를 침공한 '말갈'을 '맥계貊系 말갈'로, 신라에 침공한 그것을 '예계濊系 말갈'로 보는 주장도 제기되었다.4 그리고 '말갈' 기사를 통해 신라본기 초기 부분 기사의 사실성을 검토하여 그 기사에서 전하는 사건이 실제 있었던 시기를 가늠해 보는 시도가 있었으며,5 또 말갈을 낙랑과 고구려의 변방주민 또는 하층민에 대한 범칭이었다고 보는 견해도 발표되었다.6 한편에선 기존의 위말갈설을 비판하면서, '말갈'을 한반도 중·북부지역에 거주하던 실제의 말갈이라고 파악한 설7도 나와 있다.

이렇듯 《삼국사기》에 등장하는 '말갈' 기사에 대한 각양의 설들이 제기되고 있는데, 이런 주장들은 각 설의 타당성 여부를 떠나 일단 이 시기의 역사를 새롭게 파악해 보려는 시도로서 그 나름의 의미를 지닌다. 그런데 《삼국사기》에 등장하는 '말갈' 문제의 핵심은 여전히 일차적으로는 그 실체가 무엇인가에 있다. 논의가 분분할수록 이 문제에

1 朴淳發, 〈漢城百濟 基層文化의 性格 －中島類型 文化의 性格을 중심으로-〉, 《百濟研究》 26, 1996.
2 李康來, 〈三國史記에 보이는 靺鞨의 軍事活動〉, 《領事問題研究》 2, 1985.
3 權五重, 〈靺鞨의 種族系統에 관한 試論〉, 《震壇學報》 49, 1980.
4 張元燮, 〈百濟初期 東界의 形成에 관한 一考察: 靺鞨과의 關係를 中心으로〉, 《淸溪史學》 7, 1990.
5 宣石悅, 〈三國史記 新羅本紀 上代 靺鞨記事의 檢討 －初期 記錄의 紀年을 중심으로-〉, 《釜大史學》 17, 1993.
6 韓圭哲, 〈新羅와 渤海의 政治的 交涉過程 －南北國의 사신파견을 중심으로-〉, 《韓國史研究》 43, 1983.
7 趙二玉, 《統一新羅의 北方進出 研究 －8世紀를 中心으로-》, 서경문화사, 2001.

대한 재검토가 필요한 바이다.

이 장에서 이 문제를 살피면서 먼저 《삼국사기》 본기 기사에 등장하는 '말갈' 기사를 차례로 검토하여, 그에서 언급된 '말갈'이 예족을 뜻하는지, 아니면 실제 말갈을 나타내는지, 그리고 《삼국사기》 본기에 보이는 전 시기의 '말갈'을 동일 실체로 파악할 수 있는지를 살펴보겠다. 그 다음 만약 이 '말갈'의 실체가 예족濊族이라면, 왜 이들을 '말갈'이라 기술하였는가에 대한 고찰을 하고자 한다. 이를 위해 《고려사高麗史》에 전하는 신라 말 고려 초의 말갈 관계 기사도 아울러 검토하려 한다. 많은 질정을 바라는 바이다.[8]

2. 말갈靺鞨과 동예東濊

1) 백제본기의 '말갈'

《삼국사기》에 보이는 말갈에 관한 언급으로서 가장 이른 시기의 것은 고구려본기 동명왕 즉위 원년조의 기사이다. 이어 백제본기 온조왕기溫祚王紀와 다루왕기多婁王紀에 말갈 관계의 기사가 집중적으로 나온다. 그 뒤에도 6세기 대까지 간헐적으로 말갈 관계 기사가 군데군데 보인다. 신라본기에서는 지마니사금 14년조에 말갈 기사가 등장하며, 신라 말까지 간간이 말갈족 관계의 기사를 찾아볼 수 있다. 특히 백제

---

8 이 글은 서울대 한국문화연구소 한국학공공연구총서 1, 《한반도와 만주의 역사 문화》 서울대학교 출판부, 2003에 처음 발표된 논고를 그대로 전재한 것이다.

본기와 신라본기 초기 부분에서 말갈 관계 기사는 빈도와 양 면에서 상당한 정도로 등장한다. 이들 말갈 관계 기사는 일단 598년 고구려가 말갈병을 동원해 수의 요서지역을 공격한 것, 즉 고구려와 수의 전쟁 발발을 기준으로 그 전과 후를 나누어 볼 수 있다. 이는 어디까지나 '말갈'의 실체를 파악하기 위한 작업상의 편의에 따른 구분이며, 실제 이때를 기준으로 《삼국사기》에 등장하는 '말갈'의 실체가 구분되는지는 검토의 결과에 의해 결정될 것이다. 그럼 먼저 전기의 말갈 관계 기사를 구체적으로 검토하여 '말갈'의 실체를 살펴보자.

먼저 말갈이 처음 등장하는 것은 고구려본기의 동명왕 즉위년조의 기사이다. 동명왕 즉위년 기사에서는 고구려 건국과정을 서술한 뒤, 인근에 거주하던 말갈을 쳐서 복속시켰다고 하였다. 구체적인 사실을 전하려 하였다기보다는 건국에 따라 있을 수 있다고 상정한 일을 의례적으로 서술한 것으로서, 아마도 고구려 당대의 사서 편찬 때 후대인이 수사적修辭的인 기사를 덧붙여 삽입한 것으로 여겨진다. 굳이 사실성 여부를 논할 기사로 보이지는 않는다. 그 다음으로 고구려본기에서 보이는 말갈 관계 기록은 장수왕 56년(468) 말갈병 1만을 동원하여 신라의 실직성을 공격하였다는 기사이다. 이어 문자왕 16년(507) 장수 고노高老와 말갈병을 보내어 백제의 한성漢城을 공격하였다는 기사가 보인다. 전자는 신라본기에, 후자는 백제본기에 동일한 내용으로 등장하므로, 이 '말갈'의 실체에 대해서는 백제본기와 신라본기를 검토할 때 함께 논하도록 하겠다. 이후 말갈 관계 기사는 모두 영양왕 9년(598) 고구려와 수의 전쟁이 발발한 이후의 것이다.

백제본기의 말갈 관계 기사는 온조왕 2년부터 무령왕 7년 사이에 32개가 보이는데, 하나를 제외하고[9] 모두 말갈의 백제 침공에 따른 분쟁과 전투를 기술한 것이다.[10] 이들 기사에서 등장하는 말갈의 침공

지역으로는 위례성慰禮城, 청목성靑木城, 고목성高木城, 석문성石門城, 병산책甁山柵, 마수산馬首山, 사도성沙道城, 적현성赤峴城, 반곡성牛谷城, 칠중하七重河, 관미령關彌嶺, 술천述川 등이다. 이 밖에 침공의 방향을 나타내는 표현으로 '북경北境', '북비北鄙'가 보이며, 그리고 '왕이 동부東部에 명해서 우곡성牛谷城을 쌓아 말갈에 대비하였다'(백제본기 다루왕 29년조)고 하였다. 이 가운데 청목성은 개성 지역으로, 관미령은 관미성關彌城과 같은 곳으로 여겨진다. 그 위치에 대해선 여러 설이 분분하나 경기도 북부지역으로 보는 데에는 견해를 같이하고 있다. 칠중하는 임진강 하류의 적성積城 지역으로, 술천은 여주로 비정되며, 우곡성은 아마도 춘천 방면으로 여겨진다. 그리고 마수산과 병산책은 온조왕 8년에 마수성과 병산책을 쌓자, 낙랑태수가 이에 항의하며 철거할 것을 요구하였는데 온조왕이 이를 거부하였다고 한다. 3년 뒤 낙랑이 말갈을 사주하여 병산책을 공격한 일이 있었다고 전한다. 이를 보아 마수산과 병산책은 낙랑군과의 접경지대에 있었으니, 백제 북부지역임을 알 수 있다. 이는 곧 '말갈' 기사가 전하는 침공 지역이 대체로 지금의 경기도 북부지역과 동부지역임을 말해 준다.[11] 일단 백제를 침공하였다는 '말갈'은 북쪽으로 경기도 북부 방면의 임진강유역과 예성강 하류지역에, 그리고 동쪽으로는 경기도 동부와 영서지역에 거주하였거나 그곳을 거쳐 침공해 올 수 있는 지역에 살았던 이들임을 알 수 있

---

9 고이왕 25년 말갈 (추)장 羅渴이 좋은 말 10필을 바쳤다는 기사가 그것이다.

10 俞元載(1979)에서 관계 기사를 추출하여 轉載해 놓았으므로 따로 이를 제시하지 않겠다. 신라본기의 기사도 그러하다.

11 박진욱, 〈백제 신라에 이웃한 말갈에 대하여〉, 《력사과학》, 1978-3; 俞元載, 〈三國史記僞靺鞨考〉, 《史學研究》 29, 1979; 장원섭, 앞의 논문, 1990; 金起燮, 〈三國史記 百濟本紀에 보이는 靺鞨과 樂浪의 位置에 관한 再檢討〉, 《淸溪史學》 8, 1991; 文安植, 〈三國史記 百濟本紀의 靺鞨 史料에 대하여〉, 《韓國古代史硏究》 13, 1998.

다. 그런데 눈에 띄는 점은, 웅진으로 천도한 뒤인 동성왕과 무령왕대
에 백제와 말갈이 충돌한 지점이 한산성, 마수책, 고목성 등이다. 이들
지점은 한성에 수도를 두었던 시기에 백제와 말갈의 전투 지점과 동
일한 곳이다. 자연 말갈 관계 기사만을 검토할 때도, 이들 기사의 신
빙성이 문제로 제기될 수 있다. 이에 대해선 백제본기 자체에 대한 더
욱 자세한 검토가 따라야 하는데, 일단 이 장에선 이를 다룰 계제가
아니므로 이들 기사를 대하는 필자의 기본 입장만 밝히겠다. 필자는
이들 기사의 기년紀年은 그대로 믿을 수 없다고 본다. 그러나 후대에
기년 소급이나 기사의 배치에서 작위가 가해졌다는 것을 전제로 한다
면, 이들 기사에는 '말갈'과 백제의 분쟁에 관한 어떠한 사실을 담고
있다고 본다. 적어도 이를 통해 백제본기에 등장하는 '말갈'의 실체를
이해하는 데는 문제가 없다고 보아도 좋을 것이다. 이 '말갈'의 실체가
무엇인가를 고려할 때, 먼저 경기도 북부지역과 동부 및 영서지역에
어떤 족속이 거주하고 있었던가를 살펴보아야겠다. 《삼국지》 동이전에
따르면, 한강 하류지역 일대는 한족韓族의 거주지였다. 그러나 반드시
한강 하류와 임진강 예성강유역에 한족만 거주하였던 것은 아니다. 포
괄적인 기술이지만

> 환제桓帝, 영제靈帝 시기에 한韓과 예濊가 강성해져 군현이 이를 능히 제
> 어하지 못함에 많은 수의 민이 한국韓國으로 유입해 갔다. 건안建安
> (196~220) 연간에 공손강公孫康이 둔유현屯有縣 이남의 황지荒地에 대방군
> 을 설치하고, 공손모公孫模, 장창張敞 등을 보내어 유민遺民을 모으고 한韓,
> 예濊를 공벌攻伐하였다(《삼국지》 동이전 한조).

라고 적었다. 대방군의 경역境域을 고려한다면,[12] 2세기 후반 예성강

에서 한강 하류에 이르는 지역에 한족과 함께 예족이 분포하였을 개연성은 충분히 있다. 이 지역이 예족이 거주하던 원산만 일대 지역과 추가령 지구대를 거쳐 연결된다는 면에서도 그러하다. 백제국은 한족韓族 지역에 자리 잡고 있었고, 백제 남부지역에도 한족이 거주하였다. 그런데 백제본기에서 '말갈'은 백제의 북쪽이나 동쪽 방면과 연관하여서만 언급되었다. 따라서 이 '말갈'의 실체는 한韓이 아니었다. 일단 고려의 대상은 예족濊族이나 제3의 족속이 된다. 그런데 백제와 '말갈'의 충돌은 장기간에 걸쳐 벌어졌고, '말갈'과 신라의 분쟁도 그러하였다. 단기간에 어떤 족속이 이동해 와 상쟁을 벌인 것은 아니었다. 그렇다면 5세기 이전 시기에 한반도 중부지역에서 그렇게 장기간 백제나 신라와 분쟁을 벌일 수 있었던 집단은 신라·백제와 접한 인근 지역에 토착하여 거주하던 족속이라고 보지 않을 수 없다. 자연 예족이나, 또는 어쩌면 이 지역에 정착했을 수도 있는, 뒷날 말갈로 이어지는 계통의 족속이 백제본기의 '말갈'의 실체로 상정된다. 이 가운데 후자는 《삼국사기》 신라·백제본기의 기사를 제외하고는 5세기 대까지 기록에서 전혀 그 모습이 확인되지 않는다. 반면 예족에 대한 기술은 찾아볼 수 있다. 만약 동예를 말갈계의 족속으로 간주하는 이른바 '예계말갈론濊系靺鞨論'을 취하지 않는다면(이에 대해선 후술함), 백제의 북·동부지역에 출몰하였던 '말갈'은 동예로 보지 않을 수 없다. 그간 제기되었던 기존의 여러 견해들도 그렇게 보았는데, 다시 한 번 이를 점검해 보자. 여기에서는 무엇보다 5세기 이전 예족의 거주지를 확인

---

12 현재까지 조사된 대방군 관계 유적 유물은 모두 예성강 서쪽 황해도 지역에 분포되어 있다. 대방군의 7개현도 그 지역에 존재하였다고 보아도 무리는 없을 것이다(李賢惠, 〈3세기 馬韓과 伯濟國〉, 《百濟의 中央과 地方》, 충남대학교 백제연구소, 1997).

해 볼 필요가 있다.

동예는《삼국지》동이전에서 전하는 바에 따르면 원산만 일대를 중심으로 그 남북에 걸쳐 거주하였다. 당시 예족의 분포가 남으로 영일만 북단에까지 미쳤음을 영일군 신광면 마조리에서 출토된 '진솔선예백장인晉率善濊伯長印'을 통해 확인할 수 있다.[13] 강원도 영서지역에도 예족이 거주하였다. 광개토왕릉비에 수묘인守墓人으로 차정된 '신래한예新來韓濊'의 출신지가 기술되어 있다. 출신지에 종족명을 부기付記한 경우도 있지만, 그렇지 않고 지명만 서술한 경우도 다수이다. 구체적으로 예濊라는 종족명을 기술한 경우는 '사조성한예舍蔦城韓濊' 하나뿐이다. 그런데 수묘인 등을 '新來韓濊'라 하였던 만큼, 자연 출신지의 지명만 기술한 자들 중에는 예족이 상당수 있었다고 보아야겠다.

'新來韓濊'의 출신지, 즉 광개토왕대에 병탄한 지역에 대해 이를 한강 이북의 경기 북부지역으로 비정하는 설이 일찍이 제기된 바 있다. 이는 고구려의 남진 방향을 한강 하류 쪽으로 상정하고, 백제의 한성이 함락된 475년 이후에야 한강유역이 고구려의 영역으로 되었다고 이해한 것이다. 그러나 한강 상류 방면으로 고구려가 남진한 것은 그보다 이른 시기에 진전되었던 것 같다. 광개토왕릉비에 따르면 영락永樂 10년(400) 고구려군 5만이 신라를 구원하러 출병하였다. 고구려군은 남거성南居城을 거쳐 경주에 이른 뒤 낙동강 하류지역으로 진격하였다. 남거성의 위치가 어디인지는 분명치 않으나, 5만의 대군이 동해안을 따라 남진하였다고만 이해하기는 어렵다. 당시 고구려군이 한강 상류지역을 거쳐 신라 지역으로 진군하였다고 추정하는 것이 더 순리적이다. 신라본기 자비마립간 11년(468) 고구려와 말갈이 신라의 실

---

13 梅原末治,〈晉率善濊伯長銅印〉,《考古美術》8-1·2, 1967.

직悉直을 공격하였다는 기사도 그런 측면에서 보면 이해가 된다. 당시 하슬라阿瑟羅, 즉 강릉이 신라의 판도였기 때문에 그보다 남쪽인 실직(삼척)을 공격하였다는 이 기사는 언뜻 그대로 믿기 어려운 느낌을 준다. 그러나 당시 남한강 상류지역을 고구려가 차지하고 있었다면, 남한강 수계를 따라 단양-영월-정선을 거쳐 태백산맥을 넘어 동해안으로 나아가면 삼척이 되니, 자비마립간 11년의 기사는 그대로 사실성을 지닌다고 할 수 있다.14 5세기 전반 당시 백제는 고구려에 대해 수세적인 입장에서 한강 하류지역의 방어에 급급한 상태였기 때문에, 고구려가 한강 상류 방면으로 세력을 뻗치는 것은 더 용이하였을 것이다. 원산만 방면에서 남한강 상류지역을 거쳐 소백산맥 이남으로 이어지는, 즉 안변-회양-금화-춘천-홍천-횡성-원주-제천-영춘-단양-풍기-영주로 이어지는 교통로는 후대의 경우지만 조선시대에도 주요 도로로 존재하였다. 그런 교통로는 그 전부터 존재하였던 것으로 여겨진다. 통일신라 때 수약주首若州(삭주朔州)는 이 교통로의 중심으로 설정되었던 주로 여겨진다.15 광개토왕대에 고구려가 차지한 백제의 58성 700촌 가운데 상당 부분도 한강 중·상류지역에 소재하였던 것 같다. 그 가운데 하나가 고모루성이다. 충주고구려비에도 '고모루성수사古牟樓城守事'가 보인다. 수사守事는 '대형大兄' 관등을 지닌 이가 취임하는 지방관으로서 군郡의 태수에 해당한다.16 고모루성은 비의 건립처인 충주에서 멀지 않은 지역에 위치하였다고 여겨진다.17

---

14 이강래, 앞의 논문, 1985.
15 노태돈, 〈삼국사기 신라본기의 고구려관계 기사 검토〉, 《慶州史學》 16, 1997.
16 노태돈, 앞의 책, 1999, 270~263쪽.
17 고모루성은 충북 陰城이나, 남한강 상류지역으로 비정하는 견해가 제기된 바 있다(손영종, 〈중원고구려비에 대하여〉, 《력사과학》, 1985-2; 이도학, 〈永樂 6年 廣開土王의 南征과 國原城〉, 《孫寶基博士停年紀念韓國史學論叢》, 1988 참조.

이렇게 볼 때, 광개토왕릉비의 '新來韓穢'의 출신지에는 임진강유역 일대와 함께 한강 중·상류지역이 포함되었음을 추정할 수 있다. 이는 곧 당시 예족이 영서지역에 거주하였음을 말한다. 근래 이 점과 연관하여, 연천 등 임진강유역과 춘천, 평창, 제천 등 한강 상류지역에서 강변의 자연 모래언덕〔沙丘〕위에 냇돌을 1~2겹 입힌 뒤 매장 주체부가 있는 부분에는 7~8겹으로 두텁게 적석한 즙석총葺石塚을 예족의 무덤으로 이해한 설이 제기되었다. 이 견해는 즙석총, 경질무문토기와 타날문토기打捺文土器, '呂'자형 또는 '凸'자형의 주거지 등을 한 세트로 하는 이른바 '중도형中島型 문화'를 예족의 문화로 설정하였다.18 이 설에서 '중도문화'와 동예의 중심지였던 원산만 일대나 영동지역 예족의 유적 유물과 비교 검토가 없어, '중도문화' 유형을 영서지역 예족의 그것으로 단정키는 주저되나, 앞으로의 연구 진전이 기대되는 바이다.

만약 5세기 이전 예족이 임진강유역과 영서 지역에 거주하고 있었다면, 백제본기에서 백제를 북과 동에서 침공하였다고 전하는 '말갈'의 실체는 濊로 볼 수 있다. 이 면은 백제본기 성왕 26년(548)조의 다음 기사가 뒷받침한다.

> 고구려왕 평성이 예濊와 공모하여 한북漢北의 독산성獨山城을 공격하였다. 왕이 신라에 사신을 보내어 원병을 요청하였다. 신라왕이 장군 주진朱珍으로 하여금 갑옷 입은 병사 3천을 거느리고 가 구원케 하였다. 주진이 밤낮으로 달려 독산성에 이르러, 고구려 군사와 싸워 크게 격파하였다.

이에 앞서 무령왕 7년(507)조에 고구려와 '말갈'이 함께 백제의 한

---

18 박순발, 《漢城百濟의 誕生》, 서경문화사, 2001, 75~78, 133~139쪽.

성漢城을 향해 침공해 와 이를 격퇴하였다는 기사가 있다. 신라본기에도 5세기 후반 고구려군과 '말갈'병이 함께 신라 북경北境을 공격한 기사가 여럿 보인다. 고구려와 '말갈'이 함께 침공해 왔다는 식의 내침 형태는 위에서 말한 성왕 26년조의 고구려와 '예'가 함께 침공해 왔다는 것과 같은 유형이라고 할 수 있다. 여기에서 전하는 '예'는 '말갈'과 같은 실체로 볼 수 있다. 다만 이 기사에서 전하는 독산성의 위치를 말하는 '한북漢北', 즉 한수漢水 북쪽이라는 문제는 다시 논하기로 한다. 그럼 이어 신라본기에 등장하는 '말갈'의 실체에 대해 살펴보자.

2) 신라본기의 '말갈'

신라본기의 '말갈' 기사는 지마祇摩, 일성逸聖, 내해奈解 등 세 니사금기紀에 8차례 나온다. 모두 '말갈'이 '북경北境'을 침공해 와 그에 대한 조처를 취하였다는 내용이다. 이들 기사에서 등장하는 구체적인 지명으로는 대령책大嶺柵, 니하泥河, 장령長嶺 등이 보인다. 니하는 《삼국사기》에서 몇 군데 등장하지만, 여기에서 전하는 니하가 어느 지역인지 단정키 어렵다. 대령책이나 장령도 짐작키 어렵다. 일단 이들 기사의 '말갈'은 북으로부터 신라에 침공하였던 세력이라는 정도만 말할 수 있겠다.[19]

그 다음 '말갈' 기사는 내물니사금 40년(395), 자비마립간 11년(468), 소지마립간 2년(480), 3년조(481) 등 네 차례 등장하는데 모두 '말갈' 침공에 관한 것이다. 이 가운데 자비마립간 11년과 소지마

---

19 이들 기사는 진흥왕대 이후의 사실을 소급해 초기 기년에 붙여 기술한 것이라고 풀이한 견해가 있다(선석열, 앞의 논문, 1993). 흥미로운 시각이라 여겨지나, 이 장에선 이에 대한 구체적인 논급은 피하겠다.

립간 3년의 경우는 고구려와 '말갈'이 함께 침공하였다. '북변北邊'을 침공해 온 지역이나, '말갈'과의 교전 지역으로 실직悉直(삼척), 미질부彌秩夫(흥해), 니하泥河 등이 기술되어 있다. 동해안을 따라 '말갈'이 침공해 왔음을 전한다. 이 '말갈'은 예로 여겨진다. 당시 동예가 고구려에 복속됨에 따라 예병濊兵이 고구려에 의해 동원되어 함께 신라에 대한 공격에 나섰던 것이다. 나아가 위에서 살펴본 3명의 니사금대에 신라에 침공하였다는 북변의 '말갈'도, 이들 기사가 후대의 사실을 담은 전승의 착간인지 여부는 별도의 문제로 하고, 예濊였다고 보아도 좋을 것이다.

6세기 후반에 접어들어 진흥왕 9년 신라가 고구려·예濊와 백제의 독산성에서 교전한 기사가 보인다. 이 기사는 백제본기나 고구려본기에도 보이는 바로서, 다산 정약용 이래로 그간 《삼국사기》에 나오는 '말갈'의 실체가 예임을 말해 주는 기록으로 주목되어 왔던 바이다. 이 기사에 대해선 뒤에 다시 재론하겠다. 이 이후 신라본기에선 상당기간 '말갈' 침공 기사는 보이지 않는다. 이는 진흥왕대의 팽창과 함께 한반도 중부지역과 함흥 평야지대를 신라가 차지함에 따라 그 지역의 예족이 신라의 민으로 포괄됨과 유관한 것으로 여겨진다.[20] 그러다가 6세기 말부터 《삼국사기》에서는 다시 말갈 기사가 등장한다. 이 말갈과 6세기 전반 이전의 '말갈'이 동일 실체인지를 이어 검토해 보자.

---

20 박진욱, 〈백제 신라에 이웃한 말갈에 대하여〉《력사과학》 1978-3, 1978; 유원재, 앞의 논문, 1979.

3. 삼국통일전쟁기의 말갈

598년 고구려가 말갈병 1만을 동원해 수의 요서지역을 공격하였다. 이후 고구려와 수·당 사이의 전쟁에선 말갈이 계속 등장한다. 양측 모두에 말갈은 참가하였다. 고구려군의 일원으로 참전한 말갈병은 특히 측후병이나 선발대로, 그리고 적의 보급선과 치중輜重을 공격하거나 기습을 도모하는 별동대로 두드러지게 활약하였다(《구당서》 고려전). 수렵을 통해 그들의 일상생활에서 배양된 자질이 활용된 것이다. 645년 고연수, 고혜진이 지휘한 고구려군 15만이 당 황제 이세민이 이끈 침공군과 대회전을 벌인 것으로 유명한 안시성 교외의 전투에서, 대략 고구려군의 1/10이 말갈병으로 구성되었던 것으로 여겨진다.[21] 이들 말갈은 모두 만주 지역에 거주하던 읍루–물길–말갈로 이어진 족속이었다. 이 말갈은 고구려 말기까지 고구려에 복속되어 그 군사력의 한 부분을 이루었다.

한편 통일전쟁에 관한 기록에 말갈이 빈번하게 등장한다. 이들 말갈 가운데에는 당군과 협력한 말갈도 있다. 가령 속말말갈족 추장으로서 고구려에 저항하여 수隋에 귀부했던 돌지계突地稽의 아들로서, 당의 장수로 활약하여 신라와 당의 전쟁에 투입된 이근행李謹行의 휘하병은 그 두드러진 예이다. 그런데 당군에 부용附傭한 말갈 외에, 그 성격이 불분명하게 여겨지는 말갈도 보인다. 한반도 안의 전투에 참가하였던 일부 말갈의 경우가 그러하다. 그래서 이들을 예로 간주하거나,[22] 한반

---

21 이 전투에서 당군의 전술에 말려들어 고구려군은 참패를 하였다. 2명의 사령관 이하 3만 6천 8백여 명이 항복하였다. 그 가운데 말갈이 3천 3백여 명인데 당은 이들을 모두 죽였다. 이를 통해 대략 고구려군의 1/10 정도가 말갈병인 것으로 추정할 수 있다. 《구당서》 고려전.

도 동북방에서 계속 거주해 오던 말갈23이었다고 보기도 하였다. 사실 삼국통일전쟁기 때 등장하였던 말갈의 여러 집단은 그 동향이 반드시 일정치는 않았다. 특히 고구려 멸망 뒤에는 더욱 그러하였다. 구체적으로 이들에 대해 언급한 기사들을 살펴보자.

A-(1) 무열왕 2년 고구려와 백제 말갈이 연결하여 우리 북경을 침략하여 33성을 공취하였다. 왕이 사신을 당에 보내 구원을 청하였다(《삼국사기》 신라본기).

(2) 무열왕 8년 5월 9일(혹은 11일이라 한다), 고구려장군 뇌음신이 말갈장군 생해와 군사를 합쳐 술천성을 공격하여 이기지 못하였는데, 군대를 옮겨 북한산성을 공격하였다. 포차抛車를 나열하고 돌을 날렸다. 돌을 맞은 집과 성가퀴가 곧 붕괴되었다. 성주인 대사大舍 동타천이 사람을 시켜 성 밖에 마름쇠를 뿌리니, 사람과 말이 다닐 수가 없었다. 또 안양사의 창고를 헐어 그 목재를 가지고 성이 무너진 곳에 임시 누대를 세워 밧줄로 묶고 말가죽을 덮어 그 안에 노포弩砲를 설치해 지키게 하였다. 이때 성 안에는 단지 남녀 2천 8백 인이 있었을 뿐이다. 성주 동타천이 어리고 약한 이들을 격려해 능히 강대한 적을 이십여 일 동안 상대하였다. 그러나 식량이 다하고 힘이 지쳐 지성으로 하늘에 고하니 홀연 큰 별이 적의 진영에 떨어졌다. 또 비가 내리고 뇌성이 치니, 적이 두려워하여 포위를 풀고 떠나갔다. 왕이 기뻐하고 동타천을 표창해 벼슬을 대나마로 올렸다 (《삼국사기》 신라본기).

(3) 문무왕 11년 춘정월, 이찬 예원을 중시中侍로 삼았다. 군사를 보내 백제를 공격해 웅진 남쪽에서 싸웠다. 당주幢主 부과가 전사하였다. 말갈병

22 유원재, 앞의 논문, 1979.
23 趙二玉, 앞의 책, 2001. 85~105쪽.

이 쳐들어와 설구성舌口城을 포위하였다가 이기지 못하고 물러나려 하자, 출병하여 이를 공격하여 삼백여 명을 참살하였다(《삼국사기》 신라본기).

(4) 문무왕 13년 9월, 당병과 말갈 거란병이 북변을 침공해 왔다. 9번을 싸워 우리 군사가 이들을 이기니 이천여 명의 목을 벴다. 호로하와 왕봉하여 빠져 죽은 당병이 이루 헤아릴 수 없을 정도였다. 겨울, 당병이 고구려 우잠성을 공격하여 이를 항복시켰다. 거란과 말갈의 병사가 대양성과 동자성을 공격하여 멸하였다(《삼국사기》 신라본기).

(5) 문무왕 15년 2월 … 당병과 거란 및 말갈병이 버침해 온다는 소식이 전해져, 9군을 출동해 이어 대처하였다. 9월 29일 이근행이 이십만을 거느리고 매소성에 주둔하였다. 아군이 이를 공격하여 패주케 하고 전마 삼만 삼백 팔십 필과 그 밖에 병장기를 획득하였다. 사신을 당에 보내어 방물을 바쳤다. 안북하 연변에 관關과 성을 설치하였다. 또 철관성을 설치하였다. 말갈이 아달성에 쳐들어와 노략질을 하니, 성주 소나가 이를 역격逆擊하였으나 죽었다. 당병이 거란 말갈병과 함께 칠중성을 포위하였으나 이기지 못하였다. 소수小守인 유동이 전사하였다. 말갈이 또 적목성을 포위하여 이를 멸하였다. 현령 탈기脫起가 백성을 이끌고 저항하였으나 힘이 다하여 함께 죽었다. 당병이 또 석현성石峴城을 포위하여 함락시켰다. 현령 선백과 실모 등이 힘써 싸웠으나 죽었다. 또 우리 군사가 당병과 크고 작은 18번의 전투에서 모두 승리하였고, 6천 47명의 목을 베었으며, 전마 이백 필을 노획하였다(《삼국사기》 신라본기).

(6) 고구려와 말갈병이 이르기를 신라 정예병이 모두 백제 지역에 있으므로, 내부가 비었을 것이니 가히 공격할 수 있다면서 수륙으로 병력을 동원하여 북한산성을 포위하고 고구려병은 북한산성의 서쪽에, 말갈병은 그 동쪽에 진영을 채우고 십여 일 공격을 하였다. 성중이 두려워하며 걱정하였다. 홀연 큰 별이 적의 진영에 떨어졌고 뇌성벽력이 쳤다. 적들이 놀라

고 의심스러워하며, 포위를 풀고 퇴각하였다(《삼국사기》 권42 김유신전).

(7) 처음에는 법민왕이 고구려 반중叛衆을 받아들였다. 또 백제 고지를 차지하였다. 당 고종이 대노하여 군대를 보내어 토벌하려 했다. 당군과 말갈이 석문石門 들판에 진영을 폈다. 왕이 장군 의복義福 춘장春長 등을 보내어 방어게 하였다. 대방帶方의 들에 진영을 폈을 때, 장창당長槍幢이 홀로 군영을 따로 폈는데, 당병 삼천여 인과 마주치자 이들을 포획하여 대장군 진영에 보냈다. 이에 여러 부대가 말하기를 장창부대가 따로 영을 세워 공을 세웠으니 반드시 후한 상을 받을 것인데, 우리들은 적당한 곳에 진영을 세우지 못하여 헛수고를 하였다면서, 각각으로 병사를 분산해 진영을 꾸렸다. 당병과 말갈병이 우리 군이 미처 진영을 꾸리기 전에 공격해 와 우리 군사가 크게 패배하고, 장군 효천 의문 등이 죽었다(《삼국사기》 권42 김유신전).

(8) 소나素那(혹은 금천金川이라 한다), 백성군 사산인이다. … 소나는 웅장 호방하여 아비를 닮은 풍모를 지녔다. 백제가 멸망한 뒤, 한주도독 도유공都儒公이 대왕께 청하여 소나를 아달성에 파견하여 북쪽을 방어게 하였다. 상원上元 2년 을해년 봄에 아달성 태수 급찬 한선이 민에게 모일某日 일제히 성밖으로 나가 마麻를 심으라고 명하였다. 말갈 첩자가 이것을 듣고 돌아가 그 추장에게 고하였다. 그날이 되자 백성들이 모두 성을 나가 밭에 있었다. 그때 말갈이 가만히 무리를 움직여 갑자기 성을 덮쳐 노략질하였다. 노인과 어린 아이들이 어찌할 바를 몰라하였다. 소나가 칼을 뽑아 적을 향하면서 크게 소리치기를 '너희들은 아는가, 신라에 심나의 아들 소나가 있다는 것을. 죽음을 두려워해 삶을 도모치 않는다. 싸우고 싶은 자는 어찌 나오지 않는가!'라고 소리치며 적을 향해 돌진하니, 적이 감히 다가오지 못하고 소나를 향해 활을 쏘았다. 소나 또한 활로 응사하였다. 쏟아지는 화살이 벌떼와 같았다. 진시辰時부터 유시酉時에 이르기까지 싸우는 동안에 소나의 몸은 화살에 꽂히고 고슴도치처럼 되어 마침내

죽었다(《삼국사기》 권47 소나전).

　　먼저 A-(2)는 고구려 장수 뇌음신이 '말갈' 장수 생해와 함께 술천성, 즉 지금의 경기도 여주를 공격하다가 여의치 않으니 북한산성을 공격하였음을 전한다. A-(6)의 김유신전의 기사는 같은 사건을 전한 것이다. 이때 침공군이 고구려군과 말갈군으로 구성되었음은 (6)의 기사에서 명기하고 있다. 침공군은 한강 상류지역에서 하류 방향으로 진격해 나아갔다. 무열왕 8년(661) 당시 북한강 상류지역은 고구려가 장악하고 있었다.24 술천은 백제본기 초반 부분에서도 '말갈', 즉 예인濊人이 침공해 온 지역으로 기술하고 있다(백제본기 온조왕 40년조). 자연 A-(2) 기사의 '말갈'은 일단 예濊를 뜻한다고 볼 수 있겠다.

　　하지만 여기에는 다음과 같은 의문이 따른다. 강원도 북부와 함경도 남부지역은 6세기 중반 진흥왕대 이후 장기간 신라의 영역이 되어 그 지배를 겪었고, 그 뒤 다시 고구려의 영토가 되었다. 그 뒤 666년 연정토가 이 지역의 12성을 들어 신라에 항복하였는데, 그때의 12성은 강원도 북부와 함경도 남부지역에 있었다.25 668년 신라는 이 지역에 비열홀주를 설치하였다(신라본기 문무왕 8년 3월조). 연정토의 12성이 말해 주듯, 660년대에는 이 지역 주민들은 고구려의 민으로 편제되어 성 단위로 지배되었다. 그런데도 위의 기록 A-(2)와 (6)이 전하듯, 왜 여전히 이 지역 주민을 고구려인과 구분하여 '말갈', 즉 예濊라고 하였을까.

　　신라의 경우, 대체로 5세기 대까지 피정복지역의 주민을 집단별로

24 노태돈, 앞의 책, 1999, 248~251쪽.
25 위와 동일.

예속시켜 공납을 징수하고 군사적 조력을 하게 하는 형태가 주된 지배방식이었고, 이들과 6부민은 신라의 국가구조 안에서 뚜렷이 차별되었다. 그러나 6세기가 진전되면서 신라 국가의 성장과 함께 영역 안의 민에 대한 지배책도 그와 함께 변모해 나갔다. 지방관을 파견해 피복속 집단과 그 지역을 중앙정부가 직접 장악하여 지배하는 중앙집권체제가 구축되어 나갔다. 그에 따라 신라 영역에 포괄된 피복속 변경지역의 주민은 집단예민의 처지에서 벗어나 일반 지방민으로 처우되었다. 울진 봉평비에 기술된 거벌모라居伐牟羅 남미지南弥只 등의 촌락의 경우는 그런 일면을 전해 준다. 즉 신라 변경지역의 피복속민이었던 이들 촌락의 주민은 일종의 집단예민集團隸民으로서 '신라 6부'에 예속되어 지배를 받다가, 법흥왕대에 어떤 법적인 조처가 있은 이후는 신라 지방관에 의해 통치되는 일반 지방민으로 처우되었다. 그런데 이들이 분란을 일으키자, 그에 대한 응징으로 '노인법奴人法'에 의거해 촌락 단위로 집단적인 처벌을 하였다.[26] 비록 처벌을 받아 다시 노인촌奴人村으로 처우받게 되었지만, 거벌모라 등의 경우를 통해 6세기 초반 신라국가의 피정복지역에 대한 지배방식 변화의 일면을 찾아볼 수 있다. 거벌모라 지역은 원래 예족의 거주지였다. 나아가 신라 조정은 단양신라적성비의 '소녀小女', '적성전사법赤城佃舍法' 등의 표현에서 보듯, 피정복지역의 민을 연령등급제에 의해 편제하였고, 토지에 관해서

---

26 봉평비에서 '居伐牟羅南弥只, 本是奴人, 雖是奴人, 前時王大教法…'라 하였다. 뒤이은 부분은 판독상에 異見이 많아 일단 차치하더라도, 이 부분의 해석은 '거벌모라와 남미지는 본래 奴人이었다. 비록 奴人이었지만 前時에 왕이 크게 法을 내려' 어떤 (개선) 조처를 하였다는 뜻이 된다. 그 다음 부분에서 이들 집단이 저지른 잘못에 대한 처벌을 하면서 種種 奴人法에 따라 太奴村은 어떻게 하며 云云하였다. 이런 비문의 기사를 통해 위와 같이 추론할 수 있다. 노태돈, 〈蔚珍 鳳評碑와 新羅의 官等制〉, 《韓國古代史研究》 2, 지식산업사, 1989 참조.

도 어떤 조치를 취하였다. 곧 중앙정부의 지배력이 율령과 지방관을 통해 해당 지역 주민사회에 깊이 뻗쳐 들어가게 되었다. 진흥왕 북한산비에서 '스스로 헤아리건대 신고新古 여서黎庶를 어루만져 살폈으나 오히려 왕화王化가 두루 미치지 못하고 은혜가 베풀어지지 않아' 직접 순수하여 널리 민심을 살핀다고 하였다. 즉 영역 안의 모든 신구新舊의 백성들을 그전과는 달리 이제 동일하게 모두 왕의 신민臣民으로 여긴다는 것이다. 이는 관념적인 데 그친 것은 아니었다. 중앙집권적인 영역국가체제의 진전에 따르는, 6세기 후반 신라 지배층 의식의 일단을 반영한 것으로 여겨진다. 고구려 영역 안에서도 군현제적인 지배를 한 지역에서는 비슷한 상황의 진전이 있었을 것으로 봐야 옳을 것이다. 강원도 북부와 함경도 남부지역은 6세기 후반 이후 신라의 지배를 거쳐, 7세기 전반 고구려의 영역으로 다시 귀속된 뒤에도 대소의 성을 단위로 편제되었다. 물론 지역적인 문화적 특성이라든가 방언 등의 차이에 따라 다른 지역 민과의 주민 융합의 정도가 깊이 진행되지 않아, 여전히 이 지역의 민을 예濊라 일컬었을 가능성은 있다. 특히 제3자인 신라인이나 백제인들이 이들과 중심부의 고구려인에 차이를 두어 이들을 예라 불렀을 수는 있다. 그러나 중앙집권적 영역국가체제 아래에서, 적어도 7세기 대에 예라 하여 이 지역의 민을 타 지역의 주민과는 달리 별도로 구분하여 집단적으로 예속시켜 자치를 영위케 하는 간접 지배책이 시행되고 있었을까. 666년 연정토의 12성의 예에서 보듯, 이 지역의 민은 성城을 단위로 편제되어 고구려 중앙에서 파견한 지방관의 지배 아래에 있었던 만큼, 그렇게 보기는 어렵다.

그런데 A-(6)을 보면 661년 북한산성을 공격할 때 말갈병은 고구려군과 별도로 진영을 설치했고, 말갈 장수에 의해 통솔되었다.[27] 아마도 동원 과정도 그러하였을 것으로 보아야겠다. 자연 평상시에도 이들 말갈병이 속한 집단은 자치체적인 성격을 지녔을 것이다. 이는 만약 이 '말갈'이 강원도 북부와 함경도 지역의 예인濊人이라면 상정키 어려운 양상이다. 한편 7세기대 고구려의 지배 아래에 있던 만주 지역의 말갈족은 부족이나 부락 단위로 편제되어 그 내부의 일은 자치에 맡겨져 있었다. 그렇다면 말갈 장수 생해와 그 휘하병은 만주 지역에 거주하던 실제의 말갈로서, 고구려 조정의 명에 따라 멀리 한반도 중부 지역으로 동원되어 온 이들이라고 보아야 할까. 그렇게 보기에는 전쟁 지역이 한반도 중부지역이라서 거리가 너무 멀다고 생각될 수도 있겠다. 이에서 잠시 당시의 상황을 살펴보자.

고구려군과 말갈군이 침공해 온 661년 5월은 바로 신당 연합군에 의해 백제가 멸망한 직후이다. 신라군과 당군의 백제에 대한 공격이 기습적으로 이루어졌지만, 일단 양국군의 침공이 시작된 이후에는 곧 바로 그 사실이 고구려에 알려졌을 것이고, 고구려로서는 비상사태에 돌입치 않을 수 없었을 것이다. 당의 대군과 신라군의 동향을 예의 주시하고, 남부 국경선에 병력을 집중하였을 것이다. 자연 동원한 만주 지역의 말갈병의 일부도 한반도 중동부지역에 배치하였을 것이다. 그러다가 비상사태를 한 고비 넘긴 이듬해 5월, (6)에서 말하듯 '신라 정예병이 백제 지역에 있'는 상황을 이용해[28] 신라의 북경北境을 공격하였던 것이다. 즉 661년의 말갈병은 예가 아니고 실제의 말갈이었다고 여겨진다.

그런데 이렇게 볼 때, 다시 다음의 기사가 문제가 된다.

---

27 李仁哲, 〈6-7世紀의 靺鞨〉, 《國史館論叢》 95, 2001, 51쪽.
28 660년 7월 백제가 망한 후, 그 유민들의 봉기로 전투가 계속적으로 이어졌다. 이듬해 3, 4월에도 신라군이 백제지역에 대거 투입되어 있었다(《三國史記》 무열왕 8년조).

무열왕 5년(658) 3월, 왕이 하슬라何瑟羅는 땅이 말갈과 이어지는 지역이라서 사람들이 능히 안심하고 살 수 없으니 경京을 파하고 주州로 삼아 도독都督을 두어 지키게 하였다. 또 실직을 북진北鎮으로 삼았다.29

이 기사에 따르면, 하슬라(강릉) 지역이 북으로 말갈과 접한다. 즉 말갈이 강원도 북부와 함경도 남부지역에 실제 거주하였다는 것이 된다. 만약 그렇게 보게 되면, 강원도 북부와 함경도 지역, 즉 옛 동예 지역에 주민 교체가 있었다거나, 아니면 예족을 말갈족의 일부인 이른바 '예(맥)계 말갈'로 보아야 한다는 것이 된다. 그런데 하슬라에 소경을 설치한 것은 선덕왕 8년(639)이었다(《삼국사기》 선덕왕 8년조). 당시 강원도 북부지역은 신라 영역이었다. 그러다가 643년 무렵과 655년의 고구려 공세로 상실하였다.30 특히 후자는, A-(1)에서 보듯 고구려군과 말갈이 동원되었다고 하였다. 《구당서》 백제전에도, '영휘永徽 6년(655) 신라왕 김춘추가 또 표를 올려 말하기를 백제와 고구려, 말갈이 그 북계北界의 30여 성을 함몰시켰다'고 하였다. 이는 《삼국사기》의 기사와 동일한 내용이다. 신라 조정에서 당에 보낸 국서에 고구려와 함께 침공해 온 집단을 말갈이라 하였으니, 《삼국사기》 신라본기

---

29 《三國史記》 신라본기 무열왕 5년 3월조.
  권35 地理志 溟州條에서도 동일한 내용을 전하는데, 단 '京을 파하고 州로 삼아 軍主로 지키게 하였다'고 기술했다.
30 《구당서》 新羅傳에 따르면, 선덕왕 12년(643) 당에 사신을 파견하여 '고려, 백제가 누차 신라를 공격하여 수십 성을 상실하였다'고 하면서 구원을 요청하였다. 그리고 655년에 다시 '백제가 고려 말갈과 함께 군사를 일으켜 신라의 북계를 공격하여 30여 성을 공략하였다'면서 구원을 요청하였다. 문무왕 11년(671) 설인귀에게 보낸 문무왕의 서한에서, 비열홀은 30여 년 전 고구려가 打得한 것을 신라가 되찾았다고 하였으니, 신라의 동북지역 가운데 적어도 원산만 일대의 지역은 643년 무렵 고구려가 차지하였다. 그리고 655년 무렵에 좀 더 남으로 그 영역을 확대하였던 것 같다.

의 이해 기사에 언급된 말갈은 후대에 개서改書된 것이 아님을 확인할
수 있다. 당시 원산만 일대 지역은 앞서 말하였듯이 예계濊系 주민이
대소의 성 단위로 편제되어 고구려의 지배 아래에 있었다. 고구려의
'대왕국토大王國土'에 살고 있는 이들을 고구려 측에서 말갈이라고 하
였을 리 없다. 신라 측도 그러하다. 666년 연정토가 이 지역 성과 주
민을 들어 신라에 투항하였을 때 이들을 말갈이라 하지 않았고, 곧바
로 이 지역의 8개성에 신라군을 진주시켰으며, 668년 3월에는 비열홀
주를 설치하였다(《삼국사기》 문무왕 6년 12월조, 8년 3월조). 668년 10
월 마지막 평양성 전투에 이 지역의 비열홀 출신 가군사假軍師 세활世
活이 신라군의 일원으로 참전하여 공을 세워 포상받았다.[31] 이어 669
년 3월엔 기근이 들자 이 지역 '민'을 구휼하는 조처를 취하였다(《삼
국사기》 문무왕 9년 5월조). 이는 곧 고구려 멸망 당시 강원도 북부지
역과 함경도 남부지역의 주민은 말갈이 아니고 고구려인이었음을 말해
준다. 그러니 실제 655년 고구려와 함께 신라의 북경北境을 침공한 말
갈은 고구려 조정이 동원한 동부 만주 지역에 거주하던 말갈, 아마도
백산말갈白山靺鞨로서,[32] 동해안을 따라 남으로 내려와 강원도 북부지
역에 투입되었을 것이다.

---

31 《삼국사기》 문무왕 8년 10월 22일조. 世活은 666년 연정토와 함께 투항한 자이
  며, 비열홀 출신이다. 함께 투항하였던 이들과 함께 668년 평양성 전투에 참가하
  였다. 軍師는 신라 지방민으로서 참전한 村主級 인물에게 주어졌던 직위였다. 假
  軍師 世活에 대해선 노태돈, 〈5-7세기 고구려의 지방제도〉, 《韓國古代史論叢》 8,
  1996; 앞의 책, 1999, 248~251쪽 참조.
32 《新唐書》 黑水靺鞨傳에서 隋代의 말갈 7부의 그 후 동향을 언급하면서 '白山本
  臣高麗, 王師取平壤, 其中多入唐'이라 하였다. 백산부의 거주지는 지금의 延邊 지
  역으로서, 일찍이 고구려에 복속되어 그 병력원으로 활용되었음을 전한다. 이 백
  산부의 병력은 그 지리적 위치상 신라전에도 동원되었을 것이고, 동해안을 따라
  남하하여 신라 北境에 침공하였을 것으로 여겨진다.

이렇게 볼 때, 위의 무열왕 5년(658) 기사의 '하슬라가 말갈 지역과 땅이 이어져 있어'라는 말은 하슬라 지역이 말갈의 침공로侵攻路 위에 자리하고 있어 소경小京보다는 군사적인 거점으로 삼는 것이 좋겠다는 뜻을 나타낸 것으로 이해하여야 할 것이다. 굳이 하슬라가 말갈 거주 지역과 접해 있었기 때문이라고, 바꾸어 말하자면 원산만 일대 지역이 말갈이 실제 거주하던 지역이라고 해석할 필요는 없다.[33]

A-(3) 기사의 말갈은 활구성活口城의 위치가 확실치 않아 그 실체를 논하기 어렵다. A-(4), (5), (7) 기사의 말갈은 당 측이 동원한 원래 만주 지역에 본거지를 두었던 말갈이 분명하다. A-(6)의 말갈은 앞에서 언급한 바이다. 끝으로 A-(8)의 말갈을 살펴보자. 말갈과 전투가 치러진 아달성은 아진함성阿珍含城과 동일한 곳으로서 현재의 강원도 이천군伊川郡 안협면安峽面으로 비정되고 있다.[34] 그런데 이 기사에는 말갈과의 아달성 전투가 675년 2월에 있었다고 하였는데, A-(5)의 같은 해 9월조에 기술되어 있는 전투와 동일한 사건이다. 두 곳의 기사가 시기에 관한 언급에서 차이를 보인다면, 열전의 기록

---

33 《三國遺事》 靺鞨·渤海條에서 '羅人云, 北有靺鞨, 南有倭人, 西有百濟, 是國之害也' 라 하였다. 이에서 高句麗 대신 '北有靺鞨'이라 하였다. 이 기사가 무엇에 근거했는지 알 수 없으며, 실제 삼국시기의 신라인의 언급인지 의문이다. 통일기 이후 북으로부터의 위협은 말갈이라는 인식이 퍼진 뒤의 것인지 모르겠다. 그리고 《삼국유사》 권3 黃龍寺九層塔條에, 慈藏 대사가 중국의 太和池邊에서 神人을 만나 나눈 대화라면서 다음과 같은 내용을 전한다. 즉 神人이 자장에게 너희 나라에 무슨 어려움이 있느냐 하니, 자장이 대답하기를 '我國北連靺鞨, 南接倭人, 麗濟二國, 迭犯封陲 云云'하였다고 전한다. 그러나 자장과 황룡사 9층탑에 관한 이 기사는 후대에 윤색이 상당히 가해진 것이다. 《皇龍寺利柱本記》에 따르면 그가 만난 이는 神人이 아니라 南山 圓香禪師였다. 일연이 인용한 '寺中記'에도 같은 내용을 전한다. 그런 만큼 이 두 기사의 '북으로 말갈과 접한다'는 구절을 삼국시대 말에 신라의 북변에 말갈이 살았다는 근거로 삼기는 어렵다.

34 韓國情神文化研究院 編, 《譯註 三國史記》 권3, 1997, 237쪽.

보다 본기의 기사에 신뢰성을 더 부여하는 것이 타당하다고 여겨진다. 675년 9월 당은 속말말갈 출신의 이근행을 사령관으로 한 당·거란·말갈병으로 구성된 20만을 동원하여 대규모 공세를 벌였다. 이에 대한 정보가 이미 그해 2월에 알려져 신라는 대비책을 강구하고 있었다. 당군의 주된 공격로는 황해도 방면에서 임진강 하류의 칠중성을 거쳐 매소성, 즉 양주楊州 방면으로 해서 지금의 서울 지역으로 밀고 내려오는 것이었다. 이 주 공격로에서 볼 때, 임진강 상류에 있는 아달성은 그 측면을 위협할 수 있는 위치에 있다. 소나素那가 전사한 아달성 전투는 이근행의 원정군 침공 작전의 일환으로 말갈병이 투입되어 전개되었던 것으로 보아야 할 것이다. 그럴 때 아달성을 침공한 말갈은 만주 지역에서 동원된 말갈로 여겨진다.

이상에서 검토한 바처럼 통일전쟁기에 등장하는 말갈은, A−(3)에서 전하는 그 성격이 불분명한 말갈을 제외하고는, 모두 읍루−물길계 말갈로 보인다.

그 다음 통일기 신라의 중앙군단인 9서당誓幢 가운데 683년에 만들어진 흑금서당은 말갈병으로 구성되었다. 9서당의 구성원의 성격에 대해 전쟁포로 등 천민적인 것으로 보아 왔다. 이는 그 주된 논거를 9서당의 고구려인, 백제인 및 말갈인을 전쟁포로 출신으로 파악한 데 두고 있다.[35] 한편 근래 9서당의 구성원을 반드시 전쟁 포로 출신의 천민이었다고 보기 어렵다는 반론이 제기되었다. 9서당의 1/3을 구성하는 신라인을 그렇게 볼 수 없으며, 보병과 기병으로 구성된 9서당에서 기병은 말과 장비를 스스로 마련하여야 하는데 포로 출신으로서 그것은 불가능하며, 9서당이 왕 직속의 중앙군단인 점을 고려한다면

---

35 末松保和, 〈新羅幢停考〉, 《新羅史の諸問題》, 東京: 東洋文庫, 1954.

이들을 천민으로 볼 수는 없다는 것이다.[36] 천민설賤民說의 문제점을
적시한 설로서 주목된다. 그러나 흑금서당의 구성원인 말갈을 동예인
으로 보는 것은 동의키 어렵다. 통일전쟁기, 특히 신라와 당의 전쟁기
간 동안 말갈이 모두 당 측에 가담하였던 것은 아니다. 676년 보장왕
이 당에서 요동으로 귀환한 뒤 곧바로 말갈과 내통하여 거사를 도모
하다가 발각되어 다시 당으로 끌려갔던 사건에서(《신당서》 고려전) 보
듯, 676년 당시에도 여전히 말갈족 중에는 고구려와 연결한 반당적反
唐的인 집단이 있었다. 그보다 앞서 한반도 안에서 전개된 고구려 부
흥운동에서도 말갈병이 가담한 경우를 찾아볼 수 있다. 다음 기록은
그런 면을 전해 준다.

> 연산도총관燕山道摠管 우령군대장군右領軍大將軍 이근행李謹行이 고려 반
> 군叛軍을 호려하瓠瀘河의 서쪽에서 크게 격파하였다. … 이때 근행의 아내
> 인 유·씨劉氏가 벌노성伐奴城에 머물고 있었는데, 고려가 말갈을 이끌고 성
> 을 공격해 왔다. 유씨가 갑옷을 두르고 무리를 지휘하여 성을 지키기 오래
> 하니 노虜가 물러갔다(《자치통감》 권202 당기唐紀 고종高宗 함녕咸寧 4년 윤5
> 월조).

이 사건은 임진강유역 일대에서 벌어진 고구려 부흥군과 당군의 전
투 와중에서 벌어진 것이다. 이 기사가 말갈 출신의 장수 이근행과 그
휘하의 말갈병이 주력으로 참가한 당군의 보고에 바탕을 둔 것인 만
큼, 고려에 이끌린 말갈은 동예일 수 없고 읍루-물길계 말갈이라고
보아야 할 것이다. 이들은 고구려 부흥군에 가담하였다. 부흥군이 패

---

36 盧重國, 〈신라 통일기 九誓幢의 성립과 그 성격〉, 《韓國史論》 41·42(一溪 金哲
埈先生10週忌追慕論叢), 1999.

퇴한 뒤 신라에 귀합歸合하였으니 부흥군에 속한 고구려인과 함께 말갈인도 그렇게 하였을 것이다. 이런 부류의 말갈병이 주축이 되어 뒤에 흑금서당을 편성하였던 것 같다. 9서당은 순차적으로 창설되었는데, 흑금서당이 편성된 683년에 고구려인으로 구성된 황금서당黃衿誓幢이 함께 창설된 점도 그런 면을 나타내는 것이 아닐까 한다. 황금서당의 고구려인은 안승安勝 휘하의 보덕국의 고구려인은 아니었다.

이렇게 볼 때, 통일전쟁 때 전쟁 기사에 등장하는 말갈은 실제의 말갈이었고, 그보다 앞 시기의 신라·백제본기 기사에 보이는 '말갈'은 예를 후대에 개서改書한 것임을 알 수 있다. 그런데 여기에서 한 가지 더 검토해야 할 점이 있다. 이른바 '예濊(맥貊)계 말갈론'이 그것이다. 만약 이 설이 성립한다면 한반도에서 활동하였다고 《삼국사기》 등에 기술된 '말갈'의 실체는 동예인 동시에 말갈이 되니, 이에 대한 논란이 더 쉽게 해결될 수 있겠다. 그러나 문제는 '예(맥)말갈론'이란 개념 자체가 성립할 수 있는가에 있다. 이에 대해 이어서 살펴보자.

4. 부여 · 옥저 · 동예와 예맥말갈론

예(맥)계 말갈론의 내용은 논자에 따라 조금씩 차이가 있으나 공통되는 내용은 다음과 같다. 즉 사서에 말갈로 기술된 이들은 구체적인 계통 면에서 살펴보면 예(맥)계 집단과 읍루계 집단으로 나누어지는데, 부여·옥저·동예가 전자에 속한다는 것이다.[37] 그리고 《수서隋書》에

---

37 日野開三郎, 〈靺鞨七部考〉, 〈史淵〉 36·37, 1948a; 日野開三郎, 〈靺鞨七部の前身

서 전하는 말갈 7부 가운데 속말부와 백산부가 전자에 속하는데, 옥
저·동예가 백산부이고 부여 지역의 주민이 속말부라고 주장했다.[38] 나
아가 발해말갈은 대조영의 소속부인 속말부가 중심이 되어 부여·고구
려·옥저 등이 어우러진 예(맥)계 말갈이며,[39] 이 예맥 말갈의 다수는
그 뒤 한족과 만주족에 흡수되었다고 하였다.[40] 이런 예(맥)말갈설은
그 주요 논거로 사서에 등장한 말갈 가운데 일부는 그 거주지가 동
예·옥저·부여의 그것과 같은 지역임이 확인된다는 점을 들었다. 그러
한 예(맥)계 말갈과 달리 읍루계 말갈은 돌화살촉을 사용하며 혈거穴
居 생활을 하는 등 문화적으로 다른 면을 보인다는 점을 지적하였다.
이런 면을 차례로 검토해 보자.

말갈의 거주지가 예맥계 주민의 그것과 겹치는 기록이 보이는 것은
사실이다. 먼저 속말말갈의 거주지를 보면 이들이 부여 지역에 거주하
였다는 기록이 보인다. 6세기 말 부여성 서북에 거주하고 있던 '승병
勝兵 수천數千'의 돌지계 집단이 그 구체적인 예이다. 이들은 고구려와
알력이 생겨 그 압박을 피해 수나라로 망명해 갔다.[41] 돌지계에게 당
조정이 부여후扶餘侯의 작호를 주었다.[42] 이 돌지계의 아들이 670년대
전반에 한반도로 투입된 당군의 사령관 이근행李謹行이다. 그리고 오
소고부烏素固部와 같은, 당에 귀부한 속말말갈의 한 집단을 부투말갈浮
渝靺鞨이라고도 하였다.[43]

とその屬種〉, 《史淵》 38·39, 1948b; 권오중, 앞의 논문, 1980; 孫進己·艾生武·庄
　嚴, 〈渤海的族源〉, 《學習與探索》, 1982-5, 1982.
38 日野開三郎, 위의 논문, 1948a,b; 孫進己 外, 위의 논문, 1982.
39 권오중, 앞의 논문, 1980.
40 孫進己 外, 앞의 논문, 1982.
41 《隋書》 靺鞨傳; 《太平寰宇記》 卷71 河北道 燕州條에 인용된 《隋北蕃風俗記》.
42 《册府元龜》 卷970 外臣部 朝貢門 武德 2年 12月條.
43 《舊唐書》 卷39 地理志2 河北道 愼州, 黎州條.

그러나 이런 사실이 곧 속말말갈의 전신이 부여족이었음을 말하는 것은 아니다. 부여국은 3세기 이래로 고구려 및 모용연과의 전쟁에서, 특히 후자에 의해 수차례 중심부가 유린되어 많은 부여인이 포로로 피랍되었다. 구체적으로 285년에는 모용연에 의해 수도가 함락되는 큰 타격을 받아 그 왕이 자살하고 일시 중심부를 북옥저 지역으로 옮겼으며, 그 뒤 진晉의 지원을 받아 복국復國하였다. 북옥저 방면으로 옮겼던 부여인의 일부는 계속 그 지역에 머물러 점차 자립해 나갔다. 동부여가 그것이다.[44] 복국한 뒤에도 모용연에 의해 초략은 계속되어 사로잡힌 부여인들이 북중국 방면으로 매매되기도 하였다(《진서》 부여전). 그 뒤 부여국은 고구려의 압박을 받아 길림에 있던 그 중심부를 서쪽으로 옮겼다가, 346년 모용연의 침공을 받아 왕 이하 5만여 명이 사로잡혀 갔다. 그에 따라 속말수유역의 부여국 인구는 크게 감소하였다. 수도를 농안으로 옮긴 뒤 부여국은 고구려의 세력 아래 귀속되어 간신히 그 명맥을 유지하였는데, 5세기 말에는 새로이 흥기한 물길에 의해 부여 지역이 점거되자, 494년 부여 왕실이 고구려 내지로 이거함에 따라 소멸되었다.[45] 이러한 일련의 과정을 거치면서 부여의 일부 지역은 비게 되었고, 그러한 곳에는 물길-말갈계 주민이 상당수 이주하였다. 더 살기 좋은 곳을 찾아, 그리고 철기문화와 농경화의 진전에 따라 동부 만주 오지에 거주하던 읍루-물길계 족속이 기회가 주어지면 서·남부지역으로 이주하였던 것은 유사 이래로 계속된 흐름이었다. 특히 부여-고구려-발해와 같이 이들의 이주를 억제하였던 국가가 위기에 처하거나 망할 때, 그런 움직임은 가속화했다. 마침내 그 물결은

---

44 池內 宏, 〈鐵利考〉, 《滿洲歷史硏究報告》 3, 1916; 《滿鮮史硏究》 中世篇 1책, 1933 재수록; 노태돈, 〈扶餘國의 境域과 그 變遷〉, 1988(노태돈, 앞의 책, 1999 재수록).
45 노태돈, 위의 논문, 1988.

발해가 망한 뒤인 요대에는, 남여진이나 갈소관여진의 경우에서 보듯,
요동반도 남부에까지 미치게 되었다. 그런데 장춘·농안 일대 지역에 5
세기 말 이후 물길-말갈계 주민들이 이주해 와 정착하였는데, 이 지
역에 6세기 종반 고구려가 다시 세력을 뻗쳐 부여성 일대 지역을 회
복하였다. 그러자 당시 부여성 서북지역에 거주하던 속말말갈 돌지계
집단이 이에 저항하다가 여의치 않자 수나라로 망명해 갔다. 이 돌지
계 집단은 5세기 말 이후 부여지역에 자리 잡게 되었던 말갈족이었다.
그가 받았다는 부여후의 '부여'나, 부투말갈浮渝靺鞨 오소고부烏素固部
의 '부투'는 돌지계나 오소고부락이 부여족이라는 뜻이 아니라, 수·당
으로 이주해 가기 전의 거주 지역의 명칭이다. 부투말갈의 종족 명칭
은 어디까지나 말갈이고, '부투'는 백산白山·속말粟末·흑수黑水 등과 동
일하게 그 거주 지역 명칭에서 연유한 말갈족 안에서의 구분을 표시하
는 것이다(제2부 제1장 참조).

　이런 측면은 유적 자료에서도 확인해 볼 수 있다. 속말수, 즉 북류
송화강유역의 길림시와 그 인근 일대에서 말갈족의 무덤떼들이 발견되
고 있다. 영길현永吉縣 양둔楊屯 대해맹大海猛 고분군(상층), 영길현 사
리파査里巴 고분군, 유수현楡樹縣 노하심老河深 고분군 등이 그것이다.
먼저 유수현 노하심 유적을 보면, 1981~82년에 발굴되었는데 3개의
문화층으로 구성되어 있다. 그 가운데 하층은 주거지유적으로서 약간
의 석기와 토기가 출토되었다. 연대는 기원전 3, 2세기쯤으로 추정하
고 있다. 중층은 무덤떼 유적으로서 철검 등 다수의 금속기가 출토되
었다. 발굴단은 이 유적의 주인공을 선비족으로 보고하였지만, 그에
반대하는 부여족설46이 제기되어 논란이 계속되고 있다. 상층도 무덤

---

46 劉景文·龐志國, 〈吉林楡樹老河深墓葬群族屬探討〉,《北方文物》, 1985-2.

떼 유적으로서, 토광묘가 81%를 점하는 말갈족의 무덤으로 보고 있다. 상층 무덤에서 북주北周 무제武帝 건덕建德 3년(574)에 처음 주조된 '오행대포五行大布'가 출토되었다.[47] 이는 5세기 말 물길勿吉의 발흥 이후 속말수유역의 부여 지역으로 다수의 말갈족이 이주했음을 말해 준다. 대해맹 고분군(99%)과 사리파 고분군(91%)도 토광묘가 대부분을 이루는 말갈 무덤떼이다.[48] 영길은 부여국의 초기 왕성이 있었던 길림시에 남으로 인접한 지역으로 원래 부여족이 거주하던 곳이었다. 이 역시 5세기 후반 이후 말갈족이 이주해 온 사실을 말해 주는 것이다.

그 다음 《수서》나 《신당서》·《구당서》 말갈전에서 속말부粟末部는 흑수부黑水部와 함께 동일하게 말갈로 분류하였다. 《수서》 말갈전에서 속말부를 말갈족이라 한 것은 수 말에 내조해 온 속말부 사람들의 말에 따른 것이다.[49] 즉 속말부인이 스스로 말갈족이라 한 것이다. 수·당대에 귀부해 온 속말부인들을 모두 말갈족으로 명기하였다. 돌지계 집안의 경우, 당에서 고관高官으로 현달한 뒤에도 계속 그 출자를 말갈족이라 하였다.[50] 이처럼 당시 너나없이 그 종족 명칭을 말갈족이라 한 것을 굳이 예(맥)족이라고 파악할 근거는 없다. 곧 옛 부여국 지역에 거주하였던 속말부는 어디까지나 종족 계통상으로는 말갈족이었다. 그리고 《수서》 말갈전에서, 불열부拂涅部 이동과 그 서쪽의 말갈 사이에

---

47 이상의 老河深 유적에 관한 내용은 吉林省 文物考古硏究所 編(1987)에 의거하였다.
48 대해맹 고분군과 사리파 고분군의 무덤 양식과 출토 유물 및 葬制에 관해서는 송기호, 〈六頂山 古墳群의 성격과 발해 건국집단〉, 《汕耘史學》 8, 1998; 〈事實과 前提 -발해 고분의 경우-〉, 《韓國文化》 25, 2000 참조.
49 노태돈, 〈渤海國의 住民構成과 渤海人의 族原〉, 《韓國 古代의 國家와 社會》, 1985, 주110 참조.
50 《新唐書》 권110 李謹行傳. 李謹行, 靺鞨人, 父突地稽 云云.
   李謹行의 墓誌에서도 "公諱謹行, 字謹行, 其先盖肅愼之苗裔, 涑沫之後也"라 하였다(中央硏究院 歷史言語硏究所 編, 《唐代墓誌銘彙篇附考》 第10册 '李謹行誌', 417~419쪽).

문화적 차이가 있다고 한 것은 말갈족 안에서 철기문화의 보급도나 농경화의 진전 정도에 따른 문화적 낙차에 기인한 바라고 보아야겠다. 돌화살촉의 사용이 어떤 족속의 고유한 특성일 수는 없다. 문화적 낙후성에 말미암은 현상일 뿐이고, 철기문화의 보급에 따라 조만간 바뀌게 마련이며, 실제 그 뒤로 그렇게 되었다.[51]

문제는 이 장의 고찰 대상인 《삼국사기》에 등장하는 '말갈'인데, 이는 앞에서 살펴본 바처럼 6세기 중반까지 그 실체는 동예계 주민이었다. 2세기 말 3세기 전반의 상황을 전한 《삼국지》 동이전이나, 경북 영일군에서 출토된 '진솔선예백장인晉率善濊伯長印', 5세기 초의 광개토왕릉비 등 당대의 기록에서 모두 '예'라고 하였던 집단을 군이 말갈로 분류할 어떤 객관적 근거를 확인할 수 없다. 《삼국사기》의 말갈 기사 가운데 삼국통일 전쟁기에 등장하는 것은 말갈이었다. 이런 필자의 파악은 '예(맥)계 말갈론'을 검토해 보았지만 모순되지 않는다. 그렇다면 《삼국사기》에 등장하는 6세기까지 '말갈'은 뒷 시기에서 예를 개서한 것이라고 할 수 있다. 그 시기가 언제이며, 그 배경은 무엇인가.

5. 예濊를 말갈로 개서改書한 시기와 그 배경

I) 말갈로 개서한 시기

먼저 《삼국사기》의 다음 기사를 살펴보자.

---

51 노태돈, 앞의 논문, 1985.

B-(1) (진흥왕) 9년 춘2월, 고구려가 예인穢人과 함께 백제의 독산성을 공
격하였다. 백제가 구원을 요청하였다. 왕이 장군 주령朱玲에게 강한 군사
이천을 거느리고 가 이를 공격케 하여 많은 수를 살획하였다.

(2) (양원왕) 4년 춘정월, 예濊의 군사 6천으로 백제의 독산성을 공격하였
다. 신라가 장군 주진을 보내 구원하여, 이기지 못하고 퇴각하였다.

(3) (성왕) 26년 춘정월, 고구려왕 평성이 예와 모의하여 漢北의 독산성을
공격하였다. 왕이 신라에 사신을 보내어 구원을 요청하였다. 신라왕이 장
군 주진朱珍에게 영을 내려 갑졸 삼천을 거느리고 출발케 하였다. 주진이
주야로 달려가 독산성에 이르어 고구려병과 일전을 벌여 대파하였다.

이는 548년에 고구려와 예병이 백제의 독산성을 공격하자 신라군이
백제를 구원한 사실을 전한다. 삼국 본기에 모두 전하고 있어, 이 전
투에 관한 전승이 삼국 모두에 전해졌던 것으로 볼 수도 있겠고, 삼국
가운데 1국 또는 2국에만 전승이 전해졌지만 같은 해에 일어난 삼국
모두와 관계된 전투였던 만큼 기사를 만들어 넣었을 경우도 배제할
수는 없겠다. 삼국 본기 사이에는 신라 장수의 이름이 '주진朱珍'과
'주영朱玲'의 차이가 보이나, '진珍'과 '영玲'은 전사轉寫 과정에서 어느
쪽이든 쉽게 착오를 범할 수 있는 자이다. 그런데 위의 삼국 본기 기
사 가운데 가장 두드러진 차이점은 독산성의 위치에 관한 서술이다.
B-(3)의 백제본기에서만 이를 '한북독산성漢北獨山城'이라 하였다. '한
북漢北'은 한수漢水 또는 한성漢城 북쪽이라는 뜻이다. 언뜻 한강 이북
에 이 성이 있는 것처럼 느끼게 한다. 한성시대의 백제 지명과 동일한
것들이 백제본기의 5세기 말 6세기 전반 기사에 종종 보인다. '한산성
漢山城', '한성漢城', '한북주군漢北州郡' 등도 그러한 예이다.[52] 이에 대

---

52 《三國史記》百濟本紀 東城王 4년, 5년, 21년조, 武寧王 7년, 23년조.

해서는 '한성'을 서울 지역으로 보는 견해, 즉 475년 한성을 함락시킨 뒤 고구려군은 퇴각하고, 한강유역을 고구려가 실제적인 지배를 하지 않은 상태에서 백제가 다시 진공하였을 것이라고 상정하는 입장이 있을 수 있다. 한편 웅진 천도 뒤 '한성'은 옛 한성의 민호를 옮겨 설치한 것으로서 지금의 직산에 비정된다는 견해가 있다.53 이 밖에 제3의 다른 가능성도 상정될 수 있다. 아무튼 이들 지명을 둘러싼 문제는 앞으로 더 논의할 여지가 있다. 이에서 주목되는 점은, 475년 이후 백제 영역으로 한성이나 한산을 언급한 것은 백제본기에서만 보인다는 사실이다. 위의 인용문 B-(3) 성왕 26년조의 기사와 가까운 시기인 무령왕 7년과54 23년조의 기사55에서도 한성에 대한 언급이 보인다. 이런 점에서 볼 때, '한성'이나 '독산성'56의 위치가 어디이든, '한북의 독산성'을 공격한 '예'를 기술한 이 기사는 백제 자체의 전승임을 알 수 있다. 그리고 이 기사 이후 백제본기에는 자체의 전승에 의거한 '예'나 '말갈'에 대한 언급이 보이지 않는다.57 이는 곧 백제 당대에는 예를 '말갈'이라고 개서치 않았음을 말해 준다. 실제 548년 이후 백제는 551년 일시 한강 하류지역을 수복하였으나, 곧이어 553년 신라에게

---

53 李基白, 〈熊津時代 百濟의 貴族勢力〉, 《百濟研究》 특집호, 1982.

54 冬十月, 高句麗將高老與靺鞨謀, 欲攻漢城, 進屯於橫岳下. 王出師戰退之.

55 春二月, 王幸漢城, 命佐平因友, 達率沙烏等, 徵漢北州郡民年十五歲已上, 築雙峴城. 三月, 至自漢城.

56 독산성의 위치에 대해, 이를 《日本書紀》欽明 9년(548) 4월조에서 언급한 '馬津城之役(正月 辛丑 高麗率衆圍馬津城)'과 《삼국사기》성왕 26년조의 기사가 같은 사건을 말한다고 보아, 馬津城이 충남 예산이니 곧 독산성은 지금의 예산이라고 상정한 설이 있다(韓國情神文化研院 編, 《譯註 三國史記》 권3 註釋篇 717쪽).

57 백제본기 의자왕 15년 8월조에 "王與高句麗靺鞨侵攻破新羅三十餘城. <u>新羅王金春秋遣使入唐, 表稱 百濟與高句麗靺鞨侵我北界, 沒三十餘城.</u>"이라 하였다. 이 기사는 麗·羅本紀에도 같은 해에 실려 있다. 그런데 이 기사는 《舊唐書》百濟傳의 기사를 轉載한 것이다. 백제 측 전승이라면, 신라가 당에 보낸 국서의 일부인 밑줄 친 부분과 같은 내용이 있기 어렵다.

그 지역을 상실하였으니, 그 이후 백제가 예나 말갈과 접촉할 기회가 없었다. 그런 만큼 예로 기술된 그전 시기의 기록을 새삼 '말갈'로 개서할 동인이 없다. 그렇다면 백제본기에 기술된 '말갈'은 통일기 신라 이후 어느 시기에 개서된 것이라 하지 않을 수 없다.

일찍이 《삼국사기》의 말갈은 예를 개서한 것이라고 갈파한 바 있는 다산 정약용은 개서의 시기와 그 원인에 대해 다음과 같은 의견을 개진하였다.

> (《삼국사기》에서) 말갈이라 한 것은 동옥저의 예인濊人이다. 중국 사서에 말하는 불내예不耐濊가 그것인데, 이를 말갈이라 하였던 바이다. 당·송 때에 발해 대씨大氏가 우리의 북도北道를 삼백여 년 차지하였다. 발해는 말갈이다. 신라인이 오랫동안 북도(의 사람)를 가리켜 말갈이라 한 데 익숙해져, 본래부터 그 지역(의 사람)이 그러하였던 것처럼 여기게 되었다. 그래서 《고기古記》에 전하는 북으로부터 내구來寇한 자들을 모두 말갈이라 명명하였다.58

즉 통일기 신라인들에 의해 개서되었다는 것이다. 서리犀利한 안목을 보여 준다. 하지만 후대인의 경험과 인식에 의해 《고기古記》의 기사를 소급해서 개서하였다는 다산의 이해 방향은 동의하지만, 그 시기나 동인에 대해선 재고의 여지가 있다. 신라와 발해는 그 존립해 온 대부분의 시기에 상호 우호적 관계를 유지하였던 것은 아니다. 그러나 양국이 무력 충돌을 한 것은 733년 단 한 차례뿐이다. 그리고 10세기 초인 발해 말기에는 거란의 위협에 대응키 위해 신라와 결원結援을 도모하기도 했다.59 반면에 《삼국사기》 신라·백제본기에 등장한 '말갈'의

---

58 丁若鏞, 〈疆域考〉 卷2 《與猶堂全書》 第6集 所收.
59 '太祖初興, 倂呑八部, 繼而用師, 倂呑奚國, 大諲譔深憚之, 陰與新羅諸國結援(《契丹

침구侵寇는 국가적 단위의 침공이 아니라 소집단이나 고구려에 부용한 형태의 동원이었다. 그런 만큼 발해를 말갈족의 나라로 인식하였다고 하더라도, 발해국의 위협에 대한 경험으로 말미암아 북으로부터 있었던 소규모 예족의 잦은 침구를 모두 '말갈'로 개서하였다고 보기는 어렵다. 그리고 발해를 말갈족의 나라라 할 수 없으며, 통일기 신라인들이 반드시 발해를 말갈로 인식하였는지도 의문이다.60 《고려사》에선 고려로 내투來投해 온 발해인과 말갈–여진인을 뚜렷이 나누어 기술하였다. 이는 고려 전기에 다수의 고려인들에게 적어도 양자가 별개의 족속 단위로 인식되었음을 보여 준다.

《삼국사기》 신라·백제본기 기사에 나타난 '말갈'의 성격을 살펴보면, '말갈'은 북변에 거주하면서 소규모 단위로 노략질을 하고 때로는 고구려의 부용병으로 동원되던 집단이라는 것이다. 이는 곧 예를 '말갈'로 개서하였다면, 개서할 당시에 말갈의 성격을 그렇게 여기는 인식이 퍼져 있었음을 의미한다. 나아가 그러한 인식이 널리 받아들여질 수 있었던 것은, 실제 통일기 신라의 북변에 말갈이 거주하였고, 그들로부터 침구를, 그것도 소규모 단위로, 누차 받은 바 있으며, 때로는 인접국에 부용화한 말갈병의 동원을 경험한 바 있었기 때문은 아닐까

國志》 卷1). 韓圭哲(1983)과 宋基豪(1987) 참조.

60 9세기 전반 求法僧으로 唐에 갔던 日人 승려 圓仁이 登州 赤山浦의 寺院에서 추석 명절을 쇠고 있던 신라인 승려 등을 만나 그들로부터 들은 신라의 秋夕 내력을 그의 일기에 기술하였다. 그것에 따르면 추석은 '옛적 신라가 발해에 戰勝한 것을 기념한 데서 비롯하였는데, 고국을 그리며 이날 모여 명절을 쇠고 있다'고 하였다. 그리고 '그 발해의 일부 사람들이 북으로 달아났다가 다시 돌아와 옛터를 의지하여 國을 이룬 것이 지금 발해로 불리는 그 나라이다'고 하였다(圓仁, 《慈覺國師入唐求法巡禮記》 권2 開成 4년 8월 15일조). 여기에서 말한 발해 가운데, 전자는 고구려를 뜻한다. 즉 발해를 고구려의 계승국으로 이해하고 있음을 말한다. 일반 民俗인 추석의 내력에 관한 언급인 만큼, 그 설명이 옳고 그름을 떠나 발해를 고구려 계승국으로 여긴 인식이 널리 신라인 사이에 퍼져 있었음을 전해 준다.

한다. 만약 그런 면이 고려시대까지 이어졌다면 더욱 그럴 수 있다. 과연 실제 그러한 사실이 있었는지 구체적으로 검토해 보자.

2) 신라와 고려의 북경北境에 인접한 철리鐵利·달고達姑·흑수黑水

《삼국사기》 신라본기 헌강왕 12년(886)에 다음의 기사가 보인다.

> 북진北鎭에서 상주하기를, 적국인狄國人이 진鎭에 와서 편목片木을 나무에 걸어놓고 돌아갔다고 하였다. 그 편목에 보로국寶露國과 흑수국黑水國 사람이 함께 신라국과 화통和通하기를 원한다고 쓰여 있다.

이 기사에선 보로국과 흑수국이 어떤 나라나 집단인지는 더 이상 언급치 않았다. 그런데 30여 년 뒤 고려 태조 원년(918, 신라 경명왕 2년)에 골암성鶻巖城의 윤선尹瑄이 고려로 귀부하였다.[61] 윤선은 궁예의 위해危害를 피해 북쪽으로 가 골암성에 자리 잡고 '흑수번중黑水蕃衆'을 규합하여 큰 세력을 형성하였다가 왕건의 즉위 뒤 고려로 귀부하였다.[62] 윤선이 규합하였던 '흑수번중'은 위의 헌강왕 때 목편을 전하였다는 '흑수국黑水國'과 연관이 되는 집단으로 볼 수 있다. 윤선의 귀부 후, '북적北狄'이 고려 '북계北界'의 골암성을 수차 침공해 오자 고려 조정에선 장수 유금필과 3천의 군대를 보내어 성을 쌓고 진鎭을 설치하여 '북번北蕃'의 추장들을 제압하였다.[63] 그 결과의 하나로 태조 4년 2월에 '흑수추장黑水酋長 고자라高子羅가 무리 170인을 이끌고 내

---

61 《高麗史》 권1 태조 원년 庚戌條.
62 《高麗史》 권92 王順式傳 附 尹瑄傳.
63 《高麗史》 권82 兵志 鎭戍, 太祖 3年條, 권92 庾黔弼傳.

투하였'고, 같은 해 4월에도 '흑수黑水 아어간阿於間이 무리 300인을 이끌고 내투하였'던 사실이 《고려사》에 전한다. 그리고 고려 현종−문종 대까지 흑수말갈은 빈번히 고려에 조공하였다. 이들은 때로는 동여진으로 불리기도 하면서 고려와의 교섭에 계속 등장하였다.[64] 흑수말갈은 위의 기사들로 미루어 보아 신라 말 고려 초의 동북경인 함경남도 남부지역에서 멀리 떨어져 있지 않은 지역에 거주하였던 집단으로 보인다. 고려 태조 19년(936) 후백제와 최종 결전인 일리천一利川 전투에서 고려 측 군병으로 유금필 등이 이끈 흑수黑水·달고達姑·철륵鐵勒 등 제번諸番의 경기勁騎 9천 5백여 기가 참전하였다는데,[65] 이들 '달고', '철륵'의 거주지도 그러하였다고 보인다. 달고에 대한 언급은 936년보다 앞선 시기에서도 보인다. 즉 《삼국사기》 신라본기 신라 경명왕 5년(921)조에

말갈의 별부別部인 달고達姑의 무리가 북변에 쳐들어왔다. 이때 삭주朔州에 주둔하고 있던 태조(왕건)의 장수 견권堅權이 기병을 동원해 공격하여 크게 파하니, 달고의 무리는 필마匹馬도 돌아가지 못하였다. (신라)왕이 이를 듣고 사신과 글을 보내어 태조께 감사함을 표하였다.

라고 하였다. 《고려사》에도 같은 해에 등주登州, 즉 강릉 방면으로 신라를 침공해 온 '달고적達姑狄' 171명을 격파하였음을 전한다.[66] 이

---

64 《高麗史》 顯宗 12년 7월 癸巳條에 '東女眞黑水酋長巨尉, 摩頭蓋來'라 하여, 흑수말갈과 동여진을 합칭하였다. 같은 해 12월 9일 乙未條에 '黑水酋長蘇勿蓋, 高之間, 來獻方物'이라 했는데, 현종 21년 5월 乙卯條에는 '東女眞奉國大將軍蘇勿蓋等來獻馬九匹, 戈船三艘, 楛矢五萬八千六百及器仗'이라 하였다. 同一人인 蘇勿蓋를 흑수말갈이라 하기도 하고 동여진이라고 하기도 하였다. 같은 사례는 여럿 보인다.

65 《三國史記》 권50 甄萱傳; 《高麗史》 권1 태조 19년 9월조.

66 《高麗史》 태조 4년 壬申條.

달고는 당시 신라 동북경 인근지역에 거주하였던 집단이었던 것 같다. 한편 철륵은 철리鐵利라는 명칭으로 현종−덕종대에 여러 차례 조공해 온 사례가 《고려사》에 전해진다.[67] 모두 알다시피 고려 초의 실록이 현종 대의 거란 침공으로 불타 버렸기 때문에 《고려사》의 성종대까지 기사에선 이들에 관한 언급이 적지만, 실제는 더 많은 접촉이 있었을 것이다. 그리고 고려 전기에 동여진이 소규모 단위로 고성·삼척·평해 등 동해안 지역에 초략抄掠한 사례도 적지 않게 《고려사》에 전한다.

흑수말갈과 달고부는 원래 북만주 지역에 거주한 족속이었다. 흑수말갈은 동류 송화강 하류지역에, 달고는 눈하嫩河와 만나는 북류 송화강 하류의 동편 지역에 있던 실위족의 한 부류로 여겨지며, 당대唐代에는 '달구부達姤部'로,[68] 요 초에는 '달로고부達魯古部'로[69] 기술되기도 하였다. '철륵'은 '철리鐵利', '철려鐵驪'라고도 기술되었는데, 말갈의 여러 부들 가운데 8세기 이후 두각을 나타내었던 집단이다. 그 거주지는 아륵초객阿勒楚喀을 중심으로 한 납림하拉林河유역으로 보고 있다.[70] 이

---

67 《高麗史》顯宗 10년 3월 戊辰條, 12년 3월 癸巳條, 13년 8월 甲寅條, 21년 4월 己亥條, 德宗 卽位年 6월 乙未條, 元年 2월 戊申條, 2년 辛未條.

68 《新唐書》권220 東夷傳 말미에 '又有達末婁, 達姤二部, 首領朝貢. … 達姤, 室韋種也. 在那河陰, 湅末河之東, 西接黃頭室韋, 東北距達末婁云'이라 하였다.
《삼국사기》경명왕 5년조에선 達姁를 '靺鞨別部'라 하였다. 달고부는 室韋族으로서 몽골종에 속하며 말갈은 퉁구스종이므로 양자는 계통상 차이가 있다. 그런 만큼 達姁를 '靺鞨別部'라 한 것은 엄격히 말해 정확한 것은 아니다. 그러나 달고부의 원거주지가 말갈과 인접해 있었고, 함경도 남부지역으로 옮겨진 이후 흑수, 철리 등과 같은 지역에서 거주하였던 만큼 양자의 생활 양태는 비슷한 면을 띠었을 것이다. 자연 신라인이나 고려인들이 달고를 '靺鞨別部', 즉 흑수, 철리 등과는 약간의 차이는 있으나 말갈족의 범주에 속한다고 이해하였음은 자연스러운 일이라 하겠다.

69 《遼史》卷2 太宗本紀 卽位年條. … 東平渤海, 破達魯古部, 云云.

70 池内 宏, 〈鐵利考〉, 《滿洲地理歷史研究報告》 3, 1916; 《滿鮮史研究》 中世篇 1책, 1933 재수록.

처럼 북만주 지역에 원주지를 두었던 흑수·달고·철리 등이 신라나 고려의 북경北境에서 멀지 않은 곳에 거주하며 자주 등장하였다는 것이 기이하게 느껴질 수도 있다. 그래서 이들이 말갈족이지만, 흑수·철륵·달고 등의 명칭은 고려 측에서 잘못 붙인 칭호〔僞稱〕라고 단정한 견해도 제기된 바 있다.[71]

그러나 장기간에 걸쳐 신라와 고려의 북변에 등장하여 활동하였던 이들을 굳이 위칭僞稱의 집단이라고 볼 근거는 없다. 이들은 실제의 흑수·철리·달고족이었다.[72] 그 다음 하나의 가능성으로 흑수 등이 원주지에 거주하면서 일시적으로 신라나 고려와 교섭을 기도하였다고 보는 것이다. 이런 관점에서 헌강왕 12년의 기사에 대해, 보로국은 흑수말갈의 한 집단인 발리부勃利部라 보고, 흑룡강유역 흑수말갈의 부락들인 보로국과 흑수국이 신라와 화친하려 하자 발해〔狄國人〕가 가로막고 사람을 보내어 편목을 걸어 흑수국 등과 신라의 교섭 시도를 발해가 알고 있음을 보여 신라에 경고를 하고자 한 것이라고 해석한 설이 일찍이 제기된 바 있다.[73] 그리고 이 기사는 발해가 흑수국 등과 신라의 화친을 중재한 사실을 전하는 것이라고 해석하는 견해도 있다.[74] 이렇게 볼 경우, 이는 원주지의 흑수말갈의 두 집단이 먼 거리를 거쳐 일시적으로 신라에 사절을 보낸 것이 된다. 그러나 헌강왕 12년조의 '적국인狄國人'을 발해인으로 볼 수 있을지는 의문이다. 이 시기 신라가 능동적으로 흑룡강유역의 흑수말갈 집단들과 교섭을 기도할 상황은

---

71 池內宏, 앞의 논문, 1916의 附說〈麗初の僞鐵利〉.

72 小川裕人,〈三十部女眞に就いて〉,《東洋學報》24-4, 1937; 三上次男,〈新羅東北境外に於ける黑水鐵勒達姑の諸族に就いて〉,《史學雜誌》52-11, 1941.

73 金毓黻,《渤海國志長編》권19 叢考一, 千華山館, 1934.

74 宋基豪,〈발해 멸망기의 대외관계 ─ 거란·후삼국과의 관계를 중심으로─〉,《韓國史論》17, 1987.

아니다. 만약 양자 사이의 교섭을 원했다면 그것은 흑룡강유역의 흑수
말갈 측이었을 것이다. 《삼국사기》의 기사도 흑수국 등이 원하였다고
되어 있다. 자연 발해가 이 사실을 알고 흑수국 등과 신라의 통교를
막으려 했다면, 굳이 흑수국 등이 신라와 화통하기를 원한다는 내용을
기술한 목편을 신라에 보낼 필요 없이 금지하면 되는 것이다. 이때는
발해의 지배력이 유지되던 시기이다. 그리고 발해가 자국의 중심부의
배후에 있는 피복속집단인 흑수국 등이 신라와 통교하는 것을 굳이
중재해 줄 가능성은 없다고 여겨진다. 그것은 경우에 따라서는 발해국
의 안위를 위협할 수도 있는 사항이기 때문이다. 헌강왕 12년조 기사
의 '적국인'은 흑수국과 보로국 사람을 가리키는 것으로 보아야 할 것
이다. 위에서 본 것처럼 고려 전기까지 고려의 북변에 가까운 인근지
역에 흑수·철리 등의 말갈계 부족들이 거주하면서 고려와 빈번히 교
섭을 하였다. 이런 점을 고려하면, 헌강왕 12년조 기사 등에 기록된
신라 말 고려 초에 등장하는 흑수국 등은 그들의 원주지에 거주하고
있던 집단이 아니라, 신라나 고려의 북변 가까운 지역, 아마도 함흥평
야를 중심으로 한 일대에 거주하던 집단이었다고 여겨진다. 그러면 이
들 말갈계 부족들이 어떤 배경에서 언제부터 신라나 고려의 북변에
출몰하게 되었을까.

이에 대해 흑수말갈이 자의에 따라 남으로 옮겨 온 결과이며, 남천
한 이 흑수말갈이 요대에 삼십부여진三十部女眞이라고 이해한 견해가
있었다.[75] 그러나 이에 대해 미가미 츠기오三上次男는 흑수말갈의 남천
은 그 원주지의 위치로 보아 발해의 중심부를 가로지르는 집단적인
것이었을 터인데, 심대한 파괴적인 영향을 끼쳤을 이들 집단들의 자의

75 小川裕人, 〈三十部女眞に就いて〉, 《東洋學報》 24-4, 1937.

적인 이주를 발해국이 존속하는 한 방임하였을 리 없다고 비판하였다. 이런 지적은 올바른 것이라 하겠다. 나아가 그는 이들은 발해국에 의해 강제 이주된 무리들로서, 무왕武王대에 흑수말갈에 대한 정벌이 행해졌으니 무왕 말기에 일부 흑수말갈을 발해의 남부 지역에 강제 이주시켰을 것이라고 이해하였다.76 이 면에 대해 검토해 보자.

흑수부나 철리부가 발해의 세력 아래 귀속된 시기를 파악하기 위해선 말갈 제부諸部의 당에 대한 조공이 참고가 된다. 다음 쪽의 표에서 보듯, 흑수부는 725년에 4차례나 조공사를 보냈다. 이는 725년에 발해가 흑수말갈을 공격한 것과 연관된 것으로 보인다. 즉, 당이 흑수말갈에 흑수부黑水府를 설치하고 당의 관리인 장사長史를 두어 발해의 후면을 위협하자, 발해가 당과 충돌 위험을 무릅쓰고 흑수말갈에 공격을 감행하였다(《구당서》 발해말갈전). 그에 대응해 흑수말갈은 당에 여러 차례 사절을 보내어 구원을 요청하였던 것이다. 이후에도 흑수부의 당에 대한 조공은 계속되었지만, 753년 이후에는 보이지 않다가 다시 815년에 한 차례 보인다.77 그 뒤 다시 발해 말기인 912년 이후 흑수부의 조공이 재개되었다. 이런 조공 기사를 통해, 753년 이후 흑수부가 발해의 세력 아래 귀속된 것은 사실로 보인다. 철리부의 경우는

---

76 三上次男, 〈新羅東北境外に於ける黑水鐵勒達姑の諸族に就いて〉, 《史學雜誌》 52-11, 1941.

77 흑수말갈의 조공 기사는 《冊府元龜》와 《新唐書》 흑수말갈전 사이에 차이를 보인다. 전자에 따르면 752년 이후 조공이 두절되었다가 815년 한 차례 조공하였다. 912년 이후 다시 조공하였다. 《신당서》에 따르면 大曆 연간(766~779)에 7차례, 貞元 연간(785~804)에 2차례 입공하였다. 그러나 《신당서》 흑수말갈전은 흑수말갈뿐 아니라 靺鞨 諸部에 관해서도 同傳에서 기술하였다. 그런 면을 고려할 때 이는 흑수말갈만이 아니라 다른 靺鞨 諸部의 조공도 이에 포함시켰던 것으로 여겨진다. 이를 통해서 흑수말갈의 동향을 가늠하기가 어렵다. 그래서 《책부원구》에 의거해 흑수말갈의 對唐 조공 동향을 파악하였다.

표 3 철리鐵利·불열拂涅·월희越喜·흑수말갈黑水靺鞨 조당표朝唐表

조공 연대	발해 기년	불열	철리	월희	흑수
714	高王 17년	○○	○	○	
716		○			
717		○			
718		○	○		
719		○○○	○	○	
721	武王 仁安 2년	○	○		
722		○	○○	○	○○
723		○	○	○	
724		○	○○	○○	○
725		○	○	○	○○○○
726					○
727			○○		
730		○			○○
735		○	○	○	
736					○
737		○			
739	文王 大興 2년	○			
740			○	○	
741		○		○	○
747					○
748					○○
750					○
752					○
802	康王 正曆 8년			○	
815	僖王 朱雀 2년				○
841	彝震王 咸和 11년	○	○		
912	末王 6년				○
924					○
925					○

* 이 표는《책부원구》외신부外臣部 조공과 포이褒異의 기록에 의거하였음.
* ○는 조공 횟수를 나타냄.

741년 이후로는 조공 기사가 보이지 않는다. 841년에 한 차례 입공이 있었지만, 그 뒤로 조공 기사가 보이지 않다가 발해 멸망 직후 다시 철리부의 활발한 입공入貢이 있었다. 이런 면은 곧 철리부가 740년대

사진 13 흑수·철리·달고 원주지와 함흥평야로의 이주

전반 발해의 세력 아래로 귀속되었음을 짐작케 한다. 746년 발해인과 철리인 천백여 명이 일본에 건너간 일이 있었다.[78] 이는 발해가 철리부를 병탄함에 따른 결과로 여겨진다.[79]

이렇듯 당에 조공한 기사로 볼 때, 750년대 초까지 발해가 철리부와 흑수부를 복속시켰음을 알 수 있다. 달고達姑의 경우는 참고할 기록은 없으나, 발해의 세력 확대 상황을 고려할 때 속말수, 즉 북류 송화강 하류지역의 달고 부족도 이 무렵까지는 발해의 세력 아래로 귀

---

78 《續日本記》 권16 聖武天皇 天平 18년조.
79 池內宏, 앞의 논문, 1916; 和田淸, 〈渤海國地理考〉, 《동아사연구(만주편)》, 1955; 鳥山喜一, 《渤海史上の諸問題》, 東京: 風聞書房, 1968, 237~240쪽; 王承禮, 《渤海簡史》, 1983, 55쪽.

속되었다고 보아도 좋을 것이다. 그렇다면 흑수·철리·달고의 일부 집
단을 함흥평야 지대로 이주시킨 시기도 750년대를 하한으로 보아도
큰 무리는 없을 것이다. 발해는 733년 당과 연합한 신라와 한 차례
전쟁을 벌였다. 이후 발해 조정은 그동안 발해의 팽창에 저항하였던
북방의 말갈 부족들의 일부를 함경도 남부 신라와의 접경지역에 강제
이주시킴으로써 그 세력을 분산시키고, 일면으로는 신라 세력의 북진
에 완충 벽을 세우려 하였던 것 같다. 그리고 세 부족에서 각각 일부
집단들을 옮긴 것은 사민徙民한 이후 있을 수 있는 그들 사이의 결속
을 방지하기 위한 조처였다. 이들 부족들이 신라 북경에 접한 지역으
로 이주한 시기는 발해의 흑수말갈 공략이 있었던 725년 이후부터 흑
수말갈과 철리말갈의 당에 대한 조공이 두절된 750년대 초반 사이의
기간으로 여겨진다. 즉 발해의 무왕 말기~문왕 전기, 신라로선 성덕
왕~경덕왕 치세 때가 된다. 그렇지만 반드시 이때부터 함경도 남부
지역에 말갈족이 처음 거주하게 된 것은 아니었다고 본다. 그 면에서
부례랑夫禮郞 설화가 주목된다.

《삼국유사》 탑상편塔像篇 백률사조栢栗寺條에 다음과 같은 기사가
전한다. 즉 효소왕 2년(693) 국선國仙 부례랑이 북변北邊으로 유행遊行
하다가 '적적狄賊'에게 사로잡혀 갔는데 백률사 관음보살상의 영험으로
무사히 귀환하였다는 기사이다. 이 내용은 종교적 설화이고 신라 때
생성된 것으로 여겨지지만, 그것이 《삼국유사》에 문자로 정착되기까지
전승과정에서 후대의 윤색이 가해졌을 것이다. 하지만 설화 내용이 완
전 허구는 아니고, 화랑 부례랑의 피랍과 귀환이라는 어떤 사실이 있
었는데 그것을 종교적으로 설화화한 것이라고 여겨도 좋지 않을까 한
다. 그렇다면 이 설화에 등장하는 지명이나 인명으로 볼 때, 북변의
'북적狄賊'은 말갈족을 뜻하는 것 같다. 그리고 당시 '북변'은 지금의

강원도 북부와 함경도 남부지역으로서, 이 지역 일대는 666년 연정토가 이끈 이 지역 12성의 신라로의 투항과 668년 평양성의 함락, 뒤이은 당의 고구려인 강제 천사와 고구려 부흥운동 및 신라와 당의 전쟁 등으로 이어지는 고구려 멸망기의 극심한 변동 속에서 혼란에 빠졌을 것이다. 673년 당이 동원한 거란·말갈병이 대양성大楊城(강원도 회양군 내금강면)80을 공략하였고,81 676년에는 도림성道臨城(강원도 통천 임남면)82이 당군의 공격을 받아 함락되기도 하였다.83 이런 과정에서 강원도 북부와 함경도 남부지역의 주민은 많은 수가 다른 곳으로 빠져나가게 되었을 것이다.84 한편 이후 점차 그 빈 땅에, 특히 676년 이후 신라 영역에 귀속되지 않은 지역에는 새로운 주민이 와서 거주하게 되었을 수 있다.85 말갈족이 그들이다. 부례랑 설화에서 전하는 '적적狄賊'은 이들을 가리키는 것으로 여겨진다.

그런데 앞에서 본 것처럼 8세기 전반 흑수·철리·달고 등의 부족이 집단적으로 이곳에 이주되었고, 이들이 그 뒤 이 지역의 대표적인 주민집단이 되었던 사실을 볼 때, 그보다 앞선 7세기 종반에 이 지역으로 이주한 말갈인들은 많지 않았던 것 같다. 함경도 남부지역은 흑수

---

80 한국정신문화연구원 편, 《譯註 三國史記》 권3, 235쪽.
81 《三國史記》 권7 문무왕 13년조.
82 한국정신문화연구원 편, 《譯註 三國史記》 권3, 239쪽.
83 《三國史記》 권7 문무왕 16년조.
84 고구려 멸망 후 많은 고구려인들이 타처로 강제 遷徙되거나 스스로 이주해 갔다. "舊城往往入新羅, 遺人散奔突厥靺鞨"(《新唐書》 高麗傳)은 그런 면을 집약해서 말해 준다. 함경도 남부지역도 전란이 파급된 지역인 만큼 예외는 아닐 것이다.
85 한반도의 서북부지역에서도, 고구려 멸망 후 고구려인들이 이런 저런 요인에 의해 분산된 뒤 말갈인들이 흘러들어 와 거주하였다. 고려 태조 원년, 평양 일대 지역에 '蕃人들이 거기서 수렵을 하고 있으며 또 이를 기화로 변방 고을을 侵寇하여 피해가 크다'고 하면서, 백성을 옮겨 살게 하고 평양에 대도호부를 설치하였다(《高麗史》 권1 太祖 元年 9월 丙辰條). 여기에서 말하는 蕃人은 말갈계 사람을 뜻한다. 이들이 고려 때의 서여진이다.

등의 부족이 이주한 이후로 완전히 말갈계 주민의 거주 지역으로 바뀌었고, 그런 상태는 고려시대에도 이어졌던 바이다. 그럼 이어 8세기 전반 이후 발해의 치하에서 흑수, 철리, 달고 등의 예속 형태에 대해 살펴보자.

발해는 전국을 5경京 15부府로 나누고 그 아래에 주현州縣을 두었다. 일단 외형상으로는 전국의 모든 지역과 주민을 중앙정부가 직접 장악한 것처럼 보인다. 그러나 실제로는 그렇지 못하였다. 경京과 부府가 설치된 주요 지역과 주현의 치소治所와 같은 곳은 지방관에 의해 통치되었지만, 그 나머지 지역에선 말갈 부락 내부에까지 중앙정부가 힘을 뻗쳐 직접 주민을 장악하였던 것 같지 않다. 말갈 부락들을 규합하는 대수령大首領과 같은 존재를 가능케 하는 기존의 구심력은 제거되었지만, 각 부락은 여전히 자치력을 유지하면서 부락 단위로 발해의 지방통치조직에 귀속되었던 것 같다. 예컨대 발해는 철리말갈을 복속시킨 뒤 그 지역에 철리부를 설치하고 그 아래에 주현을 두었다. 그런데 926년 1월 발해가 멸망하자, 그 직후인 같은 해 2월에 철리말갈의 요에 대한 입공入貢이 있었다.86 이어 요의 조정은 발해인에 대한 강제 이주를 단행하였는데, 철리부 예하의 의주義州, 광주廣州, 귀주歸州의 '발해인'도 요의 상경도上京道와 동경도東京道에 옮겨져 주현州縣으로 편제되었다.87 한편 '발해인' 강제 천사에 따른 파동에도 불구하고, 오히려 철리말갈은 요에 빈번히 조공하는 등 활발한 움직임을 보였다.88 흑수말갈의 경우도, 발해 말기 발해국의 지배력이 이완되자, 912

---

86 《遼史》 卷2, 天顯 元年 2月 丁未條.
87 발해의 鐵利府 義州의 주민을 옮겨 遼의 上京道 慶州의 富義顯과 永州의 義風縣을, 廣州와 歸州의 주민을 옮겨 각각 遼의 上京道 廣州와 歸州를 설치하였다.
　《遼史》 卷37 地理志 上京道 慶州條, 卷38 東京道 廣州條, 歸州條.

년 이후 당에 대한 조공을 재개하였다. 발해국의 남경南京 남해부南海府 지역에서도 비슷한 양상을 확인할 수 있다. 이처럼 발해국의 멸망과 뒤이은 '발해인' 강제 이주에 따라 기존 질서가 붕괴되었는데도, 오히려 말갈 부족들의 움직임이 활발해진 것은, 부府·주州·현제縣制의 외피 아래에서 실제로는 말갈인들이 부족이나 부락 단위로 자치를 누리고 있었기 때문이었다.[89] 이들 말갈 부족들은 발해 치하에서도 때로는 독자적으로 대외교섭을 시도하기도 하였다. 앞의 표에서 보듯, 발해에 복속된 한참 뒤에도 간혹 단발적單發的으로 철리말갈과 흑수말갈이 당에 조공했던 것은 그런 예다. 물론 발해국의 통제력이 유지될 때는 지속적인 대외교섭 활동은 불가능하였다. 함경도 남부지역의 말갈계 부족들도 그러하였다. 헌강왕 12년(886) 흑수국과 보로국이 한차례 신라에 편목을 보냈을 뿐이었던 것은 그런 면을 말해 준다. 그 뒤 발해의 통제력이 기울어진 10세기 초 이후, 이들 말갈 부족들이 신라에 침공한다든가 고려와 빈번한 관계를 맺었다.

이처럼 신라 통일기에 들어서 신라의 북변과 이웃한 지역에 말갈이 거주하게 되었고, 양자는 상호 접촉을 해 나가게 되었다. 특히 신라 말기 이래로 말갈계 집단들은 신라에 이어 고려의 북변에 간헐적으로 침구하였다. 그리고 후삼국 사이의 상쟁에서는 말갈은 고려의 부용병으로 동원되어 참전하기도 하였다. 고려 초기에도 북변과 동변에 간헐적으로 노략질을 하거나 내투하였다. 말갈의 종족명이 여진으로 바뀌어 일컬어진 뒤에도 그런 면은 여전하였다. 장기간에 걸친 이러한 말갈의 양태는 신라 하대나 고려 전기의 사람들에게 북변에 살면서 소

---

88 931, 933, 937, 938년 등 계속 遼에 철리말갈이 조공하는 등 활발한 움직임을 보였다. 遼代의 철리말갈의 동향은 池內宏, 앞의 논문, 1916 참조.

89 노태돈, 앞의 논문, 1985 참조.

규모 단위로 노략질을 하는, 때로는 부용병으로 동원되는 무리로 널리 인식되게 만들었다. 이런 인식으로 말미암아 《고기》의 전승을 정리하여 사서를 편찬할 때, 이미 동예에 대한 구체적인 인식이 없게 된 상황에서, 당대인當代人들이 지닌 말갈에 대한 인식과 상통하는 양태를 보이는 《고기》의 예濊를 말갈로 개서하게 되었던 것이다. 그리고 《삼국사기》를 '중찬重撰'할 때에 '말갈' 기사에 대한 어떠한 의문도 세주細註로 기술하지 않았던 것은, 고려 중기인들도 '말갈'의 그런 성격을 자연스럽게 여겼기 때문으로 보아야겠다.

6. 맺음말

이상에서 《삼국사기》에 등장하는 말갈의 실체에 대해 살펴보았다. 검토한 내용을 요약하면 다음과 같다. 빈번히 백제와 신라의 북면을 침구하였거나, 고구려에 의해 동원되어 신라와 백제 양국을 침공하였던 '말갈'의 실체는 동예였다. 당시 동예는 임진강유역의 일부와 영서 지역 그리고 원산만 일대에서 영일만 북단에까지 이르는 동해안 지역에 걸쳐 거주하고 있었다. 그런데 통일전쟁기에 한반도에 등장하였던 말갈은 원주지가 만주 지역이었던 읍루-물길-말갈로 이어지는 집단이었다. 곧 통일전쟁기 전에 한반도에 등장하였다는 '말갈'은 동예를 후대에 개서한 것이었다.

'말갈'로의 개서는 통일 신라기 이후 어느 시기에 행해졌다. 후대인들이 《고기古記》를 정리하여 사서를 편찬할 때, 《고기》에 기술된 예의 양태가 자신들이 지니고 있는 말갈의 성격에 대한 인식과 유사하다고 여겨 이를 개서하였던 것 같다. 삼국사기에 기술된 '말갈'의 면모는 '북변에 거주하면서 소규모 단위로 노략질을 일삼거나, 때로는 대국 고구려의 부용병으로 전선에 투입되기도 하는 집단'이라는 것이다. 그런데 이런 면모와 유사한 양태로, 실제 말갈이 신라와 고려의 북면에 거주하였다. 흑수, 철리, 달고 등의 말갈 및 실위 부족들이 8세기 중반 신라의 동북경에 연접한 함경도 남부지역에 강제 이주되어 살게 되었다. 이들은 신라 하대에 신라와 교섭을 시도하기도 하였으며, 때로는 그 북변지역을 초략抄掠하기도 하였다. 고려 건국 이후 고려의 영향 아래 들어가기도 하였다. 그래서 후삼국 통일전쟁의 최후 결전인 일리천 전투 때에는 흑수, 철리, 달고 등의 9천 5백 기가 고려군으로 참전하였다. 이후 고려 전기에 말갈-여진은 여전히 북면에 접하여 거주하면서 초략, 내투, 조공을 반복하면서 소규모 단위로 생활하였다. 신라 말기 이래로 이런 말갈-여진의 양태를 익숙히 인지하고 있던 이들이 《고기》에 전해지는 동예에 관한 기사를 접하였을 때, 이미 동예에 대한 이해와 지식이 없어진 상태에서, 양자를 연결하여 같은 실체로 여기게 되었던 것이다.

끝으로 구체적으로 언제 그러한 개서가 행해졌느냐 라는 문제가 남는데, 이는 《삼국사기》의 원전原典이 되었던 앞 시기의 사서 편찬 시기에 관한 문제이기도 하다. 이는 앞으로 더 고찰해 보아야 할 과제로 남겨 두고, 여기에선 신라 말 고려 초 이후에 행해졌을 것이라는 포괄적인 추정만 할 뿐이다.

제4장

발해 박씨에 대하여

-신라와 발해 간 교섭의 한 사례 연구-

I.

발해국 멸망을 전후하여 발해인의 일부가 고려로 넘어왔다. 이들 고려로 넘어온 '발해인'에 관한 기록 가운데 다음과 같은 기사가 눈에 띤다. 즉《고려사》에 따르면, 발해 멸망 한 해 전인 고려 태조 8년 (925) 12월에 발해인 좌수위소장左首衛小將 모두간冒豆干, 검교개국남 檢校開國男 박어朴漁 등이 무리 1천 호를 이끌고 고려에 내투하였고,[1] 그리고 태조 21년(938) 박승朴昇이 3천 호를 이끌고 내투해 왔다.[2] 박 어의 경우는 925년에 있은 발해 지배층의 내분으로 말미암아 여러 차례 일어난 발해 귀족들의 고려 내투의 일환이었다. 박승은 발해 멸망 후 서경 압록부를 중심으로 성립한 발해 유민들의 부흥국가인 후발해 국에서 다시 그 권신 열씨烈氏에 의해 왕실이 바뀌고 정안국定安國이 성립하는 정치적 진통이 진행되자, 그에 반발해 남쪽 고려로 넘어왔던

---

1 《高麗史》권1 太祖 8년 12월 戊子條. 朴漁를《東史輯略》에선 朴渙이라 기술하였다. 그런데《고려사절요》에서도 朴漁로 되어 있기 때문에, 朴漁를 취한다.

2 《高麗史》권2 太祖 21년 是歲條.

것 같다.[3] 이 두 기사에서 전하는 발해인 '박어'와 '박승'의 이름에서 '박朴'이 주목된다. '박'씨 성은 잘 알려진 바처럼 한국에만 있으며, 그 기원은 신라의 진골 귀족의 성인 박씨에서 비롯한 것이다. 그러면 이들 발해 박씨는 어떤 경로로 발해에 거주케 되었을까. 그런데 이 점을 살피기 전에 먼저 검토하여야 할 몇 가지 점이 있다.

먼저 박어나 박승의 '박'이 과연 성인지를 확인할 필요가 있겠다. 즉 '박어'와 '박승'이 '성+이름'이 아니라, 두 자 모두 이름의 소리를 기술한 것으로 볼 여지가 있다. 실제 10세기 대에 고려로 넘어온 발해인들의 이름 가운데에는 '우음약기于音若己' '소을사所乙使' 등과 같이 이름의 발음 소리를 새긴 것도 있었다. 그런데 '우음약기' '소을사' 등과 비교해 볼 때, '박승'은 한자식 성명이다. 그리고 고려로 이주해 왔을 때 3천 호를 이끌었으니 그는 발해의 유력한 세력가라고 하겠고, 자연 '박승'의 박은 그의 성이라 보아도 무리가 없을 것이다. 박어의 경우, 그가 '개국남開國男'이란 작호를 지닌 발해의 귀족이었으니, 성이 없었다고 상정키 어렵다.

그 다음으로 '박어'와 '박승'이 성이 누락된 이름으로 볼 가능성에 대한 검토이다. 가령 934년 고려에 귀화한 발해인 '진림陳林'의 경우,[4] 이름 자체만을 본다면 '진陳'을 성으로 볼 수도 있다. 그러나 그는 발해 조정이 926년 후당後唐에 사신으로 파견하였던 '대진림大陳林'과[5] 동일인이다. 그는 발해가 망한 뒤 후발해국에 참여하였다가, 앞서 말한 바처럼 후발해국 안에서 왕조 교체가 행해져 정안국이 성립하는 분쟁이 있자 이에 반발하여 고려로 망명하였던 자이다. 이 '진림'의 예

---

3 李龍範, 〈고려와 발해〉, 《한국사》 4, 1974, 77쪽.
4 《高麗史》 권2 太祖 17년 12월조.
5 《五代會要》 권30 발해; 《舊五代史》 권 36 明宗 天成 원년 4월 乙卯條.

처럼 일단 박승 등도 성을 빼고 이름만 기술한 것일 가능성을 배제할 수 없다. 홍호洪浩의 《송막기문松漠紀聞》에서 전하는 발해의 주요 성씨 가운데 박씨가 보이지 않는다는 점도 그런 가능성을 뒷받침하는 방증 자료가 될 수 있겠다. 그런데 성이 누락되었다고 볼 경우 11년이란 시간적 차이를 두고 각각 고려로 넘어온 '박어'나 '박승' 두 사람이 모두 그 이름의 첫 자가 '박'이 되는데, 이는 너무나 공교로운 일치이다. 실제로 그럴 가능성을 긍정키 어렵게 한다. 그리고 《송막기문》에서 발해의 주요 성씨라고 전하는 고高·장張·양楊·두竇·오烏·이李 등 외에도, 발해인의 성은 더 많이 있었다.6 정안국의 왕실의 성인 열列(烈)씨도 그 가운데 하나이다.

또 하나 짚어보아야 할 점은 '박'은 성이지만 고려왕이 사성賜姓한 것이거나 고려에 와서 일컬은 성일 가능성이다. 그런데 박어와 모두간 등이 내투하기 석 달 전에도 장군 신덕, 예부경 대화균, 정당성 사정 대원균 등 발해 고관 귀족들이 대거 고려로 넘어왔다. 고려사에 전하는 내투 당시 이들이 띠고 있었다는 관직과 성명은 모두 발해의 것이다. 박어와 함께 고려로 내투한 모두간이 띠고 있는 '좌수위소장左首衛小將'도 발해의 관직이다.7 박어가 '검교개국남'이었다고 《고려사》에 전하는데, 이는 훈직勳職과 작호爵號를 합칭한 것이다.8 당시 발해에는 훈관제도와 5등작제가 시행되고 있었다.9 왕씨 성을 사여한 대광현大光

---

6 임상선, 《발해지배세력 연구》, 1999, 145~167쪽 참조.
7 발해는 당의 16衛 제도를 모방해 10衛 제도를 두었고, 각 衛에는 대장군 1인, 장군 1인, 그 아래에 小將이나 郎將을 두었다. 左首衛는 10衛의 하나로 左猛賁衛를 지칭하는 것인 듯하다.
8 林漁가 띠었다는 '檢校開國男'은 일부 기록이 탈락된 것인 듯하다. 즉 '檢校' 다음에 구체적인 직함이 있고 그 다음에 작호인 '개국남'이 기술되는 게 순서인데, 그렇지 않다. 아마도 고려에서 작성한 그에 대한 기록이 전해지는 과정에서 缺落이 있었던 듯하다.

顯의 예처럼, 발해인에게 사성賜姓을 하였을 때는 《고려사》에서 그 사실을 명기하여 전한다. 박어나 박승의 경우에는 그런 언급이 없다. 그런 만큼 박어나 박승의 박씨 성은 고려로 넘어오기 전부터 띠고 있던 것이라고 보는 것이 순리이다.

이상에서 검토한 바를 따를 때, 박어와 박승의 '박'은 성으로 보아야 하며, 발해에는 박씨가 있었음을 확인할 수 있다. 박씨는 신라의 고유한 성이었다. 그러면 어떻게 하여 박씨가 발해에도 있게 되었을까.

2.

발해국의 주민은 발해가 멸망한 뒤 각각 '발해인'과 '여진인'으로 뚜렷이 나뉘어졌다. 발해를 멸망시킨 요는 발해인을 주현州縣으로 편제한 뒤 관리를 파견하여 한법漢法을 적용하여 직접 통치하였고, 여진인은 부족 부락 단위로 자치를 영위케 한 뒤 그 수령을 통해 간접 지배하였다. 고려로 이주해 온 발해국의 주민을 고려 조정에서도 '발해인'과 '말갈·여진인'으로 명확히 구분하여 기술하였다. 양자의 내력을 보면, '발해인'은 고구려인을 중심으로 일부 말갈계 인이 어우러져 형성되었으며, '여진인'은 말갈족의 후예이다. 양자는 발해국 존립 당시에도 이른 시기부터 구분되었다.[10] 박어, 박승 등은 《고려사》에서 '발해인'으로 명기하였고 박씨 성을 지녔으니, 고구려계 주민의 후예로 상

---

9 王承禮 著, 송기호 역, 《발해의 역사》, 1987, 147~152쪽 참조.
10 노태돈, 〈발해국의 주민 구성과 발해인의 族源〉, 《한국 고대의 국가와 사회》, 1985.

정해 볼 수 있다. 그러면 고구려에서도 박씨가 있었다는 것이 되는데, 과연 그러하였을까. 6세기 말 7세기 초 백제의 상황을 기술한 것이지만, 당시 백제에는 '신라인, 고구려인, 왜인, 그리고 중국인들이 섞여서 살고 있다'고 전한다.[11] 이런 면은 백제에만 한정된 현상은 아닐 것이다. 신라나 고구려에서도 비슷한 면을 상정해볼 수 있을 것이다. 즉 당시 고구려에도 신라계 사람들이 와 살았을 수 있으며, 그들이 고구려 멸망 후 다른 지역으로 옮겨갔을 수 있겠다. 다만 그 구체적인 증거를 확인할 수 없는 것이 문제이다. 그런데 이런 측면에서 발해 박씨의 유래를 생각할 때, 나바 도시사다那波利貞의 연구가 눈에 띈다.

그에 따르면, 프랑스인 동양학자 페리오가 가져간 돈황문서 가운데 하나인 P.5522에 9세기의 무자년戊子年에 사범삼史氾三이란 제유업자製油業者와 돈황현 평강향平康鄕의 백성인 박원홍朴願弘, 박원장朴願長 형제 사이에 맺어진 고용계약이 기술되어 있다 한다. 그리고 돈황문서 P.3935호 배지背紙의 전적문서田籍文書에 전지의 사방 경계를 표시하는 지명 가운데 "한사韓寺"란 표현이 있다. 나바 도시사다는 이에서 등장하는 박씨 형제를 신라인으로 보았고, "한사"도 한인韓人과 연관된 사찰로 보았다.[12]

그런데 돈황 지역을 포함한 오늘날의 감숙성 일대인 당대唐代의 농우도隴右道에는 고구려 멸망 후 그 유민들이 집단적으로 강제 이주되어 생활하고 있었다. 고구려인들은 이 지역의 주요 병력원의 하나가 되었다. 개원 22년(734)에 편찬된 《대당육전大唐六典》 권5 병부 조에 따르면, 이 지역의 진주秦州 하주河州 등 6개 주에 고구려인으로 구성

---

11 《隋書》百濟傳.
12 那波利貞, 〈唐代敦煌地方に於ける朝鮮人の 流寓について〉, 《文化史學》 8·9·10(京都), 1954.

된 일종의 지방병인 단결병團結兵이 설치되어 있었다. 유명한 장군 고선지의 집안도 이 지역에 끌려와 정착하였다.[13] 그렇게 볼 때, 돈황문서에 등장하는 박씨 형제는 고구려인일 가능성이 크다. 그리고 유명한 돈황의 석굴벽화 가운데 220호 석굴과 335호 석굴에 그려진 유마경변상도維摩經變相圖 속에 조우관鳥羽冠을 쓴 고구려인의 모습이 있어,[14] 혹 당대에 감숙성 지역에 옮겨 살고 있던 고구려인과의 연관성을 추상해 볼 수도 있겠다. 이런 점은 고구려 멸망 당시인 삼국 말기에는 고구려에 박씨가 상당수 거주하고 있었다는 상정을 가능케 한다. 즉 668년 고구려 멸망 후 그들 박씨의 일부는 감숙성 방면으로 끌려갔고, 일부는 동으로 이주해 발해 건국에 참여케 되었는데, 다시 후자의 후예가 10세기 초 고려로 넘어오니, 이들이 박어, 박승 등 발해 박씨들이었다고 추론해 볼 수 있다.

박씨는 원래 신라의 귀족 성이었다. 그런 성을 가진 이들이 고구려의 주민 사이에 꽤 있었다는 것은, 곧 삼국 말기에 전쟁과 이주 및 영역 변동 등으로 삼국 사이에 상호 인적 교류가 상당하였음을 나타내는 구체적인 증거의 하나가 될 수 있다. 사실 삼국 말기 삼국은 풍속 형벌 의복 등이 대체로 같아[15] 그 주민들의 존재양태에서 동질화가 크게 진전되었다. 그래서 수·당인과 왜인이 삼국을 삼한三韓이라고 표현하여, 같은 족속이라고 인식하였음을 나타내었다.[16]

그런데 이런 연속적인 추론에서 핵심 고리에 해당하는 것이, 돈황

13 《舊唐書》 高仙芝傳.
14 노태돈, 《예빈도에 보인 고구려: 당 이현묘의 조우관 쓴 사절에 대하여》, 2003, 33~38쪽.
15 《舊唐書》 新羅傳. 其風俗刑法衣服 與高麗百濟略同.
16 노태돈, 〈삼한에 대한 인식의 변천〉, 《한국사연구》 38, 1982(《한국사를 통해본 우리와 세계에 대한 인식》, 1998에 재수록).

지역의 '원홍' '원장' 형제가 과연 박씨가 분명한가 라는 점이다. 유감스럽게도 해당 돈황문서를 구체적으로 검토해 보았을 때, 문제의 '원홍' 형제는 '박朴'씨가 아니라 '두杜'씨로 보는 것이 옳은 듯하며, 문서번호도 P.5522가 아니고 P.5008이었다.[17] 자연 고려로 넘어온 발해 박씨가 고구려 유민의 후예일 가능성을 상정한 추정은 성립키 어렵다. 그러면 박씨는 어떤 경로로 발해에 거주하게 되었을까. 이는 발해와 신라의 교섭에서 그 실마리를 찾아보는 수밖에 없다.

신라와 발해 사이에 있었던 이러저러한 형태의 교섭에 관한 기록을 모아 보면 아래와 같다.

〔가〕 ① 발해 건국 직후 신라에 사신을 보내어 통교하니, 신라 조정에서 대조영에게 대아찬의 관등을 사여하였다.[18]

② 원성왕 6년(790)과 헌덕왕 4년(812)에 각각 '북국北國'으로 사신을 파견하였다.[19]

③ 헌강왕 12년(886) 보로국과 흑수국 사람이 신라국과 화통和通하기를 원한다고 나무판에 적어 보내왔다.

④ (요 태조가) 해奚를 병탄하니 대인선大諲譔이 심히 두려워하여 몰래 신라 등 여러 나라와 연결하였다.[20]

〔나〕 당인唐人 고탐賈耽의 《고금군국지古今郡國志》에 따르면, 신라의 천정군(지금의 덕원군)에서 발해 책성부(지금의 훈춘)에 이르는 길에 역驛이 39개 있었다.[21]

---

17 이는 현재 한국학 중앙연구원에 보관 중인 돈황문서 마이크로 필름을 통해 확인할 수 있다.
18 崔致遠, 〈謝不許北國居上表〉, 《崔文昌侯全集》(성균관대 대동문화연구원), 47쪽.
19 《三國史記》 신라본기 권10 원성왕 6년조, 헌덕왕 4년조.
20 《契丹國志》 권 1.
21 《三國史記》 권37 地理志 4.

〔다〕 성덕왕 32년(733), 병사를 발하여 말갈 남부지역을 공격하였다. 큰 눈
이 한 자나 왔고, 산길이 험하여, 사졸士卒이 죽은 자가 파반이나 되어,
공功이 없이 퇴각하였다.22

먼저 〔가〕를 보면, 그 가운데 ①과 ②는 국가 사이의 공식적인 교류
이다. ③은 신라 북변, 지금의 함경남도 지역에 거주하던 말갈 부족들
이 신라와 교섭하려는 시도를 전한 것이다. 이들은 흑수말갈 철리말
갈, 달고족 등으로서, 8세기 중반 발해국에 의해 정복된 부족들이다.
발해가 이들 부족 가운데 일부를 함흥 일대를 중심으로 한 지금의 함
경남도 지역에 강제 이주시켜, 신라세력의 북진에 대한 완충 벽으로
삼았다.23 ④는 발해 말기의 일로서, 그 연대는 거란이 해奚를 병합한
911년 직후로 여겨진다.24 이 네 개 기사 가운데 ④는 이 사실이 있
은 뒤 곧이어 신라가 거란에 접근하였기 때문에,25 신라의 박씨가 발
해의 지배층에 편입되어 들어갈 계기가 되기는 어렵다. ③도 국경 지
대의 말갈 부족의 움직임을 전한 사건이므로, 이 역시 그러하다. 그렇
다면 ①과 ②만이 혹 그러하였을 가능성의 여지를 그나마 안고 있는
기사라 할 수 있겠다.

그런데 200여 년 동안 국경을 접하였던 신라와 발해 사이에 실제로
이처럼 교섭이 적었을까에 대해선 의구심이 들지 않을 수 없다. 그동
안 이에 대해 적지 않게 의문을 표하여 왔다. 물론 이에 대해 신라와
발해가 당의 이이제이책以夷制夷策에 말려들어 서로 적대적인 관계를

---

22 《三國史記》 권8 성덕왕 32년조.
23 노태돈, 〈삼국사기에 등장하는 말갈의 실체〉, 《한반도와 만주의 역사와 문화》,
   2003, 308~314쪽.
24 송기호, 《渤海政治史硏究》, 1995, 205쪽.
25 《遼史》 권1 太祖 9년 10월 戊申. 釣魚于鴨綠江 新羅遣使貢方物, 高麗遣使進寶劍.

지속하였다고 풀이하면서 실제 교섭이 없었을 것이라고 보는 견해가 제기된 바 있다.[26] 그리고 구체적으로 《신당서》 신라전에서 전하는 장인설화長人說話에 의거해 신라인들이 그 북방에 무서운 식인 풍습을 지닌 미개인이 거주하는 것으로 인식하고 있었다고 보아, 이는 곧 신라인이 발해를 이질적이고 대립적인 존재로 여겼음을 반영한다고 풀이하는 견해도 있다.[27] 즉 양국 사이에는 대립적 관계가 지속되어 사실상 상호 왕래와 교류는 없었다고 보았던 것이다. 그리고 발해 남부 국경 지대에 이주시킨 이질적인 종족인 흑수말갈 등이 신라인과 발해인의 교류에 적지 않게 저해요인으로 작용하였을 것이다.

　그러나 실제 양국의 교류는 적어도 위의 기록에 전하는 것보다 더 빈번히 전개되었을 것이다. 위의 〔나〕의 기사는 그런 점을 말해 준다. 이에 전하듯 당시 두만강 하류지역의 훈춘에서 동해안을 따라 원산만 지역에 이르는 '도로'에는 39개의 역驛이 존재하였다. 역에는 필요한 기본적인 시설이 갖추어져야 하며, 역과 역을 연결하는 도로가 관리되어져야 한다. 교통로가 활용되지 않는데, 수십 개의 역을 둘 필요는 없는 것이다. 그리고 이 교통로를 어디까지나 동경 책성부에서 남부 국경선까지 이르기까지의 지역 교통에 활용되는 발해 국내용 도로였다고 단정하기도 어렵다. 이 도로를 발해에서 '신라도新羅道'라고 명명하였던 만큼[28] 신라와의 교통에 이용되었던 도로였다. 신라 측에서도 757년 천정군에 탄항관문炭項關門을 설치하였다.[29] 이 관문의 설치는

---

26 이우성, 〈남북국시대와 최치원〉, 《창작과 비평》 10-4, 1975.
27 李成市, 〈8世紀 新羅·渤海關係の一時角-'新唐書'新羅傳 長人記事の再檢討-〉, 《古代東アジアの民族と國家》, 1998.
28 《新唐書》渤海傳. 南海新羅道也.
29 《三國史記》 권35 地理志 2.

발해와의 교류를 전제로 한 것이었다고 생각된다. 그러니 〔나〕의 기사는 곧 양국의 교류가 상당히 행해졌음을 말하는 바이다. 실제 762년 당이 발해군왕인 문왕을 발해국왕으로 개봉改封하면서 책봉사로 한조채韓朝彩를 파견하였는데, 이때 당시 당에서 수업하던 일본인 학문승 계융戒融이 함께 동행하였다가 발해를 거쳐 일본으로 귀국하였다.[30] 한조채는 764년 발해로부터 신라로 가서 머물면서, 일본인 승려 계융이 지난해에 발해에서 일본으로 무사히 귀국하였는지 여부를 알아보고자 하였다. 이에 신라에서 파견한 대나마 김재백 등 91명의 사절단이 일본의 다이자후大宰府에 도착하여 이를 문의하자, 다이자후에서 일본 조정에 문의하여 그 건정관乾政官의 통고를 받아, 이를 신라의 집사부에 보내는 첩牒을 통해 알려왔다. 즉 계융이 '지난해 10월 고려국을 통해 돌아왔다'고 확인해 주었다.[31] 신라 사절단의 규모로 볼 때, 단순히 계융의 귀국 여부만을 알아보기 위해 파견된 것 같지는 않다. 당시 신라와 일본은 외교 의례 문제로 관계가 불편한 상황이었는데, 아마도 신라 조정이 이 건을 활용하여 일본과 무역을 재개하려는 목적에서 파견하였던 같다.[32] 아무튼 이때 당의 사신 한조채가 발해에서 신라로 갈 때 이용한 길은 책성부에서 천정군에 이르는 신라도였을 것이다.[33] 이 일은 책성부-남해부-천정군 루트를 이용한 당인의 예이지만, 발해인과 신라인도 이 루트를 이용하여 왕래하였을 것이라고 보는 것이 자연스럽다. 구체적으로 위의 〔가〕의 ②에서 전하는 신라에서 '북국'으

---

30 濱田耕策, 《新羅國史の硏究》, 2002, 376쪽.
31 《續日本記》 권25 天平寶字 8년 7월 19일 甲寅.
32 연민수, 《古代韓日交流史》, 2003, 275쪽.
33 송기호, 《渤海政治史硏究》, 116쪽; 조이옥, 〈新羅 中代 渤海觀의 變遷과 그 意味〉, 《신라문화》 25, 2005; 金毓黻, 《渤海國志長篇》 권19 叢考 渤海後志 2에서도 신라도를 통해 사신의 왕래가 있었을 것이라고 추단하였다.

로 파견한 사신도 이 길을 통해 발해를 방문하였을 것이다. 이렇게 보면 신라도를 이용한 양국의 교류는 상당히 있었을 수 있고, 그런 가운데서 신라인의 일부가 발해로 건너가 살게 되었을 수 있겠다.

또 하나 신라의 '귀족 박씨'가 발해에 살게 된 계기를 생각할 때, 평화 시의 교류 못지않게 전쟁과 같은 경우를 배제할 수 없다. 발해와 신라는 한 차례 전쟁을 벌인 적이 있다.

733년 신라와 당은 연합하여 발해 공격에 나섰다. 서쪽에서 진공한 당군은 요서지역의 마도산馬都山에서 발해군의 요격을 받아 어려움을 겪은 뒤 진격을 중단하였고, 신라군은 동해안을 따라 북진하였지만 〔다〕에서 전하듯이 별다른 전공을 거두지 못한 채 퇴군하였다. 한편 이 무렵 그동안 발해를 지원하던 세력인 몽고고원의 돌궐이 와해됨에 따라 발해가 당과 대립을 지양하고 화해를 추구하게 되었고, 당 역시 더 이상 발해를 압박하기보다 신라와 발해의 대립을 통한 세력 균형과 현상 유지를 도모하는 방향으로 정책을 선회하였다. 이런 상황에서 신라 단독으로 발해와 전쟁을 계속할 수는 없으며, 발해 또한 그러하였다. 그에 따라 자연히 발해와 신라의 전쟁도 더 이상 계속될 수 없게 되었다.

733년의 전쟁에서 출전한 신라군의 숫자가 얼마나 되었는지는 전하는 바가 없으나, 몇 만은 되었을 것이다.[34] 큰 눈 때문에 타격을 입었다고 하였는데, 발해군의 반격도 패퇴의 한 요인이 되었을 것이다. 아

---

34 《新唐書》 권136 烏承玭傳에서, 당으로 망명해 온 발해 무왕의 동생 大門藝에게 명하여 "與太僕卿金思蘭 發范陽·新羅兵十萬 討之 無功"이라 하였다. 이에서 말하는 십만이라는 것이 어느 정도 구체적인 근거를 가지고 말한 것인지 가늠키 어렵다. 이곳에서 말하는 병력도 실제 신라군만을 지칭한 것이 아니다. 그런 만큼 이때 발해와의 전쟁에 투입된 신라군의 숫자를 가늠키 어렵다. 다만 수만의 병사 정도로 추정할 수 있을 뿐이다.

무튼 이때 신라군의 상당수가 낙오되었거나 포로로 잡혀 그리고 투항하거나 하여 발해에 머물게 되었을 것이고, 그 가운데에는 장교로 참전한 박씨 성의 귀족 출신도 있었을 것이다. 그러한 내력을 지닌 이들 가운데 일부는 그 뒤 어떤 계기로 발해 상층부로 편입되었을 것을 상정해 볼 수 있겠다. 사실 고대에서 일어난 주민 교류는 평화적인 외교 교섭이나 교역을 통해서 이루어지기보다, 오히려 전쟁을 계기로 한 이주나 피난 그리고 포로의 경우가 더 흔한 사례라 할 수 있다.[35]

3.

신라와 발해의 교섭은 많은 학인들이 관심을 가져온 문제였으나, 워낙 발해와 신라의 교섭에 관한 자료가 없어 그간 별다른 구체적인 연구의 진전이 없었다. 이 글에서도 이 문제에 접근하는 가느다란 실마리로 10세기 초 고려로 이주해 온 발해인 박씨에 대해 살펴보았다. 신라 귀족이었던 박씨가 어떤 계기로 발해로 건너가게 되었을까에 대

---

35 발해의 박씨가 반드시 발해로 가 거주케 된 신라 귀족 박씨의 후예라고 상정할 필요는 없다는 지적이 있었다. 즉 고려 초의 평산 박씨가 경주 박씨와 무관하게 스스로 박씨 성을 자칭하였던 것처럼, 발해 박씨도 그러하였을 수 있다는 말이다 (2007년 10월 2일 러시아 블라디보스톡의 극동대학교에서 개최된 "동북아시아 고대국가의 역사"를 주제로 한 국제학술회의에서, 이 글의 구두발표에 대한 토론으로 북한 사회과학원의 김유철 선생이 제기하였다). 가능한 상정이다. 단 그럴 경우, 발해에 거주하는 박씨 성을 칭하는 이들을 보고 여타 발해인이 그것을 본떠 박씨를 칭하였거나, 아니면 신라계 인으로서 성이 없던 자가 스스로 귀족 성인 박씨 성을 칭한 경우가 상정된다. 어느 쪽이든, 신라계 박씨 성을 가진 이가 발해에 거주하였음을 전제로 한 것이라 할 수 있다.

한 이런저런 가능성을 검토해 보았다. 유감스럽게도 어느 경우도 확실한 계기라고 할 만한 구체적인 근거를 찾을 수는 없었다. 하지만 박씨가 발해에 거주하였음을 확인함으로써, 그리고 그들의 발해 이주 계기에 대한 이런저런 검토를 통해, 신라와 발해 사이에 상당한 교류가 있었을 개연성을 확인할 수 있었다.

10세기 초 고려로 넘어온 발해인 가운데에는 박씨 외에도 신라계 사람으로 상정해 볼 수도 있는 인물이 보인다. 고려 태조 11년(928)에 '발해인 김신 등 60여 호가 내투해 왔다(渤海人金神等六十餘戶來投)'라고 하여, 발해인 '김신金神'의 존재를 전하고 있다.36 '김신'의 '김'이 성인지, '김신'이 이름을 음사한 것인지는 단정할 수는 없지만, 성일 개연성은 있다. 김씨는 신라의 왕성이며 진골 귀족성인만큼, 김신의 경우도 신라계일 가능성이 있다. 그런데 김씨는 전한에 귀화한 흉노인 김일제金日磾의 경우도 있고, 뒷 시기이지만 금대 이후 여진-만주족들도 김씨라고 일컬었다. 물론 흉노 김일제의 경우 10세기 초보다 훨씬 이전의 일이고, 여진-만주인 김씨는 금대 이후의 사실이므로, 발해와 바로 연결하여 논하기 어렵다. 김신의 경우는 《고려사》에 '발해인'이라 서술한 만큼, 말갈-여진인은 아니었다. 그도 신라계인일 가능성이 있다. 다만 박씨처럼 신라계가 분명한 경우와 비교할 때, 그 정체가 상대적으로 덜 분명하다. 그가 신라계 김씨일 경우, 신라 김씨가 어떤 경로로 발해에 거주케 되었는지에 대해선 현재로선 다른 자료가 확인되지 않는 만큼 박씨의 경우와 비슷한 상정을 해 볼 수 있을 뿐이다.

이 밖에 발해와 신라의 교류 과정에서 이런저런 경로를 통해 신라계 사람이 발해로 건너가 생활하였을 경우가 상정될 수도 있으나, 약

---

36 《高麗史》 권1 태조 11년(928) 3월 戊申.

간이라도 구체성을 띤 자료가 확인되지 않아 더 이상의 언급을 할 수 없다.

이백 수십 년 동안 국경을 접하였던 발해와 신라 사이에는 기존에 상정하였던 것처럼 그렇게 대립과 단절로 일관하였던 것은 아니었다. 양국 교류의 자취를 확인하는 일은 앞으로 다양한 각도에서 새로운 자료를 찾는 작업을 통해, 특히 고고학적 발굴을 통해, 이루어지기를 기대해 보는 바이다.

각 장 논문의 원 게재지

차 례	논문 제목	게재지
제1부 제1장	고구려 초기 천도에 대한 약간의 논의	《한국고대사연구》 68, 2012
제2장	광개토왕릉비의 정복기사와 평양 천도	《한국고대사연구》 67, 2012
제3장	중국 남북조와의 조공 책봉관계를 통해서 본 고구려국의 성격	《한국 고대국가와 중국왕조의 조공 책봉 관계》 (고구려연구재단, 2006)에 수록된 〈고구려와 북위 간의 조공·책봉관계에 대한 연구〉의 제4장
제4장	고구려유민사연구-요동·당 내지 및 돌궐 방면의 집단을 중심으로-	《한우근 박사 정년 기념사학 논총》, 1980
제2부 제1장	발해국의 주민구성과 발해인의 족원	《한국고대의 국가와 사회》 (역사학회 편), 일조각, 1986
제2장	대對일본 발해 국서에서 언급한 '《고려구기 高麗舊記》'에 대하여	《변태섭박사화갑기념사학논총》 1985
제3장	《삼국사기》에 등장하는 말갈의 실체,	《한반도와 만주의 역사 문화》 서울대학교 출판부, 2003
제4장	고려로 넘어온 발해 박씨에 대하여-신라와 발해 간 교섭의 한 사례 연구	《한국사연구》 141, 2008

참고문헌

1. 사료

《三國史記》《高麗史》《三國遺事》《帝王韻記》《東史綱目》
《崔文昌侯集》,〈彊域考〉卷2《與猶堂全書》第6集,《京都雜志》(柳得恭),《東國歲時記》(柳得恭)
《韓國金石文追補》(李蘭英編, 1968)

《漢書》《晋書》《魏書》《北齊書》《梁書》《隋書》《唐書》《舊唐書》
《宋史》《遼史》《金史》
《五代會要》《唐會要》《册府元龜》《資治通鑑》《太平寰宇記》《太平御覽》
《契丹國志》《松漠紀聞》《大金國志》《三朝北盟會篇》
《陳伯玉文集》《歷代名畫記》
《讀史方奧紀要》《吉林通志》
《清光緒朝中日交涉史料》《清季中日韓關係史料》

《日本書紀》《續日本紀》《日本紀略》
《慈覺國師入唐求法巡禮行記》(圓仁)

2. 논저

I) 한국어

權五重,〈靺鞨의 種族系統에 관한 試論〉,《震檀學報》49, 1980.
金文經,〈唐代 藩鎭의 한 硏究－高句麗遺民 李正己一家를 中心으로－〉,《省谷論叢》6, 1975.
金庠基,〈金의 始祖〉,《東方史論叢》, 1974.
金容九,《世界觀의 衝突과 韓末外交史, 1866－1882》, 2001.
金元龍,〈사마르칸트 아프라시앞 宮殿壁畫의 使節圖〉,《考古美術》129·130합

집호, 1976.

_____, 〈古代韓國과 西域〉,《美術資料》34, 1984.

金裕哲, 〈中國 史書에 나타난 高句麗의 국가적 正體性〉,《高句麗의 正體性》, 2004.

김일우, 〈高麗時代 耽羅의 地方編制 시기와 그 單位의 형태〉,《韓國史學報》5, 1998.

김종복,《발해정치외교사》, 일지사, 2009.

金鍾完, 〈高句麗의 朝貢과 册封의 성격〉,《高句麗史의 正體性》, 2004.

金鍾圓, 〈韓中商民水陸貿易章程에 대하여〉,《歷史學報》32, 1966.

김종은, 〈고구려 초기 천도기사로 살펴본 왕실교대〉,《숙명한국사론》3, 2003.

김창현, 〈高麗의 耽羅에 대한 정책과 탐라의 동향〉,《한국사학보》5, 1998.

金哲埈,《韓國古代社會研究》, 1975.

김희선, 〈高句麗 國内城 研究〉,《白山學報》87, 2010.

노태돈, 〈三國時代의 部에 관한 연구－成立과 構造를 中心으로－〉,《韓國史論》2, 1975.

_____, 〈高句麗의 漢水流域 喪失의 原因에 대하여〉,《韓國史研究》13, 1976.

_____, 〈渤海 建國의 背景〉,《대구사학》19-1, 1981.

_____, 〈高句麗 初期의 娶嫂婚에 관한 一考察〉,《金哲埈博士華甲紀念史學論叢》, 지식산업사, 1983.

_____, 고구려 발해인과 내륙아시아 주민과의 교섭에 관한 일고찰〉,《대동문화연구》23, 1989.

_____,《고구려사연구》, 사계절, 1999.

_____, 〈고구려의 기원과 국내성 천도〉,《한반도와 중국 동북3성의 역사와 문화》, 1999, 서울대출판부

_____,《예빈도에 보인 고구려－당 이현묘 예빈도의 조우관 쓴 사절에 대하여－》, 서울대 출판부, 2003.

리지린·강인숙,《고구려사연구》, 평양: 사회과학출판사, 1976,

文一平, 〈年號와 帝號〉,《湖岩全集》4, 조선일보사 출판부, 1939.

박시형, 〈발해사 연구를 위하여〉,《력사과학》, 1962-1.

박시형,《광개토왕능비》, 1966.

박성봉, 〈광개토호태왕기 고구려 남진의 성격〉,《한국사연구》27, 1979.

卞麟錫, 〈安史亂 展開에 관한 몇 가지 問題〉,《全海宗博士華甲紀念史學論叢》, 일조각, 1979.

徐永大, 〈고구려 평양 천도의 배경〉,《韓國文化》2, 1981.

서영수, 〈광개토왕능비문의 정복기사 재검토〉,《역사학보》119, 1988.

손영종, 〈광개토왕능비를 통해서 고구려의 영역〉,《력사과학》118, 1986.

_____,《고구려사》1, 평양: 과학백과사전종합출판사, 1990.

338

_____,《조선전사》3 중세편 고구려사, 1991.

_____,《조선단대사(고구려사1)》, 2006.

심광주, 〈고구려 국가 형성기의 성곽연구〉,《고구려의 국가형성》, 동북아역
　　사재단, 2005.

여호규,《高句麗 城 1-鴨綠江 中上流篇-》, 국방군사연구소, 1998.

_____, 〈중국의 東北工程과 高句麗史 인식체계의 변화〉,《한국사연구》126, 2004.

_____, 〈高句麗 國內 遷都의 시기와 배경〉,《한국고대사연구》38, 2005.

_____, 〈광개토왕릉비에 나타난 고구려의 對中認識과 대외정책〉,《역사와
　　현실》55, 2005.

俞吉濬,《西遊見聞》, 1895.

윤용구, 〈고대 중국의 동이관과 고구려〉,《역사와 현실》55, 2005.

李基東, 〈廣開土王陵碑文에 보이는 百濟 관계 기사의 검토〉,《백제연구》17,
　　1986.

李東馥, 〈金의 始祖傳說에 대한 一考察〉,《東國史學》14·15(李龍範교수 정년
　　기념 합집호), 1981.

李丙燾, 〈高句麗國號考〉,《韓國古代史研究》, 1976.

李龍範, 〈高句麗의 遼西進出 企圖와 突厥〉,《史學研究》4, 1959.

_____, 〈遼代의 東京道의 渤海遺民〉,《史叢》17·18, 1973.

_____, 〈渤海王國의 社會構成과 高句麗遺裔〉,《東國大論文集》10, 1973.

_____, 〈高麗와 渤海〉,《한국사》4, 1974.

李佑成, 〈南北國時代와 崔致遠〉,《創作과 批評》10~4, 1975.

李弘稙, 〈日本書紀所載高句麗關係記事考〉,《韓國古代史의 研究》, 신구문화사, 1974.

조법종, 〈고구려 초기 도읍과 비류국성 연구〉,《백산학보》77, 2007.

趙二玉,《統一新羅의 北方進出 研究 -8世紀를 中心으로-》, 서경문화사, 2001.

주영헌,《발해문화》, 사회과학출판사, 1971.

車勇杰, 〈고구려 전기의 도성〉,《국사관논총》48, 1993.

채희국,《고구려력사연구》, 1985.

崔鍾澤, 〈黃州出土百濟土器例〉,《韓國上古史學報》4, 1990.

한국토지공사 토지박물관,《연천 호로고루(정밀지표조사보고서)》, 1999.

韓圭哲, 〈新羅와 渤海의 政治的 交涉過程 -南北國의 사신파견을 중심으로-〉,
　　《韓國史研究》43, 1983.

_____, 〈高句麗時代의 靺鞨 研究〉,《釜大史學》14·15, 1988.

2) 일본어

古畑 徹, 〈渤海建國關係記事의 再檢討-中國側史料의 基礎的研究-〉,《朝鮮學報》

113, 1984.

_____, 〈いわゆる小高句麗の存否問題〉,《東洋史研究》51-2, 1992

谷川道雄, 〈五胡 十六國·北周における天王の稱號〉,《隋唐帝國形成史論》1976.

堀敏一,《中國と古代東アジア世界》, 1993.

波邪利貞, 〈唐代の燉煌地方に於ける朝鮮人の流寓に就いて〉,《文化史學》9·10, 1956.

唐代史研究會編,《隋唐帝國と東アジア世界》, 汲古書院, 1979.

末松保和, 〈新羅幢停考〉,《新羅史の諸問題》, 1954.

武田幸男,《高句麗史と東アジア》, 1989.

米田賢次郎, 〈秦漢帝國の 軍事組織〉,《古代史講座》5, 學生社, 1962.

森 公章, 〈古代耽羅の歷史と日本〉,《古代日本の對外關係と通交》, 1998.

三上次男, 〈新羅東北境外に於ける黑水·鐵勒·達姑等の諸族に就いて〉,《史學雜誌》52-11, 1941.

_____,《滿鮮原始墳墓の研究》, 1961.

_____,《高句麗と渤海》, 吉川弘文館, 1990.

石井正敏,《日本渤海關係史の研究》, 2001.

小川裕人, 〈三十部女眞に就いて〉,《東洋學報》24-4, 1937.

岩佐精一郎, 〈古突厥碑文のBôkli及びPurumについて〉,《岩佐精一郎遺稿》所收, 1936.

鈴本靖民,《古代對外關係史の研究》, 1985.

窪添慶文,《魏晋南北朝官僚制研究》, 2003.

外山軍治, 〈金朝治下の渤海人〉《金朝史研究》, 1964

日野闢三郎,《小高句麗國の研究》(日野開三郎 東洋史學論集 第8卷), 1984.

_____, 〈靺鞨七部考〉,《史淵》36·37, 1947.

_____, 〈靺鞨七部の前身とその屬種〉,《史淵》38·39, 1948.

田中克己, 〈北アジアの諸民族におけるレウイレート〉,《北亞細亞學報》3, 1944.

田中俊明, 〈高句麗の前期王都 卒本の構造〉,《高麗美術館紀要》2, 1998.

鳥山喜一,《渤海史考》, 1915.

鳥山喜一,《渤海史上の諸問題》, 1968.

鳥田正郎,《遼代社會史研究》, 1978.

池內 宏,《滿鮮史研究》上世編 第一冊, 1930.

_____,《滿鮮史研究》中世編 第一冊, 1933.

村上四男, 〈新羅と小高句麗國〉,《朝鮮學報》37·38 合輯號, 1966.

河上 洋, 〈渤海の地方統治體制－一つの試論として－〉,《東洋史研究》42-2, 1983.

穴澤和光·馬目順一, 〈アフラシヤビ都城址出土の壁畫にみえられる朝鮮人使節について〉,《朝鮮學報》80, 1976.

護牙夫, 《古代トルユ民族史研究》, 1967.

和田 淸, 〈渤海國地理考〉, 《東亞史研究》, 1955.

3) 중국어

姜守鵬, 〈從古代文獻看渤海國的族屬問題〉, 《求是學刊》, 1980-3

姜維東, 〈高句麗獻魚却敵傳說〉, 《東北史地》, 2010-1.

耿鐵華, 〈高句麗遷都國內城及相關問題〉, 《東北史地》, 2004-1.

古兵, 〈吉林省集安歷年出土的錢幣〉, 《考古》, 1962-2.

吉林省文物考古研究所 編, 《楡樹老河深》, 1987.

吉林省文物考古研究所·集安市博物館編著, 《國內城》, 文物出版社, 2004.

吉林省文物考古研究所·集安市博物館, 《丸都山城》, 文物出版社, 2004.

金毓黻, 《渤海國志長編》, 1937.

東北考古發掘團, 〈吉林西團山石棺墓發掘報告〉, 《考古學報》, 1964-1.

馬大正·楊保隆·李大龍·權赫秀·華立, 《古代中國高句麗歷史叢論》, 黑龍江教育出
　　版社, 2001.

馬大正·李大龍·耿鐵華·權赫秀, 《古代中國高句麗歷史續論》, 中國社會科學出版
　　社, 2003.

蘇長靑, 〈高句麗早期平原城-下古城子〉, 《遼寧省本溪·丹東地區考古學術討論會
　　文集》, 1985.

孫祚民, 〈中國古代史中有關祖國疆域和少數民族問題〉, 《中國民族關係史論文集》,
　　1982.

＿＿＿＿, 〈處理歷史上民族關係的幾個重要準則-讀范文瀾'中國歷史上的民族鬪爭
　　與融合'-〉, 《歷史研究》, 1980-5.

孫進己·艾生武·庄嚴, 〈渤海的族源〉, 《學習與探索》, 1982-5.

孫進己·王綿厚, 《東北歷史地理》 卷1·2, 1989.

梁志龍, 〈桓仁地區高句麗城址槪述〉, 《博物館研究》, 1992-1.

王健群 著, 林東錫 譯, 《廣開土王碑研究》, 1985.

王承禮 等, 〈吉林敦化六頂山渤海古墓〉, 《考古》, 1961-6.

王承禮, 《渤海簡史》, 1983.

王禹浪·王宏北 編著, 《高句麗·渤海古城址研究匯編》, 哈尔濱出版社, 1994.

王從安·紀飛, 〈卒本城何在〉, 《東北史地》, 2004-2.

王春燕·鄭霞發, 〈霸王朝山城的調查與研究〉, 《東北史地》, 2008-2.

遼寧省考古文物研究所 編著, 《五女山城-1996~1999桓仁五女山城調查發掘
　　報告》, 2004.

《遼寧省博物館學術論文集》, 第1輯 1949-1984(瀋陽), 1985.

魏存成, 〈高句麗初中期的都城〉, 《北方文物》, 1985-2.

_____, 〈高句麗積石塚的類型和演變〉, 《考古學報》, 1987-3.

_____, 《高句麗考古》, 1994.

劉景文, 〈試論西團山文化中的靑銅器〉, 《文物》, 1984-4.

劉子敏, 〈關于高句麗第一遷都問題的探討〉, 《東北史地》, 2006-4

劉振華, 〈渤海大氏王室族屬新證-從考古材料出發的考察〉, 《社會科學戰線》, 1981-3.

李健才 〈夫餘的疆域和王城〉, 《社會科學戰線》, 1982-4.

_____, 〈關于高句麗中期都城几個問題的探討〉, 《東北史地》, 2004-1.

李新全·梁志龍·王俊輝, 〈關于高句麗兩座土城的一点思考〉, 《東北史地》, 2004-3.

李殿福, 〈集安高句麗古墓硏究〉, 《考古學報》, 1980-2.

_____, 〈高句麗的丸都城〉, 《文物》, 1981-6.

_____, 〈集安高句麗山城子山城調査與考察〉, 《文物考古匯編》, 1982.

_____, 〈高句麗的都城〉, 《東北史地》, 2004-1.

_____, 〈國內城始建于戰國晩期燕國遼東郡塞外上的一個據点之上〉, 《東北史地》, 2006-3.

李殿福·孫玉良, 〈高句麗的都城〉, 《博物館硏究》, 1990-1.

李晉槐·杜紹順, 〈中國古代民族關係史學術討論會綜述〉, 《中國古代民族關係史硏究》, 1987.

張博泉, 〈'別種'芻議〉, 《社會科學戰線》, 1983-4.

張碧波, 〈高句麗史硏究中的誤區〉, 《中國東北邊疆史地硏究》, 1999-3.

_____, 〈關于歷史上民族歸屬與疆域問題的再思考-兼評'一史兩用'史觀〉, 《中國邊疆史地硏究》, 2000-2.

曹德全, 〈"新國"与"故國"簡析〉, 《東北史地》, 2004-3.

諸爲, 〈國內渤海史硏究近況介紹〉, 《學習與探索》, 1982-5.

朱活, 〈漢錢初探〉, 《古錢新探》, 濟魯出版社, 1984.

陳大爲, 〈桓仁縣考古調査發掘簡報〉, 《考古》, 1960-1.

_____, 〈試論桓仁高句麗積石墓的類型年代及其演變〉, 《遼寧省考古博物館學會成立大會會刊》(瀋陽), 1981.

集安縣文物保管所, 〈集安高句麗國內城址的調査與試掘〉, 《文物》, 1984-1.

찾아보기

ㄱ